A DEUSA DAS BRUXAS

O Princípio Feminino da Divindade

Janet & Stewart Farrar

A DEUSA DAS BRUXAS

O Princípio Feminino da Divindade

ARDANE

Publicado originalmente no Reino Unido por Robert Hale Ltd.
Publicado em 2023 pela Editora Ardane

Editor responsável: Claudiney Prieto
Tradução: Ardane Books
Coordenação Editorial: Luciana Papale
Capa: Ardane Books
Revisão: Papale's Editorial
Diagramação: Décio Lopes

DADOS INTERNACIONAIS DE CATALOGAÇÃO NA PUBLICAÇÃO (CIP)
CÂMARA BRASILEIRO DO LIVRO, SP, BRASIL

F242 Farrar, Janet e Stewart

A Deusa das Bruxas: O Princípio Feminino da Divindade / Janet Farrar e Stewart Farrar – 3ª edição – São Paulo: Editora Ardane, 2023.

ISBN: 978-65-85370-19-6

1. Wicca. 2. Bruxaria. 3. Magia. 4. Espiritualidade. I. Farrar, Stewart. II. Janet, Stewart. III. Título.

CDD 133.43
CDU 133.4

EDITORA ARDANE
www.ardane.com.br
Fone: (11) 97774-4013
E-mail: contato@ardane.com.br
Instagram: @ardanebooks

Seus nomes são incontáveis... Ao nomear todos eles, praticamos um rito muito antigo. As listas que encontramos em Apuleio, o qual associa Ísis com incontáveis Deusas análogas, são uma forma de adoração ritualística. A abundância de manifestações é uma característica do arquétipo, e a pletora de nomes pelos quais os poderes são invocados por todos os povos é uma expressão de sua inefabilidade divina.

Erich Neumann

Sumário

Lista de Ilustrações

Prefácio Edição Brasileira

Para uma sociedade que tem sido dominada pelo patriarcado nos últimos dois mil anos, a ênfase ao Divino Feminino é mais do que necessária para restabelecer o equilíbrio entre as polaridades, tanto na sociedade, como na religião.

A Wicca, por meio de sua história, tem apresentado uma nova consciência, apontando a Deusa e o princípio do Sagrado Feminino como uma possibilidade real para trazer novamente equilíbrio para uma humanidade moral, espiritual e ecologicamente devastada. Baseada em preceitos antigos, e sendo uma das religiões que mais cresce na atualidade, a Wicca tem liderado desde o século passado a conscientização da Deusa no Mundo.

Mesmo com tantas informações disponíveis sobre a Deusa na atualidade, muita gente ainda não sabe o que é esse tal de Divino Feminino... E não é para menos. Além de as figuras da Deusa terem sido sistematicamente perseguidas e exterminadas para que o Patriarcado pudesse se instaurar no Mundo, o próprio Paganismo antigo tinha uma infinidade de Deuses e Deusas, o que dificulta entender quando o conceito de apenas uma Deusa surgiu e quando ele deu lugar para que os Deuses masculinos suplantassem as Divindades Femininas.

Foi para esclarecer essa parte importante da história da humanidade que Janet e Stewart Farrar mergulharam em textos antigos, estudos mitológicos e acadêmicos para examinar a Deusa e seu papel na vida antiga e moderna e escrever a incomparável obra que o leitor tem agora em suas mãos. *A Deusa das Bruxas* traz informações valiosas sobre toda a história do Sagrado Feminino, indo desde os primeiros textos da Mesopotâmia até as referências Celtas. Cada parte é analisada e estudada com minúcia para que este grande enigma possa ser desvendado.

Porém, a obra não se limita apenas aos aspectos teóricos da Tealogia da humanidade. Rituais, receitas de incensos e de comidas especiais para serem degustadas a cada cerimônia estão aqui apresentados de forma genuína, tornando a leitura uma viagem não só por diferentes culturas da Deusa, mas também por meio de seus aromas e sabores.

Quem a Deusa verdadeiramente é, por que precisamos dela e como podemos acessá-la são as três perguntas mais importantes respondidas neste livro. Os rituais aqui apresentados trazem algumas das cerimônias dramáticas mais belas a serem encontradas em toda literatura Pagã. E o melhor, eles são extremamente adaptáveis para se adequar às necessidades e identidades dos diferentes grupos de Wicca, ou ainda pelo praticante solitário, tornando essa obra um bom ponto de partida para explorar qualquer uma das faces da Deusa.

Ao publicar o presente livro, a Editora Ardane dá um passo decisivo para finalmente tornar acessível aos Bruxos brasileiros os três livros mais importantes da literatura Wiccaniana: *A Bíblia das Bruxas*, *A Deusa das Bruxas* e *O Deus das Bruxas*. Cada um desses livros é complementar ao outro e são excelentes referências para explorar os Mistérios mais profundos da Wicca e os vários aspectos da Deusa e do Deus que a permeia, ensinando a você, leitor, a trabalhar com uma miríade de Deuses de diferentes culturas e apelos, e ainda preservando, mesmo assim, toda a estrutura da Wicca Tradicional.

Que esta obra possa se tornar um fiel companheiro em sua busca pela Deusa e a luz que iluminará seu caminho nessa jornada.

Bênçãos plenas,
Claudiney Prieto

Introdução

Após ter sido banida durante séculos, a Deusa retorna. Poucos ainda estão cientes do seu ressurgimento, mas esse pode ser muito provavelmente um dos avanços mais significativos da nossa época nos âmbitos espiritual, psíquico e psicológico. "Retornar", obviamente, não é o termo mais apropriado. Ela sempre esteve aqui como a alma do nosso Planeta vivente, a sabedoria oculta dos nossos EUS interiores e nosso anseio de nos conectarmos uns aos outros, sem o qual somos cascas vazias. Nós – pelo menos na Europa, bem como na América e Austrália caucasianas – temos nos recusado a reconhecê-la. Milhões de seres humanos (na Índia, por exemplo, e entre os povos aborígines da América e Austrália), no entanto, foram mais sábios. Entre eles, a Deusa tem sido honrada e exaltada em suas muitas faces e por seus muitos nomes.

A Europa (usando um rótulo único para designar as sociedades "desenvolvidas" e essencialmente patriarcais dos últimos dois milênios) foi a mais empobrecida espiritualmente após ter banido a Deusa. Até mesmo o Deus sofreu com isso, pois uma vez destituído de seu complemento, tornou-se emasculado, sua imagem distorcida e debilitada. Como já explicamos em outra ocasião, Deus não está morto, como muitos insistem em dizer, mas, sim, separado de sua esposa, aguardando sua consorte banida ser aceita novamente.

Nunca foi possível bani-la por completo, visto que seria intolerável para o instinto humano mais primitivo. Logo no início do cristianismo, apesar de tal fato nunca ter sido reconhecido, fez-se necessário que a Deusa fosse readmitida pela porta dos fundos na forma escrupulosamente limitada, dessexualizada e subordinada a Virgem Maria – para ser mais exato, o fato se deu no Concílio de Éfeso, em 431 EC[1], quando recebeu o nome de Theotokos, a Mãe de Deus. O simbolismo judaico, em particular o do Sabbath, é repleto de conotações "nupciais". Até mesmo no islamismo, as três Deusas condenadas por nome no Alcorão (Al-Lat, Al-Uzza e Manah) são popularmente conhecidas como as Três Filhas de Alá. E o poder mágico do nome de Fátima, a filha do próprio profeta, é óbvio para qualquer pessoa que já visitou um país islâmico.

No entanto, a verdadeira revolução – a do reconhecimento e veneração da Deusa como tal, nas culturas que por tanto tempo a rejeitaram – surgiu com o grande reavivamento do Paganismo neste século, mais especificamente uma ou duas décadas atrás.

Pode-se dizer que teve início com o renascimento do Ocultismo, que começou a ganhar impulso por volta do final do Século 19 e continua até os dias de hoje. O Ocultismo engloba o Paganismo, assim como o faz com os elementos mais ponderados do cristianismo, judaísmo e do islamismo. Mas somente no Paganismo o princípio oculto da completa e necessária igualdade entre as polaridades masculina e feminina da criação – do Deus e da Deusa – é proclamado aberta e alegremente.

Qual é a filosofia essencial do Paganismo? Como autores, escrevemos pela perspectiva de Bruxos praticantes, e como a Wicca (o nome que os Bruxos modernos dão à sua Arte) talvez seja o caminho Pagão mais comum e mais amplamente praticado atualmente, é compreensível que utilizemos aqui termos Wiccanianos. Consideramos igualmente válidos todos os outros caminhos, e esperamos que seus seguidores reconheçam na descrição a seguir, basicamente um aspecto do todo.

De acordo com o Paganismo, assim como o Ocultismo, do qual é inseparável, a realidade existe e funciona em muitos níveis – espiritual, mental, astral, etérico e físico, sendo este o conjunto das definições comumente aceitas. Estes níveis são interdependentes, interagem entre si, e são todos essenciais para a atividade cósmica e a evolução. Dessa forma, não existe, como é comum encontrarmos no pensamento patriarcal, uma ordem que varia entre o "bem" e o "mal". Como dizem os cabalistas, "Todas as Sephiroth são igualmente sagradas". Curiosamente, como

1. N.R.: Neste livro são usadas as modernas siglas de marcação do tempo com AEC representando Antes da Era Comum e EC para Era Comum, em vez de a.C. e d.C respectivamente.

podem pensar algumas pessoas, a cada dia que passa os cientistas estão sendo levados, consoante a natureza de seus estudos, a uma conclusão parecida. Um exemplo disso é a Hipótese de Gaia que consideraremos nas páginas 30 e 31.

Para o Paganismo, o cosmos inteiro está vivo, tanto em sua totalidade quanto nas suas partes. A frequência com que a vida opera varia consideravelmente. Podemos reconhecer o princípio vital em um rato ou uma rosa, pois sua frequência está próxima à nossa, mas, reconhecê-lo em um diamante, um planeta ou no sistema solar exige um esforço consciente para colocar a nós mesmos em sintonia com essa frequência. O Paganismo faz isso.

Podemos extrair duas coisas a partir disso. Primeiro, o Paganismo (e, talvez, mais especificamente a Arte), baseia-se fortemente na Natureza. Tanto na sua forma de culto quanto em suas vidas diárias. Os Pagãos amam, respeitam e se esforçam para harmonizar a si mesmos com o seu ambiente natural, em todos os seus aspectos e em todos os seus níveis. Eles se reconhecem como parte integrante desse ambiente e de seus movimentos e ritmos.

Segundo, em uma escala maior, os Pagãos não consideram a força criadora suprema (nos aspectos complementares do Deus e da Deusa) como algo que está "lá no alto", separado de sua criação. Do contrário, entendem o cosmos como um organismo integral, do qual somos células individuais. A saúde e a evolução desse organismo – ou melhor, podemos dizer, do Deus e da Deusa em si – dependem, mesmo que infimamente, da saúde e da atividade saudável de cada uma dessas células que o constituem. "Como acima, é abaixo". Não estamos separados do Deus e da Deusa, mas somos partes deles, e compartilhamos da sua natureza. Compartilhamos, ainda, em nosso próprio nível microcósmico, de sua responsabilidade macrocósmica pelo organismo inteiro. (Olhar por essa perspectiva, consequentemente nos incentiva a dar ênfase maior à parte do "Bem-aventurados aqueles que..." em lugar do "Não farás".)

Essa visão orgânica do cosmos não pode ser totalmente expressa e vivida sem o conceito do Deus e da Deusa. Não há manifestação sem polarização. Por isso, no nível mais alto da criação, o da Divindade, a polarização deve ser a mais nítida e a mais poderosa de todas, refletindo-se e difundindo-se igualmente por todos os níveis microcósmicos.

Estamos em um período da história em que essa verdade tenta chamar nossa atenção para si, pois a Era do Patriarcado que a negava está morrendo aos seus pés. A fim de encontrá-la novamente – ou, quem sabe, até mesmo para sobreviver –, a humanidade precisa redescobrir a Deusa.

Este livro tem o objetivo de contribuir para essa redescoberta.

Dividido em três partes, a Parte I explora a história do pensamento da humanidade sobre a Deusa e os vários aspectos que formam sua natureza complexa. A Parte II faz uma seleção de formas individuais da Deusa idealizadas pela humanidade, e ainda examina sua mitologia e simbolismo e sugere um ritual pelo qual podemos nos harmonizar com cada um desses aspectos. A Parte III é uma compilação de Deusas de todo o mundo, tanto do passado quanto do presente, com uma breve descrição sobre o aspecto que cada uma expressa.

Muitos questionam por que é tão necessário mergulhar no passado, às vezes até no pensamento de culturas desaparecidas há muito tempo, para reconstruir uma imagem (ou um conjunto de imagens) da Deusa que nos será válida nos dias de hoje?

Isso se faz necessário porque, na tarefa de readmiti-la, muitos de nós estamos começando do zero. Podemos saber na teoria, e sentir com o nosso instinto, que sua readmissão é de extrema importância. No entanto, ainda precisamos da sabedoria daqueles para quem ela era (ou ainda é) uma parte viva de sua experiência diária. Necessitamos, inclusive, saber de eventuais deficiências contidas em suas visões para, desse modo, evitarmos ou corrigirmos nossas próprias imperfeições.

A comunhão com a Deusa não é uma via de mão única. Quanto mais nos aproximarmos dela e a cultuarmos, mais próxima ela estará de nós e nos iluminará. Assim, a experiência das culturas em que a Deusa é reconhecida, tanto no passado quanto no presente, e as mitologias pelas quais expressam o que aprenderam dessa relação, podem contribuir imensuravelmente para estabelecermos nossa própria comunhão. Ter uma visão geral das várias formas da Deusa concebidas pela humanidade é a melhor maneira possível de começarmos a conceber nossas próprias.

Mas, devemos ressaltar, que essa comunhão não se trata de uma atividade puramente racional. A harmonização com a Deusa é um mistério, ativando-se muito mais do que a consciência egoica. Suas verdades estão expressas em forma de mitologia e ritual. Não que as pessoas que desenvolveram esses mitos e rituais fossem ignorantes, mas porque as verdades mistéricas apenas podem ser expressas dessa forma, assim como um poema consegue expressar verdades que uma obra técnica não consegue, e vice-versa.

Parte do processo consiste em absorver tudo o que for possível da experiência que homens e mulheres tiveram com a Deusa, e a expressão dessa experiência. O restante é a fermentação psíquica que não pode ser apressada, mas que gradualmente transmuta o conhecimento em consciência pessoal.

Janet & Stewart Farrar

Herne's Cottage
Ethelstown
Kells
Condado de Meath
Irlanda

Primeira Parte

Descobrindo as Deusas

1

A Deusa na História

A Grande Deusa... é a encarnação do Eu Feminino que se revela na história da humanidade tal como na história de cada mulher; sua realidade determina tanto a vida individual quanto a coletiva.

Erich Neumann

No princípio era a Mãe.

Evidentemente, não dispomos de provas diretas a respeito de quando ou como o Homo Sapiens se tornou um animal religioso. Em outras palavras, desconhece-se o momento em que os humanos pré-históricos começaram a simbolizar abstrações em sua mente e a lhes prestar culto, fazer-lhes pedidos, ou aplacar sua fúria. Ou, em termos psicológicos, quando tomaram conhecimento (a princípio de forma inconsciente) dos arquétipos divinos que transcendiam sua individualidade.

Sabemos, entretanto, quando o Homo Sapiens passou a expressar esse conhecimento por meio da arte: no Paleolítico ou Antiga Idade da Pedra, após ter se tornado um animal produtor de ferramentas. Foi naquele momento que ele produziu pela primeira vez o que poderiam ser chamados de objetos de culto.

Para citar Erich Neumann (*A Grande Mãe*, pág. 90):

Das esculturas da Idade da Pedra conhecidas por nós, existem cinquenta e cinco figuras femininas e apenas cinco figuras masculinas. Estas últimas, que retratam homens jovens, são incomuns e malfeitas, e certamente não tinham importância para o culto. Isso se encaixa bem ao personagem secundário do Deus masculino, que somente veio a aparecer em momento posterior na história das religiões, herdando sua posição Divina de sua mãe, a Deusa.

Nas sociedades primitivas conhecidas pela história, o papel do macho na procriação não era reconhecido. O coito e a gravidez se iniciavam na puberdade, e não havia nenhuma razão evidente para se crer que o ato sexual fosse considerado a causa da concepção. Em contrapartida, acreditava-se que as mulheres concebiam da luz da Lua e de espíritos ancestrais.

Não é de se estranhar, por conseguinte, que a mulher tenha se tornado o símbolo da Mãe Terra, pois ambas geravam e nutriam a vida de forma desconhecida e misteriosa. As esculturas paleolíticas femininas (dentre as quais a tão aclamada Vênus de Willendorf, representada no início deste capítulo) eram símbolos poderosos de fertilidade, exibindo ventres e seios enormes. Não se tratavam, como evidenciam os esqueletos humanos da Era Paleolítica, de representações fiéis de mulheres que viviam naquela época, mas, sim, exageros intencionais de seus aspectos criadores e mantenedores da vida.

Ademais, a mulher do Paleolítico não tinha nádegas imensas e pernas minúsculas como as estátuas da Deusa. Evidentemente, tratava-se de uma representação imóvel da Deusa, sentada na Terra e com ela identificada.

A primeira divindade concebida pelos seres humanos, portanto, foi a Mãe Terra. Falaremos sobre ela no próximo capítulo, cabendo aqui enfatizar que uma divindade masculina era algo que surgiria muito depois. No início, a sociedade humana era irrevogavelmente matrilinear, uma vez que o papel do macho na filiação biológica não era reconhecido. Ainda há discussões em torno de se havia ou não um matriarcado universal; porém, algumas dessas sociedades certamente eram matriarcais.

Ainda podemos encontrar vestígios em algumas delas. Compare, por exemplo, a posição das mulheres nas tribos berberes no Marrocos com a de suas conterrâneas árabes no interior do país. Os berberes matriarcais já se encontravam na região antes mesmo da invasão árabe patriarcal, e suas mulheres até hoje são livres, sem véus, ocupando uma posição de poder em suas tribos. Sentem desprezo e comiseração pelas *femme voilées*[2]

2. N.R.: Mulheres veladas.

árabes, que permanecem caladas e são propriedade de seus maridos ou pais. A diferença é evidente até mesmo para um turista estrangeiro.

Com o surgimento dos registros sobre as mitologias, por volta do quarto milênio AEC, passamos a ter evidências não apenas do pensamento religioso da época em que foram escritas, mas também das primeiras ideias a partir das quais esse pensamento se desenvolveu. Além de ter alcançado o estágio de reagir à realidade que o cercava, o homem começou a especular a respeito de suas origens.

Se buscarmos nos primórdios de qualquer mitologia, ainda que esta tenha sido remodelada pelo patriarcado, ali encontraremos a Mãe Primordial. Um sacerdote egípcio disse a Cambises, Rei da Pérsia:

> *Foi Neith, a mãe poderosa, que deu à luz o Deus Rá. Foi ela quem primeiro fez nascer todas as coisas, quando todo o resto ainda não havia nascido, e quando ela mesma ainda não era nascida.*

Na Grécia, Gaia foi o primeiro ser a emergir do Caos. Dela nasceu tudo no Universo, incluindo os primeiros Deuses e a humanidade. Na Assíria, Tiamat era o Oceano Primordial, de cujas profundezas férteis, originaram-se todas as coisas viventes (Tohu, as "águas" do Gênesis 1:2, é a forma hebraica de Tiamat). Na Índia, Aditi era a Matriz Cósmica que havia criado a si mesma. Era a mãe do Sol e da Lua, e, no final das contas, de tudo o que existe. Na tradição hebraica, a Mãe Primordial sobreviveu como Lilith, que mais tarde foi demonizada pelo patriarcado (veja o capítulo XVIII). Para a Gnose, Sophia gerou o cosmos por meio de um orgasmo autoinduzido, no desejo de "conceber a partir de si mesma sem a ajuda de nenhum consorte". Para as Bruxas da Toscana, Diana foi "a primeira a ser criada antes de toda a criação", e a qual deu início dividindo a si mesma e dando origem a sua contraparte, Lúcifer, o princípio da Luz. E do outro lado do mundo, o mito aborígene australiano diz que a Deusa solar Yhi, a Mãe ou Grande Espírito, criou sua contraparte, Baiame, o Pai de Todos, e juntos criaram os animais e os seres humanos.

Até mesmo na Cabala, com o sutil e profundo equilíbrio entre as polaridades que lhe é típico, é Binah, a Mãe Suprema, quem inicia a criação, dando forma à energia bruta e desprovida de direção de Chokmah, o Pai Supremo. Somente depois que Binah concebe Chesed (do mesmo modo que Diana dá origem a Lúcifer) que o aspecto masculino da energia pura aparece como uma entidade organizada e distinta.

Este é o padrão de todas as lendas da Criação primordial – a Mãe autocriada que dá à luz seu Filho/Consorte, e dessa polaridade inicial brota toda a manifestação.

Percebemos esse padrão como uma inferência inevitável da primeira entre todas as formas de divindades, a Mãe Terra doadora da vida. O misterioso dom da mulher, e da Deusa, de criar a vida a partir de si mesma tinha uma dimensão ainda mais misteriosa. Ela podia gerar uma vida diferente de sua própria, e, de certa forma, até mesmo estranha a ela: o masculino. Contudo, ele era sua criação, seu derivado, que dependia dela na infância e copulava com ela ao se tornar adulto. Era o primeiro Filho/Consorte, e somente mais tarde ganharia importância como Pai. Em termos humanos, obviamente, o Filho copulava com a Filha, não com a Mãe. Mas a Deusa era o *Ewigweibliche*, o Eterno Feminino, ao mesmo tempo Mãe e Filha. Assim sendo, em relação a ela, Filho e Consorte também eram um só.

A despeito de se as sociedades pré-históricas eram ou não matriarcais, ou se eram caracterizadas por uma matrilinearidade além da simples divisão de funções entre os sexos, chegou a época (nos últimos dois ou três milênios AEC), em que o masculino começou a se sobrepor ao feminino. Diversos fatores atuaram neste desenvolvimento:

Em primeiro lugar, a complexidade crescente e a eficiência produtiva da sociedade humana, com o respectivo excesso resultante desses produtos. O homem, sendo o sexo mais agressivo e errante, devido ao seu histórico com a caça e considerando sua autonomia por não participar da criação e educação das crianças, tinha uma vantagem sobre a mulher, e reivindicou esse excesso de produção para si, organizando-o e protegendo-o contra vizinhos predadores (ou roubando-o dos seus vizinhos mais fracos).

Segundo, a mudança das bases da sociedade, partindo de uma vida nômade que dependia da caça, para uma agricultura estável, o que resultou na perda da mulher de sua posição exclusiva como chefe do lar.

Terceiro, a descoberta comparativamente nova do papel do macho na procriação, o que incentivou o homem, em sua posição crescente de domínio, a considerar mulheres e crianças como bens de sua propriedade, como ele assim o proclamava

Em quarto lugar (acarretada e impulsionada pelos três primeiros fatores), vem a função lógica e linear da psique humana que, associada ao lado esquerdo do cérebro e ao ego consciente, dava um salto evolutivo. Durante centenas de milhares de anos, essa função vinha se desenvolvendo exclusivamente entre os humanos que viviam ao lado dos animais terrestres deste Planeta, na maior parte desse tempo contribuindo enormemente para os avanços técnicos da raça, os quais incluem desde a produção de fogo e ferramentas, até a cerâmica, tecelagem, construção de casas, domesticação de animais, agricultura e assim por diante –, mas, ocorrendo simultaneamente com a função intuitiva e instintiva do lado direito do cérebro, em uma parceria criativa.

Agora, porém, ela começava a flexionar seus músculos e a assumir o controle, empenhando-se para transformar a parceria em uma relação entre mestre e servo.

A função do lado esquerdo do cérebro possui ênfase masculina, sendo um dom do Deus. A sede de suas operações é o ego consciente individual, enquanto sua estratégia se utiliza do pensamento racional, linear e analítico. Já a função do cérebro direito tem ênfase feminina, portanto, um dom da Deusa. Sua sede operacional está localizada no Inconsciente Coletivo, sendo sua estratégia a consciência intuitiva, cíclica e sintética.

Observe que falamos em "ênfase". Nenhum homem é guiado exclusivamente pelo lado esquerdo do cérebro; isso não seria possível. Da mesma maneira que nenhuma mulher desenvolve somente o lado direito. O grau de ênfase (e de integração das duas funções) varia amplamente de indivíduo para indivíduo. Contudo, a ênfase prevalece por estar enraizada no veículo biológico com o qual o indivíduo está equipado em uma determinada encarnação, sendo a ênfase polarizada a base da criatividade humana.

Mas voltemos a falar daqueles poucos milênios AEC, que foram de extrema importância. O equilíbrio criativo estava sendo abalado e seguia a mais perigosa de duas direções possíveis. Em termos religiosos, honrar apenas a Deusa é recuar um passo no desenvolvimento humano, mas pelo menos ela está arraigada à realidade, ao instinto criador da vida e da Terra fecunda. Devido à sua natureza, ela não pode deixar de gerar o Filho/Consorte que é seu complemento, forçando-nos, assim, a adentrar novamente o caminho seguinte. Honrar apenas o Deus consiste em arrancar nossas raízes da fonte da vida e valorizar categorias e abstrações acima das realidades que estas representam.

Durante esses milênios, o Deus, o Rei, o Sacerdote e o Pai aos poucos suplantaram a Deusa, a Rainha, a Sacerdotisa e a Mãe. O processo havia se desequilibrado, pendendo somente em uma direção, culminando no judaísmo, cristianismo e no islamismo, na tentativa de banir a Deusa completamente.

Abordamos esse processo de patriarcalização relativamente em detalhes na Introdução de *A Bíblia das Bruxas* e no capítulo XXV do mesmo livro. Talvez o melhor dentre os trabalhos existentes a respeito de seu desenvolvimento histórico seja *The Paradise Papers* de Merlin Stone (veja a Bibliografia).

No decorrer deste livro veremos o efeito dessa patriarcalização no pensamento e na prática religiosa, bem como nas mitologias que a simbolizam. E no capítulo XI tentaremos ver qual caminho podemos tomar a partir daqui, na luta (já iniciada) para reestabelecer o equilíbrio criativo e a marcha futura de evolução, reunindo novamente o Deus e a Deusa e tudo o que eles representam.

Uma última consideração antes de iniciarmos nossa viagem exploratória. Temos falado sobre a Deusa e o Deus como conceitos humanos evolutivos, simbolizando atitudes perante a vida e nosso meio-ambiente. Mas eles são reais? Ou são meras projeções, embora úteis, de elementos da psique humana e de nossa atitude com o Planeta em que vivemos?

Para responder essa pergunta, devemos recorrer ao nosso conceito Pagão fundamental sobre o cosmos ser um organismo vivo, do qual somos células que o constituem.

Qualquer organismo possui um centro vital, uma força criativa que lhe dá a vida e determina sua forma. Assim também acontece com o cosmos – e essa força é real (ou, do contrário, não estaríamos aqui), consciente, imensuravelmente maior do que nós, apesar de sermos reflexos de sua natureza, além de se preocupar com nosso funcionamento saudável em favor do todo. Podemos chamar a isso de "Divino", desde que reconheçamos a polaridade que essa força encerra em si.

Em contrapartida, apenas é possível se tornar consciente dessa força e se comunicar com ela, quando ela se manifesta. Por sua vez, a manifestação somente se inicia quando há polarização. Desse modo, essa força, dando o primeiro passo na criação cósmica, polarizou-se em dois aspectos fundamentais, os quais definimos como as essências feminina e masculina (como acima, é abaixo): formativa e fertilizante, cíclica e linear, sintética e analítica, móvel e estática, além de todas as outras subpolaridades complementares que contribuem para essa manifestação.

A esses dois aspectos chamamos Deusa e Deus. A humanidade construiu muitas formas-pensamento como canais a eles ou a um ou mais de seus subaspectos, enquanto as formas-pensamento carregam as singularidades da imaginação humana. Porém, quanto mais adequada for essa imaginação, mais o Deus ou a Deusa anima essas formas e lhes dá vida genuína. Assim sendo, Ísis, Pã, Deméter, Thoth, Afrodite, Herne, Arianrhod e todos os outros são vivos, reais e responsivos, cada um mostrando a nós a face da Deusa ou do Deus que somos capazes de compreender em determinado momento.

Este livro é sobre a Deusa, a exilada que precisa ser novamente reconhecida para o bem de nossa própria saúde, sanidade e sobrevivência. Portanto, à medida que exploramos sua miríade de nomes, lembre-se de que cada um deles é uma face autêntica da Deusa, mesmo que algumas sejam vislumbradas mais claramente do que outras. A Deusa é real, e espera que conversemos com ela.

11

A Mãe Terra

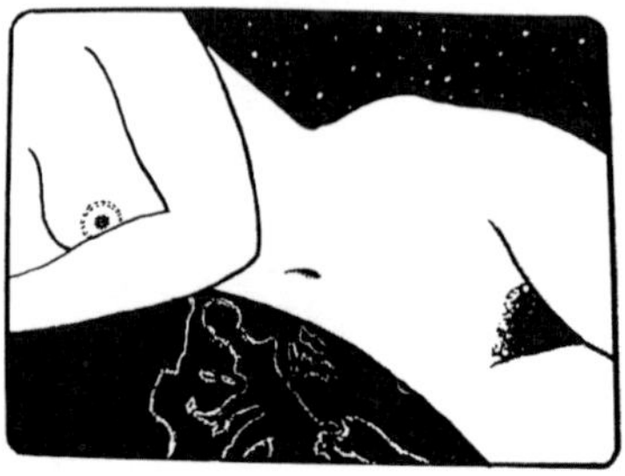

A Terra repleta de céu.
Elizabeth Barrett Browning

Ela dá à luz humanos e animais. É quem nos nutre ao longo da vida e a que recebe após a morte, de volta em si mesma, a casca física e vazia, para transformá-la e torná-la fértil mais uma vez. Pois ela é tanto o útero quanto o túmulo, que volta a ser novamente o útero. É quem mantém o equilíbrio eterno e rítmico que faz com que a planta alimente o animal e o animal alimente a planta, e que um exale ainda o ar que o outro precisa para respirar.

Para defender esse equilíbrio, ela pode ser tornar implacável. Se um grupo da sua família de filhos a ameaça, ela pode agir da maneira mais drástica que for necessário antes que a situação saia do controle.

Ela própria apresenta muitas faces, desde os campos de gelo do Ártico "que sustentam uma variedade surpreendente de formas de vida" até a exuberância quase assustadora das selvas tropicais, ou da gentil riqueza das planícies de milho aos desertos, onde as plantas dormem por anos logo abaixo da superfície, prontas para brotar em um efêmero véu de noiva verde após uma hora de chuva. De todos os seus filhos, apenas o ser humano aprendeu a se adaptar a todas as suas faces, adquirindo com isso a responsabilidade de lhes respeitar.

Ela nos viu crescer, e ainda está vendo, sendo ela também o oceano inconstante de onde toda a vida terrestre se arrastou e que ainda está repleta de vida própria. Ela é Ísis Velada, a Deusa vestida com as roupas multicoloridas da Natureza.

Não é de surpreender que o homem paleolítico primeiro visse a Deusa com grandes nádegas, sentada firmemente como em um trono sobre a Terra com a qual se identificava. Nem que as montanhas, símbolos visíveis dessa sólida entronização da Terra, fossem sagradas a ela desde tempos imemoriais, bem como as embarcações (que, embora muito mais tarde, também se tornaram símbolos da Deusa), tendem a ser chamadas pelo gênero feminino.

O *Hieros Gamos* – ou casamento sagrado –, um ritual em que o Rei, para confirmar sua soberania, unia-se sexualmente a uma Sacerdotisa que representava a Deusa, era tipicamente celebrado no topo de uma montanha. Porém, era com a própria Terra que o Rei acasalava. O direito de governar uma parte da terra, em nome da comunidade que a habitava, era visto como proveniente somente dela mesma.

Este conceito da Deusa como fonte e confirmadora da soberania é antigo, bastante difundido e sobrevive consagrado na linguagem e no ritual. Mesmo nos dias de hoje, quando a um soberano é conferido o título após a morte de seu antecessor, em qualquer reino é preciso passar por um rito de coroação pelo qual se "ascende ao trono". As formas anteriores das quais deriva esse ritual deixam claro que o trono se tratava do colo da Deusa. O simbolismo real de muitas culturas antigas representava o Rei como sendo amamentado pela Deusa, e o nome da talvez maior e mais duradoura de todas as Deusas Pagãs, Ísis, era Aset em egípcio, que significa exatamente "assento" ou "trono".

Mesmo nos países que agora são repúblicas, o presidente (ao contrário dos membros ordinários da legislatura) não assume o cargo apenas por meio de eleição. É necessário que ele passe por uma solene cerimônia de posse antes de ser considerado "de fato" presidente, símbolo humano da identidade da nação. O instinto sobrevive no ritual remanescente, por mais que esteja profundamente enterrado. E a "sede" formal do presidente, a trama da Terra identificada com sua autoridade, é o símbolo mágico desse poder, que continua através de todos os seus ocupantes. Fala-se, por exemplo, da "Casa Branca", "do Palácio do Eliseu" ou "*Aras an Uachtaráin*" como incorporando a essência da Presidência norte-americana, francesa ou irlandesa. Cada um, em certo sentido, não deixa de ser um templo da Deusa da Soberania, a Mãe Terra usando sua face regional.

Todas as Deusas são uma única Deusa, mas o organismo cósmico é composto de muitas entidades em muitos níveis, algumas "maiores" do que outras. Se somos células individuais nesse grande organismo, devemos reconhecer que ele também tem "membros" e "órgãos" – entidades multicelulares em uma escala muito maior que nós mesmos, mas ainda assim apenas uma parte do todo.

Nesse sentido, podemos considerar a Mãe Terra de duas maneiras, sendo que cada uma é válida em seu próprio contexto. Por um lado, ela é a face da Deusa Única mais próxima para comungarmos e nos sintonizarmos. Como planeta, porém, ela é uma entidade separada, existente e ativa em todos os níveis – uma entidade planetária entre inúmeros outros, um "órgão" do organismo cósmico completo, e nós, por sua vez, somos células desse órgão.

O conceito da Mãe Terra como o corpo e a alma do Planeta fértil sob nossos pés é, naturalmente, comum a muitas religiões e ao pensamento oculto, mas há alguns anos recebeu apoio inesperado da teoria cuidadosamente elaborada por dois distintos cientistas britânicos.

No periódico *New Scientist* de 6 de fevereiro de 1975, o Dr. James Lovelock, membro da Royal Society, e o Dr. Sidney Epton publicaram os esboços de sua *Hipótese de Gaia*. Em 1979, Lovelock fez um relato mais completo em seu livro *Gaia: Um Novo Olhar para a Vida na Terra*. Eles basearam a *Hipótese de Gaia* em duas proposições:

1. A vida existe apenas porque as condições materiais na Terra são apropriadas para a sua existência;
2. A vida define as condições materiais necessárias para sua sobrevivência e garante que elas sejam mantidas.

A primeira proposição, eles dizem, "trata-se da sabedoria convencional. Isso quer dizer que a vida tem se equilibrado como na ponta de uma agulha por mais de 3.500 milhões de anos. Caso a temperatura, a umidade, a salinidade, a acidez ou qualquer uma de várias outras variáveis tivessem se desviado para fora de uma faixa estreita de valores por qualquer período de tempo, a vida teria sido aniquilada."

A segunda é a proposição não convencional, e que resume a *Hipótese de Gaia*: "A matéria viva não é passiva diante das ameaças à sua existência. Ela encontrou meios, por assim dizer, de direcionar a ponta da agulha para a superfície da mesa, forçando as condições para permanecer dentro da faixa permitida."

Por exemplo, a Terra recebe entre 1,4 e 3,3 vezes mais energia solar do que quando a vida começou. No entanto, a manta atmosférica, com suas propriedades de retenção de calor, alterou sua composição na taxa correta para manter a superfície da Terra dentro da faixa de temperatura média extremamente estreita (entre 15 e 30 °C) necessária para sustentar a vida – sendo que algumas décadas acima ou abaixo desses limites poderia ter destruído toda essa vida. E não apenas sua função de retenção de calor: "Quase tudo sobre sua composição parece violar as leis da química" – embora sua composição também tenha permanecido sustentando a vida consistentemente.

Essa realidade (e o fato de sempre a termos ignorado) já é suficientemente espantosa, mas a *Hipótese de Gaia* examina vários outros fatores – o grau de salinidade do oceano, por exemplo – e mostra como também permaneceram dentro de limites estreitos de sustentação à vida, contra todas as probabilidades calculáveis.

A conclusão de Lovelock e Epton a partir dessa impressionante gama de improbabilidades científicas (contudo, cientificamente demonstráveis) era que todo o sistema – a Terra e sua biosfera – "parecia exibir o comportamento de um único organismo, ou mesmo o de uma criatura viva".

Chamaram essa criatura de Gaia, "o nome dado pelos gregos antigos à Deusa da Terra".

A teoria inteira merece um estudo minucioso por parte de cada Bruxo, Pagão ou Ocultista – sobretudo o livro de Lovelock, de fácil acesso, pois tipifica um desenvolvimento cada vez maior: a descoberta, pelos pioneiros da ciência, da coerência daquela realidade multinível que o Ocultismo tem reconhecido desde sempre. (A *Hipótese de Gaia*, aliás, não pode ser descartada como pensamento desejoso ou argumento seletivo por cientistas inadequados. "Membro da Royal Society" é um dos poucos títulos que podem ser atribuídos genuinamente somente às mentes de primeira classe. Se o movimento Pagão tivesse uma Lista de Títulos, daria a Lovelock pelo menos um título de cavaleiro.)

Portanto, de acordo com a experiência humana e a teoria ocultista, e como fato científico, a Terra é uma entidade viva.

Outra conclusão de Lovelock e Epton deve ser citada. "No ser humano, Gaia tem o equivalente a um sistema nervoso central e uma consciência de si mesma e do resto do Universo. Através do ser humano, ela tem uma capacidade rudimentar de se desenvolver, para premeditar e se proteger contra ameaças à sua existência."

A Terra, como todo o cosmos e todas as suas partes, está evoluindo. E com o surgimento da humanidade, ela deu um salto evolutivo no desenvolvimento deste "sistema nervoso central". A responsabilidade que isso coloca em nossos ombros é impressionante.

Mas, voltando a falar da Deusa, a Mãe Terra, e as duas maneiras de olharmos para ela, por um lado, ela é uma das entidades constituintes do cosmos, necessitando da autoconsciência da humanidade como um novo estágio em sua capacidade de manter as condições necessárias para a vida – a sua própria e a de todas as suas criaturas. Essa habilidade provou, ao longo de 3.500 milhões de anos, ser resiliente e invencível. Ela sempre encontra um caminho para a solução. Assim sendo, caso a humanidade a decepcione, ela nos eliminará e encontrará outra coisa melhor.

Por outro lado, ela é uma Face da Deusa Única, o aspecto Mãe de nossa fonte suprema divina e criadora, e o meio mais próximo que temos para entrar em contato com essa fonte.

Se mantivermos esses dois conceitos em nossas mentes e ações, percebendo como ambos são verdadeiros, poderemos de fato entender e trabalhar com a Mãe Terra.

III

A Face Clara e a Face Escura da Deusa

Por que temeis a Rainha Escura, ó homens?
Ela é a Renovadora.
Dion Fortune

Uma das maiores fraquezas do pensamento patriarcal é que ele rebaixa o conceito da polaridade criativa dos opostos complementares (masculino/feminino, claro/escuro, fertilizante/formativo, intelectual/intuivo, etc.) em um mero conflito entre o bem e o mal, entre Deus e o Diabo.

O que temos visto até então, e continuaremos a ver, é o esforço do patriarcado em ignorar a polaridade dos princípios do Deus e da Deusa. Por um lado, tentam abolir completamente a Deusa (negando o princípio da polaridade no nível Divino), enquanto que no nível humano tendem não apenas a subordinar a mulher, mas também a considerar todos os aspectos da Deusa para os quais ela é um canal (intuição, psiquismo, atividades humanas, a natureza cíclica e, até mesmo, sua sexualidade) como algo suspeito, perigoso e subversivo ao patriarcado – ou, em suma, como pertencente ao próprio Diabo. É quase surpreendente que Satanás não tenha sido caracterizado como feminino.

Tipicamente a essa atitude estão as declarações de São Paulo, segundo o qual o homem "é a imagem e glória de Deus; mas a mulher é a glória do homem" (1 Coríntios 11: 7). Em outro lugar, diz: "Que a mulher aprenda quieta e em completa submissão. Não permito que a mulher ensine, nem que tenha autoridade sobre o homem, mas deve ela permanecer em silêncio." (1 Timóteo 2: 11-12). E ainda, "Não é bom que o homem toque em mulher [...] Pois eu digo aos solteiros e às viúvas: é bom que sejam como eu. Mas, se não conseguem controlar-se, devem casar-se, pois é melhor casar-se do que arder de desejo." (1 Coríntios 7: 1, 6-9), e assim por diante. Presume-se que todas essas passagens devam ser consideradas oficialmente *Escritura Sagrada* (embora alguém possa se perguntar o que Jesus, que tratava as mulheres como seres humanos, teria dito a esse respeito).

A negação do equilíbrio entre as polaridades masculina e feminina se tornou atualmente uma questão de debate público e confronto ativo em muitas frentes, desde liberacionistas em favor das mulheres, até psicólogos junguianos – e já era a hora disso acontecer. O argumento público é um sintoma da percepção crescente de que a época patriarcal está no seu fim.

Mas há outra negação mais sutil, pela qual até mesmo muitos progressistas – inclusive alguns que aceitam o princípio da Deusa – são culpados. Uma negação, ou talvez uma omissão, para perceber a polaridade interna dentro desse mesmo princípio: a polaridade da Deusa em seu aspecto Luminoso e o da Deusa Negra, que são uma só e inseparáveis uma da outra.

No âmago da Mãe Luminosa está a Mãe Negra, do mesmo modo que no âmago da Mãe Negra está a Mãe Luminosa. Se não fosse assim, não haveria vida.

Na realidade, essa polaridade interna da Deusa, intrínseca a sua natureza cíclica, é a chave para toda a vida e renovação. A vida é um processo, não um estado. A Deusa é tanto o útero quanto o túmulo; ela dá à luz, cria forma, nutre e reabsorve o corpo exausto e o prepara para ganhar uma nova forma e renascer. Se ela não fosse a Destruidora, não poderia ser também a Renovadora.

Esta realidade é mais evidente no processo de vida e morte orgânicas, mas é verdade também em todos os níveis e fenômenos. É verdadeiro, por exemplo, no desenvolvimento do indivíduo, tanto física, mental quanto espiritualmente, em que cada estágio de crescimento é a princípio, um passo à frente, tendo sua fase de funcionamento útil, mas que finalmente tende a se tornar fossilizado. Quando alcança esse ponto, se não for descartado ou reformado, esse estágio se torna um impedimento ao progresso. E, caso haja qualquer resistência a esse descarte, pode se tornar venenoso.

A exigência da Deusa de que um estágio desgastado seja descartado pode ser vista pelo indivíduo como uma ameaça à sua integridade ou à imagem que tem de si mesmo, mas a Deusa é mais sábia e mantém a "ameaça", fazendo cada vez mais pressão. O indivíduo (ou em maior escala, por exemplo, a ordem patriarcal), passa a vê-la como "sombria" no sentido maligno.

Trata-se, porém, de um erro fundamental. A devoradora Mãe Negra não é má, ela é nossa amiga, se não insistirmos em ficar estagnados e, dessa forma, realmente morrer. Ela nos incita a avançar para uma nova vida, e para o seu outro eu, a sua face Luminosa.

Outra manifestação da polaridade interna da Deusa (como veremos no próximo capítulo) é o ciclo menstrual da mulher. No ápice da ovulação, ela é a Deusa Luminosa, preocupada com a impregnação e o nascimento. E, no ponto máximo da menstruação, ela se torna a Deusa Negra da renovação interior, profética e visionária. Há mais do que significado poético na correspondência entre o ciclo da mulher e o do supremo símbolo da Deusa, a Lua – não apenas em seu número de dias, mas em suas fases de luz e escuridão.

Uma análise profunda e instigante das complexidades inerentes das faces luminosa e escura da Deusa pode ser encontrada no livro do psicólogo junguiano Erich Neumann, *A Grande Mãe*. Reproduzimos aqui, com a permissão concedida gentilmente pelos editores Routledge & Kegan Paul, um dos diagramas de Neumann (figura 1). Observe que um dos eixos possui os polos de nascimento e morte, e o outro os polos de transformação positiva e negativa. Cada uma das formas da Deusa já concebidas pela humanidade pode ser colocada em algum lugar (ou mesmo em mais de um lugar) nesse esquema. Contudo, como Neumann destaca, cada polo pode se transmutar em seu oposto: a morte pode se converter em nascimento e, aparentemente, a transformação negativa em positiva. (A propósito, enfatizamos que os termos "Bruxa Jovem" e "Bruxa Velha" usados por Neumann, referem-se à desprezível imagem assustadora da Bruxa que foi criada pela propaganda dos perseguidores, tornando-se uma forma-pensamento negativa por si só. Sabemos o que ele quer dizer, mas essa imagem também pode ser transmutada!).

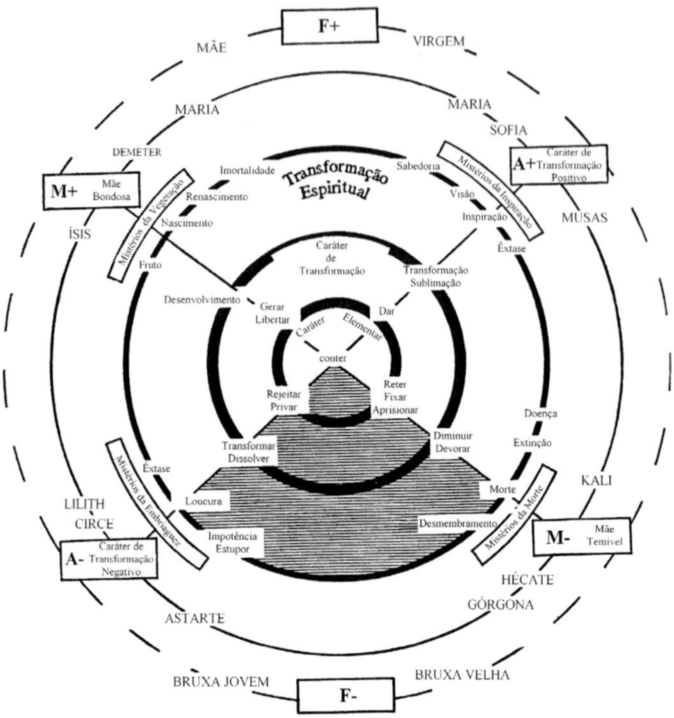

Fig. 1. A análise de Erich Neumann acerca do aspecto luminoso e escuro da Deusa.

Olhando de outro ângulo, o aspecto luminoso da Deusa representa a luz da consciência – não a análise intelectual dessa luz (que é uma função do Deus), mas, sim, a consciência direta do nosso meio ambiente, das manifestações de fertilidade, do prazer e do conforto, da realização, da atração sexual manifesta, da afinidade em ação. A Deusa Negra, por outro lado, representa os mistérios do Inconsciente, tanto pessoal quanto coletivo, a percepção indireta da intuição, da harmonização instintiva com o meio ambiente e os processos de fertilidade, do importante estímulo que avisa sobre a dor ou desconforto, do impulso instintivo para alcançar e criar, da fusão de identidades na união sexual, da afinidade como "comprimento de onda".

Nesse sentido, a Deusa Negra pode parecer assustadora ou perturbadora, sobretudo para a consciência egoica defensiva, obcecada por sua própria independência. Mas essa independência é uma ilusão perigosa, visto que a consciência do ego tem suas raízes vivas no Inconsciente. É uma função útil, inerentemente humana, e uma extensão da psique em sua totalidade. A menos que se reconheça e se aceite a Deusa Negra como um fator positivo em geral, a consciência cortará suas próprias raízes, não demorando muito para murchar e entrar em colapso. As tentativas da consciência egoica para alcançar a independência (em outras palavras, considerar a Deusa Negra como o Diabo) é o principal erro deixado pela era patriarcal, sendo a tarefa mais urgente em nossa época corrigir esse erro, se nós e Gaia quisermos sobreviver.

Uma maneira de alcançar a compreensão e harmonia com a Deusa Negra é perceber que ela é a Deusa dos sentidos inconscientes, e a chave para expandirmos a consciência, ou "elevá-la a níveis mais altos" (um objetivo primordial de todo caminho válido de Bruxaria e Ocultismo).

Por "sentidos inconscientes" queremos dizer, obviamente, aqueles que podem ser vagamente chamados de psíquicos, mas também nos referimos aos sentidos corporais sutis que normalmente (ou como resultado de negligência) operam abaixo do limiar da percepção consciente, ou apenas em um nível bastante silenciado. São os sentidos que outras espécies animais vivenciam em graus variados: o olfato do cão, o senso de localização do morcego, o sentido de orientação do pombo usando o campo magnético da Terra, o senso de linguagem corporal do macaco, a capacidade do macho da mariposa em sentir o cheiro dos feromônios a grandes distâncias, a habilidade sensorial de alguns peixes que funciona como um sistema de radar, e assim por diante.

A humanidade possui todos esses sentidos (exceto, talvez, o radar) em um nível subliminar, mas todos passíveis de desenvolvimento. Pessoas cegas são a prova disso pela maneira como elas expandem, às vezes de maneira espetacular, seu olfato e ecolocalização. (Certa vez, Stewart recebeu uma tarde de treinamento em ecolocalização por um instrutor do *Royal National Institute for the Blind* e, vendado, ficou surpreso ao descobrir o quão rapidamente começou a fazer isso funcionar.) Pode ser novidade para a maioria das pessoas, mas nós somos todos pombos-correios em potencial. Robin Baker, de Manchester, em uma série de experimentos com estudantes que ele vendou e enviou em viagens de ônibus, obteve sucesso significativo em detectar a capacidade de eles apontarem para a direção de suas casas (as mulheres substancialmente mais do que os homens).

Quando ele colocou neles capacetes contendo ímãs, para protegê-los do campo magnético da Terra, a habilidade desapareceu.

A fotografia Kirlian e o uso das telas de Kilner provaram que a aura humana e o corpo etérico não são meras fantasias de ocultistas imaginativos, e sim fenômenos objetivos. Muitas pessoas (incluindo o próprio Kilner) descobriram que são capazes de ver a aura não só de humanos, mas também de animais e plantas, e diversas outras estão desenvolvendo a capacidade latente deliberadamente com experiência e prática.

A radiestesia também trabalha com um "sentido inconsciente", cuja validade tem sido verificada há muito tempo, e que demonstra que muito mais pessoas do que se imagina são capazes de exercitá-lo e aprimorá-lo.

Trazer todos esses sentidos para o nível de uso consciente é uma excelente maneira de elevarmos nossa consciência a outro nível e nos sintonizarmos com a Deusa Negra e tudo o que ela tem a oferecer.

Peter Redgrove assim descreveu em sua palestra sobre J. R. R. Tolkien para a *Lincoln Clinic and Institute for Psychotherapy*, em 1984:

> *Por que então esta Deusa é negra? Deixe-nos dizer outra vez, porque é o símbolo de todas as coisas que poderíamos saber na escuridão além do que nos é visível. Porque ela representa todas as forças que nos cercam que não são percebidas com os olhos, mas que se estendem do espectro visível até modos de vida inexplorados. Porque ela é a Deusa da visão noturna, do sonho e de todas as coisas que vemos pela luz interior quando nossos olhos estão fechados. Porque ela é a Deusa da Segunda Visão, e também da Primeira Visão, o toque do feto no útero, e o tato suave de um amante na cama. Ela é a Deusa da intimidade, de estar "em contato". E talvez pelo fato de ela viver na escuridão que os homens criaram por conta de sua cegueira, ela seja, portanto, representada amiúde como cega, a Deusa da Justiça, a Shekinah cega chorando pelo povo exilado, a figura cega de Jung, Salomé.*

A Mãe Negra é, portanto, duas coisas. Ela é tudo que homens e mulheres temem na Deusa, porque não conseguem entendê-la. E ela é a chave para expandirmos enormemente a consciência, incluindo a consciência dela mesma. Ela não é uma ameaça, e sim a chave para a renovação e o renascimento. E, mais cedo ou mais tarde, devemos chegar a um acordo com ela, contanto que ela deixe de chorar por seus exilados.

IV

A Deusa que Menstrua

O que está embaixo é igual ao que está em cima,
e o que está em cima é igual ao que está embaixo,
para realizar os milagres de uma Única Coisa.
Hermes Trismegisto

Quando o cristão guarda o seu sábado, quando o judeu deseja ao seu vizinho *Gut Shabbus*, ou quando a Bruxa traça seu Círculo para um Festival de Sabbat, pelo menos etimologicamente estão todos fazendo a mesma coisa: eles estão homenageando o ciclo menstrual da Deusa da Lua.

A humanidade pré-histórica e primitiva sabia muito bem que a menstruação feminina era um fator central da existência e que, no período do fluxo menstrual, a mulher ficava magicamente mais poderosa, xamanística e misteriosa. Como a ligação entre as fases da Lua e as mulheres era óbvia, a fase escura da Lua estava igualmente associada ao pico menstrual da Deusa. Por conseguinte, ela mesma também estava mais poderosa e misteriosa, e os humanos eram muito cautelosos com suas ações, ou se abstinham de agir, naquele momento maravilhoso. A Lua Nova acabou cercada por uma série de tabus para se agir com prudência naqueles dias, bem como rituais propiciatórios.

No devido tempo, essas observâncias foram estendidas para os quatro quartos do seu ciclo. Os assírios observavam não apenas o dia da Lua nova, mas também o sétimo, o décimo quarto e o vigésimo primeiro dia do ciclo com cerimônias especiais. Cada um desses dias era chamado de *sabbatu*.

É do *sabbatu* assírio que descende o sábado de hoje, observado a cada sete dias, juntamente com tabus com relação a vários tipos de atividade.

Entretanto, um *sabbatu* muito interessante desapareceu: os assírios também marcavam o décimo nono dia. Entre 14 e 19 dias, o ciclo menstrual de uma mulher está praticamente pronto para o pico de ovulação, quando a possibilidade de concepção atinge o seu ápice. Assim, esta antiga civilização, milênios à frente do Dr. Billings, estava ciente desse fato e honrava o período máximo de fertilidade da Deusa da forma como ela merecia.

Um cético veria a tudo isso como algo muito humano e simbolicamente compreensível em se tratando daquela época, não passando, no entanto, de uma fantasia evidente do nosso ponto de vista mais bem informado.

Mas isso é verdade? Ou os assírios estavam propondo uma verdade psíquica e espiritual: a de que a Deusa menstrua?

A polaridade suprema da força criativa cósmica – o Deus e a Deusa –, reflete-se em todos os níveis e em todas as manifestações, assim como formulado por Hermes Trismegisto, "*ad perpetranda miracula Rei Unius*" ("para realizar os milagres de uma Única Coisa"). Em outras palavras, a Criação tem inevitavelmente a mesma natureza do Criador. O universo é Uno.

E quanto mais evoluído for um elemento dessa criação, mais complexo e completo é o seu reflexo da fonte criativa.

(Hermes Trismegisto foi um sábio lendário que diziam ter vivido no Egito por volta de 1900 AEC. Ele era de fato uma forma de Thoth, o Deus egípcio da Sabedoria, e sua famosa "Tábua de Esmeralda" – da qual provém a citação mencionada acima – era um texto em Latim provavelmente derivado dos rituais de Thoth e muito citado pelos filósofos medievais.)

Dizer que a humanidade é o fator mais altamente evoluído neste Planeta não é ser arrogante. Pelo contrário, é assumir uma responsabilidade quase assustadora. Uma tartaruga mãe reflete um ou dois aspectos comparativamente simples do princípio feminino cósmico, a Deusa; enquanto uma mãe felina ou canina reflete consideravelmente mais. Um salmão macho reflete alguns aspectos simples do Deus; um veado, bem mais.

Mas quando chegamos à nossa própria espécie, a mulher é o reflexo mais complexo da Deusa e o homem do Deus, no repertório multiforme de Gaia. Como claramente esse reflexo brilha, ele varia muito de um indivíduo para outro. Em alguns, parece tão distorcido a ponto de ser irreconhecível, enquanto em outros se aproxima da completitude. Mas quanto mais nos aproximamos dessa completitude, mais genuinamente humanos somos.

O mesmo pode ser dito das formas da Deusa e as formas do Deus já visualizadas pela humanidade. Algumas delas tomaram formas de animais ou, quando antropomórficas, eram associadas a animais totêmicos. Mas isso tem sido uma ênfase instintiva apenas no aspecto da Deusa ou no aspecto do Deus particularmente representado pela divindade em questão. E quanto mais completo um conceito de divindade se torna, mais ele se aproxima da forma humana. Ishtar, Ísis e Arianrhod têm forma de mulher; Apolo, Cristo e Lugh têm forma de homem.

Isso não se deve, porém, a uma imperfeição ou egocentrismo por parte da imaginação humana. É como assumir uma responsabilidade, o reconhecimento de que, pelo menos em potencial, somos capazes de refletir todo o espectro de aspectos da Deusa e do Deus. Visualizar Ísis como mulher ou Apolo como homem não é uma tentativa de arrastá-los ao nosso próprio nível como humanos, mas, sim, um esforço para nos elevarmos ao nível deles.

"À imagem de Deus o criou; homem e mulher os criou". A verdade não pode ser escondida nem mesmo pelo viés patriarcal expresso no Gênesis. A imagem da Divindade é masculina e feminina.

Vejamos, então, de outro extremo. Examinando as essências masculina e feminina no nível humano, podemos compreender as essências do Deus e da Deusa que elas refletem. (Tratamos isso relativamente em detalhe no capítulo sobre Bruxaria e Sexo em *A Senda das Bruxas*.) Em resumo, a essência masculina é linear, analítica, com consciência concentrada e lógica. Disseca as coisas para ver do que são feitas. É energia fertilizadora, é a força em vez da forma. Por outro lado, a essência feminina é cíclica, sintetizadora, com consciência difusa e intuitiva. Agrega as coisas para ver como elas se relacionam. Recebe a energia masculina e lhe dá forma.

(Isso não quer dizer, evidentemente, que um homem seja puramente energia masculina, e uma mulher puramente a energia feminina. Cada ser humano saudável contém ambas; a "essência" é uma questão de ênfase criativa. Veja a parte sobre Animus e Anima, nas páginas 83 e 84).

Uma sem a outra se torna incompleta, distorcida e vulnerável. Trabalhando juntas, ambas as energias são capazes de gerar um imenso poder criativo, seja no nível humano ou divino. Sua polaridade funciona com o gerador do Universo.

Como discutiremos mais detalhadamente no capítulo VI, os símbolos destacados do Deus e da Deusa, o Sol e a Lua, expressam vividamente essas qualidades.

O Sol fornece uma luz brilhante e fertilizante; e é constante, diferente da Lua (embora esta tenha seu próprio ciclo de longo prazo); ele ilumina cantos escuros e elimina a ambiguidade. Às vezes seu calor pode ser impiedoso, nos levando ao abrigo para amenizá-lo.

A Lua, por outro lado, é a brilhante joia do Inconsciente Obscuro. Ela toma a luz do Sol e apaga seu fogo, fazendo com isso algo diferente. Sua natureza cíclica é inevitável. Em uma de suas fases, ela se manifesta inteiramente como a Mãe Sombria; em outra, ela é inteiramente a Mãe da Luz; e, entre essas fases, ela é ambas ao mesmo tempo, em um todo perfeitamente integrado. A Lua ainda possui uma face misteriosa que nunca pode ser vista na Terra (mas, começando a revelar seus segredos para nós, a humanidade com sua inteligência aprendeu a orbitar em torno dela; assim, se formos sábios, nosso aspecto Solar pode ser usado para entender nosso aspecto Lunar em vez de ignorá-lo ou sufocá-lo).

A mulher, como reflexo da Deusa, possui todas essas qualidades. E, sendo (como o homem) uma entidade de múltiplos níveis, sua natureza corpórea espelha a de seus níveis não materiais.

A única diferença física inevitável com relação ao homem é a menstruação. Sua capacidade de acasalar e ter filhos é um potencial que ela pode escolher cumprir ou não. Mas, sendo virgem ou amante, mãe ou freira, desde a puberdade até a menopausa (a face materna de sua natureza tríplice), ela menstrua. E a questão relevante aqui é que ela menstrua em todos os seus níveis – físico, etérico, astral, mental e espiritual. Essa é a expressão máxima de sua natureza cíclica (em que ela se assemelha à Deusa).

Sob o patriarcado, com seu pensamento distorcido (por estar em desequilíbrio), a menstruação se tornou "uma maldição" e, em geral, essa visão também tem sido aceita pelas mulheres. Até mesmo a ciência biológica e a psicologia ignoraram suas verdadeiras implicações, notadamente com mais frequência do que outros campos de pesquisa – até o surgimento da obra revolucionária de Penelope Shuttle e Peter Redgrove, de 1978, *The Wise Wound: Menstruation and Everywoman*, que deveria ser leitura obrigatória para todos os Bruxos e Pagãos.

Shuttle e Redgrove apontam que a ciência patriarcal, interessada apenas no aspecto pró-criativo, concentrou-se no ápice da ovulação do ciclo, tratando o pico menstrual como algo puramente negativo, uma mera preparação para a próxima ovulação. Mas o ciclo é um todo integrado, com profundo significado psíquico como ciclo, e não apenas uma sequência de repetições.

Na ovulação, a mulher é a Mãe da Luz, o útero fecundo da raça, a extrovertida portadora e a transmissora de tudo o que está codificado em suas moléculas de DNA. Sexualmente, ela tende a ser receptiva, desejando penetração e fertilização. Na menstruação, ela é a Mãe Sombria, a vidente, a parteira introvertida dos mistérios – portadora, se preferir, das moléculas de DNA do Inconsciente Coletivo. Sexualmente, ela tende a tomar a iniciativa erótica, desejando a experiência por si mesma, divorciada do impulso pela procriação.

Há uma característica em sua imagem, tanto consciente como inconsciente, que difere do homem. Durante a ovulação da mulher, ele é o pai em potencial (quer seja desejado ou temido). Já na menstruação, ele é o irmão ou o amante não impregnante – ou até mesmo o intruso psíquico.

Curiosamente, é a menstruação que torna o Homo Sapiens essencialmente humano. "É uma ideia reconhecida na ciência zoológica a de que o desenvolvimento do ciclo menstrual foi o responsável pela evolução das sociedades primatas e, consequentemente, da humanidade. (*The Wise Wound*, pág. 142). O ciclo do estro em outros mamíferos ocorre puramente para a procriação, sendo depois o desejo sexual "desligado" quando a fêmea não está mais no cio – ou seja, no seu pico de ovulação. No entanto, o desenvolvimento do ciclo menstrual produziu uma sexualidade contínua – que Shuttle e Redgrove chamam de "brilho sexual". Trata-se, na verdade, de um impulso à afinidade com os outros membros da espécie humana que transcende o de outros animais sociais, um salto evolutivo que (como todos os saltos) era importante para a sobrevivência e o desenvolvimento da espécie.

Acreditamos ter sido este um passo importante no processo que mencionamos anteriormente – a capacidade progressiva da humanidade de refletir todo o espectro do Deus e da Deusa. Pois, embora o Deus seja linear e a Deusa cíclica, em essência, a polaridade criativa entre eles opera o tempo todo através de todas as suas fases e em todos os seus níveis. Assim também ocorre com o Homem e a Mulher, e com os elementos masculinos escondidos na Mulher (o Animus) e os elementos femininos escondidos no Homem (a Anima), visto que, como Shuttle e Redgrove enfatizam em uma observação deveras instigante: "O que nunca deveríamos ter esquecido é que a Anima menstrua" (ibid.).

Como acima, é abaixo. Nós nos esforçamos para entender o Deus e a Deusa tentando compreender a nós mesmos, e vice-versa, pois compartilhamos de sua natureza.

Assim, respondendo à nossa pergunta: tanto como uma verdade por si só quanto como um conceito útil para que aprendamos a compreendê-la – sim, os assírios estavam certos, a Deusa menstrua.

V

A Deusa Tríplice

Diana em meio ao mato verdejante,
Luna a brilhar tão radiante,
Perséfone no Inferno.
John Skelton

Encontramos a temática da Deusa Tríplice na mitologia de todas as nações – uma Trindade há muitos milênios mais antiga do que a cristã. Ela é Donzela, Mãe e Anciã; encantamento, maturidade e sabedoria; a Lua crescente, cheia e minguante.

Eis a Deusa Tripla;
Ela, que ao mesmo tempo é Três – Donzela, Mãe e Anciã.
Mas que é sempre Uma;
Está presente em todas as mulheres, e estão nela.
Contemple as Três, que são Uma, com amor destemido,
Para que você também possa estar inteiro.

Ela pode ser encontrada em todas as culturas, pois é arquetípica. O aspecto feminino da divindade (assim como o da humanidade) é, como vimos no último capítulo, cíclico – sedutor, nutridor e sábio –, cada um por seu turno e também simultaneamente. Toda mulher realizada e autoconsciente tem conhecimento disso, pelo menos instintivamente, e todo homem racional que já amou uma mulher também sabe disso.

Pode-se verificar a antiguidade desse conceito a partir da representação primeva de um ritual religioso europeu, uma pintura rupestre datada da Idade da Pedra em Cogul, no nordeste da Espanha, descrita em detalhes por Robert Graves em *A Deusa Branca* (terceira edição, Faber, 1952). Na pintura, nove mulheres dançam formando um crescente, enquanto enfrentam um jovem de aparência exausta com genitais enormes – o representante humano do Deus que morre. Movendo-se em *deosil* (ou seja, em sentido horário) ao redor do crescente, as roupas e figuras femininas deixam claro que elas crescem e progressivamente se tornam mais velhas, começando com três jovens garotas e terminando com a mulher mais velha e macilenta de todas, cujo rosto é como uma Lua minguante (sendo a única que está dançando no sentido anti-horário). A outra figura restante, a de um menino montado em um gamo jovem longe do grupo, é "mais claramente que qualquer coisa, a alma do condenado Dionísio em fuga", comenta Graves. "As mulheres selvagens estão se aproximando dele, vão rasgá-lo em pedaços sangrentos e devorá-lo. Embora não haja nada na pintura que indique em qual estação se encontram, podemos ter certeza de que era o Solstício de Inverno. A Deusa Tríplice, re-triplicada para dar ênfase, também é um tema frequente (veja nossas observações sobre as Musas e sobre a Anciã, a seguir).

Este era o aspecto escuro e de sacrifício da Deusa Tríplice, mas ela ressurge continuamente em todos os aspectos.

Milhares de anos depois, o monoteísmo patriarcal (com uma contribuição crucial do santo católico Paulo) completou o processo iniciado pelo paganismo patriarcal, ou seja, a negação e a supressão das realidades da polaridade sexual, tanto o aspecto sombrio quanto o luminoso. A visão de mundo pagã anterior havia aceitado essas realidades como evidentes por si mesmas e, consequentemente, foram concebidas formas da Deusa para expressá-las.

"Em uma sepultura *allée couverte* galo-romana localizada em Tressé, próximo a Saint-Malo, na região da Bretanha, dois pares de seios de mulheres jovens estão esculpidos em um dos pilares megalíticos, e dois pares de seios maternos em outro. O topo de um terceiro pilar foi quebrado, mas, V.C.C. Collum, que escavou a sepultura, acredita ter havido um terceiro par – que provavelmente exibiam os seios encolhidos da velha. (Graves, *A Deusa Branca*).

Portanto, repetidas vezes encontramos a Deusa Tríplice – sempre com ênfase em sua unidade essencial (um conceito que, quer seja consciente ou inconscientemente, foi incorporado pela Trindade Cristã). Era comum uma Deusa Tríplice ter apenas um nome, mas ainda assim sua lenda enfatizar o fato de que havia três dela. Às vezes, isso acontecia até mesmo com os lugares onde ela era cultuada. Por exemplo, em Stymphalus, na Grécia, Hera tinha três templos – um para a Deusa menina, outro para a Deusa esposa, e um terceiro para a Deusa viúva. Hera foi uma das piores vítimas da apropriação patriarcal. No mito original, ela era uma poderosa Deusa Mãe por seu próprio direito, mas foi rebaixada pelo recém-chegado Zeus a sua mera consorte. Assim, não é de se estranhar que, mesmo em Stymphalus, seus títulos de "esposa" e "viúva" se relacionassem ao seu status como consorte, em vez de se referirem a seus próprios aspectos como "mãe" e "velha sábia". Ainda assim, sua natureza de Deusa Tríplice permaneceu inequívoca. (Seria esclarecedor saber exatamente que forma os rituais tinham nesses três templos.)

Hécate das Três Faces, guardiã das encruzilhadas (onde o viajante enfrenta três escolhas), era uma típica Deusa Tríplice. Igualmente, havia as Três Fatas[3], equivalentes às Moiras (ou Moerae) do Panteão Grego, e às Nornes teutônicas. As Moiras e Nornes, aliás, claramente se dividem em três funções: a que tece o fio da vida, a que molda o destino e a que corta o fio quando chega a hora.

As tríades gregas do tipo mais sombrio eram as Erínias, Deusas da vingança e da justiça divinas (chamadas de Fúrias pelos romanos) e as terríveis Górgonas, cujo olhar transformava os homens em pedra – simbolizando as profundezas ocultas do inconsciente que poucos estão bem integrados o suficiente para enfrentar.

No outro extremo estavam as Cáritas ou Graças, Deusas de esplendor, alegria e bom ânimo, e que, naturalmente, chamavam a atenção de artistas.

Apolo, o epítome brilhante do aspecto masculino da divindade, era acompanhado por nove Musas – a antiga Deusa Tríplice multiplicada por ela mesma e diminuída a uma equipe de assistentes. Musas anteriores no Monte Hélicon e no estado de Sicião eram todas em número de três, assim

3. N.R.: Também chamadas de Três Destinos.

como em Delfos, o maior centro de clarividência e profecia feminina, antes que Apolo se apoderasse dele.

Carmenta, uma Deusa romana que estava relacionada ao parto e, portanto, uma Deusa Mãe, tinha consigo uma Donzela, sua irmã Antevorta (que olhava para frente, o futuro), e uma Anciã, sua outra irmã Postvorta (que olhava para trás, o passado).

No panteão hindu, Bhavani é um exemplo claro de uma Deusa Tríplice entre muitos outros. Ela é conhecida como o Universo Triplo e é descrita em três formas: como uma jovem coroada, contendo dentro de seu corpo todo o potencial da criação – a Terra, o Mar, o Sol e a Lua; como mãe, trazendo o Sol e a Lua em seus seios; ou em sua face mais sombria e imponente, com um colar de crânios ao redor do pescoço.

Os chineses têm uma tríade budista chamada a Tripla Pussa, que traz associações com a benevolente Kwan-Yin.

No panteão eslavo encontramos as três Zoryas, Deusas do amanhecer, do entardecer e da meia-noite – uma tríade vital, uma vez que vigiam um cão acorrentado à constelação da Ursa Menor e, acreditava-se, que quando a corrente se rompesse o mundo iria acabar.

Até mesmo o cristianismo popular conseguiu importar a Deusa Tríplice às escondidas, pelas bandas do sul da França. Em *Saintes-Maries-de-la-Mer*, onde se acredita que a Virgem Maria, Maria Madalena e Maria de Cleófas tenham desembarcado após a Ascensão de Jesus, até hoje a adoração das Três Marias está fortemente enraizada em Provença (veja o capítulo VIII).

Outra tríade emigrante – saindo do Daomé na África e chegando até ao Haiti – é Erzulie, do vodu. Seu aspecto de Mãe é Erzulie Freda Dahomey, Deusa do amor, conhecida como uma *maîtresse* e muitas vezes identificada com a Virgem Maria; a Donzela é La Sirène, com sua voz marítima; e a Anciã, a idosa e protetora, Gran Erzulie.

A Deusa Tríplice sobrevive de modo bastante ambivalente no Islã, como Al-Lat, Al-Uzza e Manah. Al-Lat, uma antiga Deusa da Lua, é etimologicamente a forma feminina de Alá (Allah). Al-Uzza era originalmente a Deusa da Ka'aba, a pedra sagrada de Meca. Manah significa "tempo" ou "destino". Todas as três são condenadas no Alcorão, na 56ª Surata: versículos 19-23: "O que pensais vós de Al-Lat, e Al-Uzza, e a outra, a terceira Deusa, Manah? Por acaso tendes vós filhos varões, e Alá fêmeas? [...] Não são senão nomes vazios, a que denominastes Deusas, vós e vossos antepassados." Mesmo assim, as três são conhecidas na tradição Muçulmana como "As Três Filhas de Alá".

A mina de ouro com as mais valiosas provas que sobreviveram sobre a existência da Deusa Tríplice pertence ao povo celta.

A cultura celta, ao contrário da maior parte da Europa, não transformou os Deuses da antiga religião nos diabos da nova. Ao contrário, estes se tornaram heróis e heroínas da raça, cujo corpo de lendas foi escrito até mesmo por monges celtas medievais com uma simpatia e fidelidade notáveis (como, por exemplo, no *Lebor Gabála Érenn, O Livro das Invasões* – veja MacAlister, na Bibliografia). Além disso, os celtas não suprimiram os antigos contos populares, passando-os adiante praticamente inalterados. Por exemplo, Lugh Lámhfada foi transferido para a história de São Patrício, como demonstrado por Máire MacNeill em *O Festival de Lughnasa.*

No lado feminino, essa transferência aconteceu de maneira ainda menos disfarçada. O maior exemplo é Brighid, ou Brigit (cujo nome é interpretado amiúde como sendo derivado de Breo-saighead, "flecha flamejante", ou de Bright, "poder"). Brigit era uma Deusa celta da inspiração, da fertilidade e do fogo. Seu festival Imbolc (que significa "no ventre") ocorria em 1º de fevereiro[4], e um de seus principais centros de culto era em Kildare.

Como veremos no capítulo XIV, a Santa Brígida ou a Bridget histórica, que morreu por volta de 525 EC, assumiu completamente suas características, lendas e locais sagrados – inclusive, seu festival, *Lá Fhéile Bríd*, era comemorado em 1º de fevereiro.

Brigit era uma grande Deusa em todas as terras celtas. Brigantia, que abrangia grande parte do norte da Inglaterra, recebeu seu nome em homenagem a essa Deusa, e muitos nomes antigos de lugares na Bretanha que sobreviveram até os nossos dias derivam dela. Na Gália, ela era conhecida como Brigindo, e, em outras partes do continente, como Brigan ou Brig. Não é de se admirar que, mesmo na sua forma cristã, ela tenha se tornado "a Maria dos gaélicos", a Mãe Adotiva de Cristo, sendo a devoção popular indiferente ao anacronismo.

---

4. N.R.: A data se refere a celebração de Imbolc no Hemisfério Norte. No Hemisfério Sul, do qual o Brasil faz parte, celebra-se Imbolc em 1º de agosto.

E aqui está a nossa pista da Deusa Tríplice: diversas vezes, mesmo na lenda cristã, ela é chamada de "as três Brígidas". Nenhuma evidência histórica plausível é mencionada nesse aspecto, e, de fato, a Santa Brígida histórica não passa de uma sombra, um resquício de todas as esplêndidas lendas a respeito de seus poderes mágicos. Mas a natureza tripla de uma Deusa muito amada sobrevive na memória popular como a misteriosa triplicação de uma santa. (Aliás, ela tem três dias de festa: em 1º de fevereiro, como já mencionado; 10 de junho, data em que foi transladada; e 24 de março, quando seu corpo foi supostamente descoberto com os de Patrício e Columba por Malaquias, em Downpatrick, no ano de 1185.)

(Santo Agostinho, ao atacar a adoração da Deusa Tríplice da Lua, escreveu: "Como pode uma Deusa ser três pessoas e uma só ao mesmo tempo?" Aparentemente, isso é permitido apenas a uma divindade masculina.)

Para recorrer a figuras pagãs não cristianizadas, o exemplo mais notável é, talvez, o das três rainhas dos Tuatha Dé Danann – Éire (Ériu, Érin), Banbha e Fodhla. Quando os milesianos (gaélicos), últimos conquistadores da Irlanda na saga mitológica, derrotaram os Tuatha Dé Danann, "o Povo da Deusa Dana", essas três senhoras pediram a Amergin, bardo e porta-voz dos milesianos, que a Irlanda recebesse o nome delas, e seu pedido foi concedido. (Banbha e Fodhla podem ter sido esquecidos como nomes da Irlanda atualmente, mas aparecem em trechos do *Lebor Gabála Érenn*.)

Essas três rainhas eram filhas de Dagda, "o bom Deus" e, curiosamente, eles tiveram consortes elementais. O marido de Banbha era Mac Cuill, Filho da Aveleira, também descrito como "aquele cujo Deus era a aveleira", ou "seu Deus, o mar". O de Éire era Mac Greine, Filho do Sol, ou "o Sol, seu Deus". Por fim, o marido de Fodhla era Mac Cecht, Filho do Arado, ou "cujo Deus era o arado", ou ainda "cujo Deus era a terra".

Aqui, não temos apenas a Deusa Tríplice, consciente de sua polaridade complexa com o aspecto divino masculino, mas também podemos de fato atribuir uma função na trindade a pelo menos uma delas: Banbha, que seria a Anciã. Banbha disse a Amergin: "Sou mais velha que Noé. No pico de uma montanha estava eu durante o Dilúvio". Ela alegava ter vindo para a Irlanda com Cessair (Cesara), neta de Noé e a primeira ocupante lendária desta ilha. Outra passagem no *Lebor* vai ainda mais longe e diz que Banbha foi a primeira mulher a encontrar a Irlanda antes do Dilúvio

Por meio de seus consortes, podemos bem adivinhar os papéis de todas as três. A antediluviana Banbha como a Anciã, casada com as Profundezas do mar primordial; Fodhla como a Mãe, casada com a Terra; e Éire como a Donzela, noiva do Sol.

Morrigan, Deusa irlandesa da batalha, às vezes é vista como a combinação de Anu, Banbha e Macha em uma tríade de Deusas do Destino.

Resquícios da Deusa Tríplice também aparecem nas mulheres lendárias irlandesas menos proeminentes, como, por exemplo, as três irmãs Cailleach Bheara (a Bruxa de Beare), a Bruxa de Bolus e a Bruxa de Dingle. É importante notar novamente que, uma dessas parece ter sido muito velha. Conta-se que a Bruxa de Dingle viveu por 300 anos.

Coventina, Deusa patrona do poço sagrado em Carrawburgh, Northumberland, é representada em revelo nesse lugar como um trio de ninfas.

Graças a Wagner, todos conhecem uma versão da história de Tristão (Tristram) e Isolda (Iseult, Essylt Vyngwen "do cabelo fino"), mas, na verdade, a lenda celta associa três Isoldas a Tristão. A primeira é uma rainha da Irlanda que possuía grandes poderes de cura, com os quais curou Tristão quando seu irmão Morold o feriu. A segunda, a noiva prometida do rei Marcos da Cornualha, que se tornou amante de Tristrão quando eles beberam uma poção de amor por engano. Quando tiveram que se separar, ela lhe deu um anel como representação de seu amor, para ser usado como um sinal, caso ele precisasse dela. E a terceira, a filha de um rei da Bretanha que se tornou esposa de Tristrão.

Aqui novamente está expressa a temática da Deusa Tríplice, em polaridade com o jovem herói-Deus. Isolda, a Donzela, torna-se sua amante. Essa fase primaveril não demora a findar, mas ela sempre estará lá se ele realmente precisar dela. Isolda, como Mãe, torna-se sua esposa e genitora de seus filhos. E Isolda, como a Anciã, cura suas feridas com suas artes mágicas. Contudo, o nome comum a todas elas indica que são três aspectos da mesma Deusa, a cada uma das quais o Deus deve se relacionar para cumprir seu destino.

Menos evidente, porém ainda assim inconfundível, é a rainha de Arthur, Guinevere (Gwenhwyfar). Segundo *The Triads of Britain* (ver Morganwg na Bibliografia), manuscritos medievais, cujo material deriva da tradição oral do Século 6 ou 7, e talvez anteriormente a isso, Arthur tinha três esposas chamadas Gwenhwyfar, filhas de Gwythyr, filho de Greidiawl, de Gawrwyd Ceint, e de Ogyván Gawr, respectivamente.

O romance medieval distorceu muito os temas arquetípicos que antes se cristalizavam em torno da figura histórica e real de Artorius, o Dux Bellorum que uniu os celtas britânicos contra os saxões após o colapso da Grã-Bretanha romana. Como podemos identificar, esses arquétipos representavam o venerado Velho Rei, seus Jovens Heróis notáveis, e a Deusa-Rainha que mantinha o equilíbrio entre eles – os papéis de consorte, amante, mãe, conselheira e inspiradora, concomitantes com uma esplêndida falta de inibição tipicamente pagã. Essa deve ter sido a verdadeira Gwenhwyfar da lenda celta, quaisquer que fossem os fatos sobre a esposa real de Artorius. E somente uma Deusa Tríplice (ou sua expressão humana, que toda mulher é verdadeiramente) poderia ter ocupado essa posição como o foco principal da Corte de Heróis.

Existem possíveis indícios para isso nos três "Pais" de Gwenhwyfar, em paralelo com aqueles evidenciados pelos companheiros elementais de Banbha, Fodhla e Éire. Em tal caso, Gwythyr era um tipo de herói que precisa lutar anualmente com o seu rival, a fim de obter o favor da Deusa-heroína (semelhante à luta entre o Rei do Carvalho e o Rei do Azevinho); Ogyván Gawr era um gigante (representação da Terra?), e assim por diante.

Lancelot foi uma adição posterior ao corpo celta original de lendas arthurianas. Seu caso desastroso com Gwenhwyfar pode remontar a um protótipo de um Deus agonizante sazonal.

É triste que, nas mãos dos romancistas medievais, Gwenhwyfar tenha degenerado, tornando-se um fantoche sem cor, seduzida por Lancelot em adultério e, assim, tendo uma vida desgraçada – o oposto ao tema do acasalamento sacrificial.

Mas ainda podemos discernir os arquétipos por trás das distorções. Não é fácil, pois, esconder a Deusa Tríplice. E no que diz respeito ao próprio Arthur, ela esteve com ele até o fim – como as três misteriosas damas que levaram seu corpo de barco para Avalon.

Qual é a natureza dos três aspectos que compõem a Deusa Tríplice?

Primeiro, a Donzela. Ela representa o Encantamento, a magia brilhante do princípio feminino, a nova luz da aurora que varre o cansaço com a promessa de novos começos. Ela é a chama jovem aventureira que afasta a indiferença e ultrapassa os obstáculos, a curiosidade viva que sopra a poeira do conhecimento que já não serve mais, dando-lhe novas perspectivas. Ela é a primavera, o primeiro narciso, o ovo a chocar. É a excitação, a aura erótica despreocupada que leva homens e Deuses a se envaidecer. É a falta da consciência de si mesma ao vestir uma minissaia – uma pin-up cósmica, inocente e *vestida de céu* (expressão usada na Wicca para se referir à "nudez ritual"), ou usando um traje elaborado, sem qualquer culpa, conforme lhe aprouver seu misterioso desejo. Ela é a caçadora, correndo livre pela floresta em busca de sua presa (que pode ser você), com os cães ao seu lado. Ou pode ser perigosa se lhe causam abuso; contudo, ela é a própria alegria quando respeitada. Sua cor tradicional é o branco.

Entre as Deusas que tipicamente representam a Donzela está Eos, a Deusa grega da alvorada que diariamente tirava o Sol da cama dele, e que atraía os olhares de mortais e Deuses olimpianos, abraçando tanto um quanto outro quando sentia vontade. Outras Deusas incluem sua contraparte hindu Ushas, cujo amante era o Fogo, Renpet, a Deusa egípcia da primavera e da juventude, consideravelmente conhecida como a "Senhora da Eternidade"; e a Deusa assíria Siduri, que dirigia uma espécie de bar à beira-mar e que tentou persuadir o jovem herói Gilgamesh a aproveitar a vida como ela era e a deixar de ser tão sério.

Mesmo quando os nomes são diferentes, os outros aspectos das Três raramente estão longe demais para serem encontrados. Eos, por exemplo, se desenvolve naturalmente até virar Hemera, Deusa do Dia. A face Mãe, e própria mãe de Hemera, era Nyx (a Noite), o aspecto de Anciã.

O segundo aspecto da Deusa Tríplice é a Mãe. Ela é a maturidade, a que molda a vida dentro do útero, dá à luz, nutre, ensina e pune quando necessário. Ela é cheia de sangue e poderosa, tanto mental, espiritual, emocional quanto fisicamente. É capaz de dar conselhos abertamente ou de exercer uma influência sagaz que pode não ser percebida no momento, mas que alcança seu propósito. O princípio masculino é tanto seu marido quanto seu filho. Como cônjuge, ela não o provoca, como a donzela faz às vezes. Diferente desta, a Mãe irá contê-lo caso não tenha chegado o tempo de maturidade – ou, do contrário, ela se entregará totalmente, transmutando-o em ouro na fornalha do seu amor, assim como transmuta a semente dele para uma nova vida. Contra qualquer coisa que ameace o que ama, ela é impiedosa e terrível. E quando destrói o que não serve mais, ou o que quer que esteja impedindo o desenvolvimento daquilo que ela ama, pode parecer impiedosa. Mas isso apenas aos olhos daqueles que não a entendem (o que às vezes inclui até mesmo aqueles que ela ama). Ela é a própria fertilidade – porém, sua fecundidade, que parece ilimitada, não é cega ou sem objetivo, tendo um equilíbrio geral, uma riqueza sinfônica, que uma visão focada somente em alguns aspectos não consegue perceber. É esse equilíbrio geral que determina suas ações. Padrões efêmeros de moralidade ou equidade, considerados eternos por aqueles que os detêm, não significam nada para ela. Sua cor tradicional é o vermelho.

As Deusas-mãe são inumeráveis, porque a Grande Mãe foi a primeira imagem da divindade que a humanidade pode compreender na sua evolução. Mas, entre todas, as mais proeminentes de que se têm registros na história talvez estejam Gaia, a mãe terrestre grega que foi o grande ventre dos Deuses e da humanidade; a Deusa romana Juno, poderosa demais até mesmo para que o patriarcado imperial a relegasse a uma posição subordinada; e, sobretudo, Ísis, o florescimento supremo do aspecto materno antes que o monoteísmo masculino tentasse banir a Deusa completamente.

E, finalmente, temos a Anciã. Ela é a Sabedoria, a Bruxa adornada com joias. Ela já viu de tudo, tem compaixão por tudo, mas não uma compaixão distorcida pela ilusão ou pelo sentimentalismo. Sua sabedoria é muito mais ampla que o conhecimento intelectual, embora este inclua o intelecto e não o despreze. Donzela e Mãe vivem dentro dela como experiência armazenada, e a Anciã vive dentro das duas em potencial (nesse sentido, as Três são Nove; pois cada uma contém todas as três, embora mantenha sua própria ênfase característica). Quando solicitada, a Anciã age como babá para a Mãe e como protetora para a Donzela, mantendo um olho perspicaz em ambas e o equilíbrio do todo. Para o aspecto masculino, ela é uma influência firme e enriquecedora, se ele lhe der ouvido. Ela acrescenta outra dimensão ao seu pensamento lógico-linear impedindo que este fique exaltado em demasia. Assim como as outras duas, ela é Amor, mas o amor dela é calmo e compreensivo, complementando o amor inebriante da Donzela e o amor incandescente da Mãe. A Anciã pode parecer terrível, pois é a porta de entrada para a morte, sendo também a psicopompo que nos guia através da morte, apontando o caminho para a nova vida, onde ela voltará a ser todas as Três. Sua cor tradicional é o preto.

E aqui é onde surge o salto mental, a chave para o entendimento. Contemple cada um desses aspectos em toda a sua complexidade e tente manter todos os três em sua consciência de uma só vez. Perceba que todo o espectro, com suas cores inconstantes, é um único arco-íris brilhante. Prosseguindo com a analogia, temos vermelho/laranja para a Mãe, amarelo/verde para a Donzela, e azul/índigo/violeta para a Anciã (pense nisso na próxima vez que vir um arco-íris). O comprimento de onda que predomina em dado momento depende da maneira como você está sintonizado. Faça um esforço para compreender todo o arco-íris e estará face a face com a Deusa em suas múltiplas formas.

Além disso, também estará face a face com a Mulher, o princípio feminino manifestado, e diante do motivo pelo qual a Alta Sacerdotisa é o ponto central do Coven Wiccaniano.

Mas essa é uma questão a ser tratada no capítulo XI.

VI

A Deusa da Lua

Ela é a regente das marés do fluxo e refluxo. As águas do Grande Mar respondem a ela, assim como as marés de todos os mares terrestres; e ela rege a natureza da mulher.

Dion Fortune

Não surpreende, considerando o que já dissemos sobre a Deusa Tríplice, que o símbolo da Deusa seja a Lua. Ao mesmo tempo cíclica e eterna, crescente e minguante, escura e luminosa, regendo tanto as marés do oceano primordial quanto as mulheres. Essencialmente imutável, sempre mostrando a mesma face, mas sua iluminação muda de um dia para o outro – e, se você observar bem, de hora em hora.

No entanto, deparamo-nos com um enigma, pois também há Deuses da Lua.

O gênero da Lua e do Sol varia de panteão para panteão – e, às vezes, dentro da mesma cultura. O que podemos chamar de estrutura "padrão" é a Lua feminina e o Sol masculino. Os panteões grego e romano clássicos aderiram a isto de forma consistente: tinham Deuses masculinos do Sol, como Apolo, Helios, Sabazius, Sol, e Deusas da Lua, dentre elas Ártemis, Hécate, Bendis, Brizo, Calisto, Selene, Prosymna, Diana e Luna (embora haja indícios de que Ártemis e Diana tenham absorvido uma Deusa solar pré-indo-europeia).

A Toscana, como veremos no capítulo XXII, tinha (e ainda tem) as Deusas Diana, Aradia e Losna representando a Lua, e Lúcifer o Sol. As Américas, igualmente, tinham suas Deusas da Lua: Auchimalgen e Mama Quilla no Chile, a Deusa inca Chasca, a Deusa pré-inca Ka-Ata-Killa, Chia na Colômbia, Hun-Ahpu-Myte na Guatemala, a asteca Metzli, a Komorkis dos índios Blackfoot, além de vários Deuses solares correspondentes (apesar de que, novamente aqui, havia uma Deusa do Sol cultuada pelos cherokees, Igaehindvo).

A hebraica Jarah, de quem Jericó recebeu o nome, era a Deusa da Lua nova e a noiva do Sol. Levanah, a Lua do Cântico de Salomão, também era da Caldeia. E havia ainda outra Deusa da Lua adorada pelos caldeus, Sirdu, esposa do Deus solar Shamash-Bubbar, e que possivelmente também era a noiva do Deus hebraico Iao (Iavé). Os essênios, contudo, associaram a sua Mãe Terra ao Sol, relegando a seu Pai Celestial apenas conceitos abstratos. Uma deidade lunar ambivalente era Sams, Deusa semita da região sul, cujo equivalente era o Deus masculino Samas para os semitas do Norte. Enquanto isso, do outro lado do mundo, a Deusa polinésia Sina era a Lua irmã do Deus Sol, Maui.

Os hindus, com seu complexo panteão, tendem para a estrutura "padrão", embora seu Deus solar Surya seja feminino às vezes, ao passo que sua Deusa lunar é personificada em fases: Gungu, Kuhu e Sinvali (sendo uma esposa de Vishnu, representando a Lua nova), Raka (cheia), Anumati (minguante) e Jyotsna (Lua outonal). Há, ainda, os irmãos Mitra (Sol) e Varuna (Lua), filhos da Mãe primordial Aditi.

(Uma família similar pode ser encontrada no Daomé[5], na África, constituída pela Deusa Mãe Lissa e seus filhos Maou, o Sol e Gou, a Lua.)

O Egito tinha seu Deus Sol, Rá, e o Deus lunar Thoth, mas ambos carregam indícios do outro aspecto. Na lenda que sobreviveu até nós, Rait é a esposa de Rá e mãe das Deusas Maat e Selkhet, mas seu nome é meramente a forma feminina de Rá ("Sol"), e ela pode muito bem ter sido a deidade solar anterior. E, embora Thoth fosse o Deus da Lua, não era identificado com ela, como veremos a seguir. Uma Deusa da Lua, Sefkhet-Seshat, aparece como sua esposa, bem como Maat, e na sua visita a Lua, ele recebe os cuidados de uma Deusa que vivia em seu lado escuro, conhecida como a Mulher-Luz das Trevas.

5. Atual Benim.

Quando analisamos os panteões da Suméria, Assíria, Babilônia, Canaã e Fenícia, cujos elementos se misturam, vemos como também existe ambivalência. Ishtar, a maior das Deusas do Oriente Médio, era filha do Deus lunar Sin e irmã do Deus do Sol, Shamash (o Monte Sinai recebeu o nome em homenagem ao Deus Sin. No início, os levitas eram sacerdotes da Lua e usavam o crescente lunar como um ornamento na cabeça). Ao longo dos séculos, Ishtar adquiriu muitas das características lunares de seu pai e chegou a ser referida como a Mãe da Lua (veja o capítulo XV). Havia também uma Deusa assírio-babilônica da Lua, Mylitta, cujo culto se sobrepunha ao de Ishtar, e uma Deusa lunar fenícia chamada Re. Para confundir ainda mais as coisas, havia ainda a Deusa solar dos sumérios e cananeus Shapash e a Deusa síria do Sol, Nahar.

Os Deuses eslavos do Sol e da Lua geralmente são ambos masculinos, mas Miestas aparece, às vezes, como um Deus da Lua e, outras vezes, tendo um papel de deidade da Terra na forma de uma linda jovem noiva do Sol, com quem este se casa a cada primavera e abandona todo inverno. Os romenos tinham um Sol masculino com uma paixão incestuosa por sua irmã, a Lua, que se mantinha durante a noite para escapar dele.

Para os inuítes, por outro lado, o Sol é feminino e a Lua é o amante que a visita à noite.

O panteão japonês também inverte completamente a estrutura "padrão". Sua divindade suprema, ancestral dos imperadores japoneses, é a Deusa solar Amaterasu. O Deus lunar Taukiyomi é seu irmão. A Deusa chinesa Li representa o aspecto solar feminino, embora, em geral, o Sol esteja associado ao aspecto masculino do princípio Yang e a Lua ao Yin, que é feminino. E para os aborígines australianos, o Grande Espírito e principal criador é a Deusa solar Yhi, e seu consorte é Bahloo, o Deus da Lua.

Os celtas parecem ser a única grande cultura para quem tanto a Lua quanto o Sol eram femininos. As lendas sobreviventes desses povos, nas quais as deidades originais foram convertidas em heróis e heroínas populares, não nomeia nenhuma divindade solar ou lunar como tal. Entretanto, Grian, que significa "Sol", é um substantivo feminino no gaélico falado na Irlanda e na Escócia, assim como a palavra galesa Huan. Esse era também, por exemplo, o nome de uma rainha das fadas do Condado de Tipperary, e Markale (em *Women of the Celts*) diz que a heroína lendária Brunissen, da Provença, no início, era provavelmente uma Deusa celta do Sol. Enquanto que para a Lua, os nomes Gealach e Ré (Lua) também são femininos, tanto no irlandês quanto no escocês, assim como Lleuad e Lloer em galês. Aine de Knockaine era uma Deusa lunar de Munster (Graves, *A Deusa Branca*), a Deusa galesa Cerridwen tinha associações lunares, e a natureza tripla de tantas outras Deusas celtas aponta, inegavelmente, para uma origem lunar.

Temos aqui uma imagem aparentemente confusa. Ainda assim, é válido olhar de perto para ver como faz sentido, especialmente em relação à Lua, que é o assunto do presente capítulo.

Por que a Lua, cujo simbolismo dramaticamente feminino chega a ser óbvio até mesmo para um morador moderno da cidade, aparece como um Deus masculino em tantas culturas antigas?

A chave essencial é que a Lua foi o primeiro medidor de tempo preciso usado pela humanidade. Suas fases são altamente regulares e não é necessário nem mesmo o mais rude dos instrumentos para identificá-las. Pode-se dizer que a Lua foi o primeiro objeto de observação exata vista pela consciência emergente do Homo Sapiens; tudo o mais em seu ambiente era variável (como o clima, a escassez ou a abundância de alimentos, a altura das marés), ocorria a longo prazo, ou de uma mutabilidade tão lenta a ponto de não haver "marcos" fáceis de se definir (como o ano solar, por exemplo).

À medida que a vida econômica, social e ritual se tornou mais complexa, o homem passou a precisar de um calendário de algum tipo e, naturalmente, voltou-se para o seu único relógio explícito e confiável, a Lua. Todos os calendários primitivos eram lunares – e este fato sobrevive em nossos meses (notem a semelhança entre a palavra inglesa *month* – mês – e *moonth*, algumas vezes usada para se referir ao período de 28 dias do ciclo lunar)[6], embora tenhamos que falsificar sua duração para se adequar ao ano solar, em nossa semana de sete dias, que correspondem a uma fase da Lua, na data da Páscoa definida pela lunação, e mais obviamente nos calendários rituais judaicos, muçulmanos e chineses, que ainda coexistem com os práticos calendários solares.

6. A palavra mês em português vem do latim "mensis" que quer dizer "medir". Essa etimologia é no mínimo interessante pelo fato da Lua ser usada para medir o tempo, como mostrado pelos autores. Do mesmo modo, a palavra "month" (mês em inglês) vem do inglês arcaico monað, e da raiz proto-germanica menoth-, ambas guardando uma estreita relação com menon, Lua. (N.T.)

Fica claro ao fazermos um estudo de panteões Pagãos, que a humanidade sabia instintivamente desde o início, muito antes de qualquer análise consciente, quais funções pertenciam ao Deus e quais delas pertenciam à Deusa. A medição precisa, incluindo a medição preditiva, era um dom do Deus; logo, a Lua, pelo menos em sua função medidora de tempo, era um Deus.

A religião egípcia – a que durou mais tempo e a mais complexa e sutil na história pagã – ilustra o desenvolvimento tipicamente, mesmo porque nunca aboliu antigos conceitos e símbolos quando um novo estágio era alcançado, mas os preservou e adaptou, às vezes de maneira paradoxal, dentro de sua estrutura geral.

Thoth, como um Deus da Lua, evoca sua função primordial de medição do tempo, desenvolvendo-se naturalmente em um Deus da sabedoria e do conhecimento. Sendo assim, quando a divergência entre o calendário lunar e o ano solar tornou-se óbvia (e inconveniente, dado à importância vital das enchentes do Nilo que ocorria anualmente), a quem os egípcios apelaram para obterem uma solução? Para o Deus da sabedoria e do raciocínio lógico, é claro. Foi Thoth quem retornou à sua própria fonte, a Lua, e venceu-a em um jogo de tabuleiro, ganhando os dias intercalares.[7] Esse foi o primeiro grande passo na resolução do problema.

Em certo sentido, essa ação desagregou Thoth de sua natureza lunar. O intelecto conquistara independência de sua associação original com a Lua, da mesma forma que o simbolismo óbvio que havia entre o feminino e a Lua (os quais sem dúvida coexistiram desde o início – Ísis e Hathor eram ambas associadas à Lua) também se tornou independente, na forma de Sefkhet-Seshat e a Mulher-Luz das Sombras.

Mas os egípcios sempre conseguiram o equilíbrio certo. Independência não significava competição, mas colaboração. A magia mais poderosa da mitologia egípcia sempre era realizada por Ísis, a essência intuitiva, enquanto Thoth representava a essência lógica, ambos operando em harmonia.

---

7. Quando Rá descobriu que Nut estava grávida, ficou furioso e determinou que ela não poderia dar à luz em nenhum dos 360 dias do calendário corrente. Thoth, sentindo-se pesaroso pela Deusa, viajou até a Lua e apostou com a divindade lunar que se ele a derrotasse em um jogo de tabuleiro – semelhante ao jogo de damas – ele receberia em troca horas de luz lunar. Thoth saiu vitorioso e, portanto, ganhou cinco dias a mais que não pertenciam a nenhum mês. E durante esses dias, Nut deu à luz Osíris, Seth, Ísis, Néftis e Hórus, o Velho. (N.T.)

O estágio em que o intelecto consciente resolveu o problema de definir o ano solar também é marcado por notáveis estruturas neolíticas, como Stonehenge, na Inglaterra, e Newgrange, na Irlanda, cuja precisão e sofisticação astronômicas somente vieram a ser apreciadas recentemente.

Se a medida do tempo está a cargo do Deus, o tempo em si é função da Deusa.

> *Uma vez que ela governa o crescimento, a Grande Mãe é a Deusa do tempo. É por isso que é uma Deusa da Lua, pois a Lua e o céu noturno são manifestações visíveis do processo temporal no cosmos, e a Lua, não o Sol, é o verdadeiro cronômetro da era primordial. Desde a menstruação, com sua suposta relação com a Lua, até a gravidez, e além, a mulher é regulada pelo tempo e dependente dele. Por isso, é ela quem determina o tempo – em grau muito maior que o homem... E essa qualidade temporal do Feminino está ligada à Lua.*
>
> Neumann, *A Grande Mãe.*

Assim, da mesma maneira que a consciência é a filha do inconsciente, o Deus da Lua é visto como o filho (e o amante) da Deusa da Lua, sendo sacrificado e renascendo com as fases dela (um relacionamento paralelo àquele entre a Mãe Terra e seu filho/amante da vegetação que é sacrificado e renasce todos os anos). A Lua crescente, jovial, representava o filho que lutava contra o dragão das trevas que consumira seu pai, do qual ele era seu eu renovado.

Até mesmo Sin, o Deus da Lua babilônico, era geralmente representado sentado na árvore da Lua, um símbolo da Deusa. Ele era o fruto daquela árvore, não a própria árvore. A ambivalência da Lua como Deusa e Deus se reflete mesmo na oração a ele dirigida:

Mãe Útero, gerador de todas as coisas,
Ó Pai Misericordioso, que recebe o mundo inteiro sob seus cuidados.

O papel do sexo masculino na parentalidade não foi uma descoberta que aconteceu de repente; ela veio muito depois e se entrelaçou com a crença primordial (entre os maoris, por exemplo) de que a Lua era quem verdadeiramente impregnava as mulheres. Algumas tribos acreditavam que a função do homem era apenas romper o hímen ou dilatar a vagina para abrir caminho para a Lua fertilizá-la. Outros acreditavam, embora a maioria das gestações a essa altura fosse vista como resultado de relações humanas, que nem sempre tinha sido assim, e ainda havia certos bebês especiais que eram filhos da Lua. Dizia-se que Genghis Khan descendia de um desses filhos da Lua, e muitos reis alegavam terem parentesco lunar. Eles usavam coroas com crescentes para declarar isso – daí o simbolismo dos chifres como significado de um poder concedido divinamente, como acontece do começo ao fim do Antigo Testamento. (Essa crença no parentesco com a Lua que alegavam reis ou comandantes pode ter dado origem ao *droit du seigneur*, o suposto direito de um senhor feudal de tirar a virgindade de uma noiva em sua noite de núpcias. Na verdade, é difícil encontrar provas de que esse era de fato o costume; pode ser que os chefes de estado tenham citado uma tradição antiga parcialmente lembrada pelas pessoas como desculpa para cobrar imposto, para que não acontecesse. Todavia, é certo que a antiga tradição existia – o ser humano representante da Lua garantindo a fertilidade do casamento.)

Outra crença generalizada era de que a menstruação era na verdade o aborto mensal de uma criança lunar imperfeita. O surgimento gradual do Deus Sol, assumindo a maior parte das funções na fertilização e na medição do tempo que antes pertenciam à Lua, apressou o período (do qual Grécia e Roma são os maiores exemplos), em que a Lua se torna inteiramente uma Deusa. Cremos que podemos ver isso como um passo adiante no pensamento simbólico, e é certo que o padrão Deus-Sol/Deusa-Lua, tornou-se uma expressão apropriada das verdades psíquicas, pelo menos no Ocidente. (Ao menos um pensador cristão – São Francisco, com uma consciência notável com relação às questões naturais – tinha uma perspectiva semelhante, expressa em seu famoso Cântico *Irmão Sol, Irmã Lua*; incluindo ainda a Mãe Terra.)

O Sol simboliza a luz da consciência, iluminando os cantos sombrios da dúvida e incerteza. Simboliza a impregnação anual da Mãe Terra. Está associado à atividade intencional e deliberada, e à clareza; todas funções do Deus.

A Lua simboliza o repouso, a iluminação suave das riquezas encontradas no inconsciente, a intuição, a magia e o mistério. E essas são funções da Deusa

A isso podemos acrescentar que a frequência cíclica do Sol é longa e só é percebida gradualmente, enquanto o ciclo da Lua é mensal e impossível não ser notado – fenômenos que refletem a experiência humana, tanto masculina quanto feminina, de si mesmos e de um com relação ao outro.

Nenhum dos dois dará frutos sem o outro, assim como se houvesse apenas o dia ou somente a noite, permanentemente, não seria possível sustentar a vida terrestre.

Do mesmo modo que a psique do homem inclui a sua anima (seu aspecto feminino oculto) e a da mulher inclui seu Animus (aspecto masculino) – assunto que abordaremos mais completamente no capítulo VIII –, as funções da Deusa e do Deus se interpenetram. Segundo Jung, a Lua representa não apenas a consciência feminina, mas também o inconsciente masculino, e, enquanto o Sol diurno representa a consciência masculina, quando desce à escuridão durante a noite ele representa a consciência feminina penetrando nessa escuridão, compreendendo-a. Isso parece deixar a mulher sem um inconsciente, mas a resposta é que ela é a chave para o inconsciente de ambos, estando por natureza em contato mais próximo e compreensivo com o inconsciente, enquanto o homem se sente mais "em casa" com a consciência.

O símbolo é a linguagem pela qual o inconsciente fala à consciência; e o ritual, que é o simbolismo dramatizado, é a linguagem pela qual a consciência se comunica com o inconsciente.

A escolha dos símbolos com os quais um indivíduo trabalha é, portanto, um processo de via dupla. Por um lado, a pessoa ouve o inconsciente e tenta compreender o significado dos símbolos que aparecem. Por outro lado, experimenta usar símbolos que parecem apropriados e psiquicamente carregados, para enviar sinais ao inconsciente por meio do ritual.

Os símbolos que demonstrarem êxito serão oriundos de duas fontes (que naturalmente coincidem). Primeiro a do Inconsciente Coletivo, de onde provêm símbolos que se ligaram a conceitos arquetípicos, formas de pensamento que foram construídas e fortalecidas pelas crenças e práticas de inúmeras gerações de nossos ancestrais. Em segundo lugar, os símbolos surgem do inconsciente pessoal do indivíduo, engendrados pela experiência individual, pelo ambiente cultural e pelos conceitos com os quais a pessoa se sente mais afinada pessoalmente.

Por essas razões, a maioria dos Pagãos ocidentais trabalham com mais naturalidade com o simbolismo da Deusa da Lua e do Deus do Sol, que se desenvolveu no seio da família de culturas em que nossas raízes estão plantadas profundamente. E mesmo os celtas, uma das correntes culturais do Ocidente mais poderosas magicamente, com sua visão minoritária de um Sol feminino, são sinceros ao seguirem a maioria e verem a Lua como uma entidade feminina.

Por isso, para nós, a Lua é o símbolo arquetípico da Deusa. A Mãe Terra sob nossos pés é Ísis Velada, a Deusa vestida com a infinita variedade da Natureza; e seu outro eu, a Lua, é Ísis Desvelada, Deusa do céu noturno, derramando silenciosamente os segredos de seu mistério através das janelas de nossa alma.

Tudo o que precisamos fazer é abrir as cortinas e deixá-la entrar.

VII

Bendita entre as Mulheres

Eu canto sobre uma donzela
Que é incomparável.

Cântico de Natal anônimo

O primeiro ataque que o patriarcado desferiu à Deusa tomou a forma de subordinação. Seus aspectos aceitáveis foram colocados sob a responsabilidade de mestres masculinos, Deusas-mães se tornaram esposas (como Hera, por exemplo) ou irmãs (Ártemis) ou filhas (Britomartis), ou acabaram sendo masculinizadas por completo (Danae é um exemplo disso). Seus aspectos que causavam certo desconforto, ou que (segundo a mente patriarcal) eram assustadores ou perigosos, tornaram-se seres demoníacos (como Lilith), dragões que tinham que ser domados (Tiamat), ou feiticeiras sedutoras que tinham que ser superadas (como era o caso de Circe).

Inevitavelmente, o ataque derradeiro foi uma tentativa determinada de aboli-la completamente. Pode-se dizer que isso começou com o herético faraó Akhenaton, embora ele mesmo tenha honrado Maat, Deusa da justiça e da Ordem Divina, pelo seu nome. Mas a tentativa que realmente vigorou teve início com o estabelecimento do sacerdócio hebreu.

Ainda assim, eles tiveram menos sucesso nesse empreendimento do que é geralmente perceptível. Durante dois séculos e meio, Asherah foi adorada no Templo de Jerusalém, ao lado de Jeová, como sua esposa e irmã, e sua imagem era exibida publicamente. Seu culto estava profundamente enraizado na antiga população agrícola de Israel. A tribo de Asher tinha esse nome devido a ela. Jeremias (7:18; 44:17-25) trovejou contra a "grande multidão" que fazia oferendas à Rainha dos Céus. E os essênios, estritos seguidores da Lei, cujos ensinamentos influenciaram Jesus grandemente, adoravam a Mãe Terrena e seus anjos em contraste com o Pai Celestial e seus anjos.

O patriarcado, finalmente, na forma da Igreja Bizantina, mesmo que tacitamente, foi obrigado a admitir a impossibilidade da total abolição da Deusa.

No Concílio de Éfeso, em 431, elevou-se a Virgem Maria à posição de *Theotokos*, Mãe de Deus.

Maria é a Deusa da Cristandade, cuja entrada fora permitida pela porta dos fundos, sua divindade real nervosamente negada em detrimento da hierarquia, mas que tem sido efetivamente reconhecida como tal pelo adorador comum.

Além da passagem sobre a natividade (contada inteiramente por Lucas, brevemente por Mateus e nem sequer mencionada por Marcos ou João), da fuga para o Egito (somente em Mateus) e da ida de Jesus com doze anos e seus pais ao Templo (somente Lucas), Maria mal é mencionada nos Evangelhos. Apenas João fala do casamento em Caná e da presença de Maria na Crucificação. Mateus, Marcos e Lucas relatam o incidente no qual disseram a Jesus "Eis que estão ali fora tua mãe e teus irmãos"[8], ao que ele respondeu de maneira dificilmente elogiada que seus discípulos eram sua mãe e seus irmãos (igualmente não condizente com sentimentos filiais é sua réplica à sua mãe no casamento em Caná[9] e a resposta à mulher que a elogiou em Lc 11: 27-28)[10]. Um único verso, nos Atos dos Apóstolos, menciona-a em oração junto aos discípulos em Jerusalém. E isso é tudo.

---

8. Mt 12:47

9. "Que temos nós em comum, mulher? A minha hora ainda não chegou". (Jo 2:4) (Bíblia, Nova Versão Internacional).

10. "Feliz o ventre que te gerou e o seio que te amamentou". Mas Jesus lhe responde: "Antes, felizes os que ouvem a palavra de Deus e a realizam". (Bíblia, Nova Versão Internacional).

É aceito pelos estudiosos o fato de que a história acerca do seu nascimento virginal se trata de uma adição posterior (assim também o são, aliás, os últimos doze versículos de Marcos – o único relato desse evangelho sobre o Cristo ressuscitado). O nascimento e a infância de Jesus nem chegam a ser mencionados por Marcos, cujo Evangelho foi o mais antigo escrito; e João, que parece ser o único a ter feito uso de memórias de testemunhas oculares da mãe do Jesus adulto, refere-se apenas ao nascimento obliquamente no capítulo 1, versículos 13-14[11], cuja redação muitos estudiosos acreditam ter sido adulterada.

Para entendermos tudo isso, é preciso perceber que, embora Jesus fosse um dos maiores mestres espirituais e éticos da história, a forma real de seu ministério e sua abordagem era, em grande parte, produto de seu tempo e cultura. Os judeus, sofrendo sob a dominação dos romanos e seus reis hereditários, estavam nas garras de um fervor messiânico. É compreensível que acreditassem que aquele era o fim dos dias previsto nas escrituras, quando o sofrimento deles seria pior do que qualquer coisa anterior, e que o Messias prometido acabaria com o sofrimento e implantaria o Reino de Deus na Terra. É difícil entender, após dois mil anos, quão poderosa e universal era essa crença – e em nenhum outro lugar ela era mais forte do que na Galileia, onde nasceu Jesus.

É evidente, a partir de todas as palavras e ações de Jesus, que ele também acreditava totalmente e estava genuinamente convencido de que era aquele Messias, o Justo Sôfrego, e, conscientemente, fez tudo para cumprir o que estava predito nas escrituras. Argumentos persistem até hoje a respeito de se ele considerava este Reinado Messiânico como puramente espiritual, ou se ele também o via como um reinado político; todavia, o pensamento contemporâneo da época não distinguia entre os dois.

Aqui não é um lugar apropriado para adentrarmos o assunto com profundidade (exceto observar brevemente que afirmar ser Deus Encarnado teria sido totalmente incompatível com a crença, e um conceito blasfemo tanto para Jesus quanto para seus ouvintes que teriam acabado com sua

11. "Os quais não nasceram por descendência natural, nem pela vontade da carne, nem pela vontade de algum homem, mas nasceram de Deus." (Bíblia, Nova Versão Internacional). "Aquele que é a Palavra, tornou-se carne e viveu entre nós. Vimos a sua glória, glória como do Unigênito vindo do Pai, cheio de graça e de verdade." (Bíblia, Nova Versão Internacional).

missão). Uma explicação clara do histórico da época é o livro de Hugo J. Schonfield, *The Passover Plot*. Não é preciso aceitar todas as suas conclusões, dentre as quais ele mesmo descreve algumas como carentes de confirmação, embora tenha ele um conhecimento admirável desse pano de fundo como estudioso judeu com uma profunda admiração pelo seu mentor Jesus.

Outra obra que tira conclusões diferentes, mas que se complementam, é o livro de Donovan Joyce, *The Jesus Scroll*; com um tom mais jornalístico do que acadêmico, ainda assim, contém muitos fatos interessantes.

O que vem ao caso aqui é que os primeiros cristãos acreditavam nas mesmas previsões bíblicas e em todo o resto. A própria palavra Cristo é apenas uma tradução grega da palavra hebraica para Messias, ambos significando "O Ungido" – cuja unção fora reservada exclusivamente para o rei de Israel. Mas como o movimento originalmente judeu se tornou gentio, especialmente após a destruição de Jerusalém pelos romanos em 70 EC, outros elementos míticos tiveram um ingresso forçado – em particular, o tradicional nascimento do herói pela impregnação Divina de sua mãe, nos moldes do que era falado de Alexandre, o Grande e de muitos outros (na verdade, essa também era uma crença judaica popular; lendas semelhantes cercavam o nascimento de Noé, Abraão e Moisés).

Mais do que isso: a Anat dos cananeus era adorada assim como Javé por muitos apóstatas judeus, incluindo os soldados judeus em Elefantina. Anat era (assim como a Deusa egípcia Neith) a Virgem Mãe de todas as coisas, incluindo o Deus masculino, que concebeu tudo por sua própria vontade e sem impregnação externa. Ela se tornou (segundo um mistério comum a muitas Deusas primordiais), ao mesmo tempo, mãe, consorte, irmã e filha do Deus masculino. Semelhante a Neith, "Ela foi a primeira a dar à luz todas as coisas, e o fez quando nada mais havia nascido; ela própria jamais havia nascido". Uma parte deste conceito (ainda que não seja oficial) sem dúvida influenciou o pensamento acerca de Maria. Como diz Geoffrey Ashe (*The Virgin*):

> *Caso qualquer pista da constelação de divindades superiores se insinuasse nas mentes cristãs, era provavelmente a nível subconsciente e sua natureza bastante incerta. Ainda assim, são mais relevantes para Maria do que as mulheres divinamente fecundadas, embora sua própria maternidade fuja do âmbito da história e da humanidade.*

Os primeiros cristãos, tanto de origem judaica como gentia, acreditavam que, como resultado da vinda de Jesus, o Reino de Deus na terra era iminente (sua vinda que nunca chegava incutiu a mudança gradual na ênfase da Terra para o Céu). E, ao espalharem a mensagem de forma natural e sem dúvida sincera, eles enfatizavam a conveniência bíblica e mítica de toda a história de Jesus. Isso exigia um nascimento miraculoso, e o crescente corpo de tradição certamente fornecia – não necessariamente uma falsificação deliberada para fins de propaganda; em vez disso, era mais provavelmente uma crença genuína de que deve ter sido daquele jeito e uma interpretação correspondente de fragmentos de uma lembrança recontada. Lucas, devemos salientar, escreveu talvez meio século após a morte de Jesus e era ele próprio um gentio.

O cristianismo de Paulo, com seu ódio pelo sexo, acrescentou um elemento à lenda do nascimento miraculoso: a perpétua virgindade de Maria. Isso certamente não era exigido de mães divinamente impregnadas anteriormente e, de fato, qualquer leitura imparcial dos Evangelhos pareceria negá-la a Maria.

Seguiram-se três séculos de um cristianismo totalmente machista e chauvinista, durante os quais o que Geoffrey Ashe chamou de "anseio pela Deusa" do adorador comum construiu uma pressão que passou a ameaçar seriamente toda a estrutura. Havia uma resposta pronta e à mão: a mãe de Jesus. Ele havia se tornado Deus Encarnado, e ela a mãe divinamente impregnada daquele Deus (imagem à qual foi posteriormente acrescentada sua própria concepção imaculada e virgindade perpétua; além do mais, com uma obsessão lasciva pelos detalhes físicos da virgindade, o dogma de que seu hímen esteve intacto antes, durante e depois do nascimento de Jesus).

Enquanto isso, um culto bastante independente criava raízes, não cristãs, ainda que derivadas da história do Evangelho. A maior parte do nosso conhecimento acerca do assunto vem do escritor do Século 4, Epifânio, que a condenou como uma heresia. Consistia principalmente de mulheres que eram conhecidas pelo apelido de coliridianas, seus grupos indo do norte do Mar Negro até a Arábia. Elas adoravam Maria como a Rainha do Céu, que nunca havia sofrido a morte física, mas, assim como Elias, para quem um lugar era reservado em cada Páscoa judaica, tinha sido "transformada" (antecipando assim o dogma da Assunção Cristã).

Elas também separavam uma cadeira vazia para Maria em seus rituais. Aceitavam Jesus como seu filho divino, porém secundário para ela. Aliás, eram visivelmente feministas, ressentindo-se da Igreja dominada por homens, e alegavam que Maria havia revogado a inferioridade das mulheres.

Ashe conta toda a história do Coliridianismo no capítulo 7 do seu livro *The Virgin*.

Sendo mulheres, pouco escreviam naqueles dias e não recebiam muita atenção de escritores homens, até que Epifânio achou por bem condená-las. No entanto, elas devem ter representado alguma ameaça à Igreja oficial – sendo essa outra razão para neutralizá-las, absorvendo suas ideias para torná-las seguras e respeitáveis.

Consequentemente, por todas essas razões, Maria assumiu uma posição elevada – embora não oficialmente considerada uma Deusa, é claro. A ela foi autorizado *hyperdulia* (grande veneração), mas não *latria* (a adoração prestada unicamente à divindade). O adorador comum, com seu anseio da Deusa, não poderia ter se importado menos com as sutilezas teológicas. A Mãe retornara à casa e lá permaneceria.

Para citar Ashe novamente (op. cit., pág. 4):

> *Longe de tratar a adoração à Maria como uma doença do cristianismo, como fazem os protestantes, devemos confessar que, de pelo menos uma crise ela de fato o salvou, pois teria minguado até desaparecer não fosse o que a sua adoração supria.*

A adolescente judia que deu à luz Jesus, e depois pode ter gerado seus irmãos e irmãs, teria ficado espantada com o que havia sido feito dela. Mas o poder do símbolo da Madona, a forma da Deusa que os séculos criaram, é bastante real; a pretensão do que é história, não importa. Muitos homens e mulheres históricos forneceram pontos de cristalização para conceitos arquetípicos e se transformaram em anunciadores eficazes para o poder por trás desses conceitos.

Assim, pois, ocorreu com Maria.

Tanto oficial quanto popularmente, seu papel é interceder junto ao Deus cristão em favor de seus suplicantes.

Mas há uma diferença. Oficialmente, visto que não é ela própria Divina, não pode fazer mais do que pedir misericórdia ao Deus masculino em nome do pecador, e mesmo isso ela somente pode fazer se o pecador estiver verdadeiramente arrependido (o que alguém poderia questionar se não seria o suficiente sem sua intervenção).

Na mente popular, porém, ela é a única capaz de dobrar as regras, de persuadir e pressionar seu Filho, e de até mesmo enganar a lógica fria e dura da Trindade masculina a quem o poder supremo é oficialmente reservado.

Janet certa vez se deparou com uma sucinta inscrição na parede de um banheiro em Dublin, em que se lia: "Santa Maria, concebida sem pecado, ajude-me a pecar sem conceber!" O que aparentemente não passa de um gracejo blasfemo carrega consigo uma ideia popular genuína e profundamente arraigada. Jesus, também, como se acredita, foi "concebido sem pecado", mas seria impensável fazer o pedido a ele, mesmo como uma simples piada de banheiro. Maria é vista como aquela que compreende o coração humano e que se importa mais com ele do que com a letra da lei patriarcal. Em outras palavras, ela é aquela que responde ao "anseio pela Deusa" como a Mãe em seu aspecto luminoso.

Contudo, esse "anseio" instintivo clama pela Deusa como um todo – incluindo também, como bem sabe o instinto, a Mãe Sombria. A propósito, como pode a Madona sem pecado, assexuada e oficialmente sem experiência das próprias coisas pelas quais a ela é requisitada, buscar o perdão e preencher todo o vácuo da Deusa?

Característico desse aspecto do "anseio" é o aparecimento das muitas Madonas Negras por toda a cristandade, e a poderosa veneração popular (e mal-estar da doutrina oficial) que está vinculada a essas imagens. As explicações são muitas: o subterfúgio predileto é que essas imagens foram enegrecidas naturalmente por séculos de exposição pela fumaça do incenso – o que ignora o fato de que olhos e dentes não se tornaram negros. Outra sugestão é que muitas delas eram originalmente imagens de Ísis e Hórus, logo, retratando a tez egípcia, e que foram adaptadas ao uso cristão. Essa explicação se esquece de algo que os murais egípcios revelam: que a convenção egípcia era reproduzir a pele feminina com um aspecto cremoso enquanto a masculina ganhava um tom corado. Ainda assim, existe uma fagulha de verdade nessa ideia. A veneração de Ísis com suas muitas facetas certamente continuou na adoração a Maria, introduzindo conceitos totalmente novos à visão oficial da Madona. Um dos motivos para elevar Maria à qualidade de Mãe de Deus era justamente combater a adoração a Ísis, que havia se espalhado pelo mundo até então conhecido (veja o capítulo XXIII). Maria acabou incorporando muitos dos atributos e títulos de Ísis (como, por exemplo, "Estrela do Mar" e "Redentora"), e as primeiras igrejas dedicadas a Maria em Roma foram templos confiscados da Deusa Ísis, e suas estátuas ganhavam nova pintura (Maria também adotou as pombas de Afrodite; e, curiosamente, existem também algumas estátuas conhecidas de uma Afrodite Negra – a Afrodite Melainis – proveniente de períodos e lugares onde ela pode ter sido combinada com Ísis).

Como afirma David Wood, em seu livro Genisis:

> *A conclusão quase impossível de escapar é que a Virgem Maria se trata de uma imagem remodelada que foi sobreposta ao culto da Madona Negra, pois este era demasiado forte para ser destruído. Outrossim, a imagem da Madona Negra tem mais em comum com Madalena do que com a Virgem Maria.*

Isso nos traz a outro elemento no paradoxo da readmissão da Deusa no cristianismo "pela porta dos fundos". Para exemplificar, vamos citar Marina Warner, que diz em sua obra *Alone of All her Sex*:

> *A religião Católica não admite pecados ou mesmo falhas em seu Deus, nem os aceita em sua mãe. A imagem do erro humano é relegada aos postos inferiores ocupados pela comunhão dos santos [...] A Virgem Maria não haveria de satisfazer esta condição, pois em sua pureza absoluta e em vista de sua isenção da classe comum, ela não podia pecar. Outra figura, por conseguinte, viria a se desenvolver para preencher essa importante lacuna, a da Santa Maria Madalena, que, ao lado da Virgem Maria, representa as atitudes da sociedade cristã em relação às mulheres e ao sexo. Ambas as figuras femininas são percebidas em termos sexuais: Maria como uma virgem e Maria Madalena como prostituta – até o seu arrependimento. A Madalena, tal como Eva, foi trazida à existência como uma poderosa consequência da misoginia dentro do cristianismo, que associa as mulheres aos perigos e à degradação da carne. Por essa razão, ela se tornou uma santa proeminente e amada.*

A imagem oficial de Madalena é demasiado infundada pela evidência encontrada no Evangelho, por mais contraditória que essa evidência seja. Marcos e Lucas descrevem-na como uma das mulheres que "davam assistência a Jesus" durante suas viagens – "com os seus bens", acrescenta Lucas[12]. Em outras palavras, eram mulheres abastadas que, por convicção, viajavam com ele e cuidavam dele, às suas próprias custas. Outra dessas mulheres era Joanna, esposa do homem encarregado da casa de Herodes, de elevado nível social e uma figura que muito improvavelmente trabalharia ao lado de uma prostituta reconhecida. "Madalena" significa "de Magdala" (Migdal, Mejdel), uma próspera cidade judaica na costa oeste do Mar da Galileia, que era o principal centro de reprodução de pombas sacrificiais para o Templo – outro indício de que Maria Madalena era uma mulher de posses. No evangelho de João, ela está presente na crucificação ao lado da mãe de Jesus, e somente ela se encontra e conversa com ele na Tumba. Marcos e Lucas dizem que ela foi ao túmulo com outras mulheres; Marcos fala que Jesus conversou com elas; e Lucas a descreve voltando sozinha e encontrando Jesus.

A única outra informação que nos é apresentada a seu respeito é que Jesus tinha "expulsado sete demônios" dela – como é mencionado por Marcos e Lucas, mas não por João. Na linguagem bíblica, isso podia significar um exorcismo real, mas, também (o que é mais provável), que ele a curou de sérios problemas psiquiátricos. Lucas diz que ele curou outras dessas mulheres, companheiras de viagem, de vários "espíritos malignos e enfermidades".

A confusão começa com a identificação um tanto injustificada de Maria Madalena com a mulher arrependida que lavou e ungiu os pés de Jesus, chorando, quando jantava na casa de um fariseu chamado Simão, em Naim. Simão ficou espantado, em razão de "que tipo de mulher é essa", mas Jesus o repreendeu e perdoou os pecados dela.

O subtítulo referente a este capítulo na Versão Autorizada nomeia essa mulher como sendo Maria Madalena, mas até mesmo o *Peake's Commentary on the Bible*, obra de referência no estudo bíblico, é categórico: "Maria de Magdala não deve ser identificada com a mulher pecadora mencionada em Lc 7:37".

A história da unção depois é confundida com a de Maria de Betânia, irmã de Lázaro e Marta, que realiza uma ação semelhante, mas sem nenhuma implicação de pecado ou arrependimento. De fato, Jesus deixa

---

12. Lc 8:3.

bem claro se tratar de um ato ritual: "Ela o fez para o meu sepultamento". O incidente é relatado por Mateus e Marcos como tendo acontecido na casa de "Simão, o leproso" (o nome Lázaro quer dizer leproso), mas nem chegam a nomear a mulher; João, todavia, diz ser ela a irmã de Lázaro, Maria.

Desses três elementos bastante distintos, a ortodoxia cristã primitiva inventou uma prostituta arrependida (atribuindo o pecado da prostituição automaticamente a uma mulher, apesar de que os Evangelhos não explicitam os pecados da mulher que chorava aos pés de Jesus) e disseram que era Maria Madalena.

Essa Madalena com que se fundem as outras figuras bíblicas femininas citadas foi admiravelmente ajustada para representar o estereótipo cristão da mulher que conheceu as delícias da carne e as abandonou como pecaminosas. Já como santa oficialmente autorizada, ela também apelou para a classe leiga dos adoradores: era alguém que conhecia o pecado e o perdão, por experiência própria – um conhecimento direto a que era impossível à Virgem pura conhecer.

Cabe a nós lembrarmos de que os santos e santas estão para o cristão assim como os Deuses e Deusas estão para o Pagão, servindo como um meio de contatar aspectos específicos da Divindade suprema. Um artilheiro invocando Santa Bárbara, ou um guerreiro celta invocando Morrigan; um motorista de carro tocando seu medalhão de São Cristóvão, ou um viajante grego antigo fazendo uma oferenda a Hermes: todos os quatro estão fazendo exatamente a mesma coisa, embora muitos cristãos se recusassem em admiti-lo. A única maneira humana de entrar em contato com a Divindade é harmonizar-se com seus aspectos. O Pagão o faz diretamente por meio de um panteão de formas contendo esses aspectos, mas o cristão monoteísta precisa rebaixar essa função para os santos humanos. Estes, por sua vez, são frequentemente formas fictícias, idealizadas, ou simplesmente deidades pagãs antigas repaginadas com uma roupagem cristã, como Santa Brígida, que assumiu aspectos da antiga Deusa celta Brigit, por exemplo.

As duas Marias – a Virgem e a de Magdala – pode-se dizer, portanto, que se uniram entre si para fornecer uma resposta mais integral ao vácuo deixado pela ausência da Deusa, causado pelos primeiros padres da Igreja. Tanto para os teólogos oficiais, refletindo sua imagem estereotipada da mulher (uma mistura de suas ilusões e medos) quanto para os fiéis leigos, uma vez que materializava seu anseio instintivo pela Mãe da Luz e a Mãe Sombria em toda a sua plenitude.

No seu devido tempo, o arquétipo da Deusa Tríplice acabou sendo incorporado significativamente ao conceito de Maria. A tradição francesa diz que as três Marias – a mãe de Jesus, Maria de Cleófas (ou Maria Salomé), que pode ter sido sua meia-irmã, e Maria Madalena, trazendo consigo o Santo Graal, desembarcaram no sul da França em *Saintes-Maries-de-la-Mer*. O culto das Três Marias é muito proeminente na Provença, que era a área dos Cátaros – exterminados durante a Cruzada Albigense com uma meticulosidade análoga ao regime hitlerista, por causa de suas heresias, dentre as quais a mais chocante era a total igualdade entre homens e mulheres. O culto das Três Marias ainda persiste naquela região, assim como a veneração especial de Madalena; algumas das Madonas Negras provençais podem ter sido originalmente Madalenas.

Enquanto isso, a tradição apócrifa e gnóstica atribuía um papel muito mais importante à Madalena do que os Evangelhos canônicos. O Evangelho de Maria, por exemplo, retrata-a como uma iniciada de grau elevado nos mistérios de Jesus e mestra dos outros apóstolos. O Evangelho Gnóstico de Felipe afirma que a união do homem e da mulher é um símbolo de cura e paz e enfatiza o relacionamento entre Jesus e Madalena, que era "frequentemente beijada por ele" e referida como sua "companheira" ou "esposa", sua sexualidade recuperada sem a imagem "pecaminosa".

Obras modernas (como o livro de William Phipps, *Was Jesus Married?* [*Era Jesus Casado?*], *The Jesus Scroll* [*O Pergaminho de Jesus*] de Joyce, e *The Holy Blood and the Holy Grail* [*O Santo Graal e a Linhagem Sagrada*] de Baigent Leigh e Lincoln) examinam a possibilidade de que Jesus e a Madalena tenham sido marido e mulher; e o *Genisis* de Wood sustenta que, além desse fato, ela era Alta Sacerdotisa de um Templo de Ishtar em Magdala.

O que quer que se pense de tais sugestões, antigas ou modernas, é certo que elas testemunham o impacto que Madalena, como um símbolo da sexualidade feminina (quer seja condenada ou aprovada), teve na imaginação e no pensamento humanos.

O papel da Mãe Sombria em Madalena permaneceu extremamente necessário durante a Alta Idade Média, quando a Virgem Maria era exaltada a alturas cada vez mais etéreas e remotas de pureza, e sem o aspecto da humanidade. Atualmente, os excessos medievais arrefeceram um pouco, pelo menos na mente popular, e a Virgem Maria recuperou sua posição incontestável de Deusa da Cristandade, mesmo que não seja oficialmente reconhecida como tal (é provável que, infelizmente, ela tenha sido escalada inclusive para o antigo papel de Deusa da Batalha. A milícia cristã durante a guerra civil libanesa, por exemplo, levou sua fotografia colada nas coronhas de suas espingardas).

Em 1964, ela foi proclamada *Mater Ecclesiae*, Mãe da Igreja – e, logo, *causa efficiens* da Redenção. Teoricamente, os católicos, desde 1964, só podem falar com Deus através de sua Redentora; sem sua intercessão, a graça de Deus não pode chegar até a humanidade.

O que tudo isso tem a ver com as Bruxas? Estamos de fato preocupados com as sutilezas legais das frases latinas ou com a crítica textual evangélica, exceto como questões de interesse acadêmico?

"Todas as Deusas são uma Deusa". Considerando que a maioria de nós vive em um ambiente cristão (alguns de nós, mais especificamente, em um católico), o significado da Madona é tudo menos acadêmico. Seria deveras insensato, como Bruxos, deixar que o preconceito anticristão nos cegasse para o fato de que, não importa que os teólogos digam, para nossos amigos católicos, a face da Deusa banida ainda resplandece nas Capelas dedicadas à sua Virgem; na adorada figura materna dos santuários à beira da estrada ou ainda nas estatuetas da mãe segurando o filho no colo sobre a lareira das casas. Conversamos com padres e freiras que admitiram isso em privado, demonstrando-se imperturbáveis diante de sua heresia técnica.

Descendo do campo da teologia para a vida prática, Bruxas conhecidas, quer desejem ou não, são procuradas por pessoas que chegam em busca de conselhos e ajuda; e na Irlanda, por exemplo, a maioria delas são boas senhoras católicas – muitas vezes com questões que relutam em levar a um padre celibatário. Em muitos casos, a Bruxa saberá quando é necessário invocar o princípio da Deusa; e por que não deveria estar preparada para fazê-lo usando termos que tenham um significado real para a pessoa que ela está ajudando?

O mundo precisa urgentemente de um despertar da Deusa – ou, mais precisamente (uma vez que ela sempre esteve aqui), um despertar da consciência humana para reconhecê-la novamente, em todos os seus aspectos e com todas as facetas que ela usa. E o sectarismo não deve nos impedir de reconhecer que, para milhões de nossos semelhantes, a face com que ela se apresenta é a da Madona, da *Stella Maris*, da Redentora. Devemos deixá-la entrar por qualquer porta que ela bater.

No coração do ritual Wiccaniano está a cerimônia de *Puxar a Lua para Baixo* – a invocação da Deusa (que é consorte do Deus) para o nível humano, e a sintonização de nós humanos com a sua influência.

Há tanta diferença, em princípio e prática, entre essa invocação e aquela oração consagrada pelo tempo: *Ave Maria, gratia plena, Dominus tecum, benedicta tu in mulieribus*[13]?

13. Do Latim, "Ave Maria, cheia de graça, o Senhor é convosco, bendita sois vós entre as mulheres".

VIII

A Deusa e a Psique

Esse mundo psíquico arquetípico que está rodeado pelas múltiplas formas da Grande Deusa é o poder oculto que até hoje [...] determina a história psíquica do homem e da mulher modernos.

Erich Neumann

Toda boa Bruxa, e em especial toda boa Alta Sacerdotisa, tem de ser uma espécie de psicóloga. A psique humana é, afinal de contas, seu principal campo de atuação; mesmo quando a Bruxa e/ou Sacerdotisa está lidando com animais, plantas ou a chamada Natureza inanimada, sua própria psique é um fator importante.

Ser "uma espécie de psicóloga", na linguagem comum, geralmente quer dizer ter uma compreensão perspicaz e intuitiva do funcionamento da mente humana – que todo boa curadora e professora tem, sendo que as Bruxas mais atuantes são as duas coisas. Isso não quer dizer necessariamente que ela deva ter conhecimento acadêmico sobre o assunto.

Pois bem, não sugerimos que toda Bruxa ou Bruxo comprometidos com sua prática devam fazer um curso universitário em Psicologia. Além de qualquer outra coisa, receberiam uma quantidade considerável de joio juntamente com o trigo.

Ainda assim, dedicar um pouco de atenção a uma escola de pensamento psicológico – particularmente a de Jung e seus seguidores –, acreditamos, seria de grande proveito para qualquer Bruxo ou Ocultista. Até mesmo a leitura de um trabalho "condensado", como The Psychology of C.G. Jung, de Jolande Jacobi, por exemplo, provavelmente irá aguçar seu apetite por mais.

Carl Gustav Jung, independentemente de ser um pensador profundo e criativo, era ele próprio um sensitivo nato (para o imenso aborrecimento e perplexidade, pelo menos em uma ocasião, do professor com quem ele foi obrigado a romper, Sigmund Freud).

Quatro dos conceitos de Jung, em particular, soarão imediatamente com as considerações da maioria dos Bruxos: o do Inconsciente Coletivo, o dos Arquétipos, o do Animus e Anima e o da Sincronicidade.

Os três primeiros são todos altamente relevantes para o assunto deste livro, ou seja, a Deusa, mas a teoria da Sincronicidade expõe o que Bruxos e Magos sempre souberam, mas o que nenhum cientista moderno ou acadêmico antes de Jung ousou apresentar, então, vale a pena tratar desse conceito brevemente, antes de passarmos aos outros três.

É a teoria da coincidência significativa, de um princípio de conexão não causal nos eventos, que Jung afirmava operar ao lado das leis conhecidas de causa e efeito; e ele desenvolveu um pensamento formidável a esse respeito. Isso o levou, por exemplo, a escrever o Prefácio da obra clássica de Richard Wilhelm sobre o I Ching, e uma vez que o livro se encontra nas prateleiras, ou ao menos está ao alcance da maioria dos Bruxos praticantes, nós nos limitamos a indicá-lo ao nosso leitor, deixando de prosseguir com o assunto.

A *Teoria do Inconsciente Coletivo* está perfeitamente de acordo com a visão ocultista elementar sobre o cosmos como um organismo vivo integrado, como colocamos nas págs. 80 e 81. Ela sustenta que cada um de nós, no nível inconsciente, está em contato com, e de fato, faz parte da identidade psíquica total da espécie humana, com todos os seus conceitos e atitudes que foram sendo construídos ao longo do tempo e seu meio milhão de anos de experiência; e que o Inconsciente Individual seria, por assim dizer, apenas uma ponta visível que repousa sobre aquele, formado pela própria experiência e identidade individual, mas que, no entanto, estaria enraizado e envolto no Inconsciente Coletivo.

Na linguagem do Ocultismo, o Inconsciente Coletivo define a humanidade como um "órgão" do todo cósmico, nos níveis não materiais, e o Inconsciente Individual define cada um de nós como uma célula naquele órgão.

Cremos não ser necessário mencionar que esta é uma forma construtiva para tentar entender fenômenos como telepatia, clarividência, adivinhação, cura psíquica e muitos outros aspectos práticos da Arte.

Os Arquétipos – um conceito central no pensamento junguiano – são, por assim dizer, os alicerces do Inconsciente Coletivo. O próprio Jung definiu o termo Arquétipo como algo que "não denotava uma ideia herdada, mas, sim, um modo herdado de funcionamento psíquico... um 'padrão de comportamento'". "Isso está presente no nível biológico; ao mesmo tempo, porém, um Arquétipo que é visto de dentro da psique subjetiva, apresenta-se como Divino, isto é, aparece como uma experiência de importância fundamental. Sempre que se veste com símbolos adequados, o que nem sempre ocorre, o Arquétipo toma conta do indivíduo de uma maneira surpreendente, criando uma condição de 'estar profundamente comovido', cujas consequências chegam a ser incomensuráveis." (Introdução de Jung ao livro de Esther Harding *Os Mistérios da Mulher*, págs. IX-X.)

Jung e seus seguidores deram nomes a muitos dos arquétipos universais – e um dos mais importantes é a Grande Mãe.

Do ponto de vista humano, as formas do Deus e as formas da Deusa são Arquétipos. Abordamos essa questão com mais detalhes no capítulo "Mito, Ritual e Simbolismo" no livro *A Bíblia das Bruxas*. Dentro do escopo deste livro, é suficiente enfatizar que cada uma das centenas de Deusas aqui nomeadas é, pois, um aspecto do Arquétipo transcendental da Grande Mãe, que é um elemento impossível de ser erradicado do nosso Inconsciente Coletivo racial, e também (quer seja aceito ou não), do Inconsciente Individual de cada um.

Deixe-nos ser claros a respeito disso. Um Arquétipo não é cognoscível diretamente; ele se faz conhecer para a consciência apenas por meio de símbolos – os quais, como afirmado por Jung, podem ou não ser os mais adequados. Uma forma específica da Deusa é um complexo de símbolos que nos permite interagir de forma proveitosa com a própria Deusa (em última instância, incognoscível). Portanto, a construção dessa forma da

Deusa como deidade é um processo de mão dupla. Por um lado, ela é concebida pelo homem: Ishtar, Brigit, Afrodite, Parvati ou Amaterasu, que são todas um produto da imaginação humana. Mas o Arquétipo em si é real, a Deusa existe. Logo, quanto mais adequados forem os símbolos concebidos pelo homem, mais fortemente a Deusa é contatada, e mais ela envia respostas para melhorar esses símbolos. Ishtar e as outras Deusas se aproximam cada vez mais da vida autêntica; elas também existem.

Não podemos dizer isto com muita frequência: que a Deusa existe. Uma teoria psicológica rigorosa, que toma o cuidado de sair de seus próprios termos de referência, pode deixar em aberto a questão de saber se um Arquétipo é meramente (por assim dizer), um bloco de construção da psique humana racial ou se representa uma realidade acima e além do Homo Sapiens.

Para a visão de mundo pagã, com seu cosmos orgânico, apenas a segunda conclusão é sustentável. Arquétipos são funções do organismo cósmico; e o Arquétipo da Grande Mãe, a Deusa, representa a polaridade feminina da força criativa suprema – um dos dois componentes mais "reais" do universo.

Igualmente reais são as várias formas atribuídas à Deusa que "criamos" a fim de nos colocar em sintonia com ela. A própria Deusa é ao mesmo tempo infinitamente simples e complexa, incognoscível em sua totalidade, pelo menos em nosso estágio atual de evolução. Mas, digamos, se nós a invocamos como Aradia, com todos os símbolos e conceitos que passamos a associar a esse nome, a Deusa vem até nós usando sua face de Aradia, como a jovem mestra da magia, patrona exclusiva dos que seguem o caminho da Arte. Não estamos sendo fantasiosos aqui, (nem sequer "construtivamente fantasiosos", ou usando um legítimo truque psicológico, como alguns diriam) se considerarmos Aradia como um "ser" – porque ela é.

A humanidade está sempre construindo tais formas-pensamento, em vários níveis de importância, como complexos simbólicos para a comunicação com elementos arquetípicos do Inconsciente Coletivo. Esse é o modo essencialmente humano de feedback mútuo entre o Ego consciente e o Inconsciente, sem o qual a psique se desintegraria.

Um exemplo aparentemente trivial, mas que na realidade é clássico de como essas formas-pensamento podem ser criadas de modo instintivo quando encontram uma necessidade, é olharmos para o urso de pelúcia.

Ursos de brinquedo devem ser tão antigos quanto os próprios brinquedos. Contudo, o urso de pelúcia, em sua forma atual como é conhecido em todo o mundo, especialmente nos países de língua inglesa (onde ele é chamado de "teddy bear"), parece ser um fenômeno do Século 20. Ele recebeu o nome em inglês (depois de uma adaptação visual) como referência a Theodore Roosevelt, que se tornou presidente dos Estados Unidos em 1901, e o nome acabou se estabelecendo. O mesmo aconteceu com o conceito, e o ursinho Teddy está conosco até hoje.

O comércio tem lucrado com ele, é claro, mas sua popularidade e permanência parecem prevalecer acima disso. Outros brinquedos, desde as bonecas Sindy até as figuras de ação da franquia Action Man, são amados pelas crianças na infância. Diferentemente, o urso de pelúcia continua sendo adorado por inúmeros adultos – incluindo homens – e muitas vezes é repassado, após cuidadosos remendos e restaurações, de geração em geração. Um censo realizado em nosso próprio Coven revelou que a maioria dos membros ainda tinha seus ursinhos, ou pelo menos suas irmãs ou filhos os mantinham, e acreditamos que não sejamos exceção (não incomum que o urso de pelúcia da irmã de Stewart, um brinquedo com mais de sessenta anos agora, seja conhecido como Pooh, como muitos outros em sua geração. O criador do ursinho Pooh, Alan Alexander Milne não apenas ganhou popularidade em cima da reputação já existente do urso de pelúcia, mas também foi brilhante ao realizar acréscimos ao seu corpo de lendas).

Agora, por que isso aconteceu? Por que o ursinho de pelúcia ocupa um lugar tão especial na história dos brinquedos?

Pode ser somente por ele personificar mais do que adequadamente um arquétipo, bem como sua necessidade correspondente. Ele representou, para nossa época, o Deus vivo da infância, da mesma forma que, por exemplo, Pã era o Deus vivo da natureza para os gregos. O ursinho de pelúcia representa tranquilidade, aconchego, calor, inocência, confiança, uma sabedoria serena, sendo desprovido totalmente de bordas pontudas e ambiguidade. Ele personifica a maioria das necessidades emocionais de uma criança – que permanecem com o adulto, por mais que estejam enterradas profundamente dentro de si.

Podemos aplicar a máxima ocultista ao urso de pelúcia do mesmo modo que o fazemos com todas as formas de deidades. Assim, "todos os ursos de pelúcia são um único urso de pelúcia" – embora cada ursinho individual tenha suas próprias características pessoais, de acordo com as idiossincrasias de seu devoto individual.

Fig. 2. O símbolo Yin-Yang.

E por melhores que sejam os fabricantes de brinquedos (os cambistas do Templo?), não conseguiram dissociá-lo de seu culto, visto que o próprio culto ao urso de pelúcia é um fenômeno cultural e psíquico, e não comercial.

Que floresçam os ursos de pelúcia!

De qualquer modo, vamos voltar ao quarto conceito de Jung que mencionamos, o Animus e a Anima. Esse conceito também se correlaciona notavelmente com o pensamento oculto.

Em resumo, a Anima contém os aspectos femininos que estão reprimidos no homem, e o Animus os aspectos masculinos encobertos que residem na mulher. Qualquer um dos dois, se deixado de lado, pode se tornar visivelmente maligno. Por essa razão, a integração saudável do Animus ou Anima com o resto da psique é um dos principais objetivos da terapia junguiana, como também deveria ser o autodesenvolvimento oculto.

O símbolo chinês do Yin-Yang (figura 2), talvez a mais vívida expressão que temos da polaridade masculino-feminino, abrange perfeitamente esse conceito. No centro da metade clara, que representa o Yang e a energia masculina, está o ponto escuro da Anima, enquanto no centro da metade escura, que é o Yin e a energia feminina, também está o ponto claro do Animus. Isso é verdadeiro para todas as polaridades criativas; cada um contém dentro de si a semente do outro, enriquecendo sua interação.

Mas, na perspectiva do Ocultismo, com sua crença na reencarnação, o conceito de Animus/Anima é realmente indispensável. Se cada Individualidade imortal é bissexual, contendo em si as duas polaridades – e se, em cada encarnação, a personalidade temporária que o ser assume é masculina ou feminina – logo, o self completo de um homem, individualidade mais personalidade, deve mesmo assim incluir o aspecto feminino da sua

Individualidade, a que temporariamente é dada uma ênfase menor em sua encarnação masculina, pois a "tarefa" principal desta encarnação está centrada justamente no aspecto masculino. De maneira similar, o aspecto masculino de uma Individualidade fica menos acentuado temporariamente em uma encarnação feminina.

É assim que deveria ser, é claro. As encarnações masculina e feminina são passos construtivos na evolução da Individualidade e contribuem de maneira edificante para o processo evolutivo cósmico no geral. Porém, o grau de avanço de uma Individualidade humana, em qualquer encarnação, é medido pela quantidade de comunicação fecunda entre a Personalidade (com a qual a Individualidade aprende ampliando sua experiência) e a Personalidade (para a qual a Individualidade é uma fonte única de nutrição, inspiração e sabedoria acumulada).

Assim sendo, a Anima ou o Animus, na realidade, é esse aspecto temporariamente adormecido do self completo de qualquer ser humano. E o reconhecimento desse aspecto e uma integração saudável com ele são essenciais para desenvolver o self completo. Não deve ser suprimido (do contrário, podendo se deteriorar e causar problemas) nem deixar que prevaleça acima da ênfase natural de determinada encarnação (caso em que a Personalidade se torna distorcida – em termos psicológicos, neuróticos ou psicóticos). E certamente nenhum Pagão, com sua visão orgânica do cosmos, deve permitir que o desequilíbrio se desenvolva.

Há ainda outra implicação para o Bruxo praticante. A Arte baseia muito do seu trabalho na polaridade entre masculino e feminino. Na prática, é natural que isso signifique, na sua configuração mais simples, um homem e uma mulher (ou homens e mulheres) trabalhando juntos, cada um contribuindo como um "polo da bateria" para produzir a corrente necessária. E, novamente, da forma mais simples, há uma tendência a se pensar que o Deus fala inteiramente através do homem Bruxo e a Deusa totalmente através da mulher. Mas devemos sempre lembrar de que não é tão simples assim. Em uma parceria de trabalho entre homem e mulher também contribuem a Anima deste homem e o Animus da mulher. A Deusa pode falar em voz alta através de seu canal natural, a mulher, e o Deus através do homem. Mas a Deusa também sussurra de forma relevante para a Anima do homem, que fala a mesma língua que ela, enquanto o

Deus se comunica da mesma maneira com o Animus da mulher. E tanto o homem quanto a mulher, se forem sábios, aprenderão a ouvir esse sussurro, bem como ouvir o chamado em alto e bom som.

Para usar uma metáfora melhor, uma parceria de trabalho entre homem e mulher não é apenas uma bateria; é um ímã tetrapolar, a bobina de campo de um poderoso gerador que deve ser compreendida e mantida em bom funcionamento.

Uma última dica sobre a questão psicológica. Os dois melhores livros sobre o Arquétipo da Grande Mãe são *A Grande Mãe* de Erich Neumann, e *Os Mistérios da Mulher*, de Esther Harding. Vale a pena estudar os dois.

No Antigo Mundo Pagão, as verdades psicológicas que estivemos discutindo ainda eram mistérios entendidos claramente apenas pelos mais sábios e treinados no sacerdócio. Mas, atualmente, estamos em uma época em que muito do que antes era apenas compreendido intuitivamente está agora sendo trazido à luz e se tornando articulado e disponível para qualquer pessoa que esteja preparada para encarar essas verdades. Chame isso, se quiser, de um momento decisivo na evolução da relação entre a mente consciente e a mina de ouro quc há no Inconsciente.

Acreditamos que o pensamento de Jung e seus seguidores encabeçou esse avanço – um campo no qual a ciência avançada já não afasta nem menospreza a perspectiva religiosa e psíquica (como aconteceu no Século 19), mas, sim, fortalece e esclarece essas ideias.

Cabeça de bronze de Afrodite de Satala, Armenia.

(Acima) Deusa Tríplice do poço de Coventina, Righ Rochester, Northumbria, Século 3 EC.

Estatueta Cíclades, de
2200 a 2000 AEC.

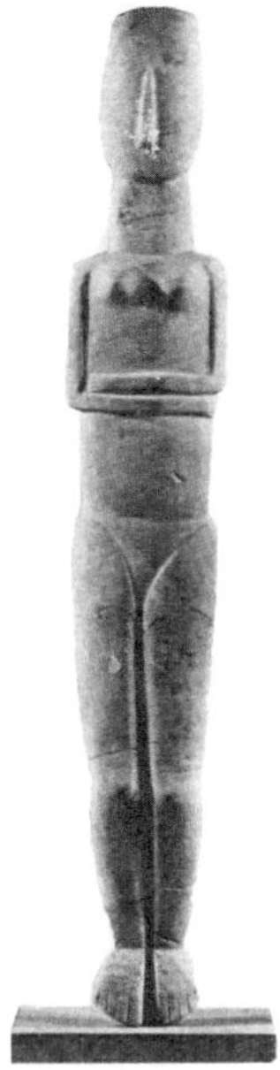

A Deusa serpente minoica,
estátua de Cnossos, Creta

Culto à Deusa do Mar no Brasil.

Bábóg mhara (boneca do mar). Um sacrifício simbólico dos pescadores para a Deusa do mar. Visto em Belmullet, no Candado de Mayo.

Beatrice se dirigindo a Dante a partir do Carro, por William Blake. Beatrice é uma personificação Clássica da Deusa Musa.

Rainha Guinevere, por William Morris. A Guinevere do período Medieval e Vitoriano por ser uma sombra pálida do arquétipo Celta.

Lilith oferece a Maçã

Ísis Luminosa

Ísis Negra

Deusa dos céus Nut, entalhada dentro da tampa do sarcófago de Ankh-nesnefer-ib-re, filha de Psammetichus II. Nut era com frequência representada dentro das tampas das urnas mortuárias

Ísis Protegendo Osíris. 26ª Dinastia, Templo de Karnak

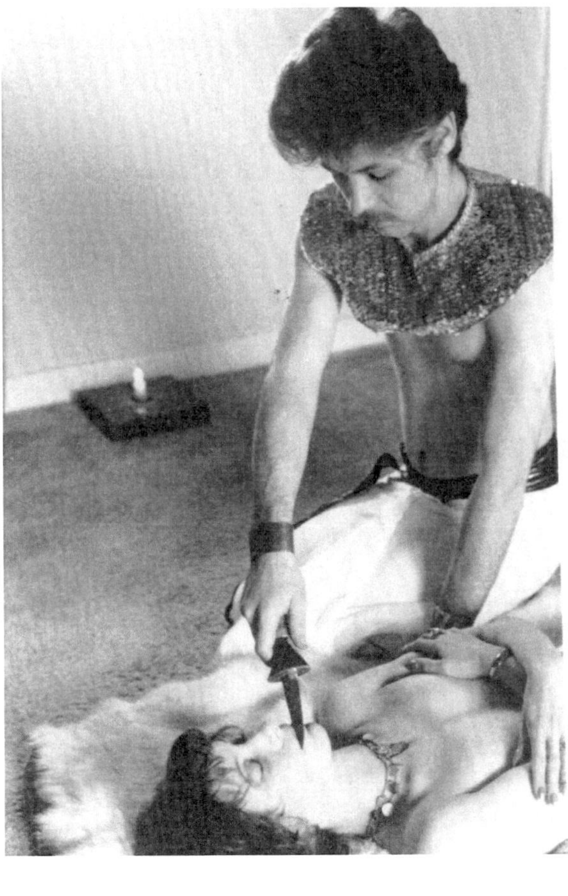

Ritual de Iniciação egípcia: A abertura da boca

IX

A Mulher como Deusa

Pois nos tempos antigos, a Mulher era o altar.

Extraído do Grande Rito

Já estudamos algumas das muitas faces da Deusa – e quando, na Parte II, considerarmos algumas de suas manifestações individuais, estudaremos outras mais, pois seus rostos são infinitos, e o estudo é interminável.

Vimos que ela é a Mãe Terra, o ventre que nos embala, os seios que nos alimentam, as mãos que nos guiam, e o túmulo-útero que reabsorve nossa concha física. E que ela é a Ísis Velada, envolta nas vestes da natureza. Vimos, ainda, que ela é a Ísis Sem Véu, revelando seus mistérios conforme estamos preparados para compreendê-los. Que ela é a Mãe da Luz e a Mãe Sombria, ao mesmo tempo linda e aterrorizante, cada uma contendo em si sua face oposta e nos impelindo para ela, eternamente. Que ela é a Deusa da Lua, Donzela, Mãe e Anciã, para sempre tripla e uma só. Pudemos ver que ela recebe a energia luminosa de seu filho/consorte, o Deus, e com ela cria uma forma viva. E que ela, por sua vez, é a Musa, inspirando o Deus para suas próprias formas de criação mental. Que ela é o inesgotável tesouro do Inconsciente Coletivo, e ele a luz penetrante da Consciência. Que sem ela, o Deus é apenas uma semente jogada ao vento, e sem ele a Deusa é estéril. Que por 2.000 anos ou mais nós a subestimamos perigosamente.

Além disso, percebemos que a Mulher, como o canal mais completo da energia da Deusa na família de Gaia, é também todas essas coisas.

O reconhecimento da Mulher como reflexo da Deusa remonta a tempos imemoráveis. Ao discorrer sobre a posterior obscenidade da Missa Negra (uma heresia puramente cristã, nada tendo a ver com a Bruxaria), Doreen Valiente diz que por detrás de seus engodos teatrais há, no entanto, "uma figura genuinamente antiga: a mulher nua sobre o altar. Ou, como seria mais acurado dizer, a mulher nua que é ela própria o altar, pois esse era o seu papel original... Tal uso do corpo despido de uma mulher viva como o altar onde as forças da Vida são adoradas e invocadas remonta a uma época anterior ao início do cristianismo com seus dogmas sobre Satanás; em tempos idos, quando se adorava a Grande Deusa da Natureza, em quem todas as coisas eram uma só, sob a imagem da Mulher." (Doreen Valiente, *An ABC of Witchcraft*, pág. 44).

Estranhamente, esse conceito persistiu de forma velada nos locais de culto do judaísmo, do cristianismo e do islamismo. Em seu manual *The Symbolism of Temple Architecture*, Lawrence Durdin-Robertson argumenta, com base em informações acadêmicas convincentes, que cada igreja, sinagoga e mesquita representa na realidade o corpo da Deusa, tanto simbólica quanto conceitualmente. Ou talvez isso não soe tão estranho. O dogma cristão (revelando mais do que consegue perceber) sempre insistiu que a Igreja é a Noiva de Cristo; e o edifício de pedra, afinal, simboliza essa Igreja (na antiga Lei do Santuário pode estar ocultado o conhecimento de que a Deusa protege todas as suas criaturas, quer sejam vistas como merecedoras ou não).

A Arte se mantém fiel ao conceito original, sem o esconder em pedras, ou tijolos e argamassa. O local de culto das Bruxas, o Círculo Mágico, não é nem masculino nem feminino, funcionando como uma central elétrica para a polaridade de ambos, e todo o ritual de lançamento do Círculo enaltece um equilíbrio deliberado entre esses aspectos, incluindo os elementos. É o corpo, mente e espírito da Alta Sacerdotisa que são vistos como o canal da Deusa; a abertura desse canal é uma característica fulcral do ritual Wiccaniano.

A essa abertura ritual chamamos, muito apropriadamente, *Puxar a Lua para Baixo* (o ritual completo é descrito no Apêndice). Suas várias etapas ilustram tudo o que dissemos sobre a relação entre os princípios masculino e feminino, por um lado, e sobre a relação entre a Mulher e a Deusa, por outro.

Primeiro, o Alto Sacerdote se aproxima da Alta Sacerdotisa como uma mulher humana. Pode-se dizer que, para este ritual em particular, não há necessidade de começá-lo invocando o Deus sobre o homem; ele já representa, por sua natureza, a "energia crua e sem rumo" do princípio masculino. Logo, desde que ele desempenhe seu papel com reverência, esse ato em si já é o suficiente para desencadear o princípio feminino que cria a forma; e dar forma a algo é o propósito do ritual. Para outros rituais, onde mais aspectos do Deus estão envolvidos, é necessário realizar uma invocação conhecida como *Puxar o Sol para Baixo* (veja nosso livro *A Bíblia das Bruxas*).

Ele cumprimenta a mulher humana dando-lhe o Beijo Quíntuplo, uma saudação que a reconhece como sua irmã Bruxa, companheira de adoração e sua polaridade complementar no nível humano.

Em seguida, ele se dirige à Deusa apartada da mulher, invocando-a para *descer sobre o corpo desta tua serva e Sacerdotisa.*

Depois disso, o Alto Sacerdote fala à Deusa dentro da mulher e através dela, confiante de que sua invocação foi atendida. Faz-lhe elogios e apela a ela para ampará-lo, dizendo, "pois sem ti estou abandonado".

E, finalmente, a mulher, falando com a voz "da Mãe Sombria e Divina", responde ao seu apelo, dando-lhe sua bênção.

No Ritual de Abertura completo, nesse ponto normalmente a Alta Sacerdotisa declama a *Carga da Deusa*, a mensagem tradicional (pelo menos nas Tradições Gardneriana e Alexandrina de Bruxaria) da Deusa para seus seguidores. A Carga foi originalmente escrita por Gerald Gardner, com base na invocação das Bruxas toscanas à Aradia de Leland e, posteriormente, o texto foi revisado por Doreen Valiente, obtendo a aprovação de Gardner. É a passagem mais comovente e amada da liturgia moderna da Arte, e no momento em que Doreen a aperfeiçoou, a Deusa deveras falava através dela (veja no Apêndice o texto completo).

Qualquer um que tenha testemunhado o *Rito de Puxar a Lua para Baixo* regularmente, deve concordar que ele funciona. Amiúde, uma mulher humana "comum" parece transformada depois que ele é realizado, de modo que o Coven não demonstra qualquer dificuldade em reagir a ela como a voz e a presença da Deusa. Geralmente ela começa declamando a Carga; seu estilo de discurso pode variar muito de Círculo para Círculo, incitando a pergunta perfeitamente natural "Quem era ela esta noite?", ou "Que aspecto de si mesma a Deusa achou apropriado nos revelar nesta ocasião?" Pode ser um aspecto da Mãe, como Dana, se for necessário encorajamento e confiança; ou uma face mais impetuosa como Hécate, caso o Coven esteja ficando preguiçoso; ou Aradia, se estiverem precisando de mais ensinamentos; Maat, se for preciso um senso de justiça mais claro; Gaia, se a relação com a natureza estiver desarmonizada; Morrigan, se houver um mal a ser combatido; Brigit, caso estejam buscando a inspiração criativa; Afrodite, se homens e mulheres estiverem se tornando insensíveis uns com os outros; ou mesmo alguma face inominada, mas com uma mensagem clara e relevante, surpreendendo a todos.

Nem sempre se trata apenas do tom em que é declamada. Sabemos que muitas vezes as familiares palavras da *Carga da Deusa* são inesperadamente substituídas por outras bem diferentes, anunciando conselhos ou reprimendas, comunicando um esclarecimento ou uma advertência.

Em ambos os casos, as palavras ditas normalmente não são determinadas pela decisão consciente da Alta Sacerdotisa. Toda Alta Sacerdotisa experiente está familiarizada com a inusitada sensação de observar a tudo de um canto da sua mente, ouvindo a Deusa fazer uso de suas cordas vocais e se perguntando sempre o que virá a seguir.

A propósito, esta é uma boa razão para que toda Alta Sacerdotisa (na verdade, toda Bruxa mulher, pois cada uma deve estar pronta para assumir um Círculo, por mais inadequada que ela julgue a si mesma) deve aprender de cor a *Carga da Deusa*. Ler as palavras de um livro tende a inibir esse processo de canalização.

A cerimônia de *Puxar a Lua para Baixo* e o tratamento conferido à Alta Sacerdotisa nesse momento como uma representante da Deusa para o restante das pessoas no Círculo não devem, é claro, concernir somente à Alta Sacerdotisa e ao Sumo Sacerdote. Toda mulher presente deve se identificar com a Alta Sacerdotisa e apoiá-la psiquicamente, assim como todo homem deve fazer o mesmo perante o Alto Sacerdote durante o ritual. Isso auxilia os líderes a se sintonizarem com os princípios cósmicos femininos e masculinos – com a Deusa e o Deus – além de transformar a polaridade na elevação de poder dentro do Círculo em um esforço conjunto, que é o trabalho do Coven.

Dissemos "para o restante das pessoas no Círculo", mas achamos uma regra sensata que, mesmo no momento alegre de descontração que sucede o Encerramento, a Alta Sacerdotisa (ou quem agiu como tal no Círculo) deve continuar a ser tratada como alguém especial e não deve ser submetida, por exemplo, ao tipo de provocação ou brincadeira ruidosa que é perfeitamente natural em um grupo saudável de amigos (e particularmente um grupo com pessoas jovens e saudáveis) depois de um trabalho sério. "Todos os atos de amor e prazer são os meus rituais", incluindo os exuberantes; mas tratar com especial respeito àquela que foi o canal para a Deusa durante o trabalho sério é reconhecer que ela, a Deusa, uma vez invocada, não faz as malas nem sai no momento em que o Círculo é banido. Além de que, se achar melhor, é uma forma de reconhecimento convidá-la a juntar-se ao banquete após o ritual e a presidi-lo com exuberância, mas mantendo certa distância apropriada. A mulher que lhe serviu de canal pode esperar até a manhã seguinte para se tornar "meramente" humana mais uma vez – se é que alguma mulher seja "meramente" isso.

Na realidade, certamente, ela nunca é apenas isso. *Puxar a Lua para Baixo* é uma intensificação ritual de uma qualidade perpétua. "Como acima, é abaixo": toda mulher, com maior ou menor êxito, é uma expressão humana do princípio feminino cósmico; e todo homem deveria, nas palavras de Penelope Shuttle e Peter Redgrove (em *The Wise Wound*), "ser o guardião e discípulo destas habilidades na mulher", ao invés de ser, como é muito frequente na nossa era, "o orgulhoso e invejoso agressor".

Outro importante ritual Wiccaniano que envolve o conceito da mulher como altar é, naturalmente, o Grande Rito. Nós o descrevemos de duas maneiras – uma mais simples, e uma forma mais longa proveniente do *Livro das Sombras de Gardner*, em *A Bíblia das Bruxas*. Em ambos os casos, a mulher não é apenas a expressão do princípio da Deusa, mas seu corpo é literalmente o altar da Deusa.

Assiste-me a erguer o antigo altar,
no qual em dias passados todos adoravam,
O Grande Altar de todas as coisas;
Pois nos tempos antigos, a Mulher era o altar.

Assim foi o altar preparado e posicionado,
E o ponto sagrado era o ponto no centro do Círculo.

Como temos sido ensinados, desde há muito tempo,
Que o ponto no centro é a origem de todas as coisas,
Desta forma nós devemos adorá-lo.

Portanto, aquela a quem nós adoramos também invocamos...

O Grande Rito é a versão da Arte para o um rito imemoravelmente antigo, o *Hieros Gamos*, um ritual sexual realizado por representantes humanos que representava o acasalamento da Deusa e do Deus. É adequado que um de seus usos seja na Iniciação de Terceiro Grau, o grau mais elevado na Arte, além de o ritual ser o mesmo, independentemente de o iniciador ser homem ou mulher, porque nesse nível ambos os princípios são iguais e complementares.

O Grande Rito pode ser simbólico, com o homem portando o athame e a mulher o cálice, representando assim o momento da união, ou pode ser real, com essa união consumada através do ato sexual – neste último caso, ele é conduzido em particular, após o restante do Coven se retirar do recinto. Entretanto, ambos os ritos devem ser encenados com reverência e seriedade, uma vez que o casal está, por assim dizer, "atraindo" a Lua e o Sol para si mesmos e agindo como canais para as duas grandes forças cósmicas. A Deusa e o Deus são invocados em todos os níveis, sendo que, pelo menos no Grande Rito real, apenas um casal, cuja relação já esteja integrada em todos esses níveis, deve convidar para si o poder que este rito pode gerar.

A polaridade macho-fêmea, expressa nas parcerias entre homem e mulher (quer sejam casados, um casal, ou simplesmente amigos que tenham uma relação harmoniosa), e dentro do Coven como um todo, é um princípio básico da Arte. Assim, todo homem que é "guardião e discípulo" do princípio da Deusa no interior de sua parceira, está continuamente *Puxando a Lua* sobre ela e ajudando-a a vivenciar esse princípio e a realizar o seu self completo. Ele também está, é claro, chegando a uma reconciliação profícua com o princípio da Deusa presente na sua Anima interior e ao mesmo tempo libertando o princípio do Deus que é sua natureza verdadeira.

A percepção consciente dessa polaridade e seu uso criativo na prática mágica e pessoal é uma das contribuições mais importantes que a Arte pode fazer à raça humana como um todo em seu estágio atual de evolução. Por ser um princípio que tem sido negado e distorcido por séculos, seu restabelecimento é uma tarefa que necessita ser realizada urgentemente para que Gaia sobreviva.

Nem toda mulher é uma Bruxa. Mas toda mulher é uma face da Deusa.

X

Algumas Receitas da Deusa

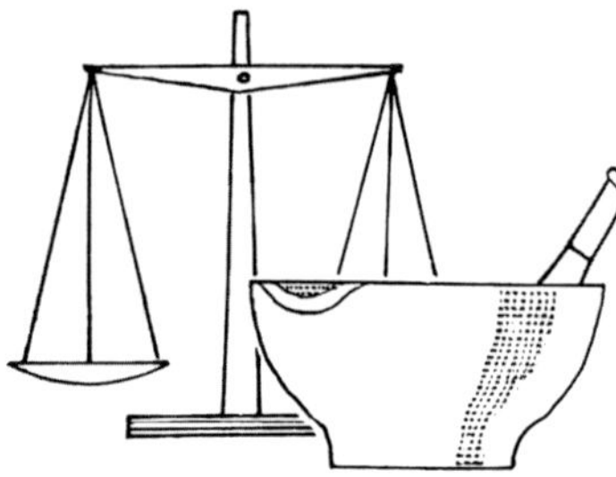

Ao redor do caldeirão dançamos.
Macbeth

O perfume – quer seja usado no corpo ou como incenso – é de grande ajuda para criar a atmosfera apropriada no Círculo Mágico. O aroma apela de forma direta e poderosa à psique em todos os níveis, desde a sintonização espiritual à consciência corporal.

Também é aceito, segundo a experiência com o Ocultismo, de que os perfumes têm um efeito real (e, portanto, mágico) no plano etérico, alguns perfumes sendo muito poderosos. E é o plano etérico que liga (em ambas as direções) as ações e os fenômenos no plano físico com todos os outros níveis.

Dion Fortune tem alguns ensinamentos esclarecedores a respeito dos aromas rituais e incensos no livro *Cabala Mística*, págs. 278-9. Ela os divide em: (a) aqueles que exaltam a consciência; (b) aqueles que aguçam o subconsciente para a atividade. O tipo (a) inclui particularmente (e exclusivamente no caso do incenso eclesiástico) as resinas aromáticas e também certos óleos essenciais, especialmente os perfumados e adstringentes.

O tipo (b) a autora divide entre os aromas Dionisíacos (aromático, picante, como o cedro fumegante, o sândalo, ou pinhas) e os Venusianos (doce e enjoativo, como a baunilha). Estes podem ser usados em conjunto, como orienta a ocultista: "Muitos aromas que, se usados sozinhos são grosseiros e picantes, ou nauseantes e enjoativos, tornam-se excelentes quando misturados".

Não há nada que impeça que mulheres e homens usem perfume de maneira ritual (a palavra-chave aqui, novamente, é usar o perfume "apropriado", como bem sabem os criadores de loções pós-barba). Mas para as mulheres há uma consideração a mais a se fazer, além do fato de serem as tradicionais usuárias de perfumes. No Círculo, a Alta Sacerdotisa representa a Deusa e é seu principal canal, e todas as outras mulheres devem refletir aspectos dela, mesmo que nesta ocasião elas não sejam o foco central dessa canalização. Desse modo, um perfume adequado não só ajuda cada mulher a se sentir em sintonia com o aspecto da Deusa invocado, bem como ajuda os outros membros, incluindo os homens, a "visualizá-la" daquela forma.

Ao celebrar a adoração da Deusa, a comida ritual sempre desempenhou um papel significativo e, como a Deusa tem muitos aspectos, é razoável adequá-la à sua face que está sendo invocada.

Na escolha e preparação da comida e do perfume ritual há muito espaço para a imaginação trabalhar. Neste capítulo oferecemos algumas sugestões para que essa imaginação funcione. Algumas das receitas são tradicionais, já outras foram elaboradas por nós ou por outros membros de nosso Coven.

Perfumes, Óleos e Incensos

Estes três elementos têm características parecidas. Um óleo de unção pode ser modificado para ser usado como perfume ou colônia, por exemplo. E como incenso, gotas de óleo podem ser adicionados ao carvão incandescente para produzir uma atmosfera apropriada antes do ritual. O uso de óleo dessa maneira durante o ritual geralmente requer atenção constante devido ao seu caráter inflamável, sendo que perfumes e colônias são igualmente voláteis.

Perfume da Sacerdotisa da Lua

- 1 gota de óleo Dama da Noite
- 3 gotas de óleo de rosa
- 1 gota de óleo de limão-verbena
- 120 ml de álcool mineral

Misture os três óleos em uma garrafa.

Adicione o álcool mineral e agite vigorosamente.

Uma forma de colônia pode ser feita adicionando 30 ml de álcool mineral e 90 ml de água destilada.

Colônia do Sacerdote da Lua

- 30 ml de limão-verbena ou óleo de lima
- 60 ml de óleo de coentro
- 15 ml de óleo de cânfora ou mirra
- 7 ml de álcool mineral
- 100 ml de água destilada

Misture os óleos em uma garrafa, adicione o álcool e a água e agite vigorosamente.

Aumentar os óleos de mirra produz um perfume mais pesado; com mais cânfora, tem-se um perfume mais leve e picante. Cada perfume "comporta-se" de forma diferente em peles diferentes, por isso é indicado ir experimentando até encontrar um que se adapte ao seu tipo de pele.

Perfume da Mãe Terra

- Óleo de almíscar
- Óleo de patchouli
- Óleo de rosa

Misture em partes iguais, coloque em uma garrafa e agite bem.

Perfume de Ísis

- Óleo de rosa
- Óleo de lótus azul

Misture em partes iguais, coloque em uma garrafa e agite bem.

Perfume da Deusa Solar

- Óleo de canela
- Óleo de limão-verbena
- Óleo de ylang-ylang

Misture em partes iguais, coloque em uma garrafa e agite bem.

Óleo para a Lua Negra

- 60 ml de tintura de mirra
- 30 ml de óleo de canela
- 7 ml de óleo Dama da Noite
- 30 ml de óleo de rosa

Misture, coloque em uma garrafa e agite bem.

Óleo para os ritos de Ísis

- 7 gotas de óleo de rosa
- 2 gotas de óleo de cânfora
- 2 gotas de tintura de mirra
- 3 gotas de óleo de jacinto azul

Misture os óleos de rosa, cânfora e jacinto azul durante a lua crescente. Despeje a mistura em uma garrafa e guarde-a até a lua minguante. Acrescente a mirra o mais próximo possível da lua nova, mas nunca depois.

Incenso de Kali

Este é um incenso individual e personalizado para a Sacerdotisa se sintonizar com seu próprio lado negro da Lua.

- 30 g de raspas de sândalo
- 30 g de flores secas de jasmim ou 6 gotas de óleo de jasmim
- 15 g de pétalas de rosas secas
- 2 gotas do seu próprio sangue menstrual

Misture e use para uma meditação solitária durante o início da menstruação.

Incenso de Morrigan

- 30 g de grãos de almíscar
- 15 g de sangue de dragão (resina usada na coloração do violino)
- 4 gotas de óleo de patchouli
- 4 gotas de óleo de almíscar
- 4 gotas de sangue do seu próprio dedo

Misture os ingredientes na Lua Negra, coloque em um pote e enterre na terra por seis semanas (um vaso de flores colocado dentro de um armário fresco servirá).

Óleo e incenso de Athena

A oliveira é sagrada para Athena, portanto é possível usar um azeite puro como óleo de unção. Especificamente, esfregue entre as palmas das mãos e unte os pés, testa e lábios.

Para o incenso:

- 30 g de madeira de cedro em lascas
- 15 g de cânfora
- 7 gotas de óleo de almíscar
- Suor feminino (tanto quanto possível)
- 6 azeitonas, sem caroço e de preferência pretas

Misture bem os quatro primeiros ingredientes, na lua cheia, e acrescente as azeitonas. Coloque em uma jarra e deixe por um mês para maturar. Em seguida, remova as azeitonas (que terão transmitido sua essência para o resto da mistura) e jogue-as fora.

Azeitonas recheadas, tanto pretas quanto verdes, são um alimento que claramente pode ser usado em um ritual de Athena. Também folhas de videira recheadas é um prato tipicamente ateniense. Se possível, é claro, o vinho deve ser grego – especialmente a retsina, embora seja necessário estar acostumado com o sabor.

Saquinhos de banho de preparação ritual

Para limpar e relaxar o corpo antes de um ritual e energizar os centros psíquicos. Esta receita nos foi dada por Paul Demartin, da Editora Anubis Books (ver o Incenso Kyphi, pág. 104). Preencha sachês pequenos feitos de tecido musseline com quantidades iguais das seguintes ervas:

- Manjericão (para energia psíquica)
- Borragem (para fortalecer o eu interior)
- Lavanda (para banir o estresse mental e emocional)
- Centáurea (uma erva tradicional das Bruxas)
- Arruda (uma erva tradicionalmente usada em banhos)

Mergulhe um sachê na água do banho por cinco minutos antes de entrar (se for uma banheira), para que as plantas tenham tempo de agir.

Incenso de Diana da Lua

Esta receita simples, mas eficaz, é outra contribuição de Paul Demartin. Ele recomenda que seja feito na hora e no dia da Lua – ou seja, a primeira ou oitava hora após o nascer do sol, ou a terceira ou décima hora após o pôr do sol, em uma segunda feira (a lista completa de dias e horas planetárias pode ser encontrada em muitos livros, incluindo o Apêndice III de *What Witches Do*, de Stewart. Aqui, cabe a nós mencionar apenas que as horas da Deusa são, na segunda-feira, a primeira, terceira, sexta e oitava horas após o nascer do sol, e a primeira, terceira, oitava e décima após o pôr do sol; e, na sexta-feira, a primeira, terceira, oitava e décima após o nascer do sol, e ainda a terceira, quinta, décima e décima segunda horas depois do pôr do sol. É evidente que outras combinações de dia/hora, envolvendo os aspectos da Deusa e do Deus – ou apenas do Deus –, também são úteis, mas muito complexas para serem apresentadas aqui).

Misture totalmente quantidades iguais do seguinte:

- Goma mastique
- Jasmim
- Mandrágora
- Raiz de lírio

Adicione algumas gotas de óleo de galtéria e embeba com um pouco de óleo mineral transparente.

Incenso Kyphi

Este foi um importante incenso ritual usado no Egito Antigo e seus dezesseis ingredientes estão listados no Papiro de Ebers, datado de 1500 AEC. Como as proporções não são dadas e alguns dos ingredientes não são fáceis de encontrar, sua complexa preparação é um trabalho para especialistas. A maioria dos bons fornecedores de suplementos de Ocultismo, como, por exemplo, a livraria Occultique (73 Kettering Road, Northampton NN1 4AW), de John Lovett, e a Anubis Books (218 Bamford Road, Heywood, Lancs)[14], de Paul Demartin, oferecem suas próprias versões do incenso, e julgamos altamente recomendado que você as experimente.

Incenso de Aine de Knockaine

Diz-se que a Deusa irlandesa da Lua, Aine de Knockaine foi a responsável por dar às flores do prado o seu esplêndido aroma. Não fomos capazes de encontrar uma explicação para essa tradição, mas Francis, o Convocador do nosso Coven e um contador de histórias nascido em Donegal, inventou sua própria receita. Quando São Patrício estava perseguindo as Deusas da Irlanda, ele enviou seus cães atrás de Aine, que descobriu que eles estavam em seu encalço. Então ela espalhou seu perfume sobre todas as flores do prado, que estavam floridas na época, e os cães ficaram confusos e a perderam de vista.

Assim sendo, Aine foi uma Deusa que escapou do expurgo de Patrício. Nós gostamos desse fato, e apreciamos também o incenso que Francis concebeu para ilustrá-lo (por falar nisso, o nome "Aine" é pronunciado *On-yah*).

- 15 g de flores e folhas de flores do prado (que pode ser tanto colhida quando a planta estiver em plena floração, ou ser usada seca)
- 15 g de sementes de pinheiro picadas
- 15 g de óleo de limão-verbena

A propósito, a flor do prado também faz um delicioso vinho.

14. N.R.:endereços e indicações de lojas compartilhadas na presente obra podem estar desatualizados em decorrência da janela de tempo que o livro levou para ser traduzido ao português. Indicações de fornecedores destes produtos no Brasil podem ser facilmente encontradas nos sites de busca da Internet.

Perfumes e incensos planetários

Foram sugeridos acima alguns perfumes e incensos para trabalhar com aspectos planetários femininos específicos. Para mais experimentos, as listas de ingredientes sugeridos por Patricia Crowther em seu livro *Lid Off the Cauldron* podem ser úteis. A seguir, listamos as associações dos planetas femininos (incluindo o Sol e Saturno, que às vezes têm características femininas):

- SOL: heliotrópio, flor de laranjeira, cravo-da-índia, olíbano, âmbar cinzento, almíscar, mastique, paliginia, óleo de girassol.
- LUA: papoula branca, rosa branca, goivo amarelo, murta, artemísia, cânfora, cedro.
- VÊNUS: jasmim de madagascar, flor de maçã, almíscar, açafrão, verbena, damiana.
- SATURNO: jacinto, amor-perfeito, trevo-de-quatro-folhas, assafétida, sementes de papoulas pretas, meimendro (note que o meimendro é venenoso se for ingerido!), magnetita, mirra. (Por que dizemos que Saturno "às vezes tem características femininas"? Pelo fato de que, para as Bruxas que usam o simbolismo cabalístico, Saturno é o planeta de Binah, e por isso o incluímos aqui.)

Atribuições de Crowley

Aleister Crowley, em seu livro intitulado *777*, fornece correspondências de aromas para as seguintes Deusas:

Afrodite, Ártemis, Athena, Bhavani, Ceres, Cibele, Deméter, Diana, Frigg/Freya, Hathor, Hécate, Hera, Ísis, Juno, Kundalini, Lakshmi, Lalita, Maat, Minerva, Mut, Néftis, Nike, Nut, Perséfone, Psique, Reia, Valquírias, Vênus e Vesta.

Esses aromas são mencionados na lista alfabética das Deusas na Terceira Parte.

Comidas

Bolos de Mel de Diana

De acordo com a tradição das Bruxas italianas (em *Aradia – O Evangelho das Bruxas* de Leland), "Vocês devem fazer bolos de farinha, vinho, sal e mel na forma de lua crescente e depois colocá-los para assar." O capítulo de Aradia inclui as invocações a Diana que acompanhavam o cozimento. Nenhuma quantidade é apresentada, mas os ingredientes são semelhantes a barrinhas de aveia ou flapjacks; por isso, sugerimos que você experimente a seguinte receita:

- 120 g de grãos de aveia
- 60 g de manteiga
- Mel suficiente para dar liga
- Um pouco de vinho
- Sal

Derreta a manteiga com uma colher de chá de mel em uma panela, adicione a aveia, um pouco de vinho e uma pitada de sal. Acrescente mais mel até dar consistência e mexa em fogo brando por alguns instantes. Transfira para uma assadeira untada com manteiga e asse até dourar (quinze a vinte minutos) em um forno com calor moderado. Deixe esfriar dentro da assadeira. Em seguida, retire e corte no formato de crescentes.

Bolos de Deméter

De acordo com Tom Chetwynd, em *A Dictionary of Symbols*, durante os rituais da Mãe dos Grãos Deméter, o grão era "debulhado, moído, transformado em bolos em forma de homem (iguais a um homem-biscoito) e comido. Dividia-se o todo em pedaços, mas os pedaços formavam um novo todo: há continuidade através da mudança."

É como comer a si mesmo, quebrando a personalidade ossificada e desgastada que você tem escondido por trás e reabsorvendo seus elementos recombinados (cujas matérias-primas são graça da Mãe Terra) "para formar um novo todo" mais saudável.

O simbolismo é válido e vívido, valendo a pena ser usado ritualmente, desde que seu significado seja lembrado enquanto o esteja fazendo.

Nenhuma receita é necessária. As figuras são feitas de massa para torta (tendo como base grãos consagrados a Deméter) e assadas como "homens-biscoitos".

Mas, obviamente, os homens devem comer bolos em formato de homem e as mulheres bolos em formato de mulher. E se eles puderem representar as características dos indivíduos – magros, gordinhos, com barba grossa, cabelos compridos ou o que for –, melhor ainda. Todos devem estar conscientes de que é o seu eu antigo sendo reabsorvido e revitalizado.

Bolos de Afrodite

- Pêssegos ou nectarinas frescas
- Massa podre para torta

Corte os pêssegos ao meio, removendo as sementes. Coloque em uma assadeira as metades voltadas para baixo sobre discos de massa ligeiramente maiores que o tamanho dos pêssegos e cubra cada uma delas com uma cobertura de massa. Pressione a borda de cada domo em seu disco para selá-lo. Faça um buraco com um palito de fósforo no meio do topo de cada domo. Asse até dourar. O sumo que sai da fruta irá criar um pequeno pedaço escuro ao redor do buraco.[15]

O simbolismo desses deliciosos bolos (que foram criados por Martin, membro de nosso Coven) é tão óbvio e descarado quanto a própria Afrodite. E porque não?

Pãezinhos Sally Lunns

- 900 g de farinha
- 30 g de levedura
- 120 g de manteiga
- 60 g de açúcar granulado
- Creme
- Um pouco de açúcar de confeiteiro
- 700 ml de leite

---

15. N.R.: dando a aparência de um seio.

Faça uma massa espessa com a maior parte da farinha, fermento, um pouco de açúcar de confeiteiro e uma caneca (570 ml) de leite morno. Cubra e deixe crescer em um lugar quente por duas horas. Dissolva o açúcar granulado no resto do leite morno e adicione-o à massa. Esfregue a manteiga no restante da farinha, misture com a massa e amasse levemente. Deixe repousar por trinta minutos. Faça bolos redondos em uma assadeira, e deixe até que eles cresçam. Asse em forno quente por trinta minutos. Divida ao meio e espalhe o creme.

Pode parecer estranho encontrar essa receita tradicional de Devonshire em nossa lista, mas, acredita-se que Sally Lunns tenha sua origem nas oferendas feitas a Deusa Sul ou Sulla, a Deusa do Sol Celta e patrona das fontes termais –, cujo templo mais famoso ficava, e de fato ainda fica, em Bath (Aquae Sulis). As Bruxas do oeste da Inglaterra, em particular, podem gostar de usá-las para seu propósito original.

Bolos de Brigit

Para um ritual de Brigit, a tradicional "soda cake" irlandês é uma escolha muito apropriada.

- 450 g de farinha simples
- 1 colher chá cheia de creme de tártaro
- 120 g de margarina
- 1 colher chá cheia de bicarbonato de sódio.
- 120 g açúcar
- 120 g de sultanas, ou uvas com semente
- 60 g de cascas picadas diversas
- Passas
- ½ latinha de cerveja e 6 colheres (375 ml) de coalhada
- 1 colher de chá rasa de sal

Pré-aqueça o forno em temperatura alta. Unte uma assadeira de bolo de mais ou menos 20 centímetros com margarina derretida. Peneire a farinha coloque junto com o bicarbonato de sódio, o creme de tártaro e o sal em uma tigela. Acrescente a margarina aos poucos até que a mistura esteja quebradiça. Junte o açúcar, as sultanas e as cascas. Adicione a coalhada com a cerveja e misture com uma faca para que a massa fique bem macia. Amasse levemente em uma tábua bem enfarinhada. Coloque a massa na assadeira e pressione para os lados. Deixe uniforme no topo. Asse por uma hora em temperatura média, depois por mais trinta minutos em fogo moderado. Se você não tiver coalhada, 360 ml de leite fresco mais 15 ml de vinagre servem. Misture os dois (e, se necessário, dê uma leve aquecida) até o leite coalhar. E para variar, experimente duas colheres de sopa cheias (50 g) de semente de alcarávia em vez das sultanas.

Alimentos lunares

O cardápio de comidas da lua de Dion Fortune, como descrito no livro *A Sacerdotisa do Mar* (capa dura pág. 204, brochura pág. 111), dá sugestões interessantes para os rituais lunares.

"Havia geleia de amêndoas como os chineses fazem; e vieiras em suas conchas; e pequenos bolos de mel em formato de crescentes parecidos com marzipã para sobremesa. Tudo era branco. E a palidez dessa curiosa mesa de jantar era atenuada com uma grande pilha de romãs".

Vinho

É favorável, tanto psicológica quanto magicamente, poder escolher um vinho apropriado para o ritual. Por exemplo, para um ritual à Aradia seria bastante adequado optar pelo *Valpolicella* do norte da Itália, facilmente obtido e que não custa muito caro, ou, se for possível, obter o delicioso licor *Strega* (que significa "Bruxa" em italiano). Quando Stewart estava no Marrocos, ele se familiarizou com um vinho francês chamado *La Reine Pédauque*. Lamentavelmente, nunca mais o viu desde então, mas gostaria muito de colocar as mãos em uma dessas garrafas para usar em um ritual de Lilith.

Os países celtas, com exceção da Bretanha, não são mais conhecidos por suas indústrias vinícolas; mas os vinhos caseiros são outro assunto. Este não é o lugar para tratar disso com profundidade, mas o fato de que vinhos caseiros são baseados em flores e frutas oferece escopo ilimitado. Por exemplo, o sabugueiro é uma das árvores mais importantes para a Deusa – e uma característica única (tanto quanto sabemos) entre as plantas, é que a mesma árvore fornece tanto um esplêndido vinho tinto (incluindo o do porto) quanto um branco fino (seja brando ou espumante), das bagas e as flores respectivamente. O que poderia ser mais apropriado? –, um para a face Escura da Deusa e o outro para a sua Face Luminosa.

O espinheiro é outra excelente árvore sagrada para a Deusa, oferecendo um delicado vinho branco de suas flores que florescem em maio. As flores, embebidas durante seis semanas em vodca (ou, por que não, um ilícito poitín irlandês!), dão um excelente licor.

Ainda sobre o assunto dos licores apropriados para a Deusa – o abrunheiro é uma árvore associada à Deusa Negra, e seus frutos fornecem um gin por meio de embebição similar. Mas, novamente, preferimos a vodca (ou sua contrapartida que não pode ser mencionada), ao gin.

Outras sugestões caseiras: para Deméter ou qualquer Deusa da colheita, pode-se usar vinho de cevada. Para qualquer Deusa celta ou nórdica, hidromel. E em qualquer ritual que tenha associações com Avalon ou Glastonbury, é interessante usar a cidra. Se for uma divindade oriental, vinho de arroz; e assim por diante. Todos podem ser encontrados em qualquer livro simples sobre produção de vinho.

XI

A Deusa nos Dias de Hoje

Não se pode colocar a pasta de dente de volta no tubo.

Declaração de uma freira ao Papa João Paulo II

O ressurgimento da Deusa é uma grande revolução do nosso tempo, embora nem todos os seus revolucionários estejam plenamente conscientes de suas implicações.

A revolução tem muitas frentes. De um lado, há freiras católicas (particularmente nos Estados Unidos) exigindo que as mulheres sejam ordenadas, que seja readmitida a função de Sacerdotisa em uma base de plena igualdade – uma demanda expressa de maneira muito sucinta pela citação na epígrafe deste capítulo.

No outro extremo, estão os cientistas subatômicos que foram compelidos, por suas próprias pesquisas à descoberta de que a estrutura fundamental do universo não consiste de "coisas", mas de inter-relações – um conceito que desde já começa a ter um impacto amplo, e algumas vezes traumático, na ciência como um todo (sobre esse assunto, leia o fascinante livro de Fritjof Capra, *O Tao da Física*).

Entre esses dois extremos existe um vasto espectro de unidades nas tropas revolucionárias.

Tem o movimento feminista – um amplo espectro por si só, que vai desde o construtivo ao irracional. Mas, como ressalta o escritor George Bernard Shaw, "o homem razoável tenta se adaptar ao mundo, enquanto o homem irracional tenta adaptar o mundo a si mesmo". E é por isso que todo progresso é devido a homens irracionais; e hoje, mais do que nunca, podemos acrescentar também a mulheres irracionais.

Há os ambientalistas, desde os mais simples ativistas que sugerem um retorno à natureza (alguns deles tendo obtido muito êxito) até os heroicos batalhadores do Greenpeace, dispostos a colocar suas vidas em jogo (e, pelo menos em um caso recente, a perder).

Temos ainda os psicólogos junguianos, que exploram e mapeiam o Inconsciente Coletivo e, com sua teoria da sincronicidade, atuam paralelamente à reavaliação da natureza da realidade iniciada pelos físicos subatômicos.

Dentro do espectro, encontram-se também os genuínos praticantes da medicina não convencional (sem nos referirmos, aqui, aos inevitáveis charlatões) que trabalham com princípios que transcendem a lógica mecanicista, mas que alcançam resultados irrefutáveis.

Há vários educadores visionários, e até mesmo alguns políticos, que sabem que a revolução tecnológica não só torna possível, como também demanda uma mudança essencial na ênfase da ética do trabalho para a ética da realização humana, juntamente a tudo o que isso implica.

E há ainda outro amplo espectro de ativistas, incluindo desde as Mulheres de *Greenham Common* até Bob Geldof, que de diversas maneiras estão esfregando nossos narizes no fato de que a raça humana encerra uma família inteira, sendo vital e urgente que comecemos a nos comportar conforme essa realidade.

Poderíamos continuar a lista indefinidamente, com subdivisões cada vez mais sutis, mas não se pode fugir do fato de que ela parece incluir todos os elementos mais promissores e genuinamente esperançosos e criativos do pensamento e da ação contemporâneos.

O que esses movimentos têm em comum?

Todos, conscientes ou não (e cresce cada vez mais o número daqueles que o são), estão lutando pelo fim do período patriarcal na evolução humana. Estão contra a visão materialista do cosmos como uma mera máquina, por mais complexa que seja. Indo contra o domínio do pensamento linear-lógico que exclui o intuitivo. Estão em favor de uma integração viva entre nós e nosso meio ambiente, em vez da exploração imprudente e desastrosa deste. Em favor do reconhecimento de que somos filhos de Gaia – de fato, somos seu "sistema nervoso central" em evolução – não seus senhores. Em prol de se reconhecer que as relações importam mais do que as coisas.

Isso não significa que se devam descartar tudo ou rejeitar as realizações positivas do período patriarcal – sobretudo a compreensão e o uso amplamente expandidos das leis que regem o nível físico da realidade. Pelo contrário, o melhor seria que se aceitassem e levassem em consideração essas conquistas, adequando-as às proporções corretas para se tentar atingir o equilíbrio com seu aspecto complementar que foi rejeitado anteriormente. Segue-se um exemplo: o físico subatômico que percebeu que as leis da física newtoniana não são mais relevantes nas fronteiras que ele está explorando não irá rejeitar essas leis por completo. Simplesmente ele deve ressaltar que essas leis são válidas e extremamente úteis, mas apenas dentro de certo campo limitado de atuação, e que continuar a considerá-las universais destruiria nossa compreensão acerca da realidade cósmica.

Todos os períodos revolucionários da história humana são refletidos pelos desenvolvimentos correspondentes no pensamento e na prática religiosos. Isso é inevitável, porque todas as religiões genuínas expressam, em símbolos e rituais, verdades arquetípicas que não podem ser expressas de outra forma. E se uma alteração nas circunstâncias resulta em uma mudança no impacto desses arquétipos em nossa consciência e em nosso comportamento, sua expressão religiosa também mudará de acordo.

Consequentemente, o terreno comum entre os vários movimentos inovadores que descrevemos acima se expressa em termos religiosos: um vigoroso reavivamento do princípio da Deusa e a restauração do equilíbrio com o princípio do Deus. Tal avanço é, pois, essencialmente Pagão, no sentido em que definimos a perspectiva pagã na Introdução.

Nem todos os que estão contribuindo para o movimento geral de inovação concordariam com essa conclusão, obviamente. A freira que exige o direito de agir como uma Sacerdotisa ordenada, por exemplo, sabe perfeitamente que a função de Sacerdotisa é um diferente tipo de sacerdócio e deveria ser complementar à função do padre. Ela pode sentir, consciente ou instintivamente, que a construção desse equilíbrio complementar é o único caminho a seguir para que o cristianismo se torne novamente uma fé viva e esteja em harmonia com o ensinamento de seu fundador, em vez de rapidamente se fossilizar em uma estrutura dogmática. Mas é improvável que ela dê o passo lógico para ampliar esse conceito do nível humano para o divino. No entanto, é a esse caminho que se chegará. A Sacerdotisa é a expressão humana e o canal para a Deusa; readmitir a mulher no sacerdócio significa aceitar novamente a Deusa.

Tivemos uma conversa particular com uma freira que está plenamente ciente disso e não se intimida em falar sobre o assunto; quiçá ela não seja tão rara. A hierarquia sagaz e apreensiva certamente sabe disso; daí a sua vigorosa resistência à crescente demanda.

Atente para todos os elementos concomitantes da revolução sobre a qual discutimos, o aparecimento por todo o espectro de formas pagãs de pensamento, simbolismo e ação, seja consciente, seja involuntário, torna-se óbvio e impressionante.

Permeando todos eles, seja por apoio unânime a suas ideias (no caso, por exemplo, dos ambientalistas ou educadores iluminados) ou por causa de envolvimento individual (manifestantes antinucleares, pesquisa científica, ou ativistas do Terceiro Mundo), a Arte permanece de pé.

De todos os movimentos Pagãos populares, a Arte em suas várias formas é provavelmente a expressão mais clara da readmissão da Deusa. É também o movimento que mais cresce. A própria natureza de seu trabalho – o desenvolvimento e uso dos níveis psíquicos – significa inevitavelmente uma ênfase no feminino, no aspecto da Deusa (e para os Bruxos do sexo masculino, no seu aspecto de Anima e Deusa); e em seu ritual e organização isso significa uma ênfase na Deusa e na primazia da Alta Sacerdotisa. O equilíbrio entre o Deus e a Deusa é aceito, a Alta Sacerdotisa é apenas a primeira entre iguais, e a característica básica do Coven Wiccaniano é a parceria entre homens e mulheres no trabalho, mas a ênfase é inerente ao propósito que se está trabalhando.

Em qualquer período revolucionário, os movimentos que se encontram significativamente à frente são aqueles que enfatizam o aspecto que faz pressão para serem introduzidos ou readmitidos. Assim sendo, a Arte, com sua ênfase na Deusa, é um dos fatores-chave em sua readmissão do limbo para o qual o patriarcado, durante 2.000 anos ou mais, tentou bani-la.

O Inconsciente Coletivo – e a própria Gaia – sabem que o tempo é chegado e urgente é a necessidade de readmiti-la. É essa necessidade, não os estudos arcanos casuais de um Gardner, ou a erudição poética de um Graves, ou o brilhante insight de um Jung ou de uma Fortune, que desencadeou a avalanche que foi o movimento de ressurgimento da Bruxaria. A época e sua necessidade produzem as vozes articuladas.

Quanto mais a necessidade continuar a se tornar consciente, maior número de pessoas recorrerá a caminhos como a Arte para expressá-la.

XII

O Graal

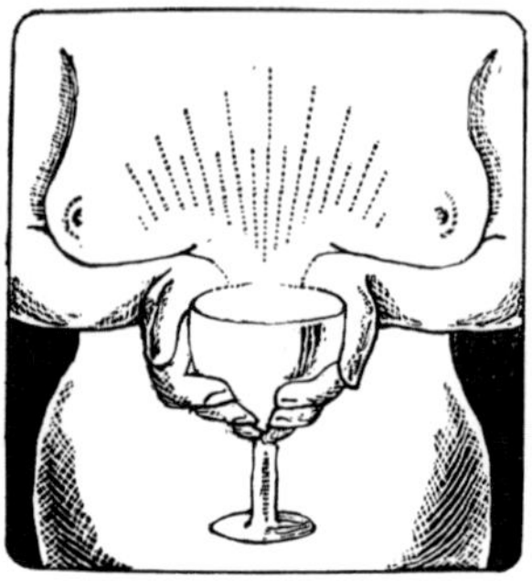

Se aquilo que buscas não encontrares dentro de ti, jamais o acharás fora. Pois saibas, eu estou contigo desde o início, e sou aquela que é alcançada ao fim do desejo.

A Carga da Deusa

Nós estudamos a Deusa em muitos aspectos, mas antes de examinarmos algumas Deusas individuais, é importante enfatizar um pensamento.

Temos usado até aqui, e continuaremos usando no conteúdo que se segue, os Dons do Deus para estudar a Deusa. Em outras palavras, recorremos ao registro da história, tentamos organizar os fatos de maneira ordenada, analisamos esses acontecimentos e tiramos deles conclusões.

É assim que deve ser. A comunicação do conhecimento humano do passado para o presente, e entre os elementos do presente, é um dos dons mais preciosos dados pelo Deus. Não podemos explorar a experiência de culturas passadas e gerações passadas, ou de culturas presentes que estão além da nossa própria experiência, sem que utilizemos esse conhecimento como uma base, ou sem analisá-lo com o melhor de nossa capacidade e relacioná-lo de modo consciente com nosso próprio conhecimento e experiência.

Mas isso por si só não é suficiente. Os Dons do Deus – a egoconsciência, análise intelectual, comunicação articulada – são apenas uma parte do todo cósmico e da psique humana. Eles repousam sobre, e devem ser integrados com os Dons da Deusa – o inconsciente individual e racial, a intuição, o instinto de fazermos correlações.

Ao procurar a Deusa, ambos são necessários. O Pai pode nos ajudar a entender a Mãe, mas somente ela mesma pode trazer comunhão consigo.

A comunhão com a Deusa é um dos grandes Mistérios, no sentido de que, quando tudo já foi dito e feito, só resta ser experimentado, não comunicado.

Quando achamos que encontramos o Graal, sua lenda realça que antes de podermos conquistá-lo e curar o Rei Pescador e sua terra estéril, devemos fazer as perguntas certas. A consciência do que devemos pedir e sua articulação é uma dádiva do Deus. Mas a própria comunhão, pegar o Graal nas mãos e beber dele, esse é o maior Dom da Deusa, que só podemos alcançar confiando-nos a ela.

Esperamos que o ajudemos a fazer as perguntas certas. O resto é por sua conta.

Segunda Parte

Invocando a Deusa

XIII

Deméter e Perséfone

Virgem e mãe relacionam-se tal como a flor e o fruto, estando essencialmente interligadas no processo de transformação de uma em outra.

Erich Neumann

Foi a mulher que inventou a agricultura. Confinada ao lar pela criação dos filhos, enquanto o homem perambulava para caçar a carne, ela (auxiliada pelas crianças) suplementava a dieta da família colhendo bagas, nozes, raízes e outros vegetais comestíveis. Logo, é natural que seria ela a primeira a descobrir, fortuitamente, que não apenas era possível coletar, mas também plantar, cultivar e colher, vindo a exercer um papel pioneiro e, posteriormente, encarregando-se do processo.

> *Nas comunidades agrícolas, a mulher adquiria muitas vezes um prestígio extraordinário... Sob um enfoque místico, a terra pertencia às mulheres; elas detinham um domínio, ao mesmo tempo religioso e legal sobre o terreno e seus frutos... A natureza, em seu todo, apresentava-se a ele (o homem) como uma mãe: a terra é mulher e na mulher residem os mesmos poderes sombrios que residem na terra.*
>
> (Simone de Beauvoir, O Segundo Sexo, págs. 98-99).

De maneira análoga, a Terra sempre foi uma Deusa, a Grande Mãe que dá luz a todos nós e produz a comida que nos nutre.

Pode parecer uma exceção o Deus egípcio da Terra, Geb. Acontece, porém, que os egípcios, por causa do ambiente singular que os cercava, distinguiam entre a Terra em sua totalidade (que era essencialmente um deserto) e a única fonte de fertilidade que conheciam, o Vale do Nilo. Sendo assim, aquele vale seria obviamente o lar da Grande Mãe.

As colheitas a que a Grande Mãe deu nascimento podiam ser enxergadas de duas formas: como seu filho/consorte que todo ano morria e renascia, ou ainda como seu Outro Self, na imagem de sua filha que desaparecia e tornava a aparecer durante o ciclo anual.

A primeira (provavelmente a mais comum) é exemplificada por Ishtar e seu esposo Tammuz. Falaremos sobre os dois, bem como seus predecessores e sucessores, nos capítulos XV e XVI.

Já o exemplo clássico (em ambos os sentidos) da trama entre mãe e filha, por certo, é o mito grego de Deméter e Perséfone.

Deméter, Deusa da fertilidade da Terra na sua completude, particularmente da cevada, era uma das mais importantes divindades do Olimpo (embora sua origem seja pré-olímpica), e tida em especial respeito pelos outros Deuses. Ela era uma Deusa de incrível beleza, seus cabelos se assemelhavam ao grão maturado. Era filha de Cronos, que era irmão de Reia, e, portanto, a própria irmã de Zeus, Poseidon, Hades, Héstia e Hera.

Poseidon e Zeus a desejavam, mas ela resistiu às investidas de ambos. Para escapar de Poseidon, Deméter tomou a forma de uma égua entre os rebanhos do rei Oncus. Porém, Poseidon se transformou em um garanhão e a agarrou. Dele concebeu Árion, um equino que possuía o dom da fala, e outra filha, cujo nome permaneceu em segredo, mas a quem se referiam como Despina, ou "senhora" (muito adorada na Tessália).

Furiosa com os truques de Poseidon, Deméter deixou o Olimpo e precisou ser persuadida por Zeus para que retornasse, o que ela fez depois de se purificar no rio Ládon. Ela também amaldiçoou o rio Estige por sua causa, colocando serpentes para vigiá-lo (o simbolismo desses dois atos pode sugerir a separação entre a água doce que dá vida à vegetação e a implacável água do mar de Poseidon).

Zeus, por sua vez, pregou-lhe uma peça semelhante, assumindo a forma de um touro, e por ele Deméter se tornou a mãe de Perséfone – mais comumente conhecida por seu título Kore, "a donzela". Essa filha era o grande amor da Deusa.

O terceiro irmão de Deméter, Hades, governante do Submundo, surge agora no cenário de sedução, todavia desejando a filha em vez da mãe. Certo dia, quando Perséfone colhia flores nos campos de Nisa, ela parou para admirar um narciso singularmente bonito. Neste momento o chão se abriu e Hades emergiu do Submundo, levando-a para o seu reino (relevante para se considerar a universalidade do mito é que outros locais na Grécia, Sicília e Creta também afirmaram ser o local do sequestro).

Com isso, Deméter ficou desolada. Jogando um véu escuro por sobre os cabelos dourados, ela "voou como um pássaro sobre terra e mar, procurando por toda parte", porém, sem encontrar vestígios da desaparecida Kore. Após nove dias, seguindo o conselho de Hécate, ela consultou Hélios, o Deus do Sol que tudo vê. Hélios culpou Zeus, dizendo que ele havia cedido Perséfone ao seu irmão do Submundo.

Mais uma vez Deméter deixou o Olimpo enraivecida e, disfarçando-se de velha, percorreu as cidades dos homens. Foi recebida gentilmente na Corte do Rei Celeu de Elêusis, na Ática, e tornou-se babá de Demofonte, o bebê filho da esposa de Celeu, Metanira. Em consequência do cuidado secretamente divino que reservava ao menino, ele cresceu como um Deus, entretanto, Deméter foi impedida de torná-lo imortal, por fim, banhando-o no fogo, pois Metanira a surpreendeu de repente gritando desesperadamente. Deméter então se revela como a Deusa e ordena que um templo de seus mistérios seja construído em Elêusis. (Esse episódio inteiro em sua história é perceptivelmente semelhante ao de Ísis em Biblos, veja pág 236, que também fazia parte da busca da Deusa pela divindade da vegetação perdida.)

Deméter continuou suas andanças, visitando várias cortes, inclusive a de Fítalo, a quem presenteou a figueira.

Mas Perséfone ainda estava desaparecida; e finalmente, em desespero, Deméter retornou a Elêusis e seu novo templo, onde, como diz a narrativa homérica, "preparou à humanidade um ano cruel e terrível: a terra recusou-se a dar qualquer safra. Desse modo, toda a raça dos mortais teria perecido de forma impiedosa e cruel caso Zeus não tivesse interferido".

Os Deuses imploraram a Deméter, mas ela estava irredutível; a Terra continuaria estéril até que ela se reunisse novamente com sua filha. Então

Zeus enviou Hermes para obrigar Hades a devolver Perséfone para sua mãe. Hades obedeceu – mas antes que ela partisse, convenceu-a a comer algumas sementes de romã, símbolo do casamento indissolúvel.

Assim, Perséfone retornou à presença da mãe alegremente, mas quando Deméter ficou sabendo das sementes de romã, temeu ter sido derrotada no final das contas.

Para salvar a situação, Zeus propôs um acordo. Perséfone deveria passar um terço de cada ano com o marido no Submundo e os outros dois terços com a mãe no mundo dos vivos.

Reia convenceu a filha Deméter a aceitar o trato e suspender a maldição de esterilidade da Terra. Depois disso, as flores, frutas e sementes reapareceram na primavera com o retorno de Kore, "uma visão que deixou Deuses e homens maravilhados".

Em Elêusis, Deméter deu a Triptólemo, o filho mais velho de Celeu, o primeiro grão de cereal, e lhe ensinou a arte de arar e colher. Triptólemo vagou pela Grécia espalhando este conhecimento – com pelo menos três tentativas de reis para assassiná-lo, malogradas por Deméter, tendo sido a última realizada pelo próprio Celeu, que foi obrigado a ceder o trono para Triptólemo (em versões mais tardias, Triptólemo foi identificado com Demofonte). O nome pode ser cognato de *tripolos*, o "sulco triplo deixado pelo arado" no qual o grão foi semeado, e, em outra história, obviamente relacionada a um rito de fertilidade de colheita, onde Deméter se deita com seu amante Lásio (possivelmente seu consorte original).

Deméter representa, portanto, tanto a terra fértil quanto o grão maduro da colheita, ao passo que Perséfone/Kore é a representação da vegetação nova da primavera e do Submundo onde a semente é enterrada durante os meses estéreis do inverno.

Deméter teve origem provavelmente em Creta (alguns mitógrafos identificam-na com Reia, sua mãe na versão homérica). Sua adoração chegou aos romanos através de colonos gregos na Sicília. Ela e sua filha eram conhecidas pelos nomes latinos Ceres (daí nossa palavra "cereal") e Prosérpina, mas o mito delas era o mesmo.

Perséfone, durante suas jornadas anuais com Hades, não era prisioneira, mas reconhecida como a Rainha do Submundo. Pelo padrão dos Deuses olímpicos, Hades era um marido incrivelmente fiel; ela só teve o que reclamar de sua infidelidade duas vezes – uma vez com a ninfa Minta, que Perséfone pisou impiedosamente com os pés, transformando-a na planta menta, sagrada para o Deus Hades; e outra vez com Leuce, filha de Oceano, que morreu de morte natural e se tornou o álamo branco, a árvore dos Campos Elísios. Diz-se, no entanto, que a própria Perséfone era uma das muitas amantes de Hermes, o psicopompo que conduzia as almas para o reino dela.

Deméter significa literalmente "Mãe Terra" e, primordialmente, ela parece ter sido a Deusa de ambos os aspectos da Terra, tanto sua superfície fértil quanto seu Submundo sombrio. Mais tarde, as duas se tornaram distintas, pelo menos no nome: como a Deméter dos campos e pomares, e Perséfone das profundezas ocultas. No entanto, como mãe e filha elas ainda eram essencialmente uma, assim como a flor e o fruto. Em seu aspecto do Submundo, ela era geralmente conhecida como Perséfone, enquanto em seu papel como a Deusa da vegetação nova que brota dessas profundezas (como seu narciso, por exemplo, que brota de seu bulbo debaixo da terra) ela era mais comumente conhecida como Kore[16], a Donzela.

Sagrados à Deméter eram o cavalo, a abelha, a papoula, a serpente e a tocha. Porcos eram sacrificados para ela e sua foice foi feita pelo próprio Hefesto. O salgueiro era sagrado para Perséfone.

Em muitas partes da Grécia, os ritos de Deméter e Kore mantiveram seu caráter orgiástico. Mas, em Elêusis, eles evoluíram para um mistério mais profundo e espiritual, culminando nos festivais mais importantes do mundo grego. Como centros de poder psíquico, Elêusis e Delfos, mesmo em seus caminhos separados, sobressaíam-se a todos os outros.

Os detalhes dos mistérios de Elêusis permaneceram em segredo, reservado somente para os iniciados, mas temos indícios suficientes que nos permitem reconstruir algo de sua forma.

Elêusis significa "Advento", e a cidade recebeu o nome em homenagem ao lendário Rei Elêusis. Sua mãe era Daeira, a "Sábia do Mar", filha de Oceano e, às vezes, dizia-se que seu pai era Ogigos de Tebas, em cujo reinado uma grande enchente inundou as plantações de cereais da Beócia. O próprio Elêusis aparecia nos Mistérios Maiores de Outono como a Criança Divina em uma cesta de vime, para ser adorado pelos participantes. Graves, em *A Deusa Branca*, págs. 157-88, observa a semelhança com os mitos de Moisés, Taliesin, Llew Llaw Gyffes e Rômulo.

16. Pronunciado como *ko-ré.*

O calendário dos Mistérios era bastante complicado. As Tesmofórias do mês de outubro marcavam a partida de Kore para o Submundo, duravam três dias e tinha participação exclusiva de mulheres casadas.

A Grande Eleusinia ocorria a cada cinco anos em setembro, e parecia envolver o tema filho/consorte ausente no mito de Deméter/Kore. Os jovens atenienses (*ephebi*) carregavam objetos sagrados de Deméter (*hiera*) em uma procissão solene, saindo de Elêusis e indo até Eleusinion em Atenas. Os devotos selecionados, purificavam-se no mar e também davam banho em porcos que seriam sacrificados à Deméter. As *hiera* seriam então devolvidas a Elêusis, de maneira igualmente solene, deixadas atrás da estátua de Íaco, um título de Dionísio, que estava associado a Deméter desde os primeiros tempos.

Em Elêusis, os mistérios secretos eram então celebrados apenas por iniciados. Havia dois graus de Iniciação; o segundo (*epoptai*) exigia um período de provação de mais um ano.

Os iniciados (*mystai*) parecem ter compartilhado a bebida sagrada de cevada[17] (*kykeon*) e os bolos sagrados, e em seguida encenavam ritualmente o sequestro de Kore por Hades. Isso possivelmente era seguido de um segundo drama ritual, do qual participavam apenas os *epoptai*, em que um *Hieros Gamos* acontecia entre a Sacerdotisa e o Sacerdote simbolizando a união de Deméter e Zeus.

O hino homérico à Deméter, que data do Século 7 AEC, é uma clássica exposição do mito de Deméter e Kore, e inclui indicações veladas da natureza dos rituais.

> *Entre os ritos a respeito dos quais o poeta faz alusões significativas estão o jejum preliminar dos candidatos à Iniciação, a procissão de tochas, a vigília que durava uma noite inteira, os candidatos que se sentavam, encobertos por véus e em silêncio, sobre bancos cobertos com peles de ovelha, o uso de linguagem insultuosa, as piadas indecentes e a solene comunhão com a divindade ao beberem água de cevada de um cálice sagrado.*
>
> (Frazer, *O Ramo de Ouro*, pág. 519).

17. N.R.: segundo algumas fontes, trigo.

Outro elemento presente nos mistérios parece ter sido a revelação e a contemplação de um único ramo de grãos.

A Eleusinia Menor, que acontecia no início de fevereiro, comemorava o retorno de Kore do Submundo e o renascimento da vegetação.

A iniciação nos mistérios de Elêusis era aberta a homens e mulheres. Os mistérios "situavam-se, a esse respeito, entre os mistérios matriarcais mais antigos destinados apenas às mulheres (preservados em Roma, por exemplo, no culto de Bona Dea) e os mistérios masculinos (tais como os de Mitras) com sua base puramente patriarcal". (Neumann, *A Grande Mãe,* pág 324). "O homem podia, através de sua experiência do poder criador e transformador da Grande Mãe, sentir a si mesmo como o filho dela – isto é, identificar-se tanto com o recém-nascido, filho do espírito divino, quanto com o filho da Grande Deusa; e com Triptólemo, o filho que dela recebeu os ramos de grãos dourados."

Acima de tudo, é enfatizado repetidas vezes que a iniciação aos Mistérios de Elêusis oferecia a imortalidade. O conceito que os gregos tinham a respeito do Submundo dos mortos era de um lugar habitado por pálidas sombras, meras aparições de suas personalidades anteriores. Somente para heróis era a genuína imortalidade às vezes concedida, sendo admitidos ao Olimpo como membros de uma posição mais baixa, por assim dizer. Entretanto, um Iniciado nos Mistérios Eleusianos confiava verdadeiramente na sua sobrevivência. Como declara o hino homérico:

> *Feliz aquele que entre os homens da Terra viu esses Mistérios, mas aquele que não é um Iniciado e que deles não participa nunca desfrutará dessas mesmas coisas agradáveis quando morrer, estando destinado à escuridão e soturnidade.*

Ou como Robert Graves proferiu, cerca de dois mil anos e meio depois:

> *Meus pés me trouxeram aqui.*
> *Fora da roda cansativa dos anos a girar,*
> *Para aquela roda imóvel e sem traves: Perséfone.*

O Ritual de Deméter e Perséfone

Pelo menos dois rituais com esse tema nos vêm à mente: um é a dramatização do sequestro de Perséfone, o luto de Deméter e o compromisso final que simboliza o ciclo anual da natureza; e o outro, uma tentativa de recordar o espírito dos próprios mistérios Eleusianos.

Optamos pelo primeiro, mesmo porque tantas interpretações e graus de ênfase são possíveis com o segundo, que talvez seja melhor deixar que os Covens, caso se sintam atraídos, experimentem criar seus próprios rituais.

Todos os rituais sugeridos neste livro (com exceção do ritual de Ísis no capítulo XXIII) foram elaborados para serem realizados dentro de um Círculo Wiccaniano, o que requer que comecem e terminem com os rituais usuais de Lançamento do Círculo, a cerimônia de *Puxar a Lua para Baixo* e o Encerramento. Com o objetivo de sermos completos, e para que o leitor interessado que não seja Bruxo possa entender os rituais em seu contexto, incluímos esses rituais no Apêndice. Eles se encontram na forma usada nas Tradições Gardneriana e Alexandrina, mas acreditamos que os Bruxos e Bruxas de outras Tradições não tenham maiores dificuldades para adaptar os vários rituais da Deusa que sugerimos aqui aos seus próprios métodos de abertura e encerramento.

A Preparação

Escolhem-se duas mulheres para representar Deméter e Perséfone, e dois homens para assumirem os papéis de Hades e Hermes. Por motivos puramente cênicos, Deméter deve ser encenada por uma mulher madura e Perséfone por uma jovem, mas como toda Bruxa deve ser capaz de reconhecer cada um dos aspectos da Deusa Tríplice dentro de si e expressá-los conforme a situação, não há necessidade de insistir muito nessa convenção.

No centro do Círculo é colocado um prato ou bandeja com frutas e flores. Ao lado, deixam-se um pano escuro pronto para cobrir o prato e um véu escuro para Deméter colocar sobre sua cabeça.

Do lado da vela, a Oeste, coloca-se uma única flor de caule longo em um vaso. Ideal seria que fosse um narciso.

Fora do Círculo, na direção entre o Norte e o Oeste, ficam dispostos: um único fruto, a faca de cabo branco da Coven, duas taças de vinho e uma coroa para Hades colocar em Perséfone. Novamente, por uma questão de aderirmos estritamente à lenda, o fruto deve ser uma romã, mas como nem sempre é fácil de encontrar, qualquer fruta que possa ser cortada em duas, como uma maçã, uma pera ou um pêssego, terá o mesmo efeito.

Os acessórios pessoais dos quatro atores ficam abertos à imaginação dos participantes. Hades, por exemplo, poderia usar uma coroa escura ou uma coroa da qual pende um véu escuro cobrindo seu couro cabeludo e ombros. Perséfone pode usar um colar de flores, e Deméter um dos ramos de grãos, papoulas ou ambas combinadas. Hermes deve portar um bastão, de preferência transformado (de forma simples ou elaborada) para parecer um caduceu.

O Ritual

O Ritual de Abertura é feito inteiramente como o usual. Após a Runa das Bruxas, todos os participantes, com exceção dos quatro atores, sentam-se em torno do perímetro, mas deixando o espaço entre o Norte e Oeste desimpedido. Na medida do possível, sentam-se em casais, homens e mulheres próximos um do outro.

Hades se posiciona ao lado do altar na direção Leste.

Deméter e Perséfone começam uma dança animada em *deosil* (sentido horário) ao redor do Círculo.

Hades pega seu athame no altar e abre um portal a Noroeste. Ele passa pelo portal, fecha-o atrás de si, coloca seu athame fora do Círculo e se senta (observe que, uma vez lançado, nunca se deve entrar ou sair do Círculo sem antes abrir ritualmente um portal com um gesto em *widdershins*, e voltar a fechá-lo em seguida fazendo um movimento em *deosil* – ou seja, *widdershins* e *deosil* pela perspectiva vista de dentro do Círculo).

Hades permanece fora do Círculo durante todo o ritual, exceto quando entra para sequestrar Perséfone.

Depois de algum tempo, Deméter para de dançar e senta-se (de costas para o Oeste) perto da bandeja de frutas e flores no centro, apreciando sua aparência e tocando-a gentilmente.

Perséfone continua mais um pouco com sua alegre dança; percebendo em seguida a flor próxima à vela do Oeste, ela caminha até lá e se ajoelha ainda oscilando ao ritmo de sua dança e toca a flor como se quisesse colhê-la.

Deméter, de costas para Perséfone, não percebe o que ela está fazendo. Mas Hades, observando-a com interesse, levanta-se furtivamente.

Perséfone toma uma decisão e arranca a flor enquanto a está cheirando e admirando, Hades calmamente pega seu athame, abre o portal, coloca seu athame no chão e se arrasta atrás dela. Nem Deméter ou Perséfone estão conscientes dele.

De repente, Hades agarra Perséfone por trás, coloca-a de pé e a empurra através do portal para fora do Círculo. Enquanto Perséfone olha ao redor, imaginando onde está, Hades pega novamente seu athame e fecha o portal. Após isso, ele se vira para Perséfone.

Perséfone (percebendo quem ele é, diz): *Você é Hades!*

Hades: *Sim, Perséfone. Eu sou Hades.*

Perséfone: *E este é o seu reino, o Submundo!* – Olhando em volta, aterrorizada: *Não há luz aqui, nem sequer calor...*

Hades pega a coroa e coloca na cabeça dela.

Hades: *Para mim, você é a luz e o calor deste lugar. E agora é sua rainha e minha noiva.*

Perséfone: *Mas eu pertenço à luz do sol, na Terra viva.*

Hades: *Eu sou o irmão de sua mãe. Ela governa os frutos da luz, e eu os mistérios da escuridão. Ambos têm vida. Mas meus mistérios precisam de sua juventude e beleza a fim de dar-lhes significado.*

Hades pega as duas taças de vinho. Perséfone se aproxima e olha seu rosto, a princípio demonstrando nervosismo, mas depois com crescente fascínio.

Perséfone: *Seus mistérios me chamam. Eu não sei por quê.*

Hades: *Porque você se tornou a rainha deles.*

Ele oferece um cálice a Perséfone; depois de hesitar um pouco, ela acaba aceitando. De frente para Perséfone, Hades passa o cotovelo por dentro do dela para que assim seus braços que estão segurando as bebidas se entrelaçam. Ele bebe; Perséfone, como se estivesse hipnotizada, faz o mesmo logo depois dele. Após o primeiro gole, ela é vencida, e ambos bebem até esvaziarem os seus cálices.

Hades: *Bom. Está feito.*

Deméter, ainda de costas para os dois, interrompe sua agradável meditação e, de repente, parece alarmada. Ela salta e fica de pé.

Deméter: *Kore?* – E dessa vez, gritando: *Kore!*

Como se não a ouvissem, Hades e Perséfone sentam-se do lado de fora do Círculo e murmuram juntos – ela pergunta e ele responde. Ela está absorta em suas respostas.

Deméter corre para cá e para lá dentro do Círculo, em um ritmo cada vez mais frenético, chamando – *Kore! Kore!* – Hermes a observa. Hades e Perséfone estão em outro mundo e nada ouvem.

Hermes vai até a vela do Oeste e olha para Hades e Perséfone. Então ele dá as costas para os dois e caminha em direção à Deméter. Com isso, Deméter o vê.

Deméter: *Hermes! Eu perdi minha filha. Minha amada Kore, minha Perséfone!*

Hermes: *Seu irmão, o Hades, levou a para o Submundo, para se tornar sua rainha.*

Deméter coloca o rosto entre as mãos e soluça. Depois volta e se senta como antes. Pega o véu e com ele cobre sua cabeça. Em seguida, pega o pano escuro e cobre as frutas e flores.

Deméter (falando soturnamente): *Até que ela retorne, a Terra permanecerá estéril. Nenhuma planta florescerá ou dará frutos. Nenhuma colheita brotará do sulco triplo do arado.*

Hermes coloca a mão em seu ombro, mas ela se encolhe com raiva.

Deméter: *Até que Kore retorne para mim, nenhum homem se deitará com uma mulher. O amor e o desejo perderão seu poder, e a semente e o ventre serão como fantasmas.*

Em torno do perímetro do Círculo, homens e mulheres se afastam um do outro e esmorecem cansados. Os homens e mulheres sem par abaixam a cabeça. Deméter também abaixa a cabeça.

Hermes: *Deméter, você não pode fazer isso!*

Deméter (sem olhar para cima): *Até a minha filha voltar, já está feito.*

Hermes anda em redor do Círculo franzindo a testa. Ele olha para todos os homens e mulheres caídos e, através da vela do Oeste, para Hades e Perséfone (que ainda estão sussurrando animadamente), e de volta para Deméter. Então vai até o altar e se ajoelha, olhando para além dele. Depois de certo tempo ele se levanta e volta para a vela do Oeste.

Hermes (chamando em tom claro): *Hades!*

Hades (levantando-se para encará-lo): *Hermes! O que o traz aos portões do meu Reino?*

Hermes: *Assim o Olimpo ordena: Perséfone deve regressar para sua mãe, para que a Terra seja frutífera novamente.*

Hades: *É essa a vontade dos Deuses e Deusas do conselho?*

Hermes: *É a vontade deles. Não ouse resistir.*

Hades fica parado por um instante e então sorri, como se escondesse um segredo: *Assim seja!* – diz ele voltando a se sentar perto de Perséfone.

Hades: *Perséfone, os Deuses e Deusas decretaram que você deve voltar para a Terra.*

Perséfone: *Mas eu estou contente aqui, governando com você.*

Hades: *Eu também estou contente. Mas não podemos desobedecer.* – Ele pega o único fruto. Com a faca de cabo branco, corta-o em dois e entrega uma metade a ela, dizendo: *O submundo também tem seus frutos.*

Hades aguarda até ela morder sua metade e, depois que isso acontece, ele morde a outra metade, sorrindo. Então pega seu athame e abre o portal para Perséfone. Ela atravessa o portal, olhando para ele um pouco triste. Hades se curva quando Perséfone passa por ele, fechando o portal atrás dela, e em seguida, abaixa o athame e se senta sozinho.

Hermes sorri e se curva para Perséfone, que lhe retribui o sorriso. Hermes então vai até o altar e se ajoelha diante dele como fizera antes, olhando para cima e além do altar.

Perséfone caminha até o centro e retira o pano escuro de sobre a bandeja de frutas e flores. A ação desperta Deméter, que levanta a cabeça e a vê.

Deméter (em tom de alegria): *Kore!*

Deméter tira o véu e abraça Perséfone. Os homens e mulheres à volta do perímetro do Círculo deixam o desânimo, sorrindo e abraçando-se uns aos outros.

Perséfone: *Estou de volta, mãe.*

Deméter: *Minha filha está de volta, e a Terra será frutífera novamente.* – Ela ergue uma flor em uma das mãos e uma fruta na outra, e as eleva para o alto: *Você não comeu do fruto do Submundo, não é mesmo?*

Perséfone: *Eu compartilhei um fruto com seu irmão, sim.*

Deméter deixa cair as mãos sobre o colo e seu sorriso desaparece. Os homens e mulheres ao redor delas continuam observando.

Deméter: *Então você é sua noiva para sempre. Está perdida para mim e para a Terra.* – Ela começa a soluçar e Perséfone coloca um braço em torno da mãe, tentando consolá-la. Deméter continua: *Sem você, a Terra morrerá de novo!*

Hermes (declarando claramente): *Não é assim!* – Levanta-se e se vira, todos olhando-o com expectativa: *Ouçam novamente o decreto do Olimpo. Perséfone passará um terço de cada ano no Submundo, pois ela é sua Rainha, e dois terços na Terra, pois ela é sua bênção.*

Deméter (ainda insatisfeita): *Um terço de cada ano como prisioneira de Hades?*

Perséfone: *Mãe, não! Não como prisioneira, mas como sua noiva. Eu pertenço aqui, e pertenço lá. Se eu ficar para sempre no Submundo, a Terra morre. Por outro lado, se eu ficar para sempre na Terra, o Submundo ficará sem luz, e a própria Terra esgotar-se-á se não puder descansar.*

Hades levanta-se e fica do lado de fora do Círculo, observando.

Perséfone pega a fruta e a flor das mãos de Deméter e as segura alegremente. Os homens e mulheres ao redor do Círculo levantam-se e começam a circular em volta de Deméter e Perséfone. Enquanto Perséfone fala, ela entrega flores e frutas, uma a uma, para os homens e mulheres que estão circulando.

Perséfone: *Eu sou a semente jovem e a flor da Terra, assim como minha mãe é seu fruto e colheita. Eu descanso no Submundo, enquanto a Terra dorme no inverno, e na primavera eu retorno para trazer nova vida e alegria ao mundo.*

Ela se levanta, colocando Deméter também de pé e se juntam aos outros membros do Coven que caminham em círculo.

Hermes: *Contudo, Perséfone é mais do que semente e flor. Ela é a Rainha do Submundo, trazendo luz e calor para seus mistérios e o dom desses mistérios para o povo da Terra.*

O próprio Hermes, nesse momento, começa a andar em círculo com os outros participantes. Então Hades pega seu athame, abre o portal, entra no Círculo, e após colocar seu athame no altar se junta aos demais que continuam andando em círculo. O caminhar vira uma dança alegre, até que Perséfone grita: *Ao chão!* – E todos se sentam.

Perséfone e Hades consagram o vinho; Deméter e Hermes os bolos, e os alimentos são passados a todos.

XIV

Brigit

Possa Brigit abençoar
Esta casa que aqui está;
Brigit, a justa e amável,
De cores ricas tal como as flores
de algodão nos campos,
A donzela dos cachos dourados.

Invocação gaélica escocesa

Ao falarmos de qualquer uma das principais Deusas celtas, estamos nos referindo a própria Grande Mãe primordial dos celtas. Isso é verdadeiro com todas as Deusas do mundo, é claro, mas especialmente com a cultura celta, os indícios são sempre evidentes. Dana, Anu, Brigit, Arianrhod, Cerridwen, Modron, Epona e muitas outras – todas eram originalmente a Grande Mãe. Provavelmente nunca saberemos o seu nome, pois as crenças celtas não estavam comprometidas com a palavra escrita, ou mesmo com a palavra entalhada, durante muito tempo depois que ela se tornou diversificada (pelo menos no nome).

Dois fatores provocaram essa diversificação. Primeiro, a evolução da cultura celta em duas correntes principais, a goidélica (irlandeses, escoceses e os povos da Ilha de Man) e a bretônica (galeses, bretões e córnicos). A fonte comum se revela, por exemplo, nos paralelos entre a Deusa irlandesa Dana e a Deusa galesa Don, bem como suas árvores genealógicas.

O segundo fenômeno, comum a todo desenvolvimento religioso, foi a expansão dos conceitos dos aspectos divinos e, consequentemente, dos nomes que se davam a esses aspectos. A Grande Mãe primordial era uma Deusa associada à fertilidade, terra, amor e guerra, entre outras coisas, enquanto o Filho/Pai Primordial representava as mesmas coisas, embora com uma ênfase diferente – por exemplo, ele era mais comumente associado com o céu ao invés da terra (ao Sol e à Lua, como vimos no capítulo VII, eram atribuídas características variadas, mas eram vinculados sobretudo com o Deus e a Deusa, respectivamente). Sendo assim, se considerarmos que Inanna, que no passado remoto da Suméria era uma Deusa da fertilidade, do amor e da guerra, expressa-se muito posteriormente na Grécia através da Deusa do grão maduro, Deméter, da erótica Afrodite e de Athena com o capacete de guerra, qualquer estudo aprofundado dessas três deidades "individuais" logo revela que elas são apenas aspectos de uma única Deusa.

Nem mesmo o cristianismo escapou desse processo. O que teriam feito Jesus e seus apóstolos pescadores com a Trindade, a Virgem Mãe e os santos versados nas várias especialidades que surgiriam nos séculos posteriores?

Essa diversidade de aspectos (exceto quando deturpada pelo patriarcado), certamente não representou nenhum movimento retrógado. Ao invés disso, esse fato possibilitava uma sintonia mais apurada com as complexidades da Divindade, gerando assim, uma visualização mais vívida daquele aspecto que era mais relevante em determinada situação em particular e, consequentemente, tornava a invocação mais poderosa. Entretanto, é preciso sempre ter em mente a unidade implícita na diversidade.

A Deusa Brigit – ou Bríd, nome que era chamada pelos irlandeses – revela a unidade ao mesmo tempo que personifica um aspecto mais singularizado. Por um lado, ela era encontrada por todo o mundo celta. Na Grã-Bretanha, com o nome de Brigantia, ela era a divindade suprema e abrangente do Reino Inglês do Norte, e talvez ali mais do que em qualquer outro lugar, manteve sua forma original de Grande Mãe. No interior do continente ela era conhecida como Brigindo ou *Berecyntia*.

A abundância dos nomes de lugares que procedem do nome Brigit revela a universalidade celta da Deusa. Para citar apenas alguns, temos

Bride Cross, Bride Stones, Bride Stones Moor, Bidstone Hill, Bridekirk, todos no Norte da Inglaterra. Há *também Bridestow, Bridford e Bridport* no Sudoeste, além de centenas de poços, desde o *Bridewell* em Londres até os muitos *Toibreacha Bhríd* na Irlanda. E, entre os rios, temos o inglês *Brent*, o galês *Braint* e o irlandês *Brighid*.

Nas áreas povoadas pelos gaélicos ela adquiriu um caráter especial e muito amado como uma Deusa que regia o fogo, a inspiração, a cura, as artes e (particularmente nas Ilhas Hébridas) o parto. Era a patrona dos poetas, ferreiros e outros artesãos, dos médicos, da lareira e dos sacerdotes (não apenas druidas, mas também – graças ao papa Gregório I, posteriormente dos sacerdotes cristãos).

Ela era ainda uma Deusa da soberania, obviamente em Brigantia e na Irlanda, em particular na província de Leinster. Como destaca Proinsias MacCana (em *Celtic Mythology*, pág. 95):

> *O critério para se reconhecer a legitimidade de um rei é que a terra seja próspera e intacta sob seu governo – e isso somente pode ser alcançado se ele for aceito como um cônjuge legítimo pela Deusa que personifica o seu reino.*

Os irlandeses, ao contrário da maior parte das outras culturas, não transformavam os Deuses e Deusas da Antiga Religião nos demônios da nova. Viravam heróis e heroínas do passado lendário – em particular, os penúltimos conquistadores da Irlanda na saga mitológica, os Tuatha Dé Danann, povos da Deusa Dana. Os Tuatha derrotaram seus predecessores da raça semidivina dos Fomorianos e foram por sua vez derrotados pelos Filhos de Mil, fugindo para as colinas subterrâneas, onde se tornaram a aristocracia do Povo das Fadas, os Daoine Sidhe. Como tal, eles ainda mantêm um domínio mágico sobre o folclore irlandês.

De acordo com o *Lebor Gabála Érenn*[18], Brigit era filha de Dagda, "o Bom Deus" dos Tuatha. Por razões referentes a dinastias, ela era casada com Bres dos Fomorianos e lhe deu um filho, Ruadan. Mas a paz entre os Tuatha e os Fomorianos permaneceu instável, e na Primeira Batalha de Mag Tuireadh (Moytura), o Rei Nuada dos Tuatha perdeu a mão. Os reis

---

18. Coletânea de poemas e narrativas, compilada anonimamente, que conta a história e as lendas da Irlanda. (N.T.)

celtas tinham que ser fisicamente perfeitos; assim sendo, Bres foi eleito (presumivelmente em outra tentativa de estabelecer a paz) como Grande Rei em seu lugar.

Todavia, Bres não conseguiu cumprir com as regras de generosidade exigidas pelo Ard Ri e também impôs impostos excessivos aos seus súditos. O castigo que ele recebeu em troca foi tipicamente celta: o bardo Cairbre escarneceu-se dele e, como resultado, furúnculos apareceram em seu rosto, tendo ele, por fim, de abdicar do trono também. Isso desencadeou a Segunda Batalha de Mag Tuireadh e a derrota final dos Fomorianos.

Nessa batalha, Ruadan foi morto, e o lamento de Brigit por ele "foi a primeira vez em que choro e lamento foram ouvidos na Irlanda".

Dana, embora uma Deusa/ancestral dos Tuatha, era às vezes referida, similarmente a Brigit, como a filha de Dagda. Diversos outros elementos coincidem nos mitos das duas Deusas, e há indícios (veja Graves, *A Deusa Branca*, pág. 101) de que Dagda tenha sido originalmente o filho desta Deusa primordial, tornando-se seu marido, e somente mais tarde, seu pai, sem contar o casamento dinástico entre Brigit e Bres. Isso tudo é o reflexo de um longo processo de integração com os panteões das tribos vizinhas, ou entre conquistadores e conquistados, além do processo de patriarcalização.

Brigit sobreviveu a tudo isso, e sobrevive até hoje, e esse assunto nos remete de volta ao Papa Gregório I, conhecido como "o Grande". Este astuto pontífice do século sexto instruiu Santo Agostinho, que na época se dedicava à evangelização da Inglaterra, a não destruir os locais ou costumes Pagãos, mas ao invés disso tomá-los para si e cristianizá-los, para que os habitantes locais pudessem aceitar sua palavra mais facilmente nos lugares e nos moldes com que já estavam acostumados. Essa ordem indubitavelmente ajudou a missão de Agostinho, mas, por outro lado, teve um efeito que Gregório não podia prever: com isso, preservou-se, mesmo que de forma disfarçada, muitos conhecimentos que de outra forma poderiam ter se perdido ou distorcido sem serem conhecidos – inclusive Brigit, que se tornou uma santa católica, mantendo a maioria de suas características no decorrer do processo.

A mulher humana conhecida por Santa Brígida, que supostamente teria morrido por volta do ano 525 EC, conta com o seguinte comentário a seu respeito extraído do *Oxford Dictionary of Saints*:

Os fatos históricos referentes a ela são extremamente raros, sendo que alguns estudiosos até duvidam de sua existência. Suas lembranças de vida são compostas sobretudo de anedotas e histórias sobre milagres, dentre as quais algumas estão profundamente enraizadas no folclore Pagão irlandês.

Do mesmo modo, Frazer esclarece ainda mais claramente em *O Ramo de Ouro*, pág. 177:

É óbvio que Santa Brígida – St. Bride, ou St. Bridget – é uma antiga Deusa pagã da fertilidade, disfarçada sob um puído manto cristão.

Brighid, Brid, Bridget, Brigit e Bride são todas formas gaélicas ou anglicizadas do mesmo nome. Por questões de clareza, usaremos Brigit para nos referirmos à Deusa e Brígida para a santa católica.

Acredita-se que Santa Brígida tenha nascido perto de Kildare em um lar humilde. Batizada por São Patrício, ela teria se tornado freira e fundado o mosteiro em Kildare. De fato, é possível constatar historicamente que Kildare viria a se tornar mais tarde um importante mosteiro de homens e mulheres, com santuários em honra a Brígida e seu amigo, o monge St. Conleth.

Assim como Brigit, Brígida era a padroeira dos poetas, ferreiros e curandeiros. Suas lendas fazem dela, semelhante à Deusa, uma personificação de compaixão e nutrição, tanto material quanto espiritual. Suas raízes divinas são trazidas à luz pela tradição, eclesiasticamente impossível de ter ocorrido na igreja, de que ela teria sido consagrada como Bispa pelo Bispo Ibor (os druidas, deve ser lembrado, ordenavam as mulheres). Ela, além disso, era popularmente identificada com aquela outra figura da Deusa que persistia no cristianismo, Maria, sendo referida amiúde como a "Maria dos Gaélicos" (e às vezes como sua reencarnação), "a Mãe Adotiva de Cristo", ou até mesmo como a "parteira de Maria".

As datas de comemoração do dia de Santa Brígida, *Lá Fheile Bríd* na Irlanda, *Laa'l Breeshey* na Ilha de Man, e da Festa das Esposas no Norte da Inglaterra (onde se localizava a antiga Brigantia), ocorrem todas em 1° de fevereiro, véspera do antigo Festival Pagão da Primavera, Imbolc, que também pertencia à Deusa Brigit. Nós descrevemos os rituais folclóricos claramente Pagãos que ainda marcam o Dia de Santa Brígida em todos esses lugares, e também na Escócia, no livro *A Bíblia das Bruxas*.

Outra característica que a santa herdou da Deusa foi sua natureza tripartida. Brigit, tipicamente, era uma Deusa Tríplice, suas funções muitas vezes subdivididas. No *Glossário de Cormac* (c. 900) lemos que a Deusa dos poetas tinha duas irmãs, ambas com o mesmo nome que ela e regiam a cura e a arte dos ferreiros, respectivamente. Várias versões afirmam que Dagda teria se casado com a Deusa Tríplice, ou mesmo que ele tinha três filhas, todas com o nome Brigit.

A santa, igualmente, continua aparecendo na tradição popular como três irmãs santas, todas com o mesmo nome. Segue abaixo uma invocação para ela oriunda da Cornualha (na verdade, um sortilégio contra escaldadura):

Três senhoras vieram do Leste,
Uma com fogo e duas com gelo.
Sai, fogo, e vem para dentro gelo.

O grande monastério de Kildare foi inegavelmente construído sobre um local sagrado aos Pagãos, e pelo menos um de seus rituais parece ter se mantido continuamente. O eclesiástico e historiador Giraldus Cambrensis, que morreu por volta de 1220, escreveu que um fogo perpétuo era mantido aceso lá "durante todos os anos, desde a época da santa virgem até hoje", vigiado por vinte freiras, cercado por um círculo de arbustos que nenhum homem poderia entrar. Ou seja, característico dos mistérios da Deusa conduzidos pelas mulheres celtas pagãs.

Igualmente contínua, e que persiste até os dias de hoje, é a veneração popular à Deusa-Santa, sem mencionar a natureza da inspiração e proteção que ela oferece. Na Irlanda, ela perde em popularidade apenas para São Patrício, como demonstram seus incontáveis poços mágicos presentes em todo lugar. A citação que serve de epígrafe a este capítulo é uma Bênção Escocesa do Lar, selecionada e traduzida para o inglês por Alexander Carmichael em sua obra *Carmina Gadelica*. Brigit aparece continuamente nesta coleção, a Deusa a brilhar indiscutivelmente através do "puído manto cristão".

A Deusa do fogo reaparece em uma das típicas histórias de milagres atribuídos à Santa Brígida. Quando um homem em Ardagh a acusou de não ser santa, e de ser má, ela provou sua santidade pondo um carvão ardente em seu peito e caminhando com ele de Ardagh até o poço de Killen sem ser queimada. Em outra versão da história, no lugar onde ela larga o carvão surge um poço, que desde aquele dia até hoje continua sendo milagroso e realizando incontáveis curas. É próprio da natureza de Brigit/Brígida ter o total domínio dos elementos Fogo e Água. E não nos surpreende que uma das formas preferidas da Cruz de Santa Brígida, que ainda é o símbolo central dos rituais populares de Imbolc, tenha a aparência de uma suástica ou roda de fogo (veja o desenho na primeira página deste capítulo).

Outra marca também do seu aspecto de fertilidade é o fato de uma das datas favoritas em que as pessoas celebram a santa como padroeira por meio de rituais próximo a seus poços mágicos seja o 1º de agosto, ocasião em que acontecia o Antigo Festival Pagão da colheita Lughnasadh.

Outro poema marcante da *Carmina Gadelica* atribui a ela um filho sem nome, que a santa casta de Kildare certamente não poderia ter tido.

Eles conversam juntos.

Brid: *Negra é a cidade longínqua,*
Negros são os que habitam aquele lugar;
Eu sou o Cisne Branco,
A Rainha de todos eles.

Filho: *Viajarei em nome de Deus*
Semelhante ao cervo, semelhante ao cavalo,
Semelhante à serpente, semelhante ao rei.
Mais poderosa será comigo do que com todos os outros.

Robert Graves, *(A Deusa Branca*, pág. 412) comenta:

O filho é evidentemente um Deus do ano minguante, como mostra a sequência de cervo, cavalo e serpente.

Pois a Deusa também tinha seus animais simbólicos. De acordo com o *Lebor Gabála Érenn*:

Brigit, a poetisa, filha de Dagda, possuía Fe e Menn, os dois bois reais... Era dela Triath, o Rei dos javalis... E ela tinha também Cirb, Rei dos carneiros.

Uma frase estranha segue-se a nomeação de Fe, Menn e Triath:

Com eles foram ouvidos os três gritos demoníacos na Irlanda depois de dizimados – os assobios, lamentos e brados. O Lebor diz que os Tuatha Dé Danann inventaram gritos de guerra, brados e latidos: Gritavam por medo de serem capturados, latiam contra malfeitores e saqueadores, e esbravejavam como uma forma apropriada de lamentar por sua aflição.

Do mesmo modo faziam as criaturas de Brigit, Deusa da fertilidade e das artes pacíficas, levantando suas vozes contra a violência e a pilhagem? E porventura a própria Poetisa Divina, como convinha a um bardo, expressava as emoções de seu povo, quer na tragédia ou na alegria?

Brigit é um exemplo louvável da Deusa que não pode ser banida dos sonhos de homens e mulheres; eles se voltam a ela em momentos de necessidade, ou para pedir inspiração, não importam as formas religiosas da época. Como um aspecto da Grande Mãe, ela sobreviveu às investidas do patriarcado, tanto no Paganismo quanto no cristianismo.

E se as Bruxas de hoje – particularmente aquelas em que o sangue celta corre em suas veias – estiverem em busca de uma forma e um nome para darem à Deusa, cuja existência acabara de reconhecer, quem melhor do que a Deusa Tríplice da inspiração, cura e criatividade?

O Ritual de Brigit

Neste ritual, escolhemos dar ênfase ao papel triplo de Brigit como patrona da inspiração, da cura e das habilidades artísticas, mantendo um propósito mágico prático.

Cada Coven provavelmente tem entre seus membros indivíduos Bruxos, cujas atividades ou ambições residem em um ou outro desses três campos – criatividade mental, cura e habilidade manual. Assim sendo, vamos invocar Brigit para ajudar e encorajá-los.

A Preparação

Três pessoas são escolhidas – nós as designaremos Poeta(isa), Curandeiro(a), Artesão(ã) – que os participantes julgarem ser os maiores beneficiados pelo poder a ser invocado. Esses títulos são usados meramente por conveniência; o Poeta, por exemplo, pode ser um escritor, artista ou músico, enquanto um escultor pode preferir ser colocado na categoria de Artesão caso seja sua destreza técnica ao invés de suas ideias que precisem ser fortalecidas.

Entre essas pessoas podem estar homens ou mulheres, dependendo de quem mais precisa desse tipo de auxílio e inspiração. Vamos nos referir a elas abaixo no gênero masculino apenas por uma questão de brevidade.

Nada impede, é claro, que o Coven convide amigos não Bruxos que simpatizam com a Bruxaria, e que poderiam se beneficiar dessa energia, para participarem do ritual, contanto que o Coven e os convidados estejam satisfeitos com a escolha.

Seria de ajuda, em se tratando do simbolismo da encenação, se cada um dos três trouxesse algum item simbólico de sua atividade, por exemplo, uma caneta, um punhado de ervas, um estetoscópio, uma chave inglesa, uma lançadeira ou qualquer outra coisa.

Caso haja duas Bruxas sobrando, elas podem enfatizar o aspecto tríplice da Deusa acompanhando Brigit durante todo o ritual, em silêncio, como se fossem seus "outros eus".

O Ritual

O Ritual de Abertura é feito como sempre, com exceção de que o *Rito de Puxar a Lua para Baixo* é executado sobre a mulher que estiver representando Brigit, seja ela a Alta Sacerdotisa ou não (na verdade, é melhor que ela aja como tal para a ocasião). Se ela tiver as duas companheiras, elas ficarão em silêncio em cada lado dela enquanto estiver pronto.

Os nomes da Deusa e do Deus usados para lançar o Círculo devem ser preferivelmente Celtas.

A invocação que inicia com "Salve Aradia" é substituída pela seguinte:

Salve, Brigit dourada, inspiradora de todos nós,
Mãe de cura, senhora das artes,
Senhora de todas as habilidades – nós a chamamos
Para derramar sua magia nos corações humanos.

Conceda sua bênção à caneta do poeta,
Ao cinzel do artesão, e à mão do curandeiro;
Orientando o trabalho de mulheres e homens
Para que sua beleza seja trazida a esta nossa terra!

Após a Runa das Bruxas, o Poeta se ajoelha na frente da vela do Leste, o Artesão em frente ao Sul, e o Curandeiro em frente ao Oeste, todos olhando para o centro do Círculo.

Os outros membros do Coven sentam ao redor do perímetro.

Brigit vai até o altar e pega o bastão. Suas duas acompanhantes, se houver, acompanham-na a partir deste momento, ficando logo atrás dela, uma à sua esquerda e outra à direita. Ela caminha até o Poeta e o encara, ele então se curva diante dela e continua inclinado sem se levantar.

Brigit: *Quem está sentado ao lado das Torres de Observação do Ar?*

Poeta: *Meu nome é ________, Senhora.* – Ele então descreve, em suas próprias palavras, o que almeja em sua arte e quais aspectos precisa fortalecer, encerrando com: *Conceda-me sua benção, Senhora.*

Brigit: *O Ar é o elemento da inspiração, do pensamento criativo e do poder de expressá-lo. Que seja sempre assim com você. Que suas palavras (suas imagens, suas músicas) inspirem as outras pessoas da mesma forma como eu o inspiro. Mas lembre-se sempre de olhar também para as outras Torres de Observação; seja qual for o seu trabalho, tudo deve estar em equilíbrio. Que assim seja!*

Poeta: *Que assim seja!* – Ele ergue seu objeto simbólico, e Brigit põe a mão sobre o objeto, abençoando-o, enquanto ele se curva para ela.

Brigit vai até o Artesão e olha para ele, que se curva na frente dela sem se levantar.

Brigit: *Quem está sentado ao lado das Torres de Observação do Fogo?*

Artesão: *Meu nome é ________, Senhora.* – Ele também descreve seus objetivos e necessidades usando suas próprias palavras, e ao final diz: *Conceda-me a sua bênção, Senhora.*

Brigit: *O Fogo é o elemento da forja do ferreiro, do forno do oleiro e da magia da eletricidade. Que seja sempre assim com você. Que as coisas habilidosas e belas que você cria ajudem as outras pessoas da mesma forma que eu o ajudo. Mas lembre-se sempre de olhar também para as outras Torres de Observação; seja qual for o seu trabalho, tudo deve estar em equilíbrio. Que assim seja!*

Artesão: *Que assim seja!* – Ele ergue seu objeto simbólico, e Brigit põe a mão sobre o objeto abençoando, enquanto ele se curva para ela.

Brigit vai até o Curandeiro e o encara, ele se curva diante dela sem se levantar.

Brigit: *Quem está sentado ao lado das Torres de Observação da Água?*

Curandeiro: *Meu nome é ________, Senhora.* – Ele também descreve seus objetivos e necessidades com suas próprias palavras, dizendo ao final: *Conceda-me a sua benção, Senhora.*

Brigit: *A Água é o elemento da compaixão, da limpeza, da influência da cura entre um ser humano e outro. Que seja sempre assim. Que você possa trazer a bênção da integridade para as outras pessoas, assim como eu o faço contigo. Mas lembre-se sempre de olhar também para as outras Torres de Observação; seja qual for o seu trabalho, tudo deve estar em equilíbrio. Que assim seja!*

Curador: *Que assim seja!* – Ele ergue seu objeto simbólico, e Brigit põe a mão sobre o objeto, abençoando-o, enquanto ele se curva para ela.

Brigit se dirige ao altar, coloca o bastão sobre ele e pega o cálice. Ela fica de costas para o altar, segurando o cálice à sua frente.

Brigit: *Saibam e lembrem-se de que estou sempre com vocês. Vocês me invocam, porém eu já estou aqui. A magia que procuram está dentro de seus corações e mentes, esperando para ser destrancada. Chamem por mim enquanto trabalham e eu lhes trarei a chave de ouro. Que assim seja!*

Ela segura o cálice bem alto, e todos se levantam, dizendo: *Que assim seja!*

O Alto Sacerdote aproxima-se dela na frente do altar, e juntos eles abençoam o vinho para ser passado aos participantes.

XV

Ishtar

Criadora da humanidade
Nós te chamamos;
Senhora de todos os Deuses
seja o teu nome!
Hino babilônico

Ishtar era a maior de todas as Deusas do Oriente Médio. Ela era anteriormente conhecida como Inanna pelos sumérios; no início do segundo milênio AEC, e se tornou a Ishtar dos assírios e babilônios, mais tarde, ficou conhecida pelos fenícios como Astarte ou Asherah, e para os filisteus e sírios como Atargatis (essa evolução gradual é apresentada na forma de uma árvore genealógica). Como Asherah, ela conferiu seu nome à tribo hebraica de Asher, e era amplamente adorada pela população agrícola de Israel como a Rainha dos Céus, para o pavor das instituições sacerdotais da época.

Em todas as suas formas, Ishtar era uma Deusa muito completa, abrangendo tanto os aspectos claros quanto escuros do Princípio Feminino, e isso se reflete na grande variedade de pais, irmãos e consortes atribuídos a ela. Como Deusa do amor e da benevolência, dizia-se que era filha do Deus do céu Anu e da Deusa da fertilidade Anat (que não deve ser confundida com a Anat dos cananeus, embora possam ter a mesma origem), e estava associada ao Deus da fertilidade Min. Como Deusa das batalhas, ela era filha do Deus lunar Sin e mantinha associação com o Deus das pragas Reshef.

Ao longo dos séculos, ela assumiu muitos dos atributos lunares do Deus Sin, tornando-se uma Deusa da Lua (a exemplo, veja mais adiante o parágrafo sobre *sabbatu*).

Seus consortes eram o Deus supremo Assur, também um Deus da guerra, ou Marduk, Deus do Sol da primavera, e que originalmente era um Deus da vegetação, ou ainda Nebo, Deus da escrita e da fala. Não podemos esquecer, é claro, do Deus Tammuz, Deus da vegetação que morria e renascia em seguida, e que se tornou o consorte de Ishtar mais tardiamente. Ishtar teve muitos amantes, e o épico de Gilgamesh nos conta como o herói pagou caro por rejeitar as tentativas de aproximação de uma Deusa tão poderosa.

Aliás, ela também era irmã do Deus solar Shamash e, em sua forma hitita, irmã de Hadad, o Deus da tempestade.

Além de seu aspecto lunar, ela era também o Planeta Vênus, a estrela matutina e a vespertina. O cinturão zodiacal era conhecido como o Cinturão de Ishtar. Seu símbolo era a estrela de oito pontas, além de outro símbolo encimado por um laço, parecendo mais um cometa. Ela era representada tipicamente com seu rosto inteiro, nua, porém, ricamente ornamentada, com um penteado elaborado e, na maioria das vezes, coroada por uma crescente com uma joia no meio e com as mãos segurando por baixo dos seios. Ela era conhecida como "A Senhora de Voz Bela".

Seu animal de culto era o leão e, às vezes, em seu aspecto sombrio relacionado ao Submundo, o escorpião.

Como uma Deusa da fertilidade, ela era representada com flores, galhos ou grãos, ou derramando constantemente a água de uma jarra.

A água, quer se afigure nutritiva ou avassaladora, sempre manteve uma associação íntima com Ishtar. A passagem bíblica sobre o Dilúvio, por exemplo, é uma revisão do mito de Ishtar. A Deusa, por sua vez, herdou-o de uma antiga Deusa babilônica da Lua, Nuah, cujo nome é a raiz mais que óbvia de Noé, posteriormente masculinizado.

Na narrativa presente no mito de Ishtar, de acordo com o épico de Gilgamesh, não é atribuído nenhum motivo especial ao Dilúvio – exceto em uma versão acadiana, que menciona que os Deuses estavam perturbados pelo rápido aumento da população de seres humanos e pelo barulho que faziam. Na versão mais comum, o desastre é simplesmente profetizado por Ishtar, poderosa nas artes proféticas e mágicas, e quando isso acontece ela e os Deuses choram juntos.

Eu, a mãe, gerei meu povo
E assim como as crias dos peixes, eles enchiam o mar.

Os Deuses entristecidos pelos espíritos choravam comigo,
Assentaram-se nos seus bancos e puseram-se a lamentar,
cobrindo seus lábios pelo mal iminente.

Seis dias e noites se passaram
E vento, o dilúvio e a tempestade os engolfaram.

Utnapishtim, o equivalente a Noé, foi aconselhado pelo Deus Ea a construir uma arca – cuja construção é descrita com uma porção de detalhes.

Após sete dias do Dilúvio, ele solta uma pomba, que retorna à arca, depois uma andorinha, que também volta; e, finalmente, um corvo, o qual não aparece novamente.

No decorrer do sétimo dia, acalmou-se a tempestade, e o dilúvio, que tinha devastado como um terremoto, havia se aquietado.

De acordo com uma das versões (e no original de Noé), é a própria Deusa que constrói e navega a arca:

Passados sete dias, eu enviei uma pomba.

E depois que o Dilúvio havia diminuído:

Então finalmente Ishtar também veio, levantou seu colar com as joias do céu que Anu havia feito para agradá-la: "Ó Deuses aqui presentes, pelo lápis-lazúli do meu colar, lembrarei esses dias sempre que olhar as joias que ornam meu pescoço, e jamais me esquecerei desses últimos dias" – um detalhe que ecoa pelo arco-íris do capítulo 9 do Gênesis.

Os hebreus, e seus herdeiros cristãos e muçulmanos, embora não reconheçam, devem muito de suas tradições à Ishtar, inclusive seus Sabbats, como já mencionado. A palavra babilônica era *sabbatu*, derivada de *sa-bat*, palavras que significam "descanso" e "coração", e era na realidade o dia da Lua cheia, quando se considerava que a Deusa estava menstruada. Logo, acreditava-se ser este um dia nefasto para a realização de qualquer trabalho, alimentar-se de comida preparada ou viajar. Tudo isso tem sido como um tabu para as mulheres menstruadas em muitas culturas, mas quando Ishtar estava menstruando a proibição se estendia a homens e mulheres. Posteriormente, o *sabbatu* passou a ser observado nos quatro quartos lunares, isto é, a cada sete dias, que é como os hebreus herdaram a tradição.

Os hebreus também devem agradecer a Ishtar pelo livro bíblico de Ester e o festival de Purim. Durante o cativeiro babilônico no Século 5 AEC, os prisioneiros judeus comuns voltaram-se naturalmente à adoração de Ishtar. Uma parte central desse culto era o *Hieros Gamos*, ou casamento sagrado – explicado mais adiante – entre o rei e a representante humana da Deusa (escolhida entre as mais belas sacerdotisas virgens), uma união responsável por trazer bênçãos ao povo. E a história de Ester e do rei Assuero reflete exatamente isso. Até mesmo seu nome o evidencia. Antes do casamento, ela era Hadassah (murta), passando a se chamar Ester, uma corruptela do nome Ishtar. Notadamente, o festival de Purim acontece no 14º e 15º dias (isto é, na Lua cheia, sagrada para Ishtar) do mês de Adar. A palavra Purim, por sua vez, não é de origem hebraica, mas vem do assírio "Puhru", a assembleia anual dos Deuses.

O atual Livro de Ester foi escrito uma ou duas gerações AEC, sem dúvida com o propósito de tornar respeitável um festival que não podia ser erradicado tamanha a sua popularidade. Os estudiosos concordam que o livro foi enormemente adulterado; apesar disso, seu significado original não pode ser ocultado. Nem sequer uma única vez se fala no Deus judeu, sendo um dos dois únicos livros da Bíblia a não o mencionar, em conjunto com o excepcionalmente erótico *Cântico de Salomão*, que também não o faz.

A história de Ishtar e Tammuz é uma das versões clássicas do tema da Deusa da fertilidade e seu amante, o Deus da vegetação que morre e ressuscita, e sua comemoração foi um dos mais importantes rituais sazonais do Oriente Médio (como isso se desenvolveu antes e depois de Ishtar, ou melhor, através de suas várias formas, também é mostrado na "árvore genealógica", na pág. 157).

O amante de Ishtar, Tammuz (também seu filho e irmão) é morto por um javali e levado para o Submundo. Ishtar sente-se desolada:

Ai, herói! Meu filho, meu fiel senhor...
Ai, herói! Tu és a minha luz celestial...

E todas as mulheres choram com ela. Ishtar decide ir até o Submundo, governado por sua irmã Ereshkigal (ou Allatu), para trazer Tammuz de volta.

Para a Terra Sem Retorno, o reino de Ereshkigal,
Ishtar a filha de Sin projetou sua mente ...

Onde não veem luz, residindo na escuridão,
Onde se vestem como pássaros, com asas como se fossem roupas,
E onde sobre porta e trinco a poeira se espalha.

No primeiro dos sete portões do Submundo, ela ameaça invadi-lo à força. Contudo, sua entrada apenas é admitida sob a condição de que ela abandone um de seus ornamentos ou peça de roupa em cada portão. Assim, ela retira sua coroa no primeiro portão, seus brincos no segundo, e assim por diante, até que finalmente se apresenta nua e indefesa diante de Ereshkigal.

Sua irmã se recusa a entregar Tammuz e aprisiona Ishtar. Consequentemente, a Terra se torna infértil:

Desde que a Senhora Ishtar desceu à Terra Sem Retorno
O touro não se lança mais sobre a vaca
O jumento não se curva por cima da fêmea,
O homem não mais se inclina sobre a mulher na rua,
Repousa em sua câmara
E a mulher dorme sozinha.

Os Deuses ficam estarrecidos, e Ea, o Deus da água, sabedoria e magia, intervém para forçar Ereshkigal a mudar de ideia. Em decorrência da interferência de Ea, ela ordena que "borrifem Ishtar com a água da vida e tirem-na da minha presença". Ao sair, em cada um dos sete portões, Ishtar retoma seus adornos confiscados.

E quanto a Tammuz, a quem ela amou em sua juventude,
Lavem-no com água pura, besuntem seu corpo com um óleo adocicado.
Deem-lhe roupas vermelhas para vestir,
Deixem que ele toque uma flauta de lápis-lazúli
e que as cortesãs melhorem seu humor.

Assim, a Deusa retorna com seu amado, e a vida ressurge sobre a Terra.

O luto anual por Tammuz e o júbilo pela sua ressurreição são descritos mais adiante.

No mito de Tammuz, Ereshkigal é a irmã de Ishtar, mas em essência é outro aspecto de si mesma, uma vez que Ishtar era a tríplice Rainha do Céu, da Terra e do Submundo. Outrossim, a retirada das joias em sete etapas sugere as "mordidas" tiradas da Lua toda noite em seu último quarto, culminando na completa escuridão do Submundo.

Ishtar, semelhante a muitas outras Deusas, como a Ísis egípcia ou a rainha irlandesa Medb, era também uma Deusa da soberania. Ao longo da história da Assíria e da Babilônia, o rei era visto como unido em matrimônio com a Deusa, a verdadeira fonte de sua autoridade. Esse casamento sagrado era consumado ritualmente entre o rei e uma Sacerdotisa conhecida como "enitum", que proibia fazer sexo com homens profanos. O rei Sargão (2242-2186 AEC) afirmou nos registros ser filho de uma *enitum*, e essa deve ter sido uma prática comum.

Não apenas a autoridade do rei dependia do ritual de *Hieros Gamos* (casamento sagrado), mas também a fertilidade da terra. A magia de fertilidade era ainda o alicerce das prostitutas sagradas que havia no templo de Ishtar, ela mesma sendo conhecida como a "Cortesã dos Deuses". Falaremos desse assunto com mais detalhes no próximo capítulo.

As prostitutas sacerdotisas eram chamadas de *ishtaritu*. Várias princesas da Babilônia eram dedicadas como cortesãs nos templos de Ishtar, e uma *ishtaritu* era referida como "Senhora da Casa" ou "Primeira Sacerdotisa". Estas provavelmente estariam entre as poucas que podiam manter relações somente com o representante do Deus, "embora mais frequentemente o casamento sagrado podia se realizar com qualquer adorador ou iniciado masculino que buscasse a união com a Deusa. É provável que um ritual desse tipo fazia parte da iniciação dos homens nos mistérios da Deusa" (Harding, *Os Mistérios da Mulher*, págs. 134-5).

No devido tempo, tornou-se costume de todas as mulheres, independentemente de sua posição, servir pelo menos uma vez em suas vidas como uma Sacerdotisa e cortesã da Deusa, "dedicando, por assim dizer, os primeiros frutos de sua feminilidade a ela" (ibid.).

Ishtar era, portanto, uma Deusa do amor e da fertilidade e, ainda, da batalha e da morte, dos céus resplandecentes, da Terra fértil e ao mesmo tempo precária, e do Submundo sombrio. Ela representava tanto os aspectos luminosos e sombrios da Mãe, cuja completude provavelmente não era comum de se ver entre as Deusas do antigo mundo ocidental, até Ísis superar todas.

Os versos a seguir, traduzidos para o inglês por L. W. King, em 1902, são apenas algumas linhas extraídas de um extenso hino criado em sua homenagem, que comunica tanto o amor quanto a admiração, inspirados pela Deusa:

Tu és poderosa,
tu tens o poder soberano,
exaltado deve ser o teu nome!

És a luz do céu e da terra,
Ó, valente filha do Deus da Lua.
Regente das armas, árbitra na batalha!

Criadora de todos os decretos,
que carrega a coroa do domínio...
Tu julgas a causa dos homens com justiça e retidão;
Tu olhas com misericórdia para o homem violento,
e endireitas o indisciplinado todas as manhãs [...]

Ó Deusa dos homens, ó Deusa das mulheres,
tu, cujo desígnio ninguém pode saber,
Onde olhares com pena, o homem morto retorna à vida,
o doente é curado
O aflito é salvo da sua aflição,
quando vê a tua face! [...]

Ó Ishtar, Deusa sublime, que levas a luz
até os quatro cantos do mundo!

O Ritual de Ishtar

A lenda da descida de Ishtar ao Submundo será reconhecida de imediato pelas Bruxas como servindo de inspiração para a *Lenda da Descida da Deusa* usada na Wicca, embora nesta última o governante do Submundo seja um Deus masculino, e não haja um equivalente de Tammuz, além de toda a mensagem do ritual ser diferente. Ela não diz respeito ao ciclo sazonal de fertilidade, mas, por assim dizer, à fertilidade espiritual através da integração de aspectos complementares.

Independentemente disso, a Lenda da Descida é parte integrante da tradição da Arte, pelo menos nas tradições Gardneriana e Alexandrina da Wicca, o que seria uma pena confundi-la e sugerir-lhe outra versão com uma mensagem diferente. Ademais, o ritual de Deméter e Perséfone que já apresentamos, equipara-se à história de Tammuz nesse sentido, logo achamos melhor deixar esse aspecto de lado e trabalhar com o tema do Dilúvio.

A Preparação

Não é necessária nenhuma preparação especial, com exceção de quaisquer símbolos relacionados à água que a imaginação sugerir. No entanto, a Alta Sacerdotisa (ou quem quer que estiver representando Ishtar) deve usar um colar. Lápis-lazúli seria o ideal, obviamente, mas em todo caso melhor que seja um colar brilhante e colorido.

O Ritual

O Ritual de Abertura é realizado normalmente, mas usando o nome da Deusa Ishtar e o nome do Deus Ea (pronunciado *Eh-ya*), que era a divindade babilônica da água. No ritual, esses dois podem ser encenados pela Alta Sacerdotisa e pelo Alto Sacerdote, ou por qualquer casal que eles designarem. O terceiro ator é Utnapishtim (que talvez precise de um pouco de prática antes para que seu papel fique articulado!). O resto do Coven posiciona-se como um *corps de ballet* representando as águas do Dilúvio.

Se uma Bruxa que não seja a Alta Sacerdotisa estiver encenando Ishtar, o *Rito de Puxar a Lua para Baixo*, nesse caso, deve ser direcionado para ela. Também sugerimos que a declamação de "Salve Aradia" seja substituída pelo hino babilônico que apresentamos acima, que começa "Tu és poderosa ..." até a parte do "os quatro cantos do mundo".

Depois da Runa das Bruxas, Ishtar e Ea ficam de costas para o altar; Utnapishtim senta-se no centro, de frente para eles; o restante do Coven se senta alternadamente entre homem e mulher, com espaços uniformes ao redor do perímetro e olhando para dentro do Círculo. Se houver mulheres o suficiente, uma se senta ao lado de Utnapishtim como sua esposa, reagindo da mesma maneira que à ação a seguir.

Ea: *Homens e mulheres esqueceram-se de nós que os criamos.*

Ishtar: *Eles ainda são nossos filhos.*

Ea: *Devastam a Terra que demos a eles. Acabam com as criaturas que vivem nela. Aniquilam-se uns aos outros.*

Ishtar: *Mesmo assim, ainda são nossos filhos. Eles aprenderão a ter sabedoria. Não os puniremos enquanto estiverem aprendendo.*

Ea: *Não somos nós que os punimos, são eles próprios. Veja, abriram as comportas da destruição e as águas estão subindo.*

Ishtar: *Você é o Senhor da Água, Ea, interrompa o Dilúvio!*

Ea: *É tarde demais. Olhe!*

Os membros do Coven se levantam lentamente, com movimentos ondulados, como se fossem algas marinhas. Eles continuam a subir até ficarem totalmente de pé, ainda balançando os corpos em dança, mas sem mover os pés. Utnapishtim, que continua sentado, segura a cabeça entre as mãos.

Ishtar, desesperada, diz: *Eu, a Mãe, gerei meu povo. E assim como as crias dos peixes, eles enchiam o mar. Os Deuses choram comigo. Os Deuses observam como expectadores, lamentando. Já se passaram seis dias, e seis noites, e o vento ainda sopra forte, as águas continuam subindo... A tempestade não acaba!*

Ea: *Olhe, Ishtar! Aquele homem não esqueceu de nós. Eu pedi para ele construir uma arca e enfrentar a tempestade, e ele ouviu minha voz!*

Ishtar (em tom convocativo): *Utnapishtim! Libere uma pomba!*

Utnapishtim se levanta, espantado, e faz uma mímica como se estivesse libertando um pássaro. Ele o observa circulando no ar e retornando à sua mão.

Utnapishtim: *Ela voltou, Senhora. Não há lugar para ela descansar.*

Ishtar: *Utnapishtim! Tente mais uma vez. Mande uma andorinha!*

Utnapishtim repete sua ação simulando o retorno do pássaro à sua mão.

Utnapishtim (balançando a cabeça): *Também voltou. Não há esperança, Senhora.*

Ea: Olhe, Ishtar! O Dilúvio está regredindo.

Ishtar (para Utnapishtim): *Tenha fé, mortal. Mande um corvo!*

Utnapishtim novamente faz gestos como se liberasse um pássaro. A ondulação do Coven torna-se mais suave e, enquanto Utnapishtim observa o movimento circular do pássaro, eles gradualmente vão afundando no chão até ficarem imóveis.

Utnapishtim agora olha em uma direção, mirando a distância.

Utnapishtim: *Senhora! O corvo encontrou terra seca. A Terra está salva!*

Utnapishtim (e sua esposa, se houver) cai de joelhos e se curva diante de Ishtar. Em seguida, senta-se orgulhosamente com a postura ereta.

Ishtar pega o colar de seu pescoço e o segura bem acima da cabeça, esticado entre as mãos como um arco-íris.

Ishtar: *Ó Deuses aqui presentes, por este colar, eu juro que vou lembrar estes dias como eu me lembro das joias no meu pescoço. Ó mortais aqui presentes, lembrem-se dele também.* – Ela coloca o colar ao redor do pescoço e continua: *A Terra está salva; pela sabedoria que implantamos em vocês, tomem o cuidado de mantê-la assim... Aproximem-se, meus filhos, e compartilhem conosco os frutos da Terra renascida.*

Todo o Coven avança à frente e senta-se aos pés de Ishtar e Ea, que abençoam o vinho e os bolos da maneira usual e os repartem com os outros membros.

XVI

Afrodite

A Hipocrisia não era uma boa aliada de Afrodite.
Geoffrey Grigson

Afrodite, nascida de espuma do mar, foi a última e mais esplêndida das Deusas do amor no Paganismo ocidental. Foi também a mais pura – não no sentido puritano (longe d'Ela ser assim), mas por ela personificar tão somente o amor. Deusas do amor anteriores a ela eram também Deusas da guerra, Deusas da sabedoria, ou qualquer outra coisa. Afrodite não carregava essa bagagem supérflua. Ela era erótica, bela, desinibida, desejosa, desejável, imprevisível, irresistível e obstinada. Ela era o próprio Amor, com uma orquestra completa que abrangia tudo, desde os elevados instrumentos de corda do espírito extasiado até a seção de percussão da genitália intumescida. Ela englobava todas essas características sem escrúpulos ou desculpas.

Dissemos "a última", mas é claro que ela nunca morreu e nunca morrerá. Apenas houve (e ainda há) uma série de tentativas, com um sucesso variável, mas nunca concluso, de varrê-la para debaixo do tapete.

A história clássica de seu nascimento nos leva de volta aos primórdios, aos Deuses pré-olímpicos. Quando Cronos, sob as ordens de sua mãe

Gaia, castrou seu pai Urano, ele jogou fora os genitais decepados, sendo que parte do sangue caiu na terra, e deste surgiram as Fúrias, as Meliae (ninfas da árvore freixo) bem como vários gigantes. Mas os genitais caíram no mar, e deles nasceram Afrodite. Ela foi levada primeiro para Cítera e depois a Chipre, em Achnion, na Costa Sul, como conta a tradição.

Nem todas as lendas, porém, dizem o mesmo. Homero faz dela a filha de Zeus com a Deusa da natureza Dione. Higino, em seus escritos muitos séculos depois, diz que ela nasceu de um ovo que caíra do céu no Eufrates, sendo trazido à terra por peixes. As pombas mantinham-no aquecido, e dele chocaram Afrodite (escrevendo em latim, o autor se referia a ela como Vênus), e por essa razão peixes e pombos eram sagrados para os sírios, que não os comiam.

Em certo sentido, Higino foi quem chegou mais perto da verdade, pois, na realidade, Afrodite era o desdobramento final de incontáveis Deusas do Oriente Médio, de um progresso que se deu da seguinte maneira:

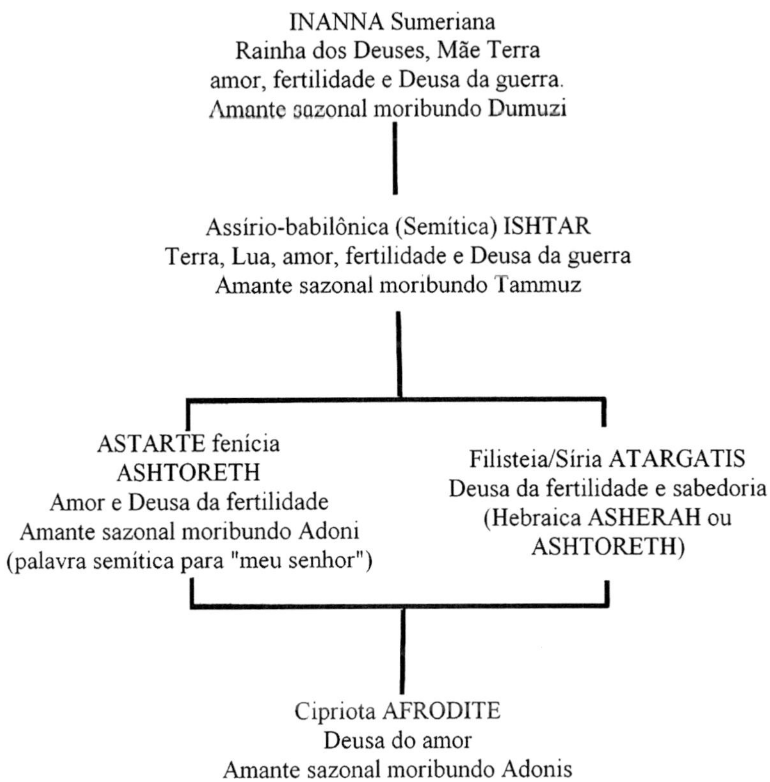

Essa evolução, a contar do momento em que Inanna jura por seu colar de lápis-lazúli que não se esquecerá do Dilúvio até as esculturas gregas da nossa amável Afrodite, levou mais de mil anos para ocorrer. Inanna estava se tornando Ishtar no início do segundo milênio AEC. Na mesma época, os fenícios e outros semitas do Oeste estavam se estabelecendo ao longo da Costa do Mediterrâneo Ocidental, e no devido tempo a mesma Deusa converteu-se em Astarte.

Seus vizinhos do Sul, os filisteus de Askalon, chamavam-na Atergatis, e ambas as raças de marinheiros – os "Povos do Mar", observados com cautela pelos egípcios – tinham seus postos comerciais e locais de culto em Chipre. O nome Ashtoreth também era familiar.

Os gregos micênicos, que começaram a entrar em Chipre por volta do Século 13 AEC, não teriam conseguido pronunciar "Ashtoreth", e o nome pode muito bem ter se tornado algo como "Aphthorethe" e, por fim, "Afrodite".

Agora, *aphros,* em grego, significa espuma e, após terem adotado a Deusa do amor dos marinheiros e dado a ela um nome pronunciável, os imigrantes gregos podem tê-la imaginado como nascida daquele "aphros", e desenvolvido uma lenda apropriada para explicar sua origem.

Seja como for, Afrodite se tornou uma dos Doze Olimpianos da Grécia clássica e foi dada por Zeus como esposa ao coxo ferreiro Hefesto, que, como ela, era um Deus imigrante na Grécia. Ele era originalmente um Deus do fogo das áreas vulcânicas da Lícia, no Sul da atual Turquia. Afrodite se estabeleceu completamente em sua forma grega pelo menos no Século 8 AEC.

A Deusa trouxe muitas coisas de sua terra natal no Oriente Médio, incluindo seu amante condenado Dumuzi/Tammuz/Adônis; porém, o tema original do Deus da vegetação sacrificado e renascido mudou sua ênfase para uma trágica história de amor. Aliás, o mito da morte e renascimento da vegetação, e da Deusa que lamenta e se alegra com isso continuamente, já tinham sido devidamente personificados pelos gregos nas figuras de Deméter e Perséfone.

Outra característica, aparentemente sem qualquer conexão com o amor e que ela reteve até o fim foi sua associação com o mar. Isto sem dúvida é devido ao fato de os povos do mar que a inseriram em Chipre e, portanto, apresentaram-na aos gregos, estavam acostumados a invocá-la para proteger suas viagens, e sua imagem era inseparável do perfume do mar e o *aphros* onde ela chegou. Além disso, em um nível mais profundo, é porque o mar misterioso, insondável e em constante mudança é um símbolo arquetípico do princípio essencial da fêmea. Seu próprio símbolo passou a ser a concha de vieira – *kteis* em grego e *concha* em latim, ambos os termos significando também a genital de uma mulher. Muitas de suas estátuas nuas a usam como se fosse uma folha de figueira. Ironicamente, foram usadas muito mais tarde nas capas dos peregrinos da Terra Santa, terra natal de Afrodite, tornando-se o símbolo de tais peregrinações. Ou estava o povo local fazendo uma piada em segredo?

Afrodite também pode ter trazido com ela o uso ritual do incenso para a Grécia. Antes de sua chegada, amenizavam o cheiro do sacrifício animal, queimando-o com madeira perfumada.

E quanto ao aspecto de Deusa da batalha comum a suas formas anteriores? Na tradição como um todo, Afrodite não era guerreira (embora fosse venerada como tal na belicosa Esparta). A única vez que ela foi ferida em batalha, um arranhão feito por uma flecha em sua mão quando estava defendendo seu filho Eneias, ela deixou Apolo cuidando dele e voltou depressa para o Olimpo, onde Dione tratou o arranhão. Hera e Athena foram sarcásticas, como era previsível. Zeus sorriu e disse que ela não deveria se preocupar com a guerra, mas deve, sim, "cuidar das doces tarefas do amor".

No entanto, pode haver algum traço de suas antepassadas em seu caso adúltero com o Deus da guerra, Ares, que terminou com a Deusa sendo humilhada perante os Deuses reunidos por seu marido indignado.

Talvez os gregos sentissem instintivamente que a beleza, o amor e a paixão combinassem melhor com o artesanato, mas que, caso flertassem com a violência, resultaria em desastre. Um conceito civilizado, devemos salientar.

Linda ela era, não há dúvidas, e estamos falando aqui no sentido literalmente afrodisíaco. Como F. Guirand destaca (*Larousse Encyclopedia of Mythology*, pág. 144):

> *Afrodite era a essência da beleza feminina [...] É certo que Hera e Athena também eram muito amáveis, mas a beleza soberba de Hera impunha respeito enquanto a severidade de Athena prendia o desejo. Afrodite, ao contrário, exalava uma aura de sedução. Além da perfeição de sua imagem e a pureza de suas feições, ela tinha ainda a graça capaz de atrair e de conquistar.*

No famoso julgamento de Páris, de fato, não foi possível evitar. Zeus pediu ao troiano Páris que entregasse a maçã de ouro do amor (na Grécia, na verdade, tratava-se de um marmelo), com a inscrição "Para a Mais Bela", como prêmio para uma dessas três Deusas. Hera ofereceu-lhe realeza; Athena, a vitória na guerra e Afrodite simplesmente desabotoou sua túnica e seu cinto (o que por si só já foi o suficiente) e ofereceu a Páris a mulher mais bela do mundo, Helena, esposa de Menelau. Ela ganhou o fruto, e a destruição de Troia, e do próprio Páris, sucedeu à terrível vingança de Hera e Athena.

Mas em sua própria esfera, a vitória de Afrodite completou-se tempos depois. Mesmo Hera, quando quis reconquistar o amor do marido Zeus, não se orgulhou muito em tomar emprestado o cinto mágico de Afrodite, contra o qual Deuses e homens eram impotentes (o *kestos* era, na realidade, uma faixa lindamente bordada usada não como um cinto, mas em volta do pescoço e enrolada entre os seios).

Um punhado de seus muitos epítetos reflete a perfeição com que ela personificava o amor e o sexo em todos os aspectos – além de incorporarem sua ligação com o mar:

- Akraia – do promontório
- Ambologera – a que adia a velhice
- Androphonos – exterminadora de homens
- Anosia – ímpia, irreverente
- Antheia – das flores
- Baoiotis – das orelhas pequenas
- Charidotes – doadora de alegria
- Epistrophia – a que faz o amor acontecer no coração dos amantes
- Euploia – das boas viagens
- Galenaia – da calma
- Genetrix – protetora do casamento
- Harma – aquela que une
- Hetaira – cortesã
- Kallipygos – das belas nádegas
- Machinitis – aquela que cria
- Mandrágora – dos afrodisíacos

- Nympha – nupcial
- Pandemos, Porne – da luxúria, padroeira das prostitutas
- Parakyptousa – a que olha de soslaio
- Paregoros – a consoladora
- Peitho – persuasiva
- Pelagaia – do oceano
- Philommedes – a que ama os genitais
- Philommeides – a que ama o riso
- Praxis – do sucesso, orgasmo
- Pseliumene – dos braceletes ou colares
- Psythiros – aquela que sussurra
- Stephanousa – ornada com o diadema
- Thalamon – da câmara nupcial
- Tymborochos – ladra de sepulturas (trapaceira da morte)
- Urania – de amor puro e ideal

Os epítetos acima não deixam de registrar a maior parte do espectro.

Os símbolos sagrados a ela também eram numerosos. Seus animais eram o golfinho e o bode. Os pássaros associados a ela são a pomba, o pardal, o ganso, a perdiz e torcicolo, além do cisne que ocasionalmente ganhava associações com a Deusa e normalmente era atribuído a Apolo. Por fim, as plantas de Afrodite são a rosa, a murta, a flor do marmeleiro, a candelária-dos-jardins e a hortelã d'água.

Para não falar de sua aventura amorosa com Ares (com quem, por sinal, ela teve sua filha Harmonia), dificilmente se esperaria que Afrodite fosse fiel a Hefesto. De Hermes ela gerou o intrigante Hermafrodito, que se uniu à ninfa Salmacis para se tornarem um só corpo, "nem homem nem mulher, parecendo não ter sexo e ainda assim, sendo de ambos os sexos". Com Poseidon ela deu à luz Rhodos, noiva de Helios, o Sol, que serviu de inspiração para dar nome à Ilha de Rodes.

O pai de seu filho Eros, já foi muitas vezes considerado como sendo Ares, Hermes ou o próprio Zeus. Eros era uma criança encantadora, mas irresponsável, cujas flechas de amor podiam causar caos e que com frequência era cruel na escolha de seus alvos. Até mesmo sua mãe teve que castigá-lo algumas vezes, mas normalmente ele era um companheiro obediente. Eros, acompanhado do séquito de ajudantes de Afrodite, as Cáritas (ou Graças, que eram tanto Deusas do Amor quanto inspiradoras da arte) ajudava a Deusa em seu toucador.

A verdade é que, Eros, como a própria Afrodite, era uma divindade pré-olímpica muito mais antiga; uma força sexual primordial, irmão de Gaia, a Mãe Terra original. Ele era, pois, inegavelmente, a contraparte masculina de Afrodite. Uma figura muito distante do desobediente e cativante querubim que se tornou mais tarde no Olimpo. E sua filiação original já foi o Caos, ao invés da bem-apessoada Deusa de Chipre.

Este significado do nome Eros não deve ser confundido com o termo filosófico e psicológico de mesmo nome, que denota o princípio da relação psíquica, em contraste com o Logos, o princípio do raciocínio lógico. Jung correlacionou esses dois como dotados de característica feminina e masculina, respectivamente.

Outro Deus imigrante que se tornou seu filho (desta vez, com Dionísio) foi o sério-cômico Príapo. Originalmente um Deus da fertilidade das costas da Ásia Menor, ele se tornou popular na Grécia e em Roma, instalando-se em cada pomar, jardim e porto de pesca, através de imagens esculpidas em madeira de figueira, pequeno e deformado, mas com seu enorme membro ereto. Donzelas prudentes, quando levavam oferendas a ele, aproximavam-se dele por trás. Uma personificação mais grosseira e simples da mesma força que Eros e sua elegante mãe adotiva, ele era tratado com afeição e bom humor, mas ainda assim levado muito a sério; afinal, a fecundidade dependia dele.

Afrodite também teve amantes humanos, sendo o mais famoso deles o pastor e troiano Anquises, a quem ela concebeu Eneias.

Seu amante divino (ou semidivino, como ele se tornou na Grécia) mais notável era naturalmente Adônis. O nome era puramente grego, oriundo do título semítico "Adoni", que significa "meu senhor" e "meu mestre", pelo qual as mulheres fenícias chamavam seu Deus da vegetação, Tammuz, durante as lamentações sazonais direcionadas a ele. Seu festival fenício, logo após a colheita, era uma dramatização belíssima, em que se plantavam artificialmente em pequenos "jardins" feitos com vasos, plantas que morriam logo, como a alface, para acompanhar o luto de sua morte, e que mais tarde eram jogados ao mar, em córregos ou nascentes. Depois, vinha o alegre ritual que celebrava a sua ressurreição. (São a esses deliberadamente efêmeros "Jardins de Adônis" que se refere de maneira desdenhosa o autor de Isaías no capítulo 17, versículos 10-11).

Diz-se que Astarte/Afrodite se apaixonou pelo jovem e implorou a ele que desistisse de sua paixão pela caça, pois, dessa forma, encontraria sua morte. Ele ignorou o conselho da Deusa, acabando morto por um javali. Simbolicamente, na realidade, o javali era a própria Afrodite. Esse se tornou um dos assuntos favoritos dos poetas e artistas gregos, mas a temática do Deus da vegetação nunca teve um caráter tão fulcral quanto na Fenícia.

Embora a Afrodite grega inspirasse o anseio por acasalamento em todas as criaturas, não apenas em homens e mulheres, essa ânsia em si era sua maior preocupação, não importando tanto a fecundidade que dela resultaria. A proteção do parto ou da colheita ela preferiu deixar a cargo de outras Deusas, embora as Deusas do Oriente Médio que a precederam nessa linha evolutiva abarcavam tanto o desejo quanto seus resultados.

Essa distinção será notada, aliás, na história da Deusa como patrona das prostitutas, tanto as sagradas quanto as comuns.

Na Suméria, Babilônia e Fenícia, os templos de Inanna/Ishtar/Astarte tinham tanto prostitutas sagradas profissionais quanto amadoras, como Grigson se refere a elas (*The Goddess of Love*, pág. 117). As profissionais, visitadas por sacerdotes eunucos, sentavam-se nas janelas superiores, dispostas de modo atraente. Jezabel, na Bíblia, era uma prostituta fenícia profissional desse tipo, e de nenhuma posição comum, pois Jeú a descreveu como a filha de um rei (2 Reis 9:34) e, tendo causado sua morte, a teria sepultado como convinha a sua posição.

Quanto às amadoras, Heródoto descreve a prática no templo de Ishtar/Mylitta, na Babilônia, no Século 5 AEC. Uma vez durante sua vida, toda mulher babilônica, quer fosse rica ou pobre, tinha de ir lá e sentar-se, usando uma fita trançada em volta da cabeça, e esperar até que algum homem a escolhesse. Ele jogaria uma moeda de prata em seu colo e a reivindicaria em nome da Deusa. Ela se entregaria a ele e depois iria para casa, tendo cumprido seu dever para com a Deusa.

Este era o *Hieros Gamos*, o casamento sagrado: uma oferenda à Deusa do amor e da fertilidade (ela mesma conhecida como a "cortesã dos Deuses") a fim de trazer prosperidade à Terra. Tratava-se de um ato ritual de magia simpática, do qual nem mesmo a mulher com a posição mais elevada estava isenta. Na Suméria, um ritual importante que acontecia todos os anos era o coito sagrado entre o rei e uma sacerdotisa conhecida como *enitum*.

A Deusa levou a prática da prostituição sagrada com ela para o Chipre e, finalmente, para o continente da Grécia. Mas, a essa altura, como já salientamos, sua ênfase estava no amor e, apenas de forma indireta, na fertilidade. Ela foi naturalmente adotada como padroeira pelas prostitutas gregas, desde as prostitutas mais humildes às mais sofisticadas, muitas vezes bem-educadas e ricas, as *hetairai* (termo geralmente traduzido como "cortesãs"). Em Chipre e nas colônias gregas na Sicília, suas moças sagradas ainda serviam em seus templos. Mas no continente, com o objetivo comunal de fertilidade deixado em segundo plano, e com o ato de *aphrodizein* (copular) tornando-se um rito privado, os únicos templos de Afrodite organizados por prostitutas sagradas eram aqueles em Corinto (dentre os quais o mais importante ficava localizado na altura da Acrópole de Corinto, sendo um dos mais ricos da Grécia).

Não importa que sejam profissionais, sagradas ou não. Acontece que há evidências de que casais amorosos também faziam uso apropriado de seus *tenemoi* ou recintos nos templos, que tendiam a ter uma aparência mais ajardinada do que os de outras divindades. Grigson (*The Goddess of Love*, pág. 143) afirma: "Havia especialmente murtas, pois essa planta era sagrada para Afrodite [...] havia plátanos, ciprestes, loureiros, além de muita hera e as videiras de Dionísio (o vinho sendo um auxiliador no ofício de Afrodite)." Após a purificação ritual na entrada dos *temenos* e da oferenda dentro do próprio templo, os casais se retiravam para um dos bancos isolados no jardim para agradar a Deusa, agradando um ao outro.

Seus templos (para não mencionar seus inúmeros santuários mais modestos) se espalhavam por todas as cidades da Grécia e suas colônias. Poucos deles permaneceram, pois ela era o alvo particular dos iconoclastas cristãos, que odiavam as "luxúrias da carne" ainda mais do que a "idolatria". Como um lembrete tocante, porém, ao lado das ruínas do mais antigo e famoso deles, em Pafos, na própria Chipre, foi erigida a pequena igreja branca de Katholiki, que costumava ser conhecida como a Igreja da Abençoada Afroditissa.

Ela também estendeu seu domínio a Roma, é claro, onde assumiu completamente os aspectos da Deusa Vênus, comparativamente menor.

Graças ao fato de que a maior parte da civilização europeia foi construída sobre fundações imperiais romanas, com o latim como língua franca, Vênus é o nome pelo qual ela mais tem sido chamada. Até mesmo sua estátua mais conhecida (embora distante da Deusa), a Afrodite de Melos, está confinada ao título de "Vênus de Milo". Possivelmente, sua pintura mais bela, inteiramente grega em simbolismo e espírito, seja o "Nascimento de Vênus", de Botticelli. E Shakespeare igualmente escreveu de forma lírica sobre "Vênus e Adônis". Mas era realmente sobre Afrodite que eles e muitos outros esculpiram, pintaram ou escreveram, e é hora de ela ter seu nome real de volta.

Nós ouvimos Afrodite sendo descrita, até mesmo por Pagãos bem-informados, como atraente, mas extremamente superficial e fútil, e que precisaria de um pouco da sabedoria de Athena ou da responsabilidade de Hera para deixá-la totalmente aceitável. No entanto, vê-la dessa forma é negligenciar o talento grego para a especialização, e o que pode ser chamado de "pureza de aspecto" em suas divindades. Ares, por exemplo, não era suavizado em um nobre guerreiro. Pelo contrário, ele era uma ameaça destrutiva, sem encobrir sua real natureza. Na verdade, nenhum Deus simbolizava o homem perfeito, assim como nenhuma Deusa era a representação da mulher perfeita. Enquanto a Ísis egípcia incluía em si as qualidades de Hera, Athena e Afrodite, em equilíbrio, podendo, portanto, representar o ideal da feminilidade. A abordagem grega consistia em contemplar cada aspecto isoladamente, não diluído por outros aspectos para melhor compreender sua verdadeira natureza. Isso implicava que a tarefa humana é lutar pelo próprio equilíbrio desses aspectos plenamente compreendidos, sem renegar nenhum deles, alcançando assim a própria perfeição.

Era uma ambição nobre e, sem dúvida, inconsciente no adorador comum, mas apropriada à natureza analítica do melhor pensamento grego, da mesma maneira que a síntese sutil florescia naturalmente no solo egípcio.

Há muito a ser dito sobre as duas abordagens, além de haver bastante o que se discutir a respeito da flexibilidade da Arte atualmente, que nos permite usar o melhor de ambas. Sendo assim, uma mulher (ou um homem que trabalhe para entendê-la) pode reconhecer Afrodite dentro de si sem alimentar a vergonha, ou Athena sem o pedantismo, e ainda Hera sem a arrogância, podendo dessa forma entrar no santuário de Ísis.

O Ritual de Afrodite

Não é necessário (na verdade, acreditamos que seria equivocado) elaborar um Ritual de Afrodite especialmente para a Arte, considerando que já existe um: o Grande Rito da polaridade masculina-feminina.

Há duas versões do rito, o simbólico (sem a relação sexual) e o real (em que ocorre a relação sexual), e pelo menos dois "roteiros" – um mais simples e outro mais complexo, proveniente do *Livro das Sombras de Gardner*, ambos apresentados em *A Bíblia das Bruxas*. Aqui, sugerimos ainda um terceiro, para ser usado com este propósito em particular.

Devemos enfatizar mais uma vez o que dissemos neste livro, que embora o GRANDE RITO SIMBÓLICO possa ser conduzido por qualquer casal que a Alta Sacerdotisa considere adequado, o GRANDE RITO REAL deve ser realizado apenas por casais casados, ou que mantenham uma união estável semelhante ao casamento, sendo que o ato sexual deve acontecer em privado entre o casal em questão.

Para um Ritual de Afrodite, o GRANDE RITO REAL é a escolha mais óbvia; e há mais um motivo (como se fosse necessário mais um) para se observarem essas regras. Nessa ocasião, o Grande Rito não tem a intenção de elevar o poder em nome do Coven, nem de direcioná-lo para alguma finalidade que não seja pessoal. Em vez disso, ele deve ser a celebração ritual e o enriquecimento do amor entre um homem e uma mulher em particular, em todos os níveis.

O ritual deve ser feito com dedicação, mas ainda assim com alegria. Os celebrantes precisam estar sérios, porém sorrindo, como é expresso na Carga da Deusa: "Pois observai, todos os atos de amor e prazer são meus rituais. E, portanto, que haja beleza e força, poder e compaixão, honra e humildade, júbilo e reverência dentro de vós". Afrodite é tudo menos uma Deusa solene.

Também precisa haver flexibilidade. O "roteiro" não precisa ser lei. Nós tendemos a concordar com aqueles Bruxos que sentem que, ao mesmo tempo que os roteiros tradicionais, contendo longas declamações, são apropriados e fluem durante o rito simbólico, eles podem se tornar incômodos e inibidores no rito real, o que pode ser especialmente verdadeiro quando é a própria Afrodite que está presidindo.

É o casal em questão – a quem nos referimos no ritual a seguir simplesmente como Homem e Mulher – que deveria conduzir o ritual. Alguns casais desejarão fazer o rito de forma tão intensa e pessoal que podem preferir realizá-lo completamente sozinhos; se for o caso, o ritual a seguir pode ser simplificado adequadamente.

Falaremos mais adiante sobre os ornamentos da mulher, mas estes devem incluir um cinto – que pode ser um *kestos* como o descrito anteriormente, ou mesmo um cinto ou faixa em torno da cintura – devendo ser o mais bonito quanto possível.

O Ritual de Abertura deve incluir a cerimônia de *Puxar a Lua para Baixo*, mas omitindo-se a Carga da Deusa, o cântico Bagahi e a invocação ao Grande Deus Cernunnos.

O nome da Deusa utilizado deve ser Afrodite, e o nome do Deus pode ser Eros ou Pã.

No momento de *Puxar a Lua para Baixo*, a invocação feita pelo Homem é substituída por: "Eu te invoco e te chamo, Afrodite Dourada, Amante dos Amantes; pela semente e raiz, pelo talo e botão, pela folha, flor e fruto, pela vida e pelo amor, eu invoco que desças sobre o corpo de tua serva e Sacerdotisa."

Em vez de passar imediatamente para o equivalente à saudação "Salve Aradia", esta é uma boa ocasião para a mulher invocar o Sol sobre o Homem (veja o Ritual de *Puxar o Sol para Baixo* em *A Bíblia das Bruxas*).

A mulher agora fica de costas para o altar, o homem de frente para ela em frente à vela do Sul. Os membros do Coven, alternados entre homens e mulheres, ficam em volta do perímetro do Círculo. O homem diz:

Assiste-me a erguer o antigo altar,
no qual em dias passados todos adoravam,
O Grande Altar de todas as coisas;
Pois nos tempos antigos, a Mulher era o altar.

Assim foi o altar preparado e posicionado,
E o ponto sagrado era o ponto no centro do Círculo.

Como temos sido ensinados desde há muito tempo
Que o ponto no centro é a origem de todas as coisas,
Desta forma nós devemos adorá-lo.

Todos avançam para frente (incluindo o homem e a mulher) para formar um anel. Um participante coloca as mãos no ombro do outro, como em uma dança grega, e todos começam a se mover em sentido horário, enquanto o homem, olhando diretamente para a mulher, diz:

Salve, Afrodite! Tudo o que tenho a oferecer
Sobre teu altar, é teu para levar;
Meu espírito e meu corpo aqui trago
Para ti em amor, pelo bem de minha amada.

Para mim, o rosto dela é o teu, assim como braços, pernas e as mãos,
As mechas que a coroam e os olhos que brilham;
Concede-nos a tua bênção, Deusa de Chipre, e saibas
Que através do amor eu sou dela, e ela é minha.

O círculo continua até que a mulher fique com as costas novamente voltadas para o altar, quando ela então para de se mover. Todos param com ela e largam os braços dos ombros. A mulher diz:

Da Afrodite, dourada e divina,
Meu é o abraço, e meu é o beijo;
A estrela de cinco pontas do amor e êxtase,
Aqui eu te fortaleço neste sinal.

Depois disso, ela remove cerimonialmente o seu cinto – o tradicional gesto grego de uma mulher para sinalizar seu convite ao homem – deixando-o cair de lado.

O homem começa a andar na direção dela, mas outro homem se interpõe entre eles, desafiando-o. Eles travam uma breve competição, e o desafiante recua, inclinando a cabeça em sinal de rendição –, mas outro homem imediatamente toma seu lugar. Enquanto ele também está disputando com o Homem, o primeiro desafiante coloca seu braço em volta de uma das outras mulheres (se possível, sua parceira de trabalho habitual) e ambos saem da sala. Este exercício de desafio e rendição continua com cada um dos homens, até que o último esteja pronto para partir. Se houver mais homens que mulheres, ou vice-versa, dois homens e uma mulher se retiram, ou um homem com duas mulheres; mas ninguém sai sozinho.

A mulher observa tudo isso do lugar onde está, de frente ao altar. Quando o último membro do Coven sair e fechar a porta, o homem e a mulher iniciam uma dança espontânea de acasalamento.

A partir deste momento, eles prosseguem enquanto Afrodite os inspira.

Já falamos bastante sobre a forma do ritual. E quanto aos preparativos?

O incenso original de Afrodite é o olíbano, mas hoje em dia temos muito mais ingredientes ao nosso alcance, então há muito mais espaço para exercitar a imaginação.

Óleos ou perfumes pessoais são justamente isso: pessoais. A mesma fórmula em diferentes peles pode produzir aromas bastante diferentes. Tente experimentar com algumas das receitas dadas no capítulo X, mas cada mulher saberá o que convém a ela e o que excita o seu homem, o que, afinal de contas, é o que norteia todo esse ritual.

O vinho e os bolos devem ser aqueles que ambos os parceiros gostem. Um vinho grego é particularmente apropriado, é óbvio, especialmente o retsina aromático, mas não tente usá-lo em uma ocasião tão importante a menos que você já tenha adquirido um gosto por ele. E quanto à comida, o que seria melhor do que os bolos de Afrodite que descrevemos?

As velas podem ser da cor vermelha ou laranja, as cores do amor no sentido mais passional e urgente. Mas para criar o clima, a maioria das pessoas acredita que o amor exige uma cor mais suave, como o azul. Então, o cenário ideal pode ser em geral suave, com toques de paixão, usando-se pequenas velas brilhantes.

Música é totalmente pessoal (experimente o Bolero de Ravel ou alguma música com tambores africanos!).

Algumas das flores de Afrodite devem estar no altar, principalmente rosas, mesmo que não estejam na estação. À ocasião, certamente vale a pena a despesa com pelo menos uma das melhores flores da floricultura.

Além disso, o casal pode gostar de ter no altar, ou ao redor do Círculo, alguns dos pequenos pertences que para eles simbolizam seu amor (discutimos sobre os Lares pessoais em *A Bíblia das Bruxas*).

A palavra-chave aqui, pode-se bem perceber, é "pessoal". E isso se aplica também aos adornos usados pela mulher.

Tradicionalmente, Afrodite faz uso abundante de joias, e a maioria das mulheres pode se sentir à vontade nesta ocasião em se maquiar com minúcia e de forma um pouco dramática. Mas, novamente, há homens que preferem suas mulheres "da forma como são". A mulher que realiza o ritual saberá o que é esperado dela e se preparará adequadamente.

Dificilmente haveria um ritual mais adequado do que este para *vestir-se de céu*. Contudo, se por motivos próprios o casal preferir começar o ritual vestidos – talvez a mulher tenha alguma roupa com uma carga emocional importante para ela –, quando chegar o momento de se despirem, eles terão a escolha (precisamos repetir?), totalmente pessoal, de decidir entre tirarem a roupa dignamente e um strip-tease lascivo e deliberado durante a dança de acasalamento.

> *O desnudar do corpo de uma mulher pelo amante é um gesto sagrado tão antigo quanto o próprio homem. Em nosso mundo racionalizado, que não acredita mais em rituais, mas que constante e inadvertidamente o recria, esse ato transformou-se no strip-tease, uma forma aberrante de culto religioso rebaixado ao nível do espetáculo comercial.*
>
> (Markale, *Women of the Celts*, pág. 144).

Quando mencionamos strip-tease aqui, nos referimos ao seu sentido sagrado original. Já demos conselhos demais. Que Afrodite esteja com eles.

Uma querida gralha desempenha seu papel em um ritual de Morrigan

Um painel não identificado em poder de Doreen Valiente. Os pássaros sugerem que o tema tenha a ver com Rhiannon ou uma Deusa dos corvos como Morrigan

Sheila-na-gig da Igreja de Santa Maria e São Davi, Kilpeck, Hereford & Worcester

Entalhe da Deusa, por Bel Bucca

Ritual de Arianrhod: A Deusa Negra (na direita) e a Deusa Luminosa

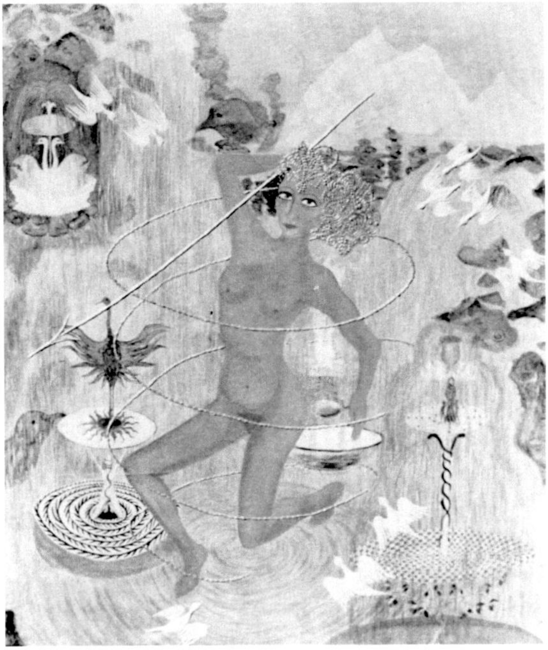

Arianrhod, por Su Dixon

Kore de bronze (Perséfone), 480 AEC

*Atalanta Arcadiana,
por Pierre Lepautre*

*A Ártemis de muitos seios de Éfeso
(Diana), 150 EC*

Mosaico de Atalanta caçando a cavalo, de uma vila em Halicarnassus

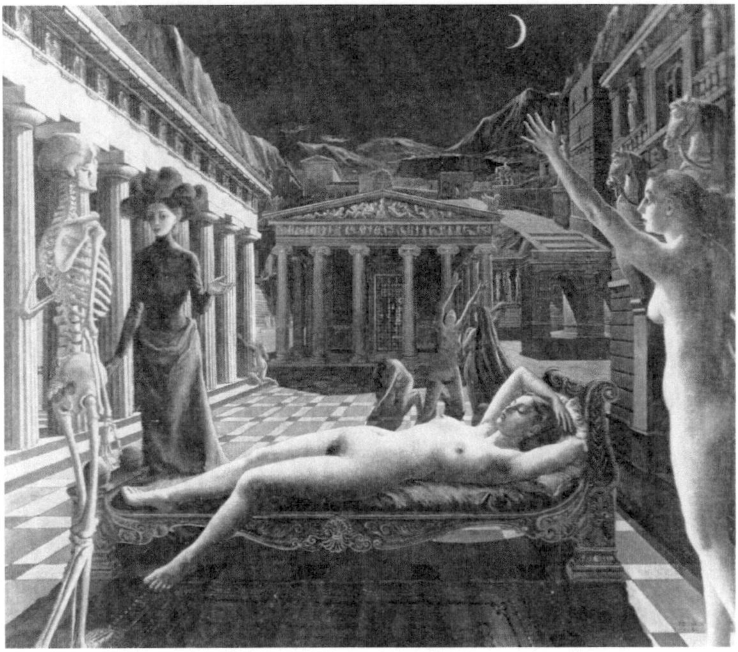

Vênus Adormecida, pelo pintor surrealista Paul Delvaux

Nascimento de Vênus, por Uli Nimptsch,
Parte da escultura exibida no parque Battersea, 1963

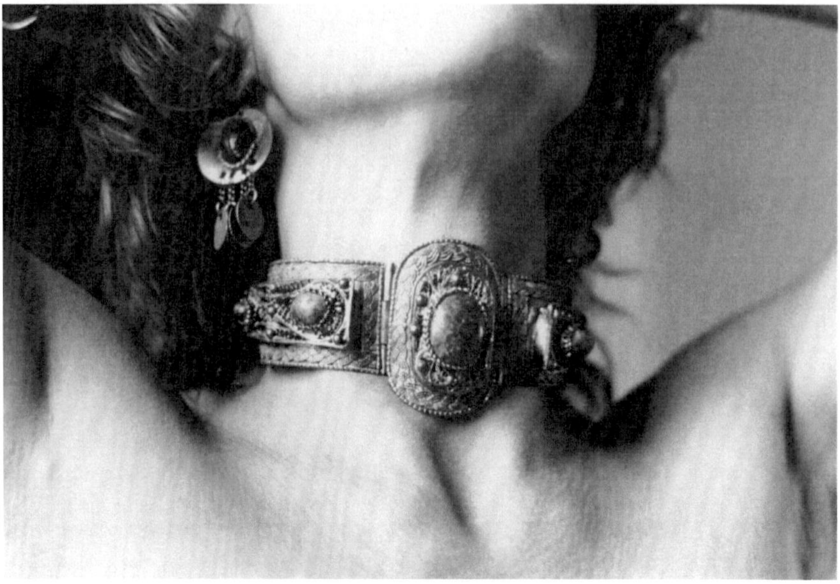

Ishtar jura por seu colar de lápis-lazúli

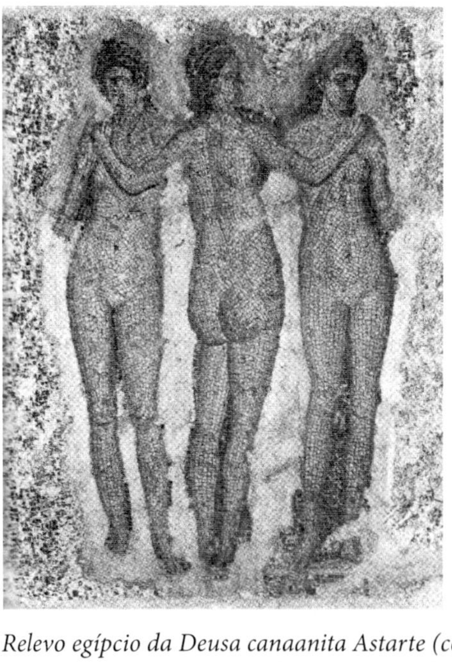

Relevo egípcio da Deusa canaanita Astarte (conhecida entre os egípcios como Qodshu) sobre um leão e oferecendo uma flor de lótus ao Deus egípcio Min, e serpentes para o Deus canaanita Reshef

O Morador do Íntimo por George Frederic Watts. Representação da Anima?

XVII

Hécate

A Bruxaria celebra as oferendas à pálida Hécate.
Lady Macbeth

Hécate era uma Deusa que reinava ao mesmo tempo sobre a Lua, o Submundo e a Magia. Ela era pré-olímpica, de origem trácia, mas, como outras divindades primordiais, foi absorvida no panteão grego clássico (e também no panteão romano). Participou da guerra dos olimpianos contra os gigantes, e por ser uma filha dos Titãs Perses e Astéria (ambos símbolos da luz brilhante), seus progenitores tornaram-se mais tarde Zeus e Hera. Também se diz que ela era uma das muitas amantes de Hermes.

O Olimpo, no entanto, nunca foi o seu lar. Ela vivia no Submundo, ao lado de Hades e Perséfone e as divindades menores Tanatos (morte), Hipnos (sono) e Morfeu (sonhos). Mas, assim como Perséfone, ela também exercia poder em outros lugares. Enquanto Perséfone, filha e alter ego da Mãe dos Cereais, frutificava a Terra a cada primavera, Hécate dominava o céu noturno e a terra, sendo a protetora dos rebanhos e marinheiros – e, claro, das Bruxas.

Podemos dizer que Perséfone era o elo luminoso entre o Submundo e a Terra, ao passo que Hécate era o elo escuro. Uma das entradas mais conhecidas para a terra das sombras era o lago Averna, na Campânia.

As colinas ao redor estavam cobertas de árvores sagradas para Hécate e repletas de cavernas por meio das quais se convocavam as almas dos mortos. A coruja que prenunciava a noite era sua mensageira, enquanto que o teixo escuro, o salgueiro ou o vimeiro eram as árvores sagradas a ela. As vassouras das Bruxas eram tradicionalmente atadas com vime, sem o qual se dizia que ficavam incontroláveis.

De todas as Deusas gregas, Hécate era a que se percebia mais marcadamente ser uma Deusa Tríplice. Ela era simultaneamente a Lua de três fases e, em particular, sua fase escura. Para os romanos, "Diana Triformis" era formada por Diana, Prosérpina e Hécate (ou, em grego, Ártemis, Perséfone e Hécate).

Hécate era descrita como três figuras femininas ou como apenas uma que portava três cabeças de animais: cavalo, cachorro e javali; ou, algumas vezes, de três cães. No livro *Witches*, Lethbridge sugere que estes representavam um amálgama dos animais-totem herdados de seu passado primordial. Os cães certamente estavam associados a ela (talvez por seu hábito de uivar para a Lua e de sua capacidade de encontrar caminhos). Algumas vezes ela era retratada como uma cadela prenhe, e compartilhava com o Deus Herne do Norte a reputação de liderar a matilha de cães fantasmas durante a Caça Selvagem noite adentro.

Tanto os gregos quanto os romanos a associavam especialmente com as encruzilhadas, onde o viajante se deparava com três escolhas. Ali podia se ver Estátuas da Deusa e eram levadas oferendas de comida, a que chamavam "A Ceia de Hécate", na calada da noite, quando era véspera de lua cheia. A pessoa deixava a comida ali e ia embora sem olhar para trás, pois ninguém se atrevia a confrontar a misteriosa Deusa face a face.

Seu festival anual, que acontecia em 13 de agosto na Grécia (e o de Diana na mesma data em Roma) era um rito propiciatório para evitar as tempestades que destruíam as colheitas, como era comum a Lua enviar naquela época.

Ela ainda assombrava cemitérios e cenas de crimes, como uma Deusa de expiação e purificação.

Hécate é a Mãe das Trevas, tanto no sentido positivo quanto no sentido aparentemente negativo. Ela pode mandar demônios para atormentar os sonhos dos homens. Pode enlouquecê-los, caso não estejam bem-estruturados o suficiente para lidar com ela. Todavia, para aqueles que ousam lhe dar as boas-vindas, ela traz inspiração criativa. Ela é Hécate Antea, "aquela que envia as visões noturnas" e, como é comum a uma Deusa da Lua, ela tem um filho: Museos, o homem-muso.

Nos ritos de adivinhação, os gregos usavam um instrumento chamado "Círculo de Hécate", uma esfera dourada com uma safira escondida em seu interior representando sua misteriosa Lua a ocultar a brilhante semente da compreensão.

Seu símbolo é a tocha, pois a Mãe Sombria também mantém a luz que ilumina o Inconsciente e revela seus tesouros.

Ao escrever a tragédia *Macbeth*, Shakespeare, como sempre, sabia do que estava falando. A deidade que ele atribuiu às Bruxas não era Satanás, como alegavam as autoridades da época, mas, sim, a Deusa Negra, que possui a função paradoxal de penetrar nessa escuridão, trazer visões, chamar o passado de volta, iluminar o presente e alertar ou fazer promessas sobre o futuro – a Deusa da encruzilhada iluminada pelo luar, Hécate das Três Faces.

O Ritual de Hécate

Preferimos, neste ritual, enfatizar Hécate como a Deusa Tripla da encruzilhada, um lugar de escolhas. As mulheres que encenam seus três aspectos deveriam ser, de forma ideal, uma mulher jovem (para representar a Donzela), uma mulher madura (a Mãe) e uma velha e sábia (representando a Anciã). Mas, independentemente de suas idades reais, elas devem transparecer uma postura de alegria radiante, autocontrole equilibrado, e de um mistério obscuro, respectivamente.

Três outros atores são necessários, e podem ser homens ou mulheres: o Buscador, o Pensador e o Executor.

A Preparação

Uma das três mulheres representando Hécate, se a Alta Sacerdotisa não estiver entre elas, deve atuar como Alta Sacerdotisa nesta ocasião, para o *Ritual de Puxar a Lua para Baixo*. Para se obter um equilíbrio perfeito, ela deve ser a Bruxa representando a face Mãe.

Na iconografia clássica, quando as três Hécates eram retratadas na forma de mulheres, elas eram sempre idênticas e estavam vestidas com robes. Mesmo que o Coven trabalhe *vestido de céu*, nossas três mulheres devem estar vestidas de forma idêntica, embora possa haver identificações diferentes para os três aspectos, por exemplo, um cinto ou uma corda amarrada na cintura nas cores branco para a Donzela, vermelho para a Mãe e preto para a Anciã – as cores tradicionais.

O caldeirão é colocado no centro do Círculo, com incenso queimando dentro dele e um suprimento de incenso ao seu lado.

Parte da ênfase dada é a Bruxaria por ela mesma. Assim, se o Coven possuir uma vassoura, ela deve estar exibida em destaque, como, por exemplo, colocada aos pés do altar.

O Ritual

O Ritual de Abertura é realizado normalmente. O nome da Deusa usado será, naturalmente, Hécate.[19] Considerando que ela é uma Deusa com um caráter tão universal, o nome usado para o Deus pode ser de qualquer panteão, apesar de que, mais uma vez, para dar uma ênfase à Bruxaria, é preferível usar um nome como o do chifrudo Cernunnos ou do caçador noturno Herne.

A invocação de "Salve Aradia" é substituída pela seguinte:

Salve, poderosa Hécate! Deusa da Lua,
Deusa das Bruxas no círculo da dança,
Para ti todas as estradas devem nos levar,
mais cedo ou mais tarde
Pois elas são o fim, e também o princípio,
de toda a nossa perambulação
Tu nos ofereces a escolha sem fim
Não importa se viramos à esquerda,
à direita ou se seguimos em frente,
todos os caminhos são teus.

Ó grande Hécate, permita-nos ouvir a tua voz!
Senhora que ilumina a escuridão, dá-nos um sinal!

19. Os autores sugerem pronunciar "com o acento tônico na segunda sílaba", como "hecáte".

Depois da Runa das Bruxas, o vinho é consagrado e o cálice é colocado ao lado do caldeirão.

As três Hécates colocam-se de pé ao Sul do caldeirão, voltadas para o Norte. A Mãe fica no meio, a Donzela à esquerda e a Anciã à direita.

O Pensador senta a um ou dois passos atrás da Donzela, e o Executor a um ou dois passos atrás da Anciã.

O Buscador fica de costas para o altar e o restante do Coven se senta em volta do perímetro do círculo. Quando todos estiverem posicionados em seus lugares, começam:

Mãe: *Eu vejo alguém que nos procura.*

Donzela: *Por que ele hesita?*

Anciã: *Deixe-o vir para a frente.*

O Buscador se aproxima e encara as Três do outro lado do caldeirão, depois se curva para cada uma delas.

Buscador: *Encontro-me diante de três caminhos, e não sei qual deles seguir.*

Mãe: *Nós três somos uma só, e todos os caminhos são nossos.*

Donzela: *Meu caminho é luminoso.*

Anciã: *E o meu escuro.*

Depois de uma pausa.

Buscador: *O caminho luminoso me chama mais claramente.*

A Donzela sorri e pega uma pouco de incenso e o coloca sobre o carvão em brasa. Quando estiver saindo uma grande quantidade de fumaça, ela estende a mão para o Buscador.

Donzela: *Venha, então.*

A Donzela leva o Buscador para ficar face a face com o Pensador; este olha para cima.

Pensador: *Quem chega agora? Outro Buscador? Eu sou o Pensador e você não serve para mim. Neste caminho, é tudo gentileza e clareza. Não há perigo para ser desafiado, nenhuma consciência de se estar à espreita do mal para ser combatido, nenhum mistério para ser desvendado. Eu fico cansado do dia que não tem noite.*

O Pensador abaixa a cabeça, e o Buscador olha para a Donzela com uma expressão de interrogação.

Buscador: *Escolhi errado?*

Donzela (diz sorridente): É você que tem que dizer.

A Donzela conduz o Buscador de volta ao caldeirão, e ambos assumem seus lugares como antes.

Buscador: *O caminho escuro pode conter as respostas.*

A Anciã, sem sorrir, pega um pouco de incenso e joga no carvão em brasa. Quando estiver saindo fumaça o suficiente, ela estende a mão para o Buscador.

Anciã: *Venha, então.*

A Anciã guia o Buscador para ficar face a face com o Executor, que olha para cima.

Executor: *Quem chega agora? Outro Buscador? Eu sou o Executor e você não serve para mim. Esse caminho é todo íngreme, cheio de pensamentos sombrios. Não há nenhuma dança nos meus passos, nenhuma música no meu coração, nenhum companheiro sorridente para pegar minha mão. Eu fico cansado da noite que não tem dia.*

O Executor abaixa a cabeça, e o Buscador olha para a Anciã com uma expressão de interrogação.

Buscador: *Escolhi errado novamente?*

Anciã: *Isso é você que tem que dizer.*

A Anciã conduz o Buscador de volta ao caldeirão e ambos assumem seus lugares como antes. O Pensador e o Executor se movem tranquilamente para sentarem lado a lado, um ou dois passos atrás da Mãe.

Buscador: *Tudo o que resta é o caminho do meio.*

A Mãe sorri, porém mais misteriosamente que a Donzela. Ela pega um pouco de incenso e coloca no carvão em chamas. Quando está saindo uma boa quantidade de fumaça, ela estende a mão para o Buscador.

Mãe: *Venha, então.*

A Mãe conduz o Buscador até ficar de frente para ambos, o Pensador e o Executor; eles então olham para cima.

Executor: *Quem chega agora?*

Pensador: *Outro Buscador. Ele(a) não serve para mim. Eu temo que ele(a) seja muito luz, muito* ação e sem pensamento.

Executor: *Ele(a) também não serve para mim. Temo que ele(a) seja muito trevas, muito pensamento e sem ações.*

Tanto o Pensador quanto o Executor abaixam a cabeça.

Buscador: *Vocês dois estão errados! A luz não deve ser sem pensamento, nem a escuridão sem ações! O dia não deve ficar sem a noite, nem a noite sem o dia.*

Mãe: *Você vislumbrou a verdade. Venha.*

A Mãe leva o Buscador de volta ao caldeirão e assumem seus lugares iniciais. A Mãe pega o cálice e o segura à sua frente.

Mãe: *O que você aprendeu, Buscador?*

Buscador (depois de uma pausa): *Que você não é três, mas uma só. Que todos os caminhos são seus e que eu devo trilhar todos eles para ser inteiro.*

Mãe: *E você se atreve?*

Buscador: *Estou tremendo de medo, mas me atrevo.*

Mãe (apontando para o Pensador e o Executor): *Sendo assim, você não irá acabar como eles, pesarosos.*

A Donzela e a Anciã estendem o braço para que todas as três estejam segurando o cálice. Eles o seguram em direção ao Buscador.

<table>
<tr><td>Donzela</td><td rowspan="3">{ dizem juntas }</td><td>Que assim seja!</td></tr>
<tr><td>Mãe</td><td>Beba de todas nós</td></tr>
<tr><td>Anciã</td><td>e será completo.</td></tr>
</table>

O Buscador coloca as mãos em volta das mãos delas e bebe.

XVIII

Lilith e Eva

A perturbadora Lilith [...] sendo a mais perigosa e subversiva ameaça à ordem masculina estabelecida, foi enterrada nas profundezas mais obscuras do inconsciente hebraico.

Jean Markale

Em nenhum outro lugar a vigorosa determinação do patriarcado em reprimir memórias da Mãe Primordial é mais evidente do que no bíblico Jardim do Éden.

A história do Gênesis é uma revisão patriarcal de mitos da Criação anteriores do Oriente Médio, e também da própria tradição hebraica.

De acordo com essa tradição, conforme registrada no Talmude, a primeira esposa de Adão foi Lilith. Iavé – ou seria Elohim, aquele curioso nome de Deus que é feminino e tem uma terminação plural masculina? – criou ambos ao mesmo tempo. Mas Lilith se recusou a ser submissa a Adão e ao Deus masculino, até mesmo fisicamente. Quando Adão insistiu que ela sempre deveria ficar por baixo dele durante a relação sexual, ela brigou com ele, saiu voando e desapareceu em seguida. Adão apelou ao Senhor para que a trouxesse de volta, e Iavé mandou os três anjos Senoi, Sansenoi e Samangloph para irem buscá-la.

Os anjos encontraram-na às margens do Mar Vermelho, no lugar onde os egípcios que perseguiam os Filhos de Israel foram posteriormente engolfados, copulando com demônios lascivos e dando à luz crianças demoníacas chamadas *lilim* ou *liliot* em uma proporção de mais de cem por dia. Ela se recusou a voltar para Adão e foi informada de que, se não voltasse, perderia uma centena de seus próprios filhos todos os dias. Ainda assim, ela se recusou a voltar; então os anjos tentaram afogá-la, porém sem sucesso. Finalmente, foi permitido a Lilith viver, com a condição de que ela nunca prejudicaria um recém-nascido onde pudesse ver escrito o nome dos anjos por perto. Iavé a entregou a Samael (Satanás) como a primeira de suas quatro esposas, e ela se tornou uma perseguidora dos recém-nascidos (hipoteticamente aqueles que não eram identificados).

Lilith era considerada mais perigosa para os bebês do sexo masculino, vulneráveis a ela até os oito anos de idade, enquanto as meninas estavam fora de perigo depois de vinte dias de vida.

De acordo com o Zohar, Lilith teve uma participação mais tarde no episódio da Queda dos Anjos seduzindo Adão, enquanto Satanás, aparecendo como o Tentador, seduzia Eva.

Na realidade, Lilith não era seu nome original, sendo que este último parece ter sido perdido no tempo. Ela adquiriu o nome Lilith por identificação com a "Bruxa velha da noite" dos sumérios, chamada Lilitu. Dessa forma, ela aparece como uma "coruja" em Isaías 34:14 na *Versão Autorizada da Bíblia do Rei James*, e ainda como "monstro da noite", na versão revista. A propósito, a palavra em inglês para canção de ninar, "lullaby", é considerada uma corruptela de "Lilla, abi!", um feitiço de banimento judaico que significa "Lilith, fora daqui!"

Isso faz parte do processo de seu obscurecimento. Nota-se claramente que Lilith, ou seja lá qual for o seu verdadeiro nome, é um conceito muito mais antigo do que Eva. Se ela era a Primeira Mulher, em condição igual ao Primeiro Homem – ou mesmo mais antiga do que isso, sendo a Mãe Primordial incriada que dá à luz o Primeiro Homem (ou o primeiro Deus masculino) e depois se acasala com ele – sua imagem era, portanto, totalmente inaceitável dentro do Patriarcalismo hebraico. Assim, inventaram Eva, que foi criada por um Deus masculino ao extrair uma parte do corpo também masculino de Adão, fazendo um processo completamente reverso à ordem natural, tal qual no mito de Zeus, em que ele faz nascer Athena, após engolir sua mãe grávida Métis.

O tipo de Primeira Mulher de que o patriarcado necessitava pode ser encontrado, ainda que descrito brevemente e de maneira tétrica, em outra passagem do Talmude:

> *O Senhor refletia a respeito de que parte do homem ele deveria formar a mulher: não da cabeça, para que ela não se orgulhasse; não dos olhos, para que ela não desejasse ver tudo; não da boca, para evitar que fosse loquaz; não do ouvido, para que não desejasse ouvir tudo; nem do coração, para que ela não ficasse com ciúmes; nem da mão, para que não desejasse a tudo descobrir; nem dos pés, para que não se tornasse uma errante. Ele a faria somente do lugar menos visível, que permanece coberto até mesmo quando um homem está nu; isto é, da costela.*

Como Markale afirma (*Women of the Celts*, pág. 145): "Eva, a mãe da humanidade, é meramente a versão castrada de Adão". Até mesmo o seu nome reflete sua condição: "Ela será chamada de mulher" (em hebraico, *isha*), "porque foi tirada do homem" (*ish*) (Gênesis 2: 23).

Graves, (*A Deusa Branca*, pág. 257), tem uma teoria interessante sobre a história da costela que "parece uma história baseada em uma imagem da Deusa nua Anatha de Ugarit assistindo o Deus Aleyn, mais conhecido como Baal, apontar uma faca curva logo abaixo da quinta costela de seu irmão gêmeo Mot. É provável que o episódio desse assassinato tenha sido mal interpretado, para se adequar ao mito da remoção da sexta costela do homem por Jeová, que a transforma em Eva. Os gêmeos, que lutavam pelos favores da Deusa Anatha, eram os Deuses do Ano Crescente e do Ano Minguante." Ele afirma que "Jeová não estava presente no mito original. Em contrapartida, é a Mãe de Todos os Seres Viventes, dialogando em sua tríade, quem expulsa Adão de suas terras férteis por ele ter usurpado alguma prerrogativa sua".

Eva, assim como Blodeuwedd nas lendas galesas (ver o capítulo XXI), é uma imagem da mulher criada pelo homem da maneira como o patriarcado gostaria que ela fosse: subordinada, obediente, excluída de todas as posições de poder real, e sua sexualidade confinada à procriação.

Mas mesmo essa imagem, projetada como uma sombra da verdadeira mulher, não pode ser domada completamente. Tanto Eva quanto Blodeuwedd se rebelam contra a ditadura; Blodeuwedd ao não aceitar que lhe digam quem ela pode amar, e Eva quando se recusa a aceitar quais frutos do conhecimento ela não pode comer.

Ambas são condenadas, é claro, pelos mestres masculinos, a quem foram designadas, e pelo dogma patriarcal (quer seja pagão, hebreu ou cristão). No caso de Eva, a rebelde é, na realidade, a própria Lilith, que é o verdadeiro princípio feminino; a parceira legítima, porém banida, do homem, irrompendo de dentro da casca do estereótipo artificial. Por isso, ela é tida como a causa de todos os problemas da humanidade, isto é, como sabotadora da estrutura patriarcal.

É interessante notar que tanto Blodeuwedd quanto Lilith estão condenadas a se tornarem corujas noturnas, um símbolo que representa perfeitamente o lado mágico mais sombrio do princípio feminino, e que deixa o patriarcado aterrorizado.

O rebaixamento de Lilith para um mero ser demoníaco não é fiel àquele terror, uma vez que, mesmo na forma de demônia, assombrando os sonhos dos homens – a súcubo que monta em cima deles – ela mantém sua aparência perigosa. O Talmude a descreve como uma mulher encantadora com cabelos longos e ondulados. Doreen Valiente (*An ABC of Witchcraft*, págs. 225-6), resume a imagem aceita de Lilith como "a sedutora arquetípica, a personificação do perigoso glamour feminino da Lua. Assim como Hécate, ela é uma patrona das Bruxas, mas se Hécate é visualizada como uma velha anciã. Lilith, diferentemente da outra, é a feiticeira atraente, a bela vampira, a *femme fatale*. Seu encanto é mais que humano, mas sua beleza tem uma estranha mácula. Seus pés são grandes garras, como as de uma ave de rapina gigante." (Essa representação está de acordo com seu equivalente medieval francês em *La Reine Pédauque*).

As verdades banidas para o inconsciente adquirem garras, representando tanto nosso medo dessas verdades quanto sua capacidade de rasgar uma abertura nos véus da hipocrisia e da distorção com os quais tentamos cercá-las. Somente quando fazemos as pazes com elas e as integramos à nossa consciência é que sua beleza pode ser restaurada, de modo que suas garras se tornam pés novamente. Somente quando se admite a coruja da noite à luz do sol é que podemos apreciar a beleza de sua plumagem.

Lilith, a verdadeira Mãe de Todos os Seres Viventes, deve ser reconhecida novamente, para que ela e Eva possam voltar a ser uma só. Pois sem ela, Adão é um homem incompleto.

A Peça de Lilith e Eva

Este não é, como se pode notar, um ritual, mas uma pequena dramatização – para variar um pouco. Na verdade, todo drama é essencialmente um ritual. De qualquer modo, esta é uma peça alegre e simples, mas esperamos que seja significativa, o que é indicado, já que uma das características mais perigosas de Lilith, do ponto de vista patriarcal, é seu perverso senso de humor. Ela escarnece das atitudes rígidas e não pensa duas vezes ao colocar o pé (ou melhor, a garra) na frente de alguém para lhe estragar a pompa.

Você pode simplesmente ler a peça e refletir sobre ela, ou pode tentar executá-la, valendo-se de qualquer que seja o grau de realismo ou habilidade artística que você inclua. Assim, não daremos instruções de palco muito detalhadas (seria divertido executá-la em um bosque privado).

Descobrimos que as dramatizações – inclusive as espontâneas – podem ser tanto prazerosas quanto instrutivas quando feitas como um exercício na Arte. Uma forma espontânea que usamos muitas vezes é escolher um mito – digamos, de Ísis, Seth, Nephtys e Thoth após o assassinato de Osíris, ou de Medhbh, Aillil e Cuchulainn, ou ainda de Odisseu, Circe ou Hermes. Em seguida, damos a todos alguns dias para estudar o mito e, na noite da "apresentação", atribuímos os papéis ou os sorteamos entre os homens e mulheres. Logo que assumimos esses papéis, refletimos em nós mesmos como sendo essas personagens e apresentamos nossos casos em sequência. A oportunidade pode se transformar em um debate animado, e é surpreendente o quanto se pode aprender sobre o significado do mito – e sobre si mesmo – no decorrer do processo.

Enfim, voltemos ao Jardim do Éden.

No princípio

Sheila, uma Bruxa, nascida em uma família cristã;

Bernie, um Bruxo, marido de Sheila, nascido judeu;

Eva; Adão e Lilith.

CENA: O Círculo na sala de estar de Sheila e Bernie. Eles terminaram o ritual e estão sentados no chão, *vestidos de céu*, relaxando e bebendo o que sobrou do vinho.

Sheila: *Foi um bom ritual, Bernie. Se Harry não passar no exame depois de tudo isso, não é nossa culpa.*

Bernie: *Bom, acho que demos um impulso àquilo que ele não tem. Ele tem um Hod forte, um raciocínio bom e tudo o mais, mas precisa de bastante Netzach para melhorar sua imaginação criativa.*

Sheila: *Sem mencionar Geburah para mais determinação... – sorrindo. – Você e sua Cabala!*

Bernie: *Eu deveria abandonar minha herança cultural? Eu não espanco seus leprechauns.*

Sheila: *Leprechauns de novo! Eu já falei, eles são uma parte muito pequena da mitologia irlandesa. Os Tuatha Dé Danann e os Daoine Sidhe são os mais importantes* [pronuncia-se *Tuha dé dán* e *Dhina shi*].

Bernie: *Lá vem você me ofuscando com a ciência.*

Sheila: *Olha quem está falando!* – Levantando as mãos em sinal de rendição. – *Tudo bem, tudo bem. Considere isso um empate. Todo mundo tem sua herança cultural; ninguém nasce sem uma.*

Bernie: *Com exceção de Adão e Eva; supõe-se que eles não tinham.* – Ele bebe um pouco do vinho. – *Le Chaim* [pronuncia-se *lerraim*].

Sheila: *Sabe, tem umas coisas sobre a herança cultural hebraica que eu gostaria de saber a verdade.* – Pega o cálice e bebe. – *Sláinte mhaith.* [*Slantia vá*].

Bernie: *É fácil. Um grupo de sacerdotes reescreve os primeiros mitos da criação do Oriente Médio. Eles queriam suprimir o culto à Asherah, que se alastrava desenfreadamente entre a população agrícola de Israel. Na versão suméria...*

Sheila: *Espere, espere. Eu não estava falando disso. O que eu quis dizer é sobre o que realmente aconteceu.*

Bernie: *Espero que você esteja se referindo à verdade psíquica, não à suposta história.*

Sheila: *Você sabe perfeitamente o que eu quis dizer.*

Bernie: *Vejamos então.* – Ele pega o pentagrama do altar e o segura na frente do rosto de Sheila, iluminando os olhos dela com o reflexo, e diz com ar zombeteiro – *Você está voltando para o Jardim do Éden... Você está voltando para o Jardim do Éden...*

Sheila (rindo): *Não, Bernie, sem essa sua coisa de hipnose, você é muito bom nisso, e eu estou cansada demais...*

Bernie: *Tarde demais... Você já está lá...*

De repente tudo fica escuro.

Sheila: *Não, Bernie, não...*

Bernie: *Oy, gevalt!* [20]

Acima deles, a luz do sol brilha, Sheila e Bernie estão sentados na mesma posição, em uma linda clareira na floresta. Ela se coloca de pé em um salto.

Sheila: *Bernie, você fez de novo! Você sabe como sou suscetível a isso...*

Bernie (levantando-se mais devagar): *Parece mesmo com o Jardim do Éden.*

Sheila: *Mas por que você está aqui comigo, desta vez? Digo, eu sempre conseguia ouvir a sua voz, mas...*

Bernie aparentando estar desnorteado: *Eu não sei!*

Sheila (apontando): *Bernie, olha!*

Eva entra na clareira. Ela é exatamente como a imaginamos, nua, com longos cabelos loiros. Ela vê Sheila e Bernie e para de andar, parecendo confusa.

Sheila: *Eva!*

Bernie, dando alguns passos cautelosos em direção a Eva, fala timidamente: *Shalom, Chava?*

Eva: *Shalom... Você é igual a ele, eu acho. Mas o que é isso?* – diz apontando para Sheila.

Bernie diz, recompondo-se: *Eu sou Bernie, e esta é minha esposa Sheila.*

Eva examina Sheila e dá um passo para trás: *Você é outra!*

Sheila: *Outra o que, Eva?*

Eva: *Sua voz é parecida com a minha e com a da Verde. Mas a voz dele parece a de Adão.*

---

20. N.R.: *Oy gevalt*, é uma frase Iídiche que quer dizer algo como "já chega!"

Sheila: *Isso mesmo. Você e eu somos mulheres, e Adão e este aqui são homens... quem é a Verde?*

Eva: *Adão pertence a mim. Eu não quero mais mulheres. Vá embora.*

Sheila: *Eu vou, eu prometo. Eu não quero o seu Adão, sinceramente.*

Eva: *A Verde quer. Ela diz que esteve aqui primeiro.*

Sheila: *Quem é a Verde?*

Lilith, fora da área de visão diz: *Na verdade, meu nome é Lilith... Shalom.*

Usando uma maquiagem corporal verde ou um collant, Lilith vem deslizando em torno de uma árvore até ser vista. Todos os seus movimentos são serpentinos. Seu cabelo é tão preto quanto o de Eva é loiro.

Sheila: *Eh... Shalom.*

Lilith: *Alguma companhia finalmente.* – Ela desliza em volta da árvore mais uma vez e reaparece imediatamente com uma maçã vermelha na mão, e oferece à Eva. – *Então, Eva?*

Eva: *Eu não confio em você.*

Eva começa a se afastar. Lilith caminha casualmente ao seu lado, jogando a maçã para o alto e pegando de novo com a mão. Sheila e Bernie os seguem.

Lilith: *Você aprende rápido, minha querida. Já estamos lidando com conceitos como "confiança", é?* – diz apontando para a frente. – *Levará mais tempo a ele.*

Adão sai das árvores. Ele também está inconscientemente nu.

Adão: *Estava procurando por você, Eva. O que são essas criaturas?*

Eva: *Aquele é um Bernie e essa é uma Sheila. Eu não sei o que eles fazem. A Sheila diz que é uma "mulher", o mesmo que eu e a Verde, e eu não gosto disso.*

Lilith: *Ah, pobre Eva. Ela não confia em ninguém.*

Adão: *O que é "confiança"?*

Lilith (para Eva): *Vê o que eu quero dizer?*

Sheila: *Não ficarei aqui por muito tempo, Eva. E estou aqui como sua amiga.*

Lilith: *Bom, Eva tem uma amiga. Talvez ela a aconselhe sobre a maçã.* – Segura a maçã na frente do nariz de Eva. – *Eva está tentando se decidir. Tenho certeza de que você está ciente do histórico. O que me diz?*

Sheila: *Eu só conheço uma versão da história. Prefiro começar do zero. O que é a maçã?*

Eles chegam até uma árvore de muitas ramificações, carregada com várias das mesmas maçãs vermelhas. Lilith desliza em torno de um galho inclinado e fica ao longo dele, com a cabeça logo acima da altura da cabeça dos outros.

Lilith: *Uma dessas. Adão acha que são perigosas.*

Sheila: *Por que, Adão?*

Adão: *Deus me disse.*

Sheila: *Os homens sempre nomeiam seus próprios tabus de a Voz de Deus.*

Lilith: *Gostei dessa garota... quanto tempo você pode ficar aqui?*

Sheila: *Não sei. Não posso ficar muito.*

Lilith: *Que pena.*

Adão: *O que é um "tabu"?*

Lilith (jogando a maçã para Adão): *Aqui, coma isso, e você vai parar de fazer essas perguntas estúpidas.*

Ela então pega outra maçã.

Adão (pegando a maçã e olhando para ela): *Estou com medo.*

Lilith: *De abrir seus olhos?*

Adão: *Eu consigo ver bem o suficiente!*

Lilith: *Os fatos na frente do seu nariz, sim. Não as verdades por trás deles.*

Adão: *Oh.* – Ele estuda a maçã, pensativamente. –*Tudo bem, então.* – E dá uma mordida no fruto.

Eva (angustiada): *Não, Adão! Não!*

Lilith: *Tarde demais, minha querida.*

Adão engole o pedaço de maçã, franze o cenho e depois olha para o rosto de Lilith, a 30 ou 60 centímetros de distância. A iluminação se abre. Lilith brinca com a outra maçã.

Adão: *Eu lembro agora! Você esteve aqui primeiro... antes de mim. Inclusive, você deu à luz a mim...*

Lilith: *Continue. Você está indo bem.*

Adão: *Você é Lilith, minha primeira esposa...*

Lilith (para Sheila): *Todos os mitos genuínos da criação são tanto partenogenéticos quanto incestuosos.*

Eva desata a chorar e cai de joelhos na grama. Adão vai até ela e se ajoelha a seu lado, colocando um braço à sua volta.

Adão: *Eva, não chore. Você é minha esposa também...*

Lilith (para Sheila): *Bígamos também, ao que parece.*

Sheila (arrancando a maçã de Lilith): *Ah, pare de ser tão esperta! Não vê que ela está chateada?* – Ela corre para se ajoelhar do outro lado de Eva.

Lilith (de repente exibindo um sorriso genuíno): *Depressa, minha querida, se apresse...* – diz para Bernie. – *É uma pena ela não poder ficar.*

Sheila (oferecendo a maçã para Eva): *Eva, você precisa disso. Se você deixar só para os dois, tudo estará fora de equilíbrio... aqui...* – Eva, fungando e enxugando as lágrimas, olha para a maçã, depois para Adão, e então para a maçã novamente. Pega a maçã e morde-a. Sheila e Adão observam, prendendo a respiração. Eva mastiga, engole e começa a sorrir. O sorriso se amplia, e ela começa a rir. Ela se levanta saltando nos pés e vai pegar a mão de Lilith. Não demora muito e Eva e Lilith estão dando gargalhadas, Eva se esticando para cima e Lilith se abaixando para que cada uma fique com um braço em volta do ombro da outra. Adão fica de pé e vai encará-las, parecendo intrigado. Sheila também se levanta e se afasta com Bernie para um lado, onde ambos ficam observando.

Adão: *Eu lembrei, e achei que tinha entendido. Mas agora estou sem entender novamente.*

Eva e Lilith olham para ele, sorrindo maliciosamente. O seguinte diálogo alterna-se sem pausa, como um discurso contínuo.

Eva: *Nós somos sua esposa, Adão.*

Lilith: *Mas qual de nós é qual?*

Eva: *Será que somos irmãs?*

Lilith: *Ou a mesma?*

Eva: *Ou sua mãe?*

Lilith: *Ou sua amante?*

Eva: *Ou sua filha?*

Lilith: *Qual é qual?*

Eva: *Você vai descobrir algum dia?*

Lilith: *E quantas histórias diferentes você inventará sobre tudo isso?*

Adão: *Parem! Parem vocês duas! Eu preciso pensar!* – Vira para Sheila. – *Você... você é de fora. Diga-me o que fazer.*

Sheila (sorrindo): *Não adianta me perguntar. Eu sou outra dela.*

Começa a ficar mais escuro.

Lilith: *Rápido, você já está de saída... aqui, pegue!*

Lilith pega uma maçã e joga para Sheila. Sheila a pega. De repente, fica tudo escuro novamente. Algum tempo depois, estamos de volta ao Círculo na sala de estar, com Sheila e Bernie sentados como antes. Não há nem sinal da maçã.

Sheila: *Ah, eu gostaria de ter ficado um pouco mais.*

Bernie (ainda atordoado): *Nossa! O que achou disso para uma sessão de hipnose! Amor, eu nunca consegui nada assim antes. Quero dizer, eu estando com você... não entendo. E foi tão real...*

Sheila: *Certamente foi.*

Bernie: *Como um sonho compartilhado...*

Sheila: *Você acha que foi um sonho, não é?*

Bernie: *Bom, é mais fácil acreditar nisso do que em uma espécie de hipnose compartilhada.* – Sheila coloca a mão nas costas e tira a maçã. Ela a segura na frente dos olhos de Bernie.

Sheila: *Então, como você explica isso?*

XIX

Epona

E vi o céu aberto, eis que aparece um cavalo branco.

Apocalipse

Epona é geralmente considerada uma Deusa dos cavalos. Suas muitas imagens em baixo-relevo e estátuas de origem gaulesa, romano-britânica, e as oriundas da Renânia, do Danúbio ou de Roma, mostram-na montada em um cavalo ou asno, ao lado de um desses animais ou entre dois ou mais deles; ou, vez ou outra, ela ainda é retratada seminua, deitada nas costas do animal. O cavalo, ou asno, era seu principal animal totem – embora às vezes ela também fosse retratada cavalgando um ganso com chifres pelo céu –, e foi isso que atraiu a imaginação das unidades de cavalaria do exército romano em campanha nas terras celtas, que a adotaram como patrona.

Os santuários de Epona foram encontrados nos estábulos de muitos fortes romanos, até mesmo em Roma, nos quartéis dos *equites singulares*, um corpo de cavalaria pessoal da guarda do Império recrutados principalmente dentre os batavos. Epona é a única Deusa celta que se sabe ter sido homenageada em Roma, onde era frequentemente chamada Epona Augusta ou Regina e invocada em nome do imperador. Semelhante a tantas outras Deusas, ela se apresentava às vezes como uma Deusa tripla, sendo conhecida nesses casos como "as três Eponae".

Entretanto, essa ênfase militar no seu animal totem, embora seja compreensível, acabou obscurecendo sua essência nativa, que é a da "verdadeira imagem da primeira Deusa mãe dos celtas", como aponta Markale (*Women of the Celts*, pág. 89). Outros escritores concordam. Guy Ragland Phillips, (*Brigantia*, pág. 103) diz que no reino britânico celta da Brigantia do Norte, Epona era considerada a Grande Mãe, sendo este um dos lugares em que ela aparece montando um ganso. Na mesma obra, Phillips a identifica como "a origem da pantomima Mamãe Gansa, que arrancou os pelos das patas de seu corcel para produzir uma nevasca".

Mas voltemos a falar de seu animal totem, o cavalo. Muitas autoridades acreditam que o Cavalo Branco de Uffington, uma das mais conhecidas figuras britânicas, esculpida em branco diretamente na colina, tenha ligação com o culto a Epona (até hoje, considera-se auspicioso fazer um pedido de pé nos olhos da figura). Lethbridge (*Witches: Investigating an Ancient Religion*, pág. 33) enxerga o corte esculpido de giz em Wandlebury Camp, próximo a Cambridge, geralmente chamado de Magog, como sendo, na realidade, Epona – sua imagem de Grande Mãe enfatizada, certamente, pelo fato de que a figura montada tem quatro seios.

Sua função como uma Deusa da fertilidade se revela em outras representações em que ela é retratada com um feixe de milho no colo, ou carregando uma cornucópia ou cálice. Com frequência, ela está acompanhada por pássaros (especialmente o corvo), por um cão, ou segurando o que parece ser uma serpente.

Pássaros representam "a tradição insular, comum à Grã-Bretanha e à Irlanda, que menciona uma Deusa ou Deusas do Outromundo, relacionadas ao amor sexual e à fertilidade, que possuem pássaros mágicos, cujo canto faz esquecer toda tristeza, cura a dor e é capaz até de ressuscitar os mortos" (Anne Ross, *Pagan Celtic Britain*, pág. 340). O significado particular do corvo é que ele é um "atributo da Deusa da fertilidade e da guerra" (ibid.).

Muitas Deusas celtas têm associações com cavalos. Por exemplo, a irlandesa Macha, esposa de Crunnchu, que teve que correr contra o cavalo mais rápido da Terra enquanto estava grávida, e morreu depois de vencer, dando à luz gêmeos. O grande monte Emain Macha, que significa "gêmeos de Macha", comemora a lenda e, possivelmente, um antigo ritual. Há também Étain Echraide, cujo nome quer dizer "andar a cavalo", e é uma Deusa irlandesa da reencarnação. Ou Cliodna, Deusa do alegre

Outromundo irlandês, onde a corrida de cavalos era um dos esportes favoritos. Ou, ainda, Medhbh de Connacht, Deusa da soberania, capaz de superar o cavalo mais veloz. No País de Gales, Rhiannon (a "Grande Rainha"), em toda a sua lenda estava associada a uma égua, tendo em certo momento que agir como se fosse uma. Aliás, ela também tinha pássaros "cujo canto despertava os mortos e colocava os vivos para dormir", e seu marido Pwyll era o Rei de Annwn, a versão galesa do Outromundo celta. Como descrito por Anne Ross (op. cit.), as características de Rhiannon "são apenas uma sombra do que restou de uma poderosa Deusa celta do passado, semelhante a Epona-Macha".

Um elemento recorrente no simbolismo do cavalo é o da soberania. Medhbh é talvez o exemplo mais claro de uma Deusa da soberania, com quem o novo rei tinha que acasalar antes de ser reconhecido como tal. Apesar disso, em um ritual de Ulster (segundo registros de Giraldus Cambrensis, escritor galês do Século 13), a soberania do rei era confirmada por relações sexuais reais com uma égua. "Imediatamente depois", nos relata Giraldo, "a égua era sacrificada, dividida em pedaços e jogada em água fervente. Preparava-se um banho com o caldo para o rei, que se sentava dentro da água enquanto pedaços da carne eram trazidos para que comesse e compartilhasse com as pessoas à sua volta. Ele se lavava com o caldo e o bebia, não com um copo ou as mãos, mas diretamente com a boca. Uma vez terminado esse ritual, seu domínio e autoridade estavam assegurados".

Portanto, havia duas maneiras de se confirmar a soberania: através do intercurso com a representante humana da Deusa ou com seu animal totem. No último caso, seguido pela comunhão, em que a carne do animal era comida e repartida com a comunidade.

A própria Epona teria nascido de uma égua, segundo uma lenda que também parece relembrar esse ritual totêmico de acasalamento. Agesilaos, um escritor grego mais recente, conta-nos que "Phoulouios Stellos, que odiava as mulheres, mantinha relações com uma égua. Com o tempo, o animal deu à luz uma linda menina a quem deram o nome de Epona" – não por seu pai humano, mas por sua presumidamente Divina) mãe égua.

Há um ponto interessante aqui. Os povos das Ilhas Britânicas normalmente ainda são avessos ao consumo de carne de cavalo, embora haja pouca justificativa culinária para essa relutância, que não acontece em diversos outros países. Seria por causa de uma lembrança inconsciente do tempo em que a carne de cavalo era sagrada, e apenas consumida em ocasiões rituais solenes, como a festa do cavalo que ocorria em outubro quando a proibição era deixada de lado?

Na Dinamarca medieval, a mesma lembrança era ainda mais específica. Os três dias de festa do cavalo sobreviveram entre os trabalhadores rurais Pagãos, embora fossem proibidos pela Igreja. Parte do ritual consistia na aspersão de "tigelas com sangue de cavalo nas direções sul e leste – o que explicaria o cavalo como sendo a encarnação do Espírito do Ano Solar, e filho da Deusa Égua" (Graves, *A Deusa Branca*, págs. 384-5).

Outro indício estranho sobre o mesmo tema da soberania: "Até hoje não se explicou satisfatoriamente por que os supostos líderes da invasão anglo-saxônica no Século 5 de nossa era ficaram conhecidos como Hengist e Horsa, pois 'hengst' significa cavalo e 'horsa' quer dizer égua. É razoável inferir que a invasão não ocorreu da maneira descrita na Crônica Anglo-Saxônica, além de parecer provável que os dois heróis míticos eram na realidade concepções religiosas" (Lethbridge, op. cit., pág. 92).

Tal como acontece com tantas divindades celtas, todas as Deusas individuais que mencionamos são apenas diferentes formas do mesmo arquétipo. Neste caso, o arquétipo é o da Grande Mãe da fertilidade, da guerra, soberania e felicidade na vida após a morte. A variedade de nomes e lendas pelas quais ela chegou ao nosso conhecimento chega a não ser importante.

Apesar disso, como dissemos antes, as múltiplas formas da Deusa, além de aumentarem a riqueza do conceito como um todo, têm ainda um uso prático, pois nos possibilitam visualizar e nos sintonizar com um aspecto particular da Deusa.

E é dessa forma que Epona, a "Égua Divina", veio até nós como uma Deusa, cujo animal totem e símbolo é o cavalo, e uma figura materna associada à fertilidade, à vida feliz no Outromundo e à dignidade da liderança.

O Ritual de Epona

Temos duas sugestões aqui. A primeira, uma vez que a Wicca é uma Arte flexível, pronta para aproveitar ambientes e situações variadas, não há razão para que as Bruxas que têm acesso a cavalos não façam uso ritual deles. Incluir animais em nosso trabalho mágico, não apenas para ter sua presença adorável, mas fazendo uma tentativa genuína de se envolver e sintonizar com eles, pode ser uma maneira muito frutífera (além de qualquer outra coisa) de expandir nossa consciência de Gaia.

De qualquer maneira, o trabalho mágico atrai animais com frequência, desde o gato que arranha a porta quando traçamos um Círculo, até o cão que nos avisa, sem equívocos, quando uma invocação é eficaz.

Quando morávamos nos pântanos do Condado de Mayo, éramos afortunados o suficiente por ter uma pequena colina perto de nossa casa onde havia um grande megálito caído e que formava um altar perfeito. Às vezes, traçávamos um Círculo de quase vinte metros ao ar livre, com lanternas para marcar as Torres de Observação e uma fogueira no centro. Tínhamos sete pôneis perambulando pelo pântano, e eles vinham assistir – atraídos pelo fogo, alguém poderia dizer, mas sempre ficavam respeitosamente do lado de fora do Círculo. O que favoreceu dramaticamente o nosso ritual.

Assim, de vez em quando lançávamos o Círculo, e Janet fazia sua entrada como Alta Sacerdotisa montada a cavalo. Ela descia do cavalo solenemente, e a Donzela então levava a jovem égua para fora novamente através do Portal Ritual, onde ela ficava parada, observando em silêncio. (Nossa Donzela, Ginny Russell, foi uma amazona pela vida toda, e somente sua experiência com os aspectos psíquicos dos cavalos daria um livro inteiro).

Evidentemente, não é possível sermos específicos a respeito de como as Bruxas que têm cavalos por perto podem fazer uso ritual e mágico deles. Mas, mesmo assim, seria válido aplicar um pouco de imaginação às possibilidades. Até mesmo uma Bruxa da cidade que contratar uma montaria no parque, vez ou outra, pode tentar, por exemplo, andar montada em sentido horário enquanto traça um Círculo mentalmente em nome de Epona, mantendo sua mente aberta para resultados inesperados.

Mas para o nosso Ritual de Epona descrito a seguir, escolhemos um aspecto mais universal, o da Grande Mãe celta, de quem Epona, como vimos, é uma das faces mais importantes.

Uma grande parte dos praticantes da Arte se orienta pelo panteão celta, mas mesmo os Covens que seguem outros panteões, como o nórdico, por exemplo, talvez gostem de estender suas saudações de vez em quando a um grupo aliado de símbolos para ver o que podem aprender harmonizando-se, por algum tempo, com aquele que é provavelmente o elo sobrevivente mais poderoso da herança pagã ocidental.

A Preparação

O Círculo pode ser decorado com símbolos de Epona, os quais – além dos objetos óbvios relacionados com equinos, como um freio ou ferraduras – incluem penas de ganso, trigo ou outro cereal próprio da estação, e a cornucópia. Lembre-se de que, se for usar uma ferradura para fins mágicos de um ferreiro ou ferrador, ela deve estar voltada com as pontas para baixo, e é apropriado fazer o mesmo em um Ritual de Epona (veja a nossa obra *A Bíblia das Bruxas*).

O ritual pode ser realizado, se necessário, com a Alta Sacerdotisa como a única mulher presente; mas quanto mais mulheres puderem participar, melhor. Se houver duas ou mais mulheres, elas recitam os parágrafos da declamação em alternado. Se estiver sozinha, a Alta Sacerdotisa recita todos eles.

O Ritual

O Ritual de Abertura é realizado como de costume até a parte em que o Alto Sacerdote invoca a Deusa sobre a Alta Sacerdotisa. O nome da Deusa usado para traçar o Círculo é Epona e o nome de algum Deus Celta. Como Epona é predominantemente britânica, Herne pode ser uma escolha apropriada como seu consorte.

A declamação de "Salve Aradia" é substituída pela seguinte:

Salve, Poderosa Epona! Mãe de todos nós,
Deusa que traz abundância, Rainha da Terra e dos céus,
Amante dos amantes, Musa que incita o acasalamento,
Deusa da batalha, quando a necessidade aparece ela se apresenta;
Rainha do Outromundo, onde todos podem descansar,
Rainha desta terra, amada de todos nós;
Rainha de todas as criaturas, pela tua presença abençoada
Possas estar conosco agora, e responder ao meu chamado!

A Alta Sacerdotisa dá a bênção "Da Mãe Sombria e Divina" como de costume. Todos os homens então se dirigem para o sul do Círculo, onde se sentam de frente para o altar, com exceção do Alto Sacerdote, que também vai com eles, mas, no momento, fica de pé onde ele estiver. As mulheres ocupam seus lugares, em pé, dos dois lados da Alta Sacerdotisa.

Alto Sacerdote: *Ouçam as palavras da Grande Mãe ela, desde tempos antigos também conhecida entre os homens como Dana, Don, Brigit, Arianrhod, Morrigan, Cerridwen, Modron e por muitos outros nomes.*

Após isso, o Alto Sacerdote se senta com os outros homens. Os parágrafos que se seguem, marcados como "Alta Sacerdotisa", "Próxima Mulher" e assim por diante, são falados em sentido horário – a menos que a Alta Sacerdotisa os esteja declamando sozinha.

Alta Sacerdotisa: *Eu sou Epona, Grande Mãe do Nascimento, Morte e Renascimento. Eu sou a Deusa da Terra verde que lhe dá o alimento, e das criaturas que vagam sobre ela. Eu sou a Deusa do Mar e regente das marés que lavam suas praias. Eu sou a Deusa da Lua que cavalga o céu noturno, e cujas fases são o ritmo de suas vidas. Eu sou a rainha do amor e também da batalha. Eu sou todas essas coisas e muito mais; pois todas as Deusas são uma só Deusa.*

Próxima mulher: *Eu sou Cesara, que conduziu o Dilúvio primordial para trazer vida para a extremidade ocidental do mundo. Eu sou tão antiga que tudo,exceto meu nome, está perdido na memória do homem; permanecendo na música e na história contada ao lado da lareira. No entanto, todas as Deusas são uma só Deusa.*

Próxima Mulher: *Eu sou Dana, Mãe de Deuses e heróis; minhas hostes de fadas saem voando das colinas ocas e se mostram àqueles com olhos para ver; e a magia delas está sempre presente, para aqueles que possuem coração para senti-la. Para mim é o espinheiro branco sagrado. No entanto, todas as Deusas são uma só Deusa.*

Próxima Mulher: *Eu sou Modron, e meu nome quer dizer Mãe. A mim pertence o ciclo de semente e colheita. No entanto, todas as Deusas são uma só Deusa.*

Próxima Mulher: *Eu sou Medhbh [Mave], Deusa do Trono. Somente aquele que copulou comigo está em condições de usar a coroa da liderança. No entanto, todas as Deusas são uma só Deusa.*

Próxima Mulher: *Eu sou Coventina, ninfa das nascentes que emanam da escuridão da Terra. No entanto, todas as Deusas são uma só Deusa.*

Próxima Mulher: *Eu sou Boann e Sionnan [Shonan] Sabrina e Tamesis. Eu sou os grandes rios que fertilizam suas fazendas e florestas, e em cujas águas nadam os salmões do conhecimento. No entanto, todas as Deusas são uma só Deusa.*

Próxima Mulher: *Eu sou a Morrigan, Rainha do Campo da Batalha. Quando os homens esquecem minhas outras faces e se esforçam para destruir uns aos outros, meu corvo negro guia os mortos ao descanso para depois renascerem. No entanto, todas as Deusas são uma só Deusa.*

Próxima Mulher: Eu sou Niamh [Nív] do Cabelo Dourado, a magia da Mulher chamando os Homens para Tír na nÓg e a maravilha do amor. No entanto, todas as Deusas são uma só Deusa.

Próxima Mulher: *Eu sou Cerridwen [Kériduên], de cujo caldeirão provém toda sabedoria e inspiração. Beba dele se tiver coragem, pois exigirei muito de você depois que o fizer. No entanto, todas as Deusas são uma só Deusa.*

Próxima Mulher: *Eu sou Morgan le Fay, a tecelã sombria da magia, saindo das névoas de Avalon. Siga o meu caminho e não há como voltar atrás. No entanto, todas as Deusas são uma só Deusa.*

Próxima Mulher: *Eu sou Brigit, a inspiradora. Eu sussurro no ouvido do poeta, ensino o curador, guio a mão do artesão. No entanto, todas as Deusas são uma só Deusa.*

Próxima Mulher: *Eu sou Rhiannon, Rainha de Annwn, o alegre Outromundo. Quando meus pássaros cantam, os mortos são despertados e os cansados embalados para dormir. No entanto, todas as Deusas são uma só Deusa.*

Próxima Mulher: *Eu sou Arianrhod, Rainha do Castelo que fica além do Vento Norte, aonde todos devem vir entre uma vida e outra; pois sem descanso não há renascimento. No entanto, todas as Deusas são uma só Deusa.*

A Alta Sacerdotisa se aproxima das outras mulheres e, começando pelo "Sempre que tiverdes necessidade de qualquer coisa..." recita todo o restante da Carga da Deusa (mas é o Alto Sacerdote quem diz "Ouçam as palavras da Deusa Estrela...", como de praxe).

Quando ela termina, segura as mãos do Alto Sacerdote e de um outro homem, que se levantam, e começam a circular em sentido horário. As outras mulheres se aproximam, pegando as mãos dos outros homens, e se juntam ao Círculo – homem e mulher alternadamente, tanto quanto possível – até que todos estejam circulando.

A Alta Sacerdotisa então começa a Runa das Bruxas e todos participam.

XX

Maat

A beleza é a verdade, e a verdade é a beleza.
John Keats

Não importa o que seja dito sobre outros panteões, ninguém pode afirmar que alguma divindade egípcia é sexualmente inadequada, quer psicológica ou espiritualmente. Muitas religiões pagãs, como vimos até aqui, acabaram sendo distorcidas pelo patriarcado, com funções essencialmente femininas sendo exercidas por Deuses dominantes – chegando ao cúmulo, como é caso do mito de Zeus, Metis e Athena, de um Deus masculino dar à luz. Não obstante, a religião egípcia manteve o equilíbrio entre as polaridades até o fim (se é que se pode dizer que essa religião acabou).

À primeira vista, Maat ou Mayet, a divindade egípcia da lei, da verdade, da justiça e da ordem divina, pode aparentar ser uma exceção. Certamente a lei, assim como o discernimento das verdades factuais, são funções lógicas e lineares – ou, poderíamos dizer, uma função do Deus? Na vertente cabalista, estariam essas funções relacionadas a Chesed, o regente da benevolência?

Mas esse pensamento não traduz adequadamente o conceito de "ordem divina" que Maat representa. Ela é, pois, a representação da ordem natural e inevitável das coisas, tanto a nível macrocósmico como microcósmico. Sua lei é orgânica, não legislativa.

Deste modo, as leis da ordem divina, a justiça da inevitabilidade, as verdades da realidade cósmica são todas funções da Deusa. Em termos cabalísticos, novamente, Binah (a Mãe Celestial) utiliza a energia sem rumo de Chokmah (o Pai Celestial) e lhe dá forma de acordo com a harmonia natural do cosmos. Chesed (o aspecto do Pai no próximo nível de manifestação) recebe as formas concebidas por Binah e "legisla" sobre elas para adequá-las a sua atividade. Contudo, as leis naturais que determinaram essas formas, antes de mais nada, estão sob o domínio da Mãe Suprema.

Por isso, os egípcios estavam certos em transformar Maat em uma Deusa. Mesmo assim, Binah e Chesed devem se complementar – a "legislação" deve estar em harmonia com a ordem natural. O panteão egípcio enfatizava essa realidade tendo Maat como esposa de Thoth, o Deus da sabedoria, do aprendizado e da medição, além de ter sido o inventor da fala. Suas atividades refletiam as leis de Maat, tanto que ele declara no Papiro de Nebseni: "Eu trago Maat para aquele que a ama.".

A lei humana, para ser saudável e eficaz, deve estar em sintonia com a lei superior que Maat simboliza. Em reconhecimento disso, os faraós sempre invocavam ritualmente a sua bênção sobre seus governos. Era costume apresentarem estatuetas de Maat aos Deuses, por considerarem isso "mais aceitável do que qualquer sacrifício".

Todos os juízes eram considerados sacerdotes de Maat, e as princesas reais usavam comumente a pena vermelha, símbolo dessa Deusa como ornamento para a cabeça, para identificarem-se como suas sacerdotisas. Até mesmo o monoteísta Akhenaton, que durante o seu reinado aboliu todas as divindades com exceção de Aton, honrava Maat pelo nome – embora os registros demostrem que (não importa o que se pense sobre suas opiniões religiosas) seu governo dificilmente refletiu esse gesto. Os sucessores de Akhenaton tiveram bastante trabalho para "restaurar Maat" e corrigir o caos de seu reinado.

Na lenda egípcia da criação, Maat era a filha do Deus do Sol, Rá. A Deusa e Thoth estavam com ele em sua barca de um milhão de anos, quando, pela primeira vez, ela emergiu de Nun, as águas primordiais. Maat era a luz que Rá trouxe ao mundo, e a criação teve início quando a colocou no lugar do caos. No entanto, Rá também estava sujeito à sua própria filha, assim como todos os Deuses, sendo seu curso diário no céu determinado por suas leis.

Não por menos, Maat desempenhava um papel importante no julgamento dos mortos. O julgamento em si acontecia no Salão das Duas Verdades, com representações de Maat em ambas as extremidades. Não era possível fugir da ordem natural, nem seguindo adiante nem voltando. Então o coração do falecido era colocado na balança do julgamento, em um dos pratos, e pesado em contraposição à pena vermelha, símbolo de Maat. Em outras ilustrações, no lugar da pena aparece uma pequena figura da própria Maat, e muitas vezes ela era a própria balança. Seu marido, Thoth, tinha a dupla função de verificar se o falecido teria a chance de se justificar e, como escrevente dos Deuses, de registrar o veredito.

A civilização moderna tem chegado perto de divorciar Thoth de Maat, de romper a integração que deveria existir entre a verdade cósmica e o pensamento intelectual, entre a lei natural e a organização humana. É uma necessidade urgente para a humanidade restaurar e prestar honras a esse casamento divino novamente, e a Wicca se preocupa particularmente com essa questão.

Utilizar as formas egípcias de Maat e Thoth (ou Tehuti, seu nome egípcio) em um ritual moderno, não se trata apenas de ser exótico e se divertir com isso. Maat e Tehuti simbolizam esse perigo contemporâneo que mencionamos, assim como sua solução, talvez mais claramente do que quaisquer outras formas divinas. Sendo assim, por que não os invocar?

Para o ritual de Ísis no capítulo XXIII, usaremos formas rituais e símbolos dos templos egípcios, pois, como o tema de Ísis é atemporal e universal, parece-nos apropriado usar as formas tradicionalmente associadas a ela.

Em contrapartida, a reunião de Maat e Tehuti é uma tarefa contemporânea própria da nossa época. Por isso, no ritual que se segue, eles são convidados para um Círculo Wiccaniano, e estamos confiantes de que eles se sentirão em casa tanto quanto em qualquer outro lugar.

Precisamos da nutrição de Maat, a flor que floresce e que é a verdadeira natureza do nosso universo. Como expressa vividamente um texto egípcio:

> *Aproxime o nariz de Maat e inale o seu perfume, para que seu coração viva; dessa forma você se alimentará de Maat.*

O Ritual de Maat

A Preparação

Uma mulher é escolhida para representar Maat e um homem para Tehuti. Mesmo que o Coven trabalhe *vestido de céu*, estes dois devem usar roupas, para se aproximarem o máximo possível de suas imagens egípcias.

Para Maat, a mulher deve usar uma simples saia tubular e justa até a canela ou na altura do tornozelo. A maioria das representações a exibe com os seios à mostra, com duas tiras finas que prendem o topo da saia até os ombros (as pontas dianteiras convergindo para o decote). A saia é vermelha na maioria das vezes, sua cor simbólica, mas o branco também serve. Sua joia é normalmente um peitoral semicircular em torno do pescoço, pulseiras em ambos os pulsos e geralmente embaixo de cada axila também. Ela deve estar descalça e seu cabelo solto (ao contrário de Ísis, que normalmente tem um penteado elaborado).

Quer esteja *vestida de céu* ou com roupas, a mulher deve usar a pena vermelha que é seu símbolo, ereta e sobre a orelha esquerda, presa por uma fita vermelha amarrada em volta da cabeça e amarrada na parte de trás. O ideal é que seja uma pena de avestruz, tingida de vermelho, mas, na sua falta, serve qualquer pena longa tingida de vermelho, como, por exemplo, uma pena de ganso. A pena de avestruz de Maat parece não ter sido a pena macia da cauda usada pela moda vitoriana, mas, sim, a pena da asa, mais limpa.

Uma imagem é mais fácil de entender do que qualquer descrição. Por isso, veja o desenho no início deste capítulo e também a figura 4 na pág. 245.

O manto de Tehuti é muito mais simples: um pano branco enrolado em volta da cintura até o joelho. Novamente, veja a figura 4.

Tehuti aparece de duas formas: como um babuíno sentado, e como um homem com cabeça de íbis. Para o nosso propósito, este último é obviamente o prático. A cabeça de íbis não é necessária, mas caso queira experimentar confeccionar máscaras, seria interessante fazer uma de Tehuti.

Para o incenso, sugerimos algo simples, por exemplo, o olíbano, para criar a atmosfera de abertura, tendo um óleo de rosa pronto para ser usado no momento certo durante o ritual.

Uma flor vermelha (de preferência uma rosa) é colocada dentro do cálice vazio, coberta por um tecido.

O Ritual

Para começar, Tehuti se posiciona ao lado da vela do Leste, observando silenciosamente. Maat fica escondida do lado de fora do Círculo. Se a sala não tiver um lugar adequado para escondê-la, ela simplesmente permanece do lado de fora do Círculo, mas a certa distância de Tehuti, com um véu cobrindo o rosto.

O Ritual de Abertura prossegue como de costume, mas sem o *Rito de Puxar a Lua para Baixo*, a Carga da Deusa, e a invocação ao Grande Deus Cernunnos.

Após a Runa das Bruxas, o Coven senta-se formando um anel e olhando para dentro do Círculo. A Alta Sacerdotisa vai e fica diante do altar.

O Alto Sacerdote pega o bastão do altar, vai ao encontro de Tehuti, saúda-o com o bastão e diz: *Grande Tehuti, Deus da sabedoria, precisamos de você em nosso Círculo. Você vai entrar?*

Tehuti pergunta: *Você tem certeza que eu sou tudo de que você precisa?*

O Alto Sacerdote responde: *Com o dom da sabedoria, saberemos de que mais precisamos.*

Tehuti diz: *Que assim seja!*

O Alto Sacerdote abre um portal no Círculo fazendo um movimento para a esquerda com o bastão, e Tehuti entra. O Alto Sacerdote fecha o portal movendo o bastão em sentido horário.

Tehuti se movimenta até o centro do Círculo e senta-se; todo o Coven se aproxima dele, fitando-o. O Alto Sacerdote recoloca o bastão no altar e se junta a eles. Apenas a Alta Sacerdotisa permanece em pé junto ao altar.

Tehuti pergunta: *Por que você não se junta a nós, Sacerdotisa?*

A Alta Sacerdotisa responde: *Eu o honro, Grande Tehuti, e nós precisamos de você em nosso Círculo. Mas algo está faltando.*

O Coven todo grita: *Não! Não!*

Tehuti sorri compreensivamente e se curva diante dela, ainda sentado. Ela se curva para ele, de pé.

O Coven, ignorando a Alta Sacerdotisa, começa a bombardear Tehuti com perguntas improvisadas, e ele as responde. Todas as perguntas são relacionadas com conhecimento, lógica, fatos científicos ou organização. Tehuti as responde com precisão, ainda assim evita deliberadamente apontar que as perguntas sejam unilaterais. Para que essa parte seja fluida, é apropriado que o Alto Sacerdote e Tehuti preparem algumas perguntas e respostas com antecedência.

Nesse ínterim, a Alta Sacerdotisa pega o bastão do altar e caminha lentamente em volta do Círculo, dizendo de vez em quando: *Algo está faltando. Eu sei que algo está faltando.*

Depois de algum tempo, ela olha para onde Maat está se escondendo, hesita por um momento e depois vai para o local, abrindo um portal com o bastão. Ela encontra Maat e a tira do esconderijo (ou remove o véu). Elas olham uma para a outra, e então a Alta Sacerdotisa se curva em reverência.

Maat a ergue, sorrindo e dizendo: *Não curve a cabeça para a Verdade. Olhe-a diretamente no rosto.*

A Alta Sacerdotisa acompanha Maat para o interior do Círculo, fechando o portal atrás delas. Em seguida, ela vai e fica diante do altar novamente, assistindo.

Maat caminha em sentido horário ao redor dos membros do Coven, agrupados, que a ignoram. De quando em vez, ela toca um deles no ombro, mas eles apenas chegam mais para perto de Tehuti, fazendo perguntas a eles enquanto a ignoram.

Depois de algum tempo, ela vai até a Alta Sacerdotisa, e faz um gesto com as mãos espalmadas, demonstrando fracasso. A Alta Sacerdotisa pega o óleo de rosas do altar e entrega a ela. Maat coloca algumas gotas no carvão incandescente e depois fica de costas para o altar. A Alta Sacerdotisa a um lado.

Quando as duas mulheres estão prontas, o Alto Sacerdote ergue as mãos pedindo silêncio, e diz: *Sinto um perfume que não estava aqui antes.*

Tehuti se levanta, encarando Maat do centro do Coven. Os membros do Coven permanecem sentados, mas se voltam para olharem Maat.

Tehuti diz: *É o perfume da Verdade, que é maior que o mero conhecimento. É o perfume da Música das Esferas, que é maior que os planos dos homens. É o perfume da minha amada, que é maior que eu.*

Maat responde: *Não diga isso, meu amado Tehuti, pois necessitamos um do outro.*

Tehuti diz: *Sem mim, você não seria completa; mas sem você, eu não seria nada.*

Ele fala para o Coven: *Levantem-se, Filhos de Homens, e venham homenagear Maat – ela que estava faltando em seu Círculo!*

Todos se levantam e se curvam para Maat.
Tehuti chega junto a Maat e ambos ficam de frente para o Coven.

Maat segura a mão de Tehuti e se dirige ao Coven: *No princípio, meu pai Rá, o Sol ardente, surgiu das águas primordiais de Nun em sua Barca de Milhões de Anos. Com ele estavam meu marido Tehuti e eu. Rá me enviou para trazer ordem ao Caos; para pôr em movimento a engrenagem do Universo. O giro das estrelas, os fluxos do mar, o nascimento e o crescimento de todas as criaturas – até mesmo a jornada do próprio Rá – tudo segue minha Lei. É a Lei da Natureza, o ritmo inexorável da existência. Todas as coisas são como são porque assim devem ser.*

Tehuti diz: *E desde o começo, a Lei de Maat fez nascer criaturas cada vez mais complexas e sutis. Por último, deu origem a homens e mulheres. Foi aí que minha tarefa começou. Ensinei-os a abrir os olhos, ensinei-os a falar, a contar e a acumular conhecimento como colhem os grãos da colheita.*

Maat diz: *Meu marido ensinou a ELES conhecerem a MIM.*

Tehuti diz: *Mas, à medida que as eras foram se passando, em seu orgulho eles acreditavam apenas no que seus olhos podiam ver, apenas no som de suas próprias palavras. Contavam sem amar o que contavam; colhiam, mas esqueciam de plantar novamente. Valorizaram o conhecimento acima da sabedoria, de modo que eu também fui traído.*

Maat diz: *Saibam, ó Filhos dos Homens, e lembrem-se: Eu sou o que sou. Minha Lei continua porque deve continuar; ela é a urdidura e os fios da trama do tear do Universo. Pode-se viver por ela, como também morrer por ela. A escolha é sua. Usem os dons que meu companheiro Tehuti trouxe para vocês, a fim de me entenderem melhor, não para me esconderem da sua visão.*

Tehuti diz: *Então a Música das Esferas se tornará a canção de todos vocês, com as palavras que eu lhes ensinei.*

Tehuti se vira e, tirando o tecido de cima do cálice, traz a rosa e a entrega a Maat. Ele diz para o Coven: *Aproximem Maat de seus rostos e inspirem seu perfume, para que seu coração viva; assim vocês se alimentarão de Maat. Eu trago Maat para aqueles que a amam.*

A Alta Sacerdotisa e o Alto Sacerdote dão juntos um passo para frente. Ela segura a mão de Tehuti e ele a de Maat, e os escolta trazendo-os para junto do Coven.

Todos circulam em sentido horário, lentamente no início e se movendo mais rápido gradualmente, até que a Alta Sacerdotisa grita "Ao chão!", e todos se sentam no chão.

XXI

Arianrhod

Estive hospedado três vezes no castelo de Arianrhod.

Taliesin, o bardo

À primeira vista, a Deusa galesa Arianrhod, ou Aranrhod, pode parecer intrigante. Somente uma história relevante sobre essa Deusa sobreviveu, o conto de Math, filho de Mathonwy, contado no *Mabinogion* (págs. 97-117 na tradução de Jeffrey Gantz; também descrito por Graves em *A Deusa Branca*, págs. 304-313). Nesse conto, ela aparece como uma mãe mal-humorada que repudia seus filhos Dylan e Lleu Llaw Gyffes. Arianrhod se recusa a dar a Lleu um nome e armas até ser enganada pela magia de Gwydion, e por fim, nega a ele uma esposa "da raça que agora habita esta terra". A magia de Gwydion também consegue contornar essa situação, mas com resultados trágicos. No geral, sua imagem não é muito inspiradora.

Mas a luminosidade mágica de seu nome no folclore galês (e certamente na tradição da Arte) deixa claro que por trás da petulante dama de *Mabinogion*, aparece uma poderosa e multifacetada Deusa celta, muito mais antiga até do que a separação das mitologias gaélica e galesa.

Indícios de sua real natureza podem ser encontrados no significado de seu nome, que quer dizer "Roda de Prata". Encontramo-nos também na sua associação com as estrelas circumpolares, que nunca se punham, conhecidas como Caer Arianrhod, o Castelo de Arianrhod. Ou mesmo na correspondência óbvia entre sua família, os Filhos de Don, com os irlandeses Tuatha Dé Danann; e em certos detalhes da própria história do *Mabinogion.*

O fato de as duas famílias serem originalmente uma pode ser visto nas seguintes genealogias:

A FAMÍLIA DE DANA/DON

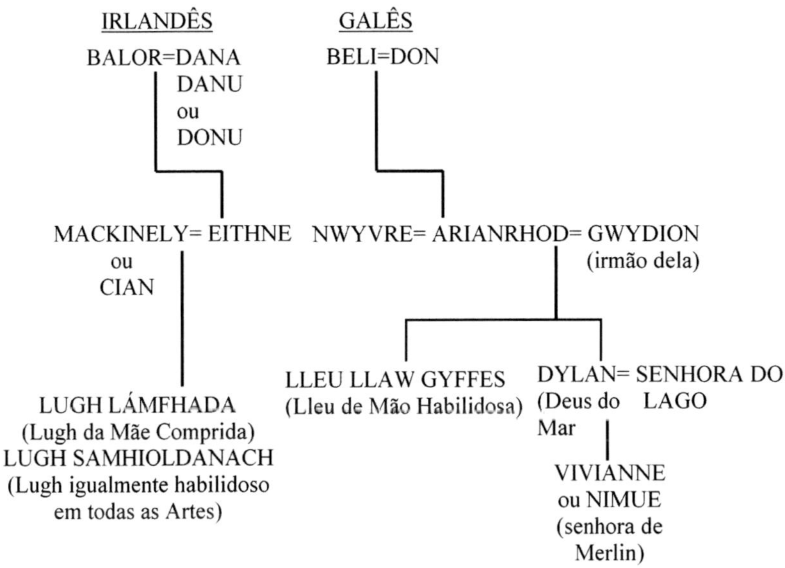

Em ambas as versões, Balor/Beli é o Velho Deus, e seu neto Lugh/Lleu, o jovem Deus luminoso que o suplanta – uma sucessão encontrada em muitos panteões. Arianrhod corresponde a Eithne, cujo nome significativamente quer dizer "fruta" e "produzir", sendo uma Deusa com um aspecto de fertilidade. Seu consorte, nas duas versões, tem menor importância: chamado Nwyvre (Céu, Espaço, Firmamento), sobreviveu apenas no nome.

A tradição insiste que os filhos gêmeos de Arianrhod, Lleu e Dylan, eram filhos de seu irmão Gwydion, embora isso não seja mencionado no *Mabinogion*, que apenas diz que ele os criou.

A história encontrada no *Mabinogion* é, resumidamente, como se segue. O rei Math de Gwynedd, filho de Mathonwy e irmão de Don, somente podia governar quando seus pés estavam no colo de uma virgem, exceto quando o tumulto da guerra impedia isso. Quem segurava-lhe os pés era Goewin. Os irmãos de Arianrhod, Gwydion e Gilvaethwy, viviam na corte de Math, e Gilvaethwy se apaixonou por Goewin. Depois disso, os dois irmãos travaram uma guerra que exigiu a presença de Math, e estupraram Goewin enquanto ele estava fora.

Quando Goewin contou a Math que ela não podia mais servir de apoio para seus pés porque sua virgindade havia sido tomada, ele puniu seus sobrinhos com o uso de magia, transformando-os primeiro em um veado e uma corça, em seguida em um javali e uma porca e por último, em um lobo e uma loba. Quando finalmente os restituiu à forma humana, ele os perdoou e pediu que sugerissem uma virgem para substituir Goewin.

Gwydion sugeriu sua irmã Arianrhod, que foi convocada e indagada se era virgem. Ela respondeu: "Eu não sei o que sou". Math colocou sua varinha no chão e pediu a ela que passasse por cima do objeto: "e se fosse virgem, ele saberia".

Arianrhod passou por sobre a varinha; ao fazê-lo, deixou cair um garoto robusto. Ela então caminhou em direção à porta. No caminho, caiu uma segunda "coisa" que Gwydion pegou e escondeu em um baú.

Math nomeou o primeiro de Dylan. Após seu batismo, ele "imediatamente seguiu para o mar. Quando lá chegou, assumiu sua natureza e nadou como o melhor dos peixes [...] onda nenhuma nunca rompeu abaixo dele".

A "coisa" que Gwydion havia guardado era outro garoto, que amava Gwydion mais do que qualquer outro homem e cresceu o dobro do tamanho normal.

Gwydion levou o garoto para Arianrhod e o apresentou como seu filho. Ela perguntou: "O que o levou a desonrar-me e prolongar minha vergonha?", e descobrindo que o menino ainda não tinha nome, jurou que não teria nenhum até que ele conseguisse obter isso dela. No dia seguinte, Gwydion a enganou magicamente, fazendo-a dizer "O justo tem uma mão habilidosa" – e esse virou seu nome, Lleu Llaw Gyffes.

Quando o menino se tornou jovem e precisava de armas próprias, Gwydion o levou novamente até Arianrhod, que jurou: "Ele não terá armas até eu mesma o munir com elas". Mais uma vez Gwydion usou magia para ludibriá-la a colocar armas nas mãos de Lleu. Furiosa por ter sido enganada uma segunda vez, ela lançou outra maldição sobre Lleu: "Ele não terá esposa da raça que agora habita esta terra".

Gwydion contornou essa última maldição com a ajuda de Math. Juntos, apanharam flores de carvalho, giesta e flores do prado "e produziram dessas flores uma donzela, a mais bela e mais graciosa que um homem já viu". Eles a chamaram de Blodeuwedd, que significa "Face de Flor".

Lleu casou-se com Blodeuwedd, mas isso terminou em tragédia. Blodeuwedd e Gronw, senhor de Penllyn, se apaixonaram e traíram Lleu, que finalmente matou Gronw depois dele próprio ter sido magicamente morto e ressuscitado. Gwydion transformou Blodeuwedd em uma coruja, que ainda lamenta seu amor morto. "E até hoje a coruja chama-se Blodeuwedd".

Certamente, há mais significado em muitos dos detalhes desta história do que se aparenta na superfície, inclusive para os escribas medievais que escreveram a tradição oral. Como afirma Matthew Arnold: "A primeira coisa que impressiona na leitura do *Mabinogion* é a maneira com que o contador de histórias medieval tão evidentemente saqueia uma relíquia da qual ele não conhece todo o segredo".

Em primeiro lugar, encontramos a estranha condição pela qual Math podia governar somente com os pés no colo de uma virgem. Este relato tem duas raízes, a mais antiga sendo o reconhecimento da soberania do princípio feminino. A mulher era o trono, a única base de operações que validava a autoridade do rei.

O significado mais tardio do "apoio dos pés" deriva do período em que o patriarcado nascente estava começando a se rebelar contra a velha ordem – em particular o Velho Rei, tentando evitar sua própria morte ritual e sua posse e queda através do Rei Jovem como consorte da Deusa. Nesse sentido, Goewin é filha e herdeira de Math, cujo casamento significará sua própria morte, e os pés no colo dela simbolizam a salvaguarda de sua virgindade.

Por "virgem", aqui, entendem-se duas coisas distintas. O significado original era uma mulher cuja posição dependia de si mesma, não estando sujeita às regras de qualquer homem que fosse. Para esse conceito, o celibato era irrelevante, uma questão de escolha pessoal. É neste sentido, por exemplo, que o Deus irlandês Aengus mac Óg (Aengus, filho da Virgem) recebeu esse nome; sua mãe, Boann, Deusa do rio Boyne, certamente não era celibatária, e Dagda era o pai de Aengus. Mas ela permaneceu independente, acasalando-se com Dagda por opção, não como um consorte a quem ela devia respeito.

No momento em que o *Mabinogion* se comprometeu com o papel, "virgem" passou a ter o significado de *virgo intacta,* a propriedade do pai da qual ele podia dispor. A pergunta de Math para Arianrhod se pautava no novo sentido, significando "Você é *virgo intacta*, uma refém adequada para minha sobrevivência?" A resposta ambígua de Arianrhod revelava o sentido antigo: "Eu sou dona de mim mesma, interprete como você achar melhor".

A criação de Lleu e Dylan (e de Gwydion e Gilvaethwy) na corte de Math e não na da mãe, e a incerteza a respeito da identidade do marido de Arianrhod/Eithne, estava de acordo com a antiga tradição matrilinear, onde o tio materno era muito mais importante para uma criança do que o pai.

A insistência de Arianrhod em seu direito de nomear o menino é uma reafirmação do princípio matrilinear e de sua própria maternidade independente. E quanto às armas, Graves resume assim:

> *A entrega das armas de Arianrhod ao seu filho é comum na cultura celta. O fato de que as mulheres tinham essa prerrogativa é mencionado por Tácito em seu trabalho sobre os germânicos – a Germânia em que se referia em sua época sendo celta, ainda não invadida pelas cabeças quadradas patriarcais que hoje chamamos de germânicos.*
>
> *A Deusa Branca*, pág. 318.

Quando esta prerrogativa era o padrão aceito – e quando, de fato, jovens celtas eram treinados no uso das armas por Bruxas guerreiras, como Cuchulainn foi treinado por Scathach –, os jovens teriam que se mostrar merecedores de tal iniciação. Contudo, no *Mabinogion*, tal exigência se degenerou em mera vingança por parte de Arianrhod.

Arianrhod é uma Deusa do nascimento e da iniciação (e também, como veremos, da reencarnação). Blodeuwedd, por sua vez, é uma Deusa do amor e da sabedoria, "uma coruja milhares de anos mais antiga que o nascimento de Gwydion – a mesma coruja comum nas moedas de Atenas como o símbolo da Deusa Athena" (Graves, ibid., pág. 315). Seu casamento com Lleu é o ritual que autentica sua realeza, e a "maldição" de Arianrhod sobre ele lhe serviu de aviso de que sua noiva também era uma Deusa da soberania, não uma mera mortal. Ele tenta reivindicar a ela um direito exclusivo, mas esse não é o caminho da Deusa, e ele tem que passar pela rivalidade presente no mito do Rei do Azevinho e o Rei do Carvalho, o que acontece na luta com Gronw, na qual os dois acabam mortos, alternadamente. A lenda patriarcal tenta se libertar do ciclo com a vitória final de Lleu, mas o disfarce é pobre.

Em outro sentido, Blodeuwedd – feita com flores por homens – representa o estereótipo de mulher do patriarcado. Mas mesmo o estereótipo se recusa a obedecer às regras. A ficção de Alan Garner, *The Owl Service*, uma versão moderna desta história que se sobrepõe à original, atraiu muita atenção nos anos 1970 como um romance para adolescentes. Acontece que uma Arianrhod muito diferente e mais positiva surge a partir do exame cuidadoso da história do *Mabinogion*.

Se voltarmos uns 800 anos antes do primeiro manuscrito do *Mabinogion* mais ou menos completo, cerca de 1325, e chegarmos ao bardo Taliesin do Século 6, encontraremos uma pista vital em uma linha de seu longo poema para o rei Maelgwyn: "Estive hospedado três vezes no castelo de Arianrhod."

Caer Arianrhod é um conceito persistente entre os galeses. Existe até um lugar na Baía de Caernarvon, a dois quilômetros da costa e mais de nove quilômetros ao sudoeste de Caernarvon, marcado até mesmo em um mapa de meia-polegada como "Caer Arianrhod (Cidade Submersa) (Tradicional)". Mas a tradição galesa sabe que o verdadeiro Caer Arianrhod se encontra nas estrelas circumpolares – o disco de estrelas em volta da estrela polar, que os egípcios chamavam de *ikhem-sek*, "que não conhece a destruição", porque nunca afundam no horizonte mesmo no meio do verão.

Esta é a verdadeira Corte de Arianrhod, Deusa da Roda de Prata do nascimento e renascimento. Um diadema indestrutível de joias no céu negro, parecendo girar eternamente, mas, na realidade, imutável. Assim como nossa Mãe Terra cíclica gera, nutre e enterra nossos corpos físicos, Caer Arianrhod simboliza perfeitamente o lugar de descanso de almas entre encarnações. Taliesin esteve lá (como todos nós já estivemos), e ele sabia.

O caminho para Caer Arianrhod é uma espiral, em sentido anti-horário para dentro e em sentido horário para fora, um conceito que usamos no nosso Ritual de Réquiem em *A Bíblia das Bruxas*. Graves (ibid., pág. 99) iguala Arianrhod com Ariadne, e com razão. Uma Deusa de sacrifício e renascimento, do fio espiral que leva ao segredo no coração do Labirinto e de volta novamente para a luz do dia.

Ela também é a Deusa Tríplice: Arianrhod que nos dá nascimento e nos inicia; Blodeuwedd que nos ama e ainda nos ensina a sabedoria de sua independência e, finalmente, a Porca Branca, Cerridwen, que come nossa carne mortal depois de nos alimentarmos de seu Caldeirão de Inspiração. Depois de libertos, e mais sábios se tivermos decidido aprender, tomamos o caminho da espiral para a Coroa do Vento Norte, onde ela nos cumprimenta novamente como Arianrhod.

O Ritual Arianrhod

Essa parece ser outra ocasião muito apropriada para usar a espiral que se move para dentro em sentido anti-horário e depois para fora em sentido horário. Entretanto, desta vez Arianrhod está no centro, a Deusa escura da morte que a maioria das pessoas teme, mas que está pronta para nos mostrar, se vencermos nosso medo, que ela também é a Deusa luminosa do renascimento. Além disso, é necessário ter uma pessoa para dramatizar a jornada para o interior e novamente para fora.

O Viajante, o Bruxo ou Bruxa que faz a viagem, pode ser tanto um homem quanto uma mulher. Para simplificar, nos referimos a essa pessoa como um homem neste ritual. Mas se for uma mulher, as mudanças necessárias são evidentes. Bóreas deve ser representado por um homem, obviamente. A(o) Bruxa(o) do Oeste deve ser do sexo oposto ao da pessoa representando o Viajante; e as(os) Bruxas(os) do Sul e do Leste podem ser de qualquer sexo.

A Preparação

A Alta Sacerdotisa, quer esteja usando uma túnica ou *vestida de céu*, deve usar joias e maquiagem para personificar a Deusa da Luz de maneira tão dramática quanto possível. Mas, no início do ritual, ela está inteiramente envolta em preto – de preferência por um manto com capuz ou véu – para que todo o seu brilho permaneça oculto. Ela deve se preparar em um lugar em que não é vista pelo Coven, com exceção do Alto Sacerdote. Os outros membros não devem vê-la até que ela esteja envelopada com o manto preto.

Um trono, que pode ser uma cadeira envolta em preto, é colocado no centro do Círculo, voltado para o Norte.

O cálice de vinho, o prato com os bolos e o athame da Alta Sacerdotisa não são colocados no altar, mas ao lado do trono.

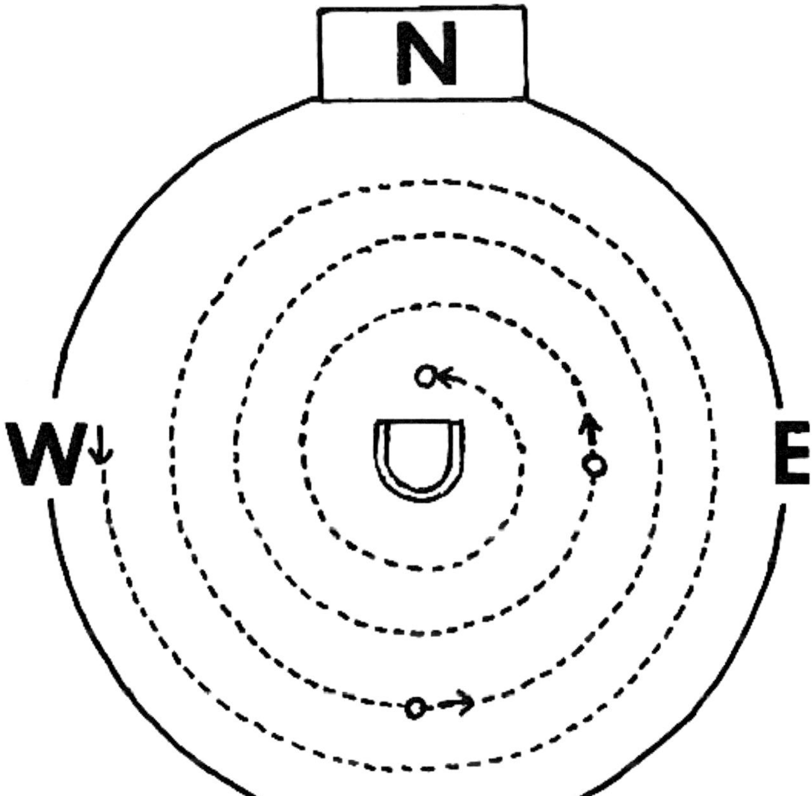

Fig. 3. O Caminho Espiral para o interior de Caer Arianrhod.

De preferência, uma espiral deve ser marcada no chão, com um barbante ou giz, que começa na vela do Oeste, dando três voltas em sentido anti-horário até alcançar o centro, e acaba de frente para o trono.

A Bruxa do Oeste e o Viajante sentam no chão, perto da vela do Oeste, a Bruxa do Sul e a Bruxa do Leste ficam próximas a suas respectivas velas, e Bóreas fica ao lado do altar.

O Ritual

O Ritual de Abertura começa como de costume, exceto que a Alta Sacerdotisa se mantém apenas como uma presença sombria, imóvel e silenciosa na frente do altar; outra pessoa traça o Círculo e convoca as Torres de Observação. O Alto Sacerdote dá todos os comandos necessários. Após isso, qualquer um dos membros sentados que tenha se levantado para alguma participação volta a se sentar em seu lugar logo em seguida.

Ao final da cerimônia de *Puxar a Lua para Baixo*, o poema *Salve Aradia* é substituído pelo que se segue:

Oh Arianrhod da Roda de Prata,
Por todos os muitos nomes que os homens dão a ti
Nós, todos os teus filhos ocultos, nos ajoelhamos humildemente
Para Tua verdade ouvir, para teu semblante ver.
Aqui neste Círculo, lançado sobre a Terra
E ainda assim aberto às estrelas – invisível, porém real –
Dentro de nossos corações, faz nascer o entendimento
Nossas feridas de perda e solidão possas curar.
Ísis Sem Véu, e Ísis Velada, tu és;
A Terra abaixo dos nossos pés, a Lua no alto.
Em ti, estas duas nunca se separarão:
A magia da Terra e a do Céu.

A Alta Sacerdotisa não fala a bênção de retorno como usualmente, mas apenas traça o Pentagrama Invocante da Terra sobre o Alto Sacerdote, em silêncio. O Alto Sacerdote se inclina para ela e caminha para um lado. A Alta Sacerdotisa, agora Arianrhod, caminha majestosamente até o trono e se senta sobre ele, tomando o cuidado para que sua capa ainda a cubra completamente.

O Alto Sacerdote ocupa o seu lugar ao lado do altar, do lado contrário onde está Bóreas.

Após uma pausa adequada, a Bruxa do Oeste se levanta e diz ao Viajante: *É hora de seguirmos em frente.*

Viajante: *Estou com medo.*

Bruxa do Oeste: *Do que você tem medo?*

Viajante: *Do escuro. Da morte. Do desconhecido.*

Bruxa do Oeste: *Sem estas coisas, não há vida.*

Viajante: *Qual é o seu nome?*

Bruxa do Oeste: *Meu nome é Psicopompo.*

Ela pega a mão do Viajante e o encoraja a se levantar. Relutantemente, ele o faz e começa a andar em sentido anti-horário ao longo do caminho em espiral, a Bruxa do Oeste seguindo atrás dele o encoraja gentilmente sempre que ele hesita. Quando ele passa pela vela do Oeste novamente, após ter completado uma volta, a Bruxa do Sul se ergue e fica em seu caminho. O Viajante para.

Bruxa do Sul: *Qual é o seu nome?*

Viajante: *Eu...* (hesitante, perplexo) *não sei.*

Bruxa do Sul: *Você não terá nome, até que Ela o revele.* (Gesticulando na direção de Arianrhod).

Viajante: *Sem um nome eu não sou nada. Mas eu tenho medo d'Ela.*

Bruxa do Sul: *Sendo assim, você deve continuar um nada, e sem nome.*

Viajante (após uma pausa): *Prefiro encarar o medo a ser anônimo... Qual é o seu nome?*

Bruxa do Sul: *Eu não posso responder, porque eu sou a Pergunta.*

A Bruxa do Sul se afasta para o lado e se curva, gesticulando para que o Viajante prossiga. Ainda com hesitações ocasionais e com a Bruxa do Oeste seguindo-o e o encorajando, o Viajante continua no caminho da espiral. Quando ele finaliza outra volta por completo e passa pela vela do Sul, a Bruxa do Leste se ergue e se põe em seu caminho. O viajante para.

Bruxa do Leste: *Quais armas você tem?*

Viajante: *Eu não tenho armas.*

Bruxa do Leste: *Você não terá nenhuma para se defender, até que Ela as conceda a você.* (Gesticulando em direção a Arianrhod).

Viajante: *Sem armas, sou vítima do escuro. Mas eu tenho medo d'Ela.*

Bruxa do Leste: *Sendo assim, você deve continuar indefeso.*

Viajante (depois de uma pausa): *Eu preferiria desafiar o escuro com uma espada na mão... Qual é o seu nome?*

Bruxa do Leste: *Meu nome é Determinação. Sem mim, você não tem nome nem armas.*

A Bruxa do Leste se afasta para o lado e se curva, gesticulando para que o Viajante siga adiante. O Viajante prossegue como antes, com a Bruxa do Oeste seguindo-o e o encorajando. Quando ele dá mais uma volta completa e está passando pela vela do Leste no seu trajeto até os pés do trono, Bóreas se levanta e se põe no meio do caminho. O Viajante para.

Bóreas: *O que você está buscando?*

Viajante: *Eu não escolhi buscar. Eu fui conduzido.*

Bóreas: *Você não terá noiva, até que Ela lhe conceda uma.* (Se o Viajante for mulher, usa-se "noivo").

Viajante (intrigado): *Eu não busco nenhuma noiva.*

Bóreas: *Todos os que se aproximam de Caer Arianrhod buscam completude.*

Viajante: *E por acaso é possível encontrar isso aqui – em meio à escuridão, à Morte, ao desconhecido?*

Bóreas (movendo-se para o lado): *Entre, e você verá.*

Viajante: *Eu tenho medo.*

Bóreas: *Não há como voltar atrás.*

Viajante: *Qual é o seu nome?*

Bóreas: *Eu sou Bóreas, o Vento Norte, guardião de Caer Arianrhod.*

Bóreas se afasta e vai para o outro lado do altar, do lado oposto ao que se encontra o Alto Sacerdote.

O Viajante, agora cara a cara com Arianrhod sentada no trono, tenta se afastar, mas a Bruxa do Oeste o impede.

Bruxa do Oeste: *Não há como voltar atrás.*

Viajante: *EU TENHO MEDO!*

Arianrhod (falando pela primeira vez): *Do que você tem medo?*

Viajante (caindo de joelhos): *Do escuro. Da morte. Do desconhecido.*

Arianrhod: *Eu sou todas essas coisas, mas sou muito mais.* Ela lhe estende a mão direita. *Você deve beijar minha mão.*

O Viajante se inclina para trás, aterrorizado. Mas a Bruxa do Oeste, de pé, atrás dele, coloca as mãos em seus ombros gentilmente, porém, com firmeza, e o empurra novamente para frente.

Bruxa do Oeste: *Todos os que chegam até aqui devem beijar Sua mão. Não há como voltar atrás.*

Hesitante, o Viajante pega a mão de Arianrhod e a beija. Arianrhod joga seu manto e capuz para trás e revela seu brilhante esplendor.

Arianrhod (sorrindo): *Não há nada a temer no escuro, pois ele leva à luz. Não há nada a temer na Morte, pois ela leva ao Renascimento. Não há nada a temer no desconhecido, pois em seu cerne eis que lá estou.*

Bruxa do Oeste: *Ouçam as palavras da Grande Mãe...*, diz, falando o restante da introdução da Carga da Deusa.

Arianrhod declama a Carga na íntegra, e a Bruxa do Oeste fala o trecho: *Ouçam as palavras da Deusa Estrela...*, usualmente no meio disso.

Quando a Carga da Deusa acaba, todos se reúnem em volta do trono. Arianrhod e o Viajante abençoam o vinho e os bolos juntos, que são repassados aos outros da maneira usual. Quando todos tiverem participado, retornam aos seus lugares no perímetro do Círculo, com exceção de Arianrhod, o Viajante e a Bruxa do Oeste.

Arianrhod: *Meu filho, você conheceu o descanso e o refazimento em Caer Arianrhod. Vá agora e retorne pelo caminho espiral, em sentido horário, para o mundo dos homens e mulheres e todas as minhas outras criaturas. E guarde para sempre esse mistério em sua memória: no âmago da Mãe Sombria está a Mãe da Luz, assim como no âmago da Mãe da Luz está a Mãe Sombria. Saiba e lembre-se de que eu sou apenas Uma.*

O viajante se curva para Arianrhod, em reverência. A Bruxa do Oeste pega a mão do Viajante e, juntos, eles refazem o caminho da espiral, desta vez em sentido horário, com um passo alegre e confiante.

Quando estão de volta ao ponto de onde partiram, ao lado da vela do Oeste, todos, menos Arianrhod, dão-se as mãos e andam em círculo enquanto recitam a Runa das Bruxas. Até que Arianrhod joga os braços para cima, em um gesto vívido de exuberância, e todos caem no chão com os rostos voltados para dentro.

XXII

Aradia

Tu devi andare sulla terra e fare da maestra.
(Descerás à terra para tornar-te mestra.)

Diana fala à sua filha Aradia

Aradia era uma Deusa da Lua da Toscana, venerada pelas Bruxas daquela região, mas que a academia desconhecia até que Charles Godfrey Leland publicou sua obra *Aradia: o Evangelho das Bruxas* no final do século passado. Desde então, Aradia se tornou, provavelmente, o nome da Deusa mais popular do movimento de reflorescimento da Wicca, particularmente em sua corrente Gardneriana. É o nome usado no *Livro das Sombras de Gardner*, que ele compilou adaptando outros materiais apropriados para preencher as lacunas nos fragmentos de rituais tradicionais que ele recebeu de seu Coven mãe; e Leland certamente foi uma das fontes que ele usou para esse propósito. A passagem de abertura da Carga da Deusa, por exemplo (tanto na forma original de Gardner quanto na versão final composta para ele por Doreen Valiente), é praticamente a mesma que consta no livro de Leland. Mas se o Coven de New Forest já usava o nome, ou se Gardner o pegou emprestado de Leland, provavelmente nunca saberemos. Em todo caso, Aradia está agora firmemente naturalizada e ativa em muitos países fora da Itália onde nasceu.

Leland era uma figura excepcional e incomum, mesmo para um norte-americano do Século 19. Era um homem de ação e um acadêmico meticuloso. Nascido na Filadélfia em 1824, ele foi educado na América e na Alemanha. Lutou na Revolução Francesa de 1848, e na Batalha de Gettysburg. Depois de ser chamado para as fronteiras e de editar vários periódicos americanos, mudou-se para a Europa em 1869.

Ele tinha um dom para ser aceito pelas comunidades mais secretas como um igual. Revolucionários franceses, índios algonquinos e ciganos ingleses, aceitaram-no todos em seus círculos. Ele aprendeu a falar a língua romani e descobriu o dialeto secreto de alguns ciganos galeses e irlandeses, o *shelta*. Mas sua maior conquista nesse âmbito – e segundo o próprio Leland, a mais difícil – foi ser aceito e iniciado pelos stregoni (Bruxos) da Toscana, uma honra inédita em se tratando de um homem estrangeiro e bem-educado.

Em 1886, ele aos poucos conquistou a amizade e a confiança de Maddalena, uma cartomante florentina e Bruxa hereditária. No período de mais de dez anos, ela lhe forneceu o material para três livros. Sua última e mais importante contribuição foi o *Vangelo*, o *Evangelho das Bruxas*. Durante esses anos, ela ainda executou um trabalho de pesquisa, indo pacientemente atrás de outras informações para encontrar respostas para as perguntas de Leland quando estas estavam fora de seu próprio campo de conhecimento.

A Aradia revelada pelo *Vangelo* não era a principal Deusa das Bruxas toscanas, mas, sim, Diana, e Aradia era sua filha. É da seguinte forma que narra o *Vangelo*:

> *Diana foi a primeira a ser criada antes de toda a criação; nela existiam todas as coisas; a partir de si, a escuridão primordial, ela se dividiu; em escuridão e luz ela se dividiu. Lúcifer, seu irmão e filho, que era ela mesma e sua outra metade, era a luz.*
>
> *E quando Diana viu o quão bela era a luz, a luz que era sua outra metade, seu irmão Lúcifer, ela ansiou por ele com enorme desejo. Desejosa de receber a luz novamente em sua escuridão, de engoli-la em êxtase e deleite, ela tremia de desejo. Este desejo foi a aurora.*
>
> *Mas Lúcifer, a luz, fugiu dela e não cedeu aos seus desejos; ele era a luz que voava para as partes mais distantes do céu, o rato fugindo do gato [...]*
>
> *Certa feita, Diana assumiu a forma de um gato. Seu irmão tinha um gato que ele amava mais do que qualquer criatura, e dormia todas as noites em sua cama, um gato mais bonito do que todas as outras*

> *criaturas, feérico: ele não sabia disso. Diana induziu o gato a trocar de forma com ela; então ela se deitou com o irmão, e no escuro assumiu sua própria forma, e foi assim que por Lúcifer se tornou a mãe de Aradia. Mas quando, pela manhã, Lúcifer viu que estava deitado com a irmã e que a luz havia sido dominada pela escuridão, ficou extremamente zangado; mas Diana cantou para ele um feitiço, uma canção de poder, e ele permaneceu em silêncio, a canção da noite que faz adormecer; ele não conseguia dizer nada. Então Diana, com seus truques de feitiçaria, o encantou de tal forma que ele cedeu ao seu amor. Este foi o primeiro fascínio; ela cantarolava, a canção era o zumbido das abelhas (ou um pião girando), uma roda de fiar girando a vida. Ela girou as vidas de todos os homens; todas as coisas foram giradas a partir da roda de Diana. Lúcifer virava a roda.*

A conselho dos "pais do Princípio, das mães, dos espíritos que existiam antes do primeiro espírito", Diana veio até à Terra, disfarçada de mortal. Mas:

> *Ela tinha tanta paixão pela bruxaria, e se tornou tão poderosa nessa arte que sua grandeza não podia ser escondida. E aconteceu que, uma noite, na reunião de todas as feiticeiras e fadas, ela declarou que iria escurecer os céus e transformar todas as estrelas em camundongos.*
>
> *Todos os que estavam presentes disseram: "Se podes fazer uma coisa tão estranha, tendo ascendido a tal poder, serás nossa rainha".*
>
> *Diana foi para a rua; pegou a bexiga de um boi, um pedaço de dinheiro de Bruxa, que tem uma ponta parecida com uma faca – com esse dinheiro as Bruxas cortavam a terra dos rastros deixados pelos pés dos homens – e cortou a terra, e com ela e vários camundongos encheu a bexiga, e assoprou a bexiga até explodir.*
>
> *E sucedeu-se um grande prodígio, pois a terra que estava na bexiga se tornou a abóbada do céu acima, e durante três dias caiu uma grande chuva; os ratos se tornaram estrelas e chuva. E tendo feito o céu, as estrelas e a chuva, Diana se tornou a Rainha das Bruxas; ela era a gata que governava os ratos-estrelas, o céu e a chuva.*

Tendo assim revelado a si mesma, Diana trocou seu disfarce humano e retornou aos céus, na busca interminável pelo seu irmão/amante e governando seus ratos estrelares. Mas ela também era a Rainha das Bruxas, cujo ensinamento deve ser passado adiante, e essa tarefa ela delegou a sua filha Aradia.

A orientação de Diana a Aradia (na versão de Leland dos versos italianos) era a seguinte:

É verdade que tu és um espírito,
Mas nasceste para tornar-te novamente mortal;
Tu descerás à Terra
Para seres mestra de mulheres e homens
Que desejarem estudar bruxaria na tua escola...
E tu serás a primeira das Bruxas conhecidas;
E tu serás a primeira de todas no mundo...

As Bruxas camponesas da Toscana viviam tempos sombrios quando sua descoberta significava a morte e quando a pobreza abjeta era o destino comum a todas elas. A Igreja e os ricos eram seus inimigos tiranos. Por essa razão, não é de surpreender que as instruções de Diana tinham uma aceitação tão grande entre elas:

E tu ensinarás a arte do envenenamento,
De envenenar aqueles que são grandes senhores de tudo;
Sim, fazê-los morrer em seus palácios;
E tu conterás a alma do opressor (com poder)...

Leland explica que a palavra italiana *legare*[21] significa a contenção e paralisia das faculdades humanas pelo uso de Bruxaria:

E quando encontrares um camponês rico,
Deves ensinar a Bruxa, ao seu aprendiz,
Como arruinar todas as colheitas deles com tempestades horrendas,
Com relâmpagos e com trovões terríveis,
E com o granizo e o vento...
E quando um padre te causar algum mal
Por meio de suas bênçãos, deves causar a ele
O dobro do mal, e fazê-lo em meu nome,
Diana, a Rainha de todas as Bruxas!

21. Em referência ao texto original em italiano das últimas duas linhas citadas pelos autores: *Di farti morti nei loro palazzi* e *Di legare il spirito del oppressore* (N.T.)

Palavras duras, mas que refletem uma realidade difícil, e fáceis de serem condenadas do ponto de vista da relativa segurança que conhecemos no final do Século 20. Para seus próprios seguidores, contudo, Aradia deveria cumprir essa promessa:

Pois eu vim para varrer o mal
E os homens maldosos, destruirei todos!
Vós que sois pobres também passareis fome,
Labutareis na miséria, e ainda sereis presos;
Mas, apesar de tudo isso,
Vós tendes uma alma, e em razão de vossos sofrimentos
Sereis felizes no Outromundo,
No entanto, infame será o destino de todos aqueles que vos prejudicarem!

Finalmente, Aradia levou sua mensagem para as Bruxas da Terra e disse-lhes:

Quando eu tiver partido deste mundo,
Sempre que necessitardes de qualquer coisa,
Uma vez no mês e quando a Lua estiver cheia,
Vós vos reunireis em algum lugar deserto
Ou em uma floresta, todos juntos
Para adorar o espírito poderoso de sua rainha
Minha mãe, a poderosa Diana.
Aquele que desejar aprender todas as feitiçarias,
Mas que ainda não conhecer seus segredos mais íntimos,
Minha mãe o ensinará, verdadeiramente,
Todas as coisas ainda desconhecidas.
E todos sereis libertos da escravidão,
E desse modo sereis livres em tudo;
E como um sinal de que sois realmente livres,
Apresentar-se-ão nus em seus ritos, tanto homens
Quanto também as mulheres; isso deverá ser feito até
Que o último de seus opressores esteja morto;
E fareis o jogo de Benevento,
Apagando as luzes,
E depois disso
Celebrarão a ceia da seguinte maneira [...]

Seguido de uma instrução que soará bem familiar aos ouvidos dos Bruxos modernos. O "jogo de Benevento" tinha muito em comum com a exuberância desinibida da véspera de Beltane em regiões mais setentrionais e os "casamentos nas florestas" que resultavam do festival. A "ceia" envolvia a consagração ritual de farinha, sal, mel e água, e os ingredientes eram assados como bolos em forma de crescente, convertendo-se no "corpo, o sangue e a alma da grande Diana".

A tudo o que foi mencionado, podemos acrescentar, segundo amigos italianos nossos, que *La Vecchia Religione* ainda está muito viva e vai bem até hoje na região da Toscana.

Aradia é, portanto, a filha e mensageira da Grande Mãe. É possível até que sua lenda seja baseada na vaga lembrança de uma mulher que tenha existido de fato e que foi uma grande mestra de magia e bruxaria e defensora dos pobres, sendo deificada muito posteriormente, como não é incomum acontecer.

Não há nada de errado nisso. Homens e mulheres vivos, cujos ensinamentos ou realizações causaram grande impacto nas pessoas comuns, muitas vezes (particularmente nos tempos em que as pessoas não eram alfabetizadas, e até mesmo depois), tornavam-se para todos, pontos de cristalização para conceitos arquetípicos e, consequentemente, um corpo de mitos. O nome se torna um sinalizador válido para nos sintonizarmos com a frequência dos arquétipos. Entre os celtas britânicos e seus descendentes, o Rei Arthur é um exemplo óbvio disso, ainda que ele não tenha sido deificado. Pode-se inclusive argumentar que Jesus de Nazaré é um exemplo deificado. O problema com grandes mestres sobre os quais fatos históricos são conhecidos (ou que se acredita serem conhecidos) é que a história pode ser distorcida para se ajustar aos arquétipos, ou vice-versa; e isto pode, por sua vez, distorcer os ensinamentos originais.

Se uma Aradia real fosse um tal ponto de cristalização, não existia esse problema, pois nenhum fato histórico sobreviveu. A forma Divina da Deusa que evoluiu a partir dela, com o tempo adquiriu sua própria validade e poder independentes.

Doreen Valiente sugere (*Witchcraft for Tomorrow*, pág. 164) que:

Existe uma possibilidade de que o nome "Aradia" seja de origem celta, e esteja relacionado com áiridh, os pastos de verão onde o gado era levado em Beltane (1º de maio) e que retornavam aos alojamentos de inverno em Samhain (1º de novembro). Os celtas se originaram na Europa central e se espalharam para o Sul, na Itália, bem como para o Oeste, até a Espanha e as Ilhas Britânicas".

Ao que se pode acrescentar, áiridh também significa "valor, mérito".

Embora todas as nossas evidências sobre Aradia sejam oriundas da Toscana, há um indício de que ela pode ter se disseminado secretamente no decorrer dos séculos. O *Canon Episcopi*, uma condenação oficial de bruxaria por parte da Igreja no Século 10, fornece "Herodias" como o nome de uma Deusa das Bruxas juntamente a Diana. E, curiosamente, *araldia* significa "fertilidade" no idioma basco.

A Deusa é eterna, mas suas formas divinas evoluem. Que imagem de Aradia temos hoje?

Para nós, ela é muito mais uma Deusa da Natureza, um complemento para Cernunnos, Herne ou Pan, sendo coroada com a Lua crescente de Diana, sua mãe e alter ego. Ela é jovem? Sim, e linda, porém sábia. Talvez se encaixe em algum lugar na fronteira entre a Donzela e a Mãe.

Acima de tudo, ela é uma Deusa das Bruxas, até porque ela foi importante para nós e nosso povo durante os últimos dois mil anos. Seu templo tem sido a floresta, sua ladainha os sussurros ao lado da lareira, seu culto o segredo teimosamente guardado.

Para sempre agora, ela poderá ser vista a campo aberto. Seu dossiê pode ser encontrado nas prateleiras das bibliotecas, e é improvável que as Bruxas deixem que acumulem poeira.

O Ritual da Aradia

A Preparação

Três pessoas são escolhidas para os papeis de Diana, Aradia e Lúcifer.

O ideal é que Diana seja representada por uma mulher madura e Aradia por uma mais nova – respectivamente, a Mãe e a Donzela.

São necessários três véus, suficientemente transparentes para se enxergar através deles quando usados por cima da cabeça: um preto ou púrpura para Diana, um amarelo ou dourado para Lúcifer e um branco, prateado ou verde para Aradia. Se o véu de Diana tiver detalhes dourados com fios ou lantejoulas, tanto melhor, para simbolizar o céu noturno; e um véu com detalhes em dourado seria adequado para Lúcifer como representação solar. Lúcifer, o "portador da luz", nessa lenda é o Sol e não a Estrela da Manhã. Os véus de Diana e Lúcifer são colocados ao lado do altar. Aradia, por sua vez, usa o dela por cima da cabeça desde o começo.

As joias e acessórios de Diana devem ser de prata, já que ela é a Lua. As de Lúcifer devem ser de ouro, douradas ou do bronze do Sol. As joias de Aradia podem ser as que ela achar mais bonitas, já que é filha de ambos.

Esse ritual deve ser realizado *vestido de céu*, mesmo porque ele celebra uma época em que foi dada tradicionalmente a ordem "devem estar nus em seus ritos". Mas no caso de, por algum motivo, realizarem-no vestidos, as vestes de Diana devem ser escuras e as de Lúcifer e Aradia claras.

O sucesso do ritual depende muito da vivacidade e dramatização da encenação do papel de Diana. Por essa razão, bom que ela leve isso em consideração e ensaie em particular antes do ritual.

Evidentemente, o ideal é que os bolos desta ocasião sejam feitos com farinha, sal, mel e água, e assados em formato de meia-lua. Veja a receita na pág. 106.

O Ritual

O Círculo é traçado da maneira usual, mas com Diana e Lúcifer agindo como a Alta Sacerdotisa e o Alto Sacerdote. Aradia senta-se em silêncio atrás da vela do Leste, com o véu sobre a cabeça.

O ritual prossegue até o final da bênção "Da Mãe Sombria e Divina". Desta vez, a única diferença é que Lúcifer diz "Salve, Diana" em vez do habitual "Salve, Aradia".

A Carga da Deusa ainda não foi dada, e o cântico *Bagahi* e a invocação do Grande Deus Cernunnos são omitidos.

Logo após o "Aqui eu te fortaleço, neste sinal", Diana e Lúcifer pegam seus véus e os colocam sobre suas cabeças. O resto do Coven se agrupa apertadamente formando um anel, sentados no centro do Círculo e olhando para dentro, como se lhes faltasse instrução e aguardassem alguma orientação.

Lúcifer começa a caminhar em sentido horário, bem próximo ao perímetro do Círculo. Diana espera até que ele esteja passando pela vela do Sul e, logo após isso, também começa a caminhar em sentido horário. A todo momento, ela fica diametralmente oposta a Lúcifer, estendendo os braços como se ansiando por ele. Algumas vezes, ela aperta o passo, mas ele faz o mesmo, mantendo sempre a mesma distância entre eles.

Depois de quatro ou cinco voltas, Lúcifer para de frente ao altar, deita-se no chão, e enrola seu corpo como se estivesse dormindo. Diana para diante da vela do Sul, fazendo gestos de desolação por não conseguir alcançá-lo.

Depois de algum tempo, seu humor muda. Ela se levanta e começa a fazer movimentos próprios de um felino, acariciando atrás das orelhas com suas "patas", e assim por diante. Na sequência, ela começa a se mover novamente em sentido horário, ainda aparentando um gato, até alcançar Lúcifer, que está deitado no chão, "adormecido". Com cuidado para não o acordar, ela se ajoelha ao lado dele, imitando os carinhos de um gato.

Lúcifer se agita em seu sono e a acaricia, acreditando que ela seja sua gata, e ela reage como é o esperado, ronronando e miando para demonstrar satisfação. Lúcifer relaxa novamente, e ela o acolhe em seus braços – agora, com uma postura totalmente de mulher. Diana calmamente remove seu véu e o coloca de lado, retirando em seguida o véu de Lúcifer, também o deixando de lado.

Ela o abraça com mais ardor, beijando-o. Lúcifer abre os olhos, parece perplexo, percebe que ela o enganou e tenta se afastar dela. Mas Diana canta e sussurra para ele, balançando-o nos braços até que ele deixa de resistir.

Quando ele está parado, ela se levanta e Lúcifer se senta de pernas cruzadas em frente ao altar, observando-a. Ela pega o athame do altar e caminha lentamente até a vela do Leste, onde ritualmente abre um portal com movimento do athame no sentido anti-horário. Ela estende a mão para Aradia, que se levanta.

Diana pega a mão de Aradia, puxa-a para o Círculo e lhe dá um beijo de boas-vindas. Em seguida, fecha o portal com um movimento de seu athame em sentido horário, e depois leva Aradia para ficar na frente de Lúcifer.

Lúcifer fica de pé, observando as duas. Diana remove o véu da cabeça de Aradia e diz: *Lúcifer – veja nossa filha, Aradia!*

Lúcifer coloca as mãos nos ombros de Aradia e a vira de modo que ela fique de costas para o altar. Então ele lhe dá o Beijo Quíntuplo, vira-se para Diana e pergunta: *E o que fará nossa filha?*

Diana responde: *Ensinará minha magia para as Bruxas da Terra.*

Lúcifer diz: *Que assim seja!*

Diana e Lúcifer colocam-se em ambos os lados de Aradia, olhando para ela, mas os dois apontam para os membros do Coven, amontoados. Aradia avança para frente e Diana e Lúcifer ficam observando, de costas para o altar.

Aradia caminha devagar em torno do Coven, olhando para eles. De vez em quando ela toca um deles no ombro e essa pessoa fica de pé. Quando todos estão de pé, Aradia gesticula para eles, apontando a vela do Sul. O Coven se move para o Sul no Círculo e fica de frente para o altar.

Aradia se move para a vela do Oeste e depois se dirige ao Coven nos seguintes termos: *Ouçam as palavras da minha grande mãe, Diana!*

Diana diz: *Sempre que tiverdes necessidade de qualquer coisa...* e declama toda a Carga da Deusa.

As palavras – *Ouçam as palavras da Deusa Estrela...* – e o que segue adiante, normalmente faladas pelo Alto Sacerdote, nesta ocasião são proferidas por Aradia.

Quando Diana termina a Carga, Aradia e o Coven dão-se as mãos e começam a circular em sentido horário; o movimento vai ficando cada vez mais rápido e mais alegre. Aradia começa a entoar a Runa das Bruxas e todos participam.

Quando chegam ao último refrão *Eko, Eko, Azarak...*, que de costume é repetido quantas vezes desejarem os participantes, Diana e Lúcifer entram na dança, e todos continuam a dançar até que Aradia grita *"Ao chão!"*.

Aradia nomeia os Bruxos para consagrar o vinho e os bolos.

XXIII

Ísis

A mãe das estrelas, princípio das estações, e senhora de todo o mundo.

Lúcio Apuleio

Ísis é, sem dúvida, a Deusa mais completa e multifacetada que a humanidade já concebeu. Além do que, talvez seja a que perdurou por mais tempo, sendo adorada acentuadamente, com templos estabelecidos e sacerdotes, por pelo menos três mil e quinhentos anos – quase o dobro do tempo de Cristo. Não é possível datar suas origens, mas nos Textos das Pirâmides de cerca de 3.000 AEC, ela já era referida como "a Grande Ísis", e a supressão final do seu culto público não foi alcançada até antes da Lei de Teodósio, em 426 EC, um século depois de Constantino ter feito do cristianismo a religião oficial do Império. Ela ainda persistiu por mais algum tempo em alguns lugares, como em Filae, no Alto Egito, onde continuou sendo adorada até o Século 6. E mesmo com seus templos destruídos ou convertidos em igrejas, ela se recusava a morrer.

A visão que temos frequentemente é que o mitraísmo foi o único desafio real para o cristianismo, e que houve um momento, inclusive, em que não se sabia ao certo qual das duas religiões se tornaria a fé estabelecida do Ocidente. Sob o patriarcado, isso talvez seja verdade, pois no mitraísmo havia tanta dominação masculina quanto na Igreja. Mas seu desafio maior foi Ísis, sendo necessário aplicar toda a força da máquina imperial para reprimi-la – além da forçada deificação da Virgem Maria, cinco anos depois da Lei de Teodósio, para que pudessem substituí-la.

Até aquele momento, a adoração de Ísis havia se espalhado para todo o mundo então conhecido, como veremos mais adiante. Segundo R.E. Witt (*Isis in the Graeco-Roman World*, pág. 140):

> *Se a civilização ocidental tivesse de alguma forma se desenvolvido com uma base matriarcal, Ísis poderia ter sido uma soberana demasiado teimosa para ser destronada.*

Todas as evidências demonstram que esta afirmação estaria correta.

Durante os primeiros dois mil anos, Ísis era inteiramente egípcia, embora compartilhasse algumas características com Deusas vizinhas, como Ishtar e Astarte (note a semelhança com o nome Aset). Naquela época, sua importância e popularidade haviam crescido sobremaneira, de forma que ela era a Deusa preponderante de toda a Terra.

Aset ou Wset era seu nome egípcio, e o de seu irmão e marido Osíris era Asir ou Wsir. Ísis e Osíris eram, pois, as formas gregas dos nomes. Tanto Aset quanto Asir querem dizer "trono", daí sua associação com a soberania (seja entre os Deuses ou os homens), que deve ser tão antiga quanto seus nomes.

Sua lenda, que se tornou fulcral para a mitologia egípcia, era a seguinte.

Quando o Deus do Sol Rá ordenou que Shu (o Ar) separasse Nut (o Céu) de seu irmão e amante Geb (a Terra), ele decretou que Nut nunca tivesse filhos em qualquer mês do ano. Mas Thoth, Deus da sabedoria, sentia muito por ela e, jogando um jogo de tabuleiro com a Lua, ganhou uma porção de 1/72 avos de sua luz, tornando-se cinco dias extras no calendário que não pertenciam a nenhum mês. Foi durante esses dias que ela deu à luz Osíris, Seth, Ísis, Néftis e Hórus, o Velho. Osíris e Ísis se apaixonaram e copularam ainda no ventre de Nut, tornando-se assim marido e mulher, enquanto Néftis casou-se com Seth.

Osíris e Ísis governaram o Egito e ensinaram ao povo todas as habilidades basilares da civilização. Mas Seth tinha ciúmes de seu irmão e, no vigésimo oitavo ano de seu reinado, conseguiu matá-lo, pregando seu corpo dentro de um caixão e jogando-o no Nilo. Sua traição não agradou a sua esposa Néftis, que o deixou, sendo, a partir daí, leal ao partido de Osíris.

A desolada viúva Ísis finalmente localizou o caixão de seu marido em Biblos, na Fenícia, para onde as correntes o carregaram. Uma tamargueira[22] havia crescido em volta do caixão e o rei Malacander tinha usado o tronco para construir seu palácio. Ísis, disfarçada a princípio, tornou-se a enfermeira do filho de Malacander e sua rainha Astarte. Ao se revelar, finalmente, Malacander a presenteou com um navio para levar o caixão de Osíris de volta ao Egito.

Ela se escondeu nos pântanos do Delta perto da cidade de Buto, para ocultar de Seth o corpo de Osíris que ela havia recuperado, e também o filho que ela concebera magicamente de seu marido morto.

Seth encontrou o corpo, rasgou-o em catorze partes e as espalhou por todo o reino. Ísis procurou pacientemente pelos pedaços, e após encontrar cada um deles, realizou um funeral e ergueu uma estela, para que dessa forma Seth pensasse que as partes haviam sido enterradas em lugares separados.

Após isso, ela reconstituiu magicamente o corpo de Osíris, ungindo-o com óleos preciosos, sendo a primeira inventora do embalsamamento. A única parte que ela não conseguira encontrar foi o falo, que Seth jogara no Nilo e fora comido por um caranguejo[23]. Mas Ísis moldou outro para ele.

Osíris, agora imortal, tornou-se rei de Amenti, o reino dos mortos, e no devido tempo Ísis deu à luz Hórus, o Jovem.

Esses três se tornaram a ilustre Sagrada Família do Egito, ofuscando até mesmo tríades importantes como a de Amon-Rá, Mut e Khonsu de Tebas.

Osíris era essencialmente uma divindade da vegetação que morria e ressuscitava, tal qual nos mitos de Tammuz e Perséfone. A enchente anual do Nilo eram as lágrimas de Ísis, trazendo-o de volta à vida. Ou, alternativamente – pois o simbolismo egípcio estava cheio de paradoxos –, Osíris era o rio Nilo que enchia todo ano, e Ísis a terra rica do Egito que ele fertilizava. Dessa forma, ele era também um símbolo do renascimento humano; os mortos eram identificados com ele, como uma garantia da imortalidade. Nos ritos fúnebres, o falecido, fosse homem ou mulher, era chamado de "Osíris Nebseni, o vitorioso", ou por qualquer que fosse o nome humano.

---

22. N.R.: Também chamado de Cedro Sal.

23. N.R.: Um peixe de acordo com outras versões.

Hórus representava tanto o vingador de seu pai assassinado quanto seu eu renascido. Este último aspecto refletiu-se nos rituais que cercam o sagrado Touro Ápis em Mênfis. O touro vivo era considerado uma encarnação de Osíris. Um dos títulos de Ísis era "a Vaca de Mênfis", e Hórus era conhecido como "o Touro de sua Mãe". Os Quatro Filhos de Hórus (que serão encontrados no Ritual de Abertura mais adiante) teriam nascidos de Ísis.

O faraó vivo era identificado com Hórus, e o faraó morto com Osíris. Era frequente descrever o faraó sendo amamentado por Ísis – uma declaração a respeito de que ele era seu filho, considerando que amamentar era um ato ritual de adoção legal no Egito.

Seth representava a força destrutiva do deserto, uma ameaça constante à união frutífera do Nilo e seu vale verde. Néftis era identificada com as terras que margeavam o rio entre a terra e o deserto. Essas terras eram originalmente associadas ao deserto, mas acabaram sendo conquistadas e fertilizadas pelo Nilo. Na lenda, Néftis era estéril quando estava casada com Seth, no entanto, depois de deixá-lo, deu à luz Anúbis, concebendo-o de Osíris.

A própria Ísis, além de seu papel no mito da fertilidade anual, passou a simbolizar o ideal de uma esposa e mãe leal e amorosa, contrastando positivamente com suas equivalentes de alguns outros panteões, em que se podia esperar que a protagonista feminina no ciclo do Deus agonizante fosse qualquer coisa, indo desde caprichosa até impiedosa.

Foi sua imagem de esposa e mãe que tomou conta da imaginação do povo egípcio comum, pois foi o fervor popular, tanto quanto o ensinamento sacerdotal, o responsável por elevar essa Sagrada Família a sua posição exclusiva.

Ísis também era conhecida como a "Poderosa da Magia". Seu primeiro passo nesse sentido foi quando enganou o idoso Deus Rá, fazendo-o revelar seu Nome secreto a ela, o que lhe deu um poder insuperável. Como indispensáveis à sua história, obviamente, estavam o ressuscitamento mágico de seu marido assassinado e também a gravidez de seu filho, sobre a qual variam as diversas versões do mito, umas dizendo ter ocorrido na reconstituição completa do corpo de Osíris ou na remontagem de suas catorze partes, além do falo que foi magicamente remodelado.

Para o adorador, seu poder mágico era algo a que poderia apelar diretamente. Ela era a Deusa compassiva e maternal que compreendia o sofrimento por sua própria experiência, e que poderia ser interpelada para dobrar as regras em favor de seu suplicante quando um problema parecia humanamente insolúvel – uma característica que, posteriormente, veio a ser assumida (como tantos outros atributos de Ísis) pela Virgem Maria.

No entanto, "dobrar as regras" não expressa exatamente isso. Os egípcios acreditavam que sua magia estava de acordo com leis mais profundas e que estavam além de sua compreensão imediata. Isso se refletiu no fato de que o colaborador de Ísis em suas operações mágicas, com frequência, era Thot, o Deus da sabedoria, cuja esposa, significativamente, era Maat, Deusa da ordem natural das coisas e das leis inevitáveis do Cosmos. Essa abordagem – de que a magia é uma sintonização com leis naturais e um esforço constante para compreendê-las melhor – tem sido, naturalmente, a filosofia de trabalho de todo verdadeiro Mago ou Bruxa desde o início dos tempos, e continua sendo.

Sua função mágica, em aliança com Thoth, era inseparável de seu atributo como a Senhora da Cura. Quando Seth assumiu a forma de uma cobra venenosa e mordeu o menino Hórus nos pântanos do Delta, Thoth fez a Barca de Milhões de Anos de Rá parar no céu e exorcizou o veneno em nome do Deus Sol. Foi depois disso que Ísis planejou adquirir o poder desse Nome para si mesma, e conseguiu.

Ela foi considerada a inventora de muitos remédios curativos, sendo uma especialista na ciência médica e encontrando prazer em curar a humanidade. O tratado médico chamado *Papiro Ebers* (escrito nada menos do que no Século 16 AEC), invoca-a da seguinte forma:

> *Ó Ísis, poderosa Maga, cura-me e liberta-me de todas as coisas malignas e ruins, e daquelas que pertencem a Seth, das doenças demoníacas fatais, assim como tu salvaste e libertaste teu filho Hórus.*

Ela também concedia sonhos de cura, em particular para aqueles que passavam noites em seus templos. A prática da "incubação" de sonhos era seguida pelos egípcios de todas as classes, e mais tarde era realizada em seus templos no exterior, até mesmo pelos imperadores romanos. A medicina egípcia (incluindo sua psicoterapia sacerdotal) era famosa em praticamente todo o mundo antigo, Ísis sendo sua rainha.

Paulatinamente, Ísis foi absorvendo as funções de muitas outras Deusas. Em especial, adquiriu muitas das qualidades de Hathor, a Deusa da fertilidade, maternidade, amor e felicidade. O adorno simbólico que

Ísis ostentava em sua fronte era originalmente o alto trono, hieróglifo de seu nome, enquanto o disco solar entre os chifres de vaca era usado por Hathor. Mas, à medida que os séculos passavam, Ísis também era cada vez mais representada com o disco e os chifres. Uma observação para os estudantes de arte egípcia: pode-se dizer se uma Deusa com discos e chifres na cabeça é Ísis ou Hathor pelo "coque" decorativo ou arco que Ísis usa na parte de trás de seu cabelo, enquanto Hathor exibe um penteado simples.

Ísis transformou-se em uma Deusa da fertilidade, do casamento, maternidade, cura, magia, amor, soberania, animais, adivinhação, beleza, da Lua, das habilidades domésticas e muitas outras coisas. Junto com sua irmã Néftis, ela estava presente no parto de maneira protetora, e acompanhava consternadamente o morto em sua jornada. Foi sua característica multifacetada que espalhou sua fama e sua adoração por todo o mundo conhecido.

A disseminação – ou, pode-se dizer, praticamente um irrompimento – do culto a Ísis fora do Egito ganhou um impulso ainda maior com a conquista do Egito por Alexandre, o Grande, em 332 AEC.

Comumente, diz-se que os Ptolomeus, macedônios que governaram o Egito desde a conquista de Alexandre até Cleópatra, não eram faraós muito legítimos, mas essa afirmação não faz jus à realidade. O próprio Alexandre nutria um respeito tremendo pela sabedoria e religião egípcias. Ele fundou Alexandria, que se tornou uma das cidades mais brilhantes da história em termos de cultura, além de ser um ponto de encontro fértil para os pensamentos egípcios e gregos. Ptolomeu I, "o Grande", construiu seu reinado sobre as bases deixadas por Alexandre, governando em total consonância com as tradições egípcias, e patrocinou a construção do incomparável Museu e Biblioteca de Alexandria. Ptolomeu II Filadelfo, à maneira faraônica, casou-se com sua irmã Arsinoe, que foi identificada (em meio ao esplêndido ecumenismo greco-egípcio) com Ísis e Afrodite, e tinha um templo construído para ela em Zephyrion, na costa do Egito.

"Tanto no sentido político quanto religioso, os Ptolomeus eram faraós" (Witt, op. cit., pág. 48). Mas eles também herdaram o pensamento ordenado típico dos gregos e, naturalmente, tentaram equiparar os Deuses de seus ancestrais aos de suas terras adotivas. Ptolomeu I lidou com a questão de maneira metódica, nomeando dois sacerdotes para aconselhá-lo sobre o assunto, o historiador egípcio Maneto (a quem a Egiptologia moderna deve agradecer muito pelo material coletado) e Timóteo de Atenas, que era particularmente bem versado nos Mistérios Eleusianos e de Delfos.

Maneto e Timóteo navegaram inteligentemente pelos paradoxos a fim de produzirem um panteão alexandrino aceitável tanto para o pensamento egípcio quanto para o grego. Ísis, Hórus, Anúbis e algumas outras deidades apresentaram poucos problemas, mas Osíris – um Deus dos mortos e da fertilidade, tendo ao mesmo tempo atributos solares – não conseguiu ser exportado com facilidade. Desse modo, eles acabaram por praticamente inventar um novo Deus, Serápis, "uma extensão do Touro Ápis em Mênfis, o animal sagrado cuja mãe imaculada era Ísis e cujo corpo abrigou a alma de Osíris após a morte do Deus" (Witt, op. cit.). Serápis (absorvendo as qualidades de Osíris, ainda que pudesse ser comparado com Zeus e Poseidon), tornou-se consorte de Ísis no panteão internacional.

Tiveram êxito. Ísis, sem perder nada na sua pátria, tornou-se cada vez mais cosmopolita. Sua universalidade já estabelecida conquistou todos os corações. "Majestosa como Hera, mística e frutífera como Deméter, graciosa como Afrodite, vitoriosa como Athena e pura como Ártemis, ela abraçava em si as funções de todas" (Witt, op. cit., pág 110). Serápis e Hórus acompanharam-na para as outras nações, mas Serápis continuou a ser seu príncipe e consorte, ao invés de um rei em seu próprio direito.

Aqui não é o lugar para examinarmos em detalhe a espantosa difusão do culto de Ísis pelo mundo conhecido nos cinco ou seis séculos seguintes. O livro mais abrangente sobre o assunto é o de R.E. Witt, já citado. Todavia, no seu auge, Ísis era encontrada em lugares tão distantes quanto o Mar Negro, o Marrocos, a Renânia e York. Ela estava nos palácios dos imperadores, em casas particulares e mercados. Interessante notar que seus templos tinham a tendência de evitar os "lugares altos" de divindades mais remotas, estando quase sempre próximos aos locais onde as pessoas viviam e trabalhavam.

A respeito do impacto que a adoração de Ísis exerceu fora do Egito, o testemunho pessoal mais vívido é aquele que pode ser lido em *O Asno de Ouro*, de Lúcius Apuleio. O romance do segundo século da nossa era é espirituoso, comovente, hilário, obscuro, repleto de relatos e profundamente espiritual, tudo ao mesmo tempo, com uma escrita apropriada a qualquer época. Entretanto, além de ser um escritor talentoso, Lúcius foi ele mesmo um iniciado de Ísis, e o livro termina com um relato autobiográfico de sua iniciação, revelando tanto quanto seus votos permitiam, mas eloquentemente transmitindo suas emoções, sua dedicação e as celebrações públicas.

O único atributo de que pouco se ocupava a Ísis egípcia, ou qualquer divindade egípcia, era a conexão com o mar. Mas sob o reinado dos Ptolomeus, o Mediterrâneo ocidental se tornou, na realidade, um lago egípcio, e Alexandria um importante porto para o transporte marítimo internacional, de modo que a Ísis cosmopolita logo acrescentou aos seus títulos Ísis Pelagia, a Estrela do Mar, patrona dos navios (muitos deles com nomes em homenagem a ela) e dos marinheiros. Com isso, pode-se dizer que sua universalidade foi completa.

Ela havia se tornado Ísis Myrionymos, a Deusa "dos incontáveis nomes" – um título ainda usado pelos cristãos ortodoxos gregos para se referirem à Virgem Maria. Foi apenas uma das características de Ísis que Maria recebeu, devido à necessidade urgente da Igreja de preencher o vácuo causado pelo banimento da Deusa. A narrativa em Apocalipse, capítulo 12, que conta sobre a batalha de Miguel contra Satã na forma de dragão, em defesa de "uma mulher vestida com o sol, a lua debaixo dos seus pés e sobre a cabeça uma coroa de doze estrelas" que estava "sofrendo as dores do parto", é a fonte de grande parte da simbologia mariana, embora siga exatamente o enredo da história de Ísis, Seth e o nascimento de Hórus, passo a passo, o que torna quase impossível não concluir que o escritor a tinha em mente.

As estátuas da Madona e da Criança ecoavam diretamente nas imagens de Ísis amamentando o bebê Hórus, e algumas delas eram na verdade estátuas de Ísis repintadas. Maria, assim como Ísis, era a "Estrela do Mar", "o Poder que Cura o Mundo", "Aquela que Inicia", "o Trono do Rei", "a Senhora do Mundo", "a Novilha que trouxe à luz o Bezerro impecável" e assim por diante. Além do título mais importante, Theotokos, a "Mãe de(o) Deus".

Ísis nunca morreu. Ela teve uma influência marcante no Gnosticismo, o qual nunca sucumbiu, por mais brutalmente que fosse perseguido, e há evidências de que seus mistérios eram um segredo bem guardado entre os Cavaleiros Templários, mesmo depois de sua dissolução igualmente brutal.

Uma incursão notável a respeito desse aspecto da sobrevivência de Ísis pode ser encontrada no livro de David Wood, Genisis: *The First Book of Revelations*, publicado em 1985. Como cartógrafo profissional, ele realizou uma investigação intensiva e meticulosa do misterioso projeto arquitetônico das igrejas e outras características na área de Rennes-le-Château, no sul da França, seguindo a linha de pensamento sugerida no controverso livro de Baigent, Leigh e Lincoln, *O Santo Graal e a Linhagem Sagrada*, publicado em 1982.

Seus achados são bastante complexos para serem resumidos aqui. É suficiente dizer que, em nossa opinião, ele constatou sem sombra de dúvida, que a área de Rennes-le-Château compreende um antigo plano de elementos dispostos em um sofisticado padrão geométrico que traz uma mensagem importante. As evidências são ricas demais para serem ignoradas, estando ligadas à história de Ísis.

Já as conclusões que ele mesmo mantém sobre suas descobertas são outra questão. Devemos admitir que, para nós, algumas são difíceis de aceitar, mas mantemos uma mente aberta a respeito delas até o presente momento. Isso, porém, é exatamente o que o próprio Wood gostaria: "Não aceite nada que eu tenha dito apenas por fé, ou o tempo que eu passei escrevendo este livro terá sido um desperdício. Seja crítico, verifique as informações e pesquise mais." Aceitamos o seu conselho, e recomendamos que nossos leitores leiam o livro e façam o mesmo.

Os séculos nesse ínterim entre o banimento oficial de Ísis e nossa própria época são um estudo fascinante, mas ninguém pode duvidar do papel que Ísis desempenhou no renascimento do Ocultismo e do Paganismo dos últimos anos. Dentre os escritores da Golden Dawn e suas ramificações, nenhum contribuiu mais para resgatar o conceito da Deusa para as mentes modernas do que Dion Fortune, e para ela (ver particularmente seus romances *A Sacerdotisa do Mar e a Sacerdotisa da Lua*) Ísis personificava, acima de tudo, esse conceito em sua totalidade. Quando estava lidando com aspectos particulares, Fortune citou Perséfone, Afrodite, Levanah, Reia, Binah, Geia (Gaia) e muitas outras, sempre de forma vívida e apropriada. Ainda assim, ela visualizava Ísis contendo em si todas as outras.

E não é de surpreender que, a propósito, uma organização internacional que foi estabelecida para unir pessoas de caminhos amplamente diferentes, de cristãos a Bruxos, tendo apenas uma coisa em comum – a aceitação do princípio da Deusa – deveria se chamar *Fellowship of Isis* (Irmandade de Ísis, nem que seus membros estejam crescendo tão rapidamente. Para os interessados, o endereço da sede da *Fellowship of Isis* fica em Clonegal Castle, Enniscorthy, Co. Wexford, Irlanda.

Ísis está muito viva, pela razão que afirmamos no início, e que permanece verdadeira até hoje: ela é a imagem mais completa e multifacetada da Deusa já concebida pela humanidade.

Não estamos sugerindo que Bruxos, ou qualquer outra pessoa, devam abandonar o nome da Deusa que estão acostumadas a usar e chamá-la de Ísis. Um nome usado para chamar a Deusa, uma vez estabelecido por indivíduos ou grupos, torna-se a maneira mais eficaz de se sintonizar com ela e não deveria ser sequer levemente adulterado. Mas nós sugerimos que façam um estudo sobre Ísis, em toda a sua magnificência, pois isso certamente aumentará a riqueza dessa sintonia – independentemente de qual nome damos a ela.

Aspectos são outra questão, é claro. O trabalho eficaz com um determinado aspecto da Deusa exige um amplo espectro de sinais para se conectar a ele. É exatamente disso que este livro fala. Mas quando desejamos nos lembrar (e é importante que façamos isso) de que esses aspectos são apenas partes de um todo majestoso, não há nenhuma outra deidade que incorpore toda essa magnitude do que Ísis – independentemente de qual nome dermos a ela.

O Templo Egípcio

O templo egípcio e seus rituais eram complexos e ricos em simbolismo. Havia também, é claro, diferenças conforme a divindade a qual o templo era dedicado. Reproduzir tudo isso em condições modernas seria um projeto interessante para uma equipe de egiptólogos e ocultistas com recursos financeiros ilimitados, mas dificilmente isso seria prático para um Coven comum que queira experimentar a magia egípcia vez ou outra.

Como nós e muitas outras pessoas puderam constatar, esses experimentos são, no entanto, muito valiosos, e podem ter um efeito incrível e comovente. Um templo relativamente simples e um simbolismo egípcio básico são suficientes para criar a atmosfera certa e colocá-lo no comprimento de onda apropriado, caso você tenha algum sentimento pelo assunto. Curiosamente, existem algumas pessoas, incluindo alguns Bruxos muito competentes, que não se sentem bem com esse formato, chegando a achá-lo incômodo. Segundo nossa própria experiência ao longo dos anos, duas mulheres e um homem desmaiaram e um homem sentiu uma tontura inexplicável durante os seus primeiros rituais egípcios. Apesar disso, os rituais não eram nem mais nem menos dramáticos do que os tipicamente Wiccanianos, aos quais todos os quatro estavam bastante acostumados. Nenhum deles sofreu qualquer dano, diga-se de passagem. Suas reações podem ter motivos cármicos.

Aqui, portanto, estão as formas egípcias simplificadas que achamos viáveis. Um conselho para aqueles que querem adotar esses rituais ou criar seus próprios. Um livro essencial como fonte de pesquisa é o *Livro Egípcio dos Mortos* (ver Bibliografia em BUDGE). O título egípcio verdadeiro é muito mais inspirador, sendo *Os capítulos para Sair à Luz do Dia.* E um estudo de murais e estátuas egípcias (mais uma vez a bibliografia menciona vários livros apropriados) é uma obrigação, se você quiser acertar o simbolismo, os trajes e todo o espírito da coisa.

O Templo

Os templos egípcios eram retangulares, com o altar no Leste. Eles eram mantidos meticulosamente limpos. Nenhum objeto feito de ferro podia ser colocado sobre eles (mesmo depois que a Idade do Ferro chegou ao Egito), exceto pelo Instrumento Ritual para a Abertura da Boca.

A relação dos elementos com os pontos cardeais também era diferente: Fogo no Leste (o Sol nascente), Ar no Oeste (o céu do deserto), Água no Sul (de onde o Nilo flui) e Terra no Norte (à qual o Nilo traz fertilidade).

Embora o Ritual de Abertura, nesse caso, tenha algumas semelhanças com o lançamento de um Círculo na Wicca, não é realizado o Banimento no final.

Ao construir o "templo astral", portanto, você deve (como em qualquer lugar de trabalho mágico) visualizá-lo fortemente como sendo um local real, sagrado, de proteção e amplificador das energias, só que no formato retangular e voltado para o Leste. E, ao final do ritual, devem visualizá-lo como ainda presente, desaparecendo de modo espontâneo e em seu próprio tempo.

Para fortalecer a visualização, as quatro Deusas que guardam os pontos cardeais devem ser lembradas: Ísis no Sul, Néftis no Norte, Neith no Leste, e Selkhet no Oeste. (Posicionamentos alternativos encontrados em outros contextos são Ísis Norte-Oeste, Néftis Sul-Oeste, Neith Norte-Leste, e Selkhet Sul-Leste. Ou, ainda, com Deusas diferentes, Uadjet no Norte, Bast no Leste, Nekhbet no Sul e Neith no Oeste – ver Erich Neumann, *A Grande Mãe*, pág. 221.)

A bebida ritual egípcia era a cerveja, não o vinho, mas como se dizia que Osíris teria inventado a cerveja e Ísis o vinho, acreditamos que qualquer uma das duas bebidas seja aceitável.

Ao escolher a música apropriada, cabe lembrar que os instrumentos egípcios eram a harpa, o alaúde, a lira, o oboé, a cítara, a flauta simples e a dupla e, para a percussão, eram usados tambores pequenos, tamborins e o mais antigo e característico de todos, o sistro, especialmente sagrado para Ísis.

Os Figurinos

Veja a figura 4 para ter uma ideia de sua aparência geral.

Nenhum produto animal era usado para vestir, nem mesmo lã ou couro. O linho era o material mais comumente usado. O melhor linho do Egito Antigo era feito com uma fibra mais fina que as de melhor qualidade na atualidade – até 160 fios por polegada da urdidura e 120 da trama, que é a textura de um lenço e pode ser imitada atualmente usando um algodão muito fino. As sacerdotisas talvez queiram chegar o mais perto disso possível, mas o algodão comum é perfeitamente aceitável para ambos os sexos (para trabalhos mágicos em geral, é melhor evitar as fibras sintéticas por causa de suas qualidades estáticas elétricas).

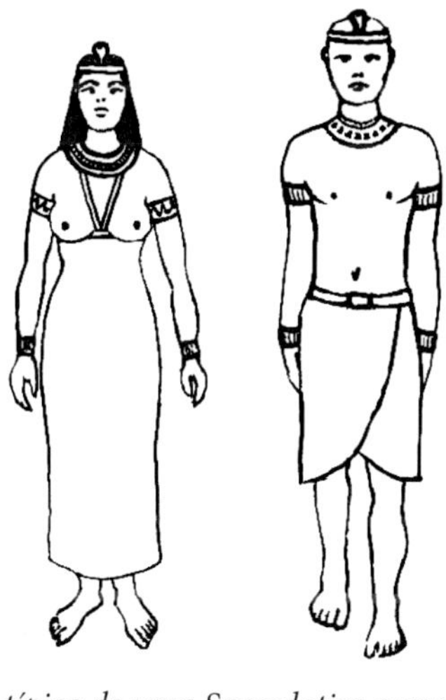

Fig. 4. Vestimenta típica de uma Sacerdotisa e um Sacerdote egípcios

Sacerdotes e Sacerdotisas andavam descalços, de modo que não havia nenhuma especificidade com relação a sapatos ou sandálias. Ademais, a única exceção à proibição de materiais animais era que alguns sacerdotes usavam peles de leopardo sobre os ombros.

O traje do sacerdote seria composto de um simples pano de linho dobrado na cintura, preso por um cinto e chegando até a altura do joelho, às vezes, com apenas a dobra da frente ou ambas as dobras pregueadas, e outras vezes sem pregas. O da Sacerdotisa seria um vestido justo, com comprimento até o tornozelo ou panturrilha, os seios à mostra, com alças que descem dos ombros e se encontram no decote, mas mantendo uma distância paralela entre elas nas costas.

Quanto à cor: branco é sempre adequado, mas várias divindades teriam suas próprias cores. Maat e Bast, por exemplo, ambas preferiam o vermelho. Uma Sacerdotisa de Bast, como a própria Deusa Felina, era conhecida como "a Dama de Roupas Vermelhas".

Tanto homens como mulheres eram geralmente representados usando grandes colares peitorais[24] circulares ao redor do pescoço (mas colares condizentes também são adequados) e pulseiras nos pulsos e abaixo das axilas. As mulheres às vezes usavam também tornozeleiras.

O ornamento para a cabeça varia de acordo com a divindade envolvida e, muitas vezes, seriam máscaras de animais. Entretanto, para o nosso propósito neste ritual, sugerimos faixas de metal (circlet) ou coroas simples, encimadas por cabeças de serpente na região da testa, semelhantes a *ureus*. (Os sacerdotes egípcios raspavam a cabeça, mas achamos isso ser algo difícil de ser exigido!).

O Ritual de Abertura Egípcio

Este ritual requer uma Sacerdotisa, um Sacerdote e outras quatro pessoas, se estiverem disponíveis – embora a Sacerdotisa e o Sacerdote possam conduzi-lo sozinhos.

No altar são colocados um símbolo do ankh, três velas acesas e uma tigela com um ovo fresco e que não esteja quebrado para o sacrifício. Outras velas podem ser colocadas nos pontos cardeais, como é feito no Círculo Wiccaniano, ou em qualquer lugar que necessite de iluminação.

---

24. N.R.: esses colares recebem o nome de Menat.

Uma pessoa fica no Norte segurando uma vasilha com sal para representar a Terra, outra no Sul segurando uma vasilha com água para representar o elemento Água, mais uma no Oeste segurando um sistro como representação do Ar, e, por fim, uma pessoa fica no Leste, ao lado do altar, segurando uma vela acesa para representar o elemento Fogo. Se a Sacerdotisa e o Sacerdote estiverem trabalhando sozinhos, esses objetos podem simplesmente serem colocados nos quatro quadrantes – no caso da vela, ela pode permanecer com as outras velas no altar.

A Sacerdotisa e o Sacerdote ficam juntos, de frente para o altar. O Sacerdote diz: *Sayga oo-dan!* A Sacerdotisa diz: *Natarat di zeem um Koeten!*

(Essas duas frases foram extraídas do célebre livro de Frederic Wood, *This Egyptian Miracle*, e querem dizer "silêncio para a oferenda" e "que a Deusa abençoe nosso rito"). Se o ritual fosse para invocar um Deus, a palavra seria *Natara*, e pode-se ainda usar *Natara Natarat* para o Deus e Deusa. *Koeten* deve ser pronunciado como se escreve, porém sem o "e" no meio.

O Sacerdote agora segura a tigela com o ovo, e a Sacerdotisa quebra o ovo dentro dela. Eles elevam a tigela juntos em saudação e na sequência, colocam-na novamente no altar.

Enquanto a Sacerdotisa vai para o Norte, o Sacerdote permanece diante do altar, Ela pega a vasilha com sal da pessoa que a estiver segurando (ou simplesmente a pega caso não haja ninguém) e caminha ao redor do espaço em sentido horário, salpicando um pouco de sal no chão enquanto caminha.

Enquanto isso, o Sacerdote diz: *Néftis, Senhora do Norte; Senhor Hapi, Filho Real de Hórus, Deus da Terra e Senhor do Norte, protetor e guardião dos pulmões; com o espalhamento deste sal sagrado, peço que fertilize e santifique este solo sagrado com o seu ser, para que possamos ser fortes em todas as coisas.*

Após regressar novamente ao Norte, a Sacerdotisa devolve a vasilha com sal no altar. Depois disso, ela vai para o Sul, pega a vasilha com água e caminha ao redor do espaço sagrado em sentido horário, aspergindo com um pouco de água enquanto caminha.

Enquanto isso, o Sacerdote diz: *Ísis, Senhora do Sul; Senhor Imset, Filho Real de Hórus, Deus da Água e Senhor do Sul, protetor e guardião do fígado; com a aspersão desta água sagrada, peço que santifique e purifique este santuário sagrado de todas as suas impurezas e vaidades dos homens.*

Quando ela retorna ao Sul novamente, a Sacerdotisa vai e coloca a vasilha com água de volta no altar. Ela então vai para o Oeste e pega o sistro, ou o sino. Caminha em sentido horário ao redor do espaço, sacudindo o sistro ou tocando sino enquanto caminha.

Enquanto isso, o Sacerdote diz: *Selkhet, Senhora do Oeste; Senhor Qebehsenuf, Filho Real de Hórus, Deus do Ar e Senhor do Oeste, protetor e guardião dos intestinos; com a perturbação do ar causada por esta música, peço que desça do seu ponto cardeal, purifique e santifique a área deste santuário sagrado.*

A Sacerdotisa vai até o altar e coloca o sistro ou sino de volta. Ela pega, então, a vela acesa e contorna a área em sentido horário, segurando a vela.

Enquanto isso, o Sacerdote diz: *Neith, Senhora do Leste; Senhor Duamutef, Filho Real de Hórus, Deus do Fogo e Senhor do Leste, protetor e guardião do estômago; com a queima deste fogo ritual, o elemento que tudo consome, peço que santifique e purifique este templo de todas as transgressões.*

Quando ela tiver completado a volta e retornado mais uma vez ao Leste, a Sacerdotisa devolve a vela ao altar e se posiciona ao lado do Sacerdote.

Gostaríamos de fazer duas observações sobre este ritual. Primeiro, ao contrário da maioria dos rituais Wiccanianos, não há razão, neste caso, para que a Sacerdotisa e o Sacerdote não possam trocar os papéis quando desejarem. E segundo, os nomes dos Quatro Filhos de Hórus são pronunciados "Hah-pi", "Keh-beh-seh-nuf", "Imset" e "Duah-mu-tef".

Ritual Egípcio de Iniciação

O ritual que apresentamos a seguir é, na realidade, uma iniciação nos mistérios egípcios. Nós o escolhemos por uma razão muito boa: estão disponíveis para ele textos egípcios originais, selecionados dos vários capítulos do *Livro dos Mortos*. Os rituais desse livro dramatizam o curso que a alma percorre através do Submundo a caminho de uma nova vida. Apesar disso, todas as evidências apontam também para uma iniciação sacerdotal egípcia em que, como ocorre nas iniciações de muitas religiões e fraternidades, o postulante tinha que passar por uma morte e provação simbólicas que levavam ao renascimento. Desse modo, é razoável presumir que seu conteúdo seria muito similar.

É natural que surja a dúvida de quem é mais adequado para assumir o papel do Iniciado. Esta pessoa deve ser alguém que já esteja em sintonia com a civilização e visão de mundo do Antigo Egito, para dar sentido real ao rito, além do que, isso ajuda a conseguir essa sintonização. Os resultados não são nada que deva causar receio em alguém, mas eles podem ser surpreendentes.

É importante mencionar que o Iniciado permanece em silêncio durante todo o ritual, sendo que a Sacerdotisa e o Sacerdote falam em seu favor.

Em outra parte deste livro, por questões de simplicidade, nós descrevemos um ritual como sendo direcionado a um sujeito masculino, por isso, aqui, vamos partir do pressuposto de que a função seja assumida por uma mulher. Todo o rito é o mesmo para ambos os gêneros, e não há necessidade de que o Sacerdote e a Sacerdotisa troquem os papeis, a menos que desejem fazê-lo.

A Preparação

Aqueles que participarão ativamente são a Sacerdotisa, o Sacerdote e a Iniciada. Esta última, que normalmente estará nua no início do ritual, passa sua maior parte deitada no eixo Leste-Oeste, com a cabeça voltada para o Oeste. Por esse motivo, uma "cama" adequada deve ser posicionada nesse local, podendo ser qualquer coisa, desde um divã coberto por uma manta, ou até mesmo um cobertor bem dobrado sobre o chão. Vestes de Pureza apropriadas devem estar prontas perto do altar, além de um véu para cobrir sobre o corpo da Iniciada.

O Instrumento para Abrir a Boca aguarda sobre o altar. É a única ferramenta de metal no Templo. Se a Iniciada for uma Bruxa, seu próprio athame é adequado para essa finalidade, mas alguns grupos podem preferir confeccionar o seu próprio instrumento, e podem se inspirar em diversos murais egípcios que retratam sua forma.

O óleo de unção deve estar sobre o altar, e também um cálice com vinho (ou, de modo mais correto, cerveja) e um prato de bolos.

Preferencialmente, a Iniciada escolhe um nome egípcio para ela com antecedência, embora sirva seu próprio nome, ou seu nome de Bruxa. Ela será referida no ritual como "Osíris [nome]".

O Ritual

O Sacerdote e a Sacerdotisa ajudam a Iniciada a se deitar no chão ou sobre um colchão, com o rosto voltado para cima, os braços cruzados no peito, a cabeça na direção do Oeste. Eles colocam o véu sobre seu corpo, deixando o rosto descoberto.

O Sacerdote e a Sacerdotisa executam o Ritual de Abertura como explicado acima – movendo-se em sentido horário em volta da Iniciada ao passarem de um ponto cardeal ao outro.

Depois de terem completado o Ritual de Abertura, a Sacerdotisa vai para o Oeste e o Sacerdote permanece junto ao altar.

Sacerdote: *Aqui tendes as palavras de Thoth, para que o caminho possa ser desimpedido àquela que deseja entrar no interior do Disco Solar. À Porta do Vento Oeste, que pertence a Ísis...*

Sacerdotisa: *Rá vive, a Tartaruga morreu. Vede como é puro o cadáver na terra, e como também são puros os ossos de Osíris a Sacerdotisa [nome] triunfante.*

A Sacerdotisa se dirige ao Leste.

Sacerdote: *À Porta do Vento Leste, que pertence a Néftis...*

Sacerdotisa: *Rá vive, a Tartaruga morreu. Não temerá o alcance do mal aquela que no caixão está, que no caixão está, Osíris a Sacerdotisa [nome] triunfante.*

A Sacerdotisa vai até o Norte.

Sacerdote: *À Porta do Vento Norte, que pertence a Osíris...*

Sacerdotisa: *Rá vive, a Tartaruga morreu. Aqui vedes que Osíris [nome] triunfante, é forte em seus membros, pois Qebehsenuf os protege.*

A Sacerdotisa vai então até o Sul.

Sacerdote: *À Porta do Vento Sul, que pertence a Rá...*

Sacerdotisa: *Rá vive, a Tartaruga morreu. As trancas foram descerradas, e pode-se atravessar o Portal.*

O sacerdote busca o Instrumento para Abrir a Boca no altar. Ele então fica ao norte da Iniciada, e a Sacerdotisa fica ao sul dela. O Sacerdote entrega o Instrumento à Sacerdotisa.

Sacerdotisa: *Osíris [nome] diz: Eu saio do ovo na terra oculta. Que minha boca me seja dada, para que eu possa falar com ela na presença do grande Deus, o Senhor do Submundo. Que minha mão e meu braço não sejam forçados a recuar na presença dos príncipes soberanos de qualquer Deus. Eu sou Osíris, o senhor de Res-tau. Que eu, Osíris a Sacerdotisa [nome] vitoriosa, partilhe da presença dele que está no topo dos Degraus. De acordo com o desejo do meu coração, eu vim do Lago de Fogo e lhe apaguei as chamas. Osíris [nome] diz: Que o Deus Ptah abra minha boca, e que o Deus de minha cidade perca as ataduras, mesmo as que tampam a minha boca. Igualmente, possa Thoth, sendo pleno e munido de feitiços, vir e soltar-me as bandagens, até mesmo aquelas de Seth que prendem minha boca; e que o Deus Atum as jogue sobre aqueles que desejariam me ver presa por elas e os expulse. Que a minha boca seja aberta, que minha boca seja descoberta por Shu com sua faca de ferro, com a qual ele abre a boca dos Deuses.*

A Sacerdotisa coloca o Instrumento na boca da Iniciada por um momento, e depois o remove.

Sacerdotisa: *Eu sou a Deusa Sekhmet, e eu me sento em meu lugar no grande vento do céu. Eu sou a grande Deusa Sah, que habita entre as almas de Annu. Que os Deuses resistam a todo encanto e a todas as palavras que possam ser pronunciadas contra mim; e que cada um e todos na companhia dos Deuses possam suportar a eles.*

A Sacerdotisa entrega o Instrumento ao Sacerdote, que o coloca de volta no altar e retoma seu lugar de frente para a Sacerdotisa, do outro lado da Iniciada.

Sacerdote: *Osíris [nome] triunfante, diz: Honras a ti, Ó Grande Deusa, tu Senhora das duas Verdades; Eu vim a ti, ó minha Senhora, e me fiz chegar até aqui para ver tuas belezas. Conheço-te e conheço o teu nome. Teu nome é Rekhtimerti-neb-Maati, que significa "irmãs gêmeas com dois olhos, Senhoras das Duas Verdade". Em verdade cheguei até ti, e trouxe-te a retidão e a verdade, e a maldade destruí para ti.*

O que se segue é a célebre Confissão Negativa, cujas trinta e oito declarações resumem o código ético egípcio. A postura assumida pelos egípcios parece ter sido que mesmo que a pessoa tivesse cometido alguns desses pecados, ela agora estava lamentando e renegando-os. A Iniciada moderna faria bem em pedir ao Sacerdote que omita qualquer uma das declarações que não possam ser feitas honestamente em seu nome:

Eu não prejudiquei nenhum homem.
Eu não machuquei minha família.
Eu não cometi nenhum mal em local sagrado.
Eu não mantive más companhias.
Eu não pratiquei o mal.
Eu não coloquei um fardo de trabalho sobre outras pessoas.
Eu não busquei honrarias.
Eu não maltratei aqueles que trabalharam para mim.
Eu não desprezei um Deus.
Eu não trapaceei o oprimido para tirar-lhe de sua propriedade.
Eu não fiz o que os Deuses odeiam.
Eu não vilipendiei um servo a seu mestre.
Eu não causei dor a ninguém.
Eu não deixei nenhum homem passar fome.
Eu não fiz nenhum homem chorar.
Eu não cometi assassinato.
Eu não fui a causa para um assassinato ser cometido.
Eu não infligi dor.
Eu não roubei as ofertas do templo.
Eu não roubei o pão sagrado.
Eu não roubei o pão oferecido aos espíritos dos que partiram.
Eu não cometi fornicação.
Eu não me contaminei dentro no santuário do Deus da minha cidade.
Eu não tornei mais leves as medidas.
Eu não roubei terra.
Eu não invadi a terra de outrem.
Eu não enganei o vendedor.
Eu não enganei o comprador.
Eu não roubei leite da boca das crianças.
Eu não roubei gado das pastagens

Eu não roubei as aves sagradas dos Deuses.

Eu não peguei peixe com isca de sua própria espécie.

Eu não impedi a água, quando ela deveria fluir.

Eu não cortei a margem de um canal.

Eu não apaguei o fogo quando este deveria queimar, nem a luz que deveria brilhar.

Eu não ludibriei os Deuses nas suas oferendas de carne.

Eu não toquei o gado dos Deuses.

Eu não repeli um Deus em suas manifestações.

Eu sou pura. Eu sou pura. Eu sou pura. Eu vi o olho de Rá quando estava pleno em Annu, que é chamado por alguns Heliópolis. Sendo assim, que o mal não caia sobre mim nesta terra e no Salão das duas Verdades; pois eu, mesmo eu, sei os nomes desses Deuses que estão nele, e que são os seguidores do Grande Deus e da Grande Deusa.

Sacerdotisa: *Não farei menção de ti, diz o guardião da porta deste Salão das duas Verdades, a menos que digas o meu nome.*

Sacerdote: *Osíris [nome] responde: Aquele que distingue os corações e investiga as restrições é o teu nome.*

Sacerdotisa: *Agora vou fazer menção de ti ao Deus. Mas quem é o Deus que habita nesta hora?*

Sacerdote: *A Sacerdotisa [nome] responde: É Thoth.*

Sacerdotisa: *Vem, diz Thoth. Qual é a tua condição agora?*

Sacerdote: *Osíris [nome] responde: Eu, mesmo eu, estou purificada das coisas más, e estou protegida dos atos funestos daqueles que vivem em seus dias; e eu não estou entre eles.*

Sacerdotisa: *Agora farei menção de ti para o Deus, diz Thoth. Diz-me, quem é aquele cujo céu é de fogo, cujas paredes são de uraei vivo, e o chão da casa é um curso de água? Quem é ele, eu digo?*

Sacerdote: *E Osíris [nome] responde: É Osíris.*

Sacerdotisa: *Adianta-te, então, diz Thoth; em verdade, serás mencionada a ele. Teus bolos virão do olho de Rá, e tua cerveja virá do olho de Rá. Isso foi decretado para Osíris a Sacerdotisa [nome] triunfante.*

A Sacerdotisa pega o óleo da unção do altar e se ajoelha diante da Iniciada. Ela lhe remove o véu e unge as solas dos pés, as palmas das mãos, a boca, o nariz, as orelhas e os olhos.

Enquanto a unção está acontecendo, o Sacerdote diz: *Salve, em verdade tu és invocada; Salve, em verdade tu és invocada. Salve, em verdade tu és louvada; em verdade, tu és exaltada; em verdade, tu és gloriosa; em verdade, tu és forte.*

Salve, ó Sacerdotisa [nome], tu que tens sido feita, tu que tens sido feita por meio das cerimônias que foram realizadas para ti. Os teus inimigos caíram, e o Deus Ptah derrubou os teus inimigos; tu triunfaste sobre eles e ganhaste poder sobre eles. Salve, em verdade tu és invocada. Salve, em verdade tu és invocada. Tu pisas no teu caminho, e foste lavada no lago da perfeição. Tu vens e vês Rá nas colunas que são os braços do céu; ele abre-te um caminho, e tu verás o horizonte onde está o lugar de pureza que amas.

A Sacerdotisa coloca o óleo da unção de volta no altar e busca as Vestes de Pureza. Ela ajuda a Iniciada a se levantar e a se vestir.

Durante o ato de vestir, o Sacerdote diz: *Ó Tem, Ó Shu, Ó Tefnut, Ó Seb, Ó Nut, Ó Osíris, Ó Ísis, Ó Néftis, Ó Heru-Khuti, Ó Hathor na Grande Casa, Ó Khephera, Ó Menthu o Senhor de Tebas, Ó Amon, o Senhor dos tronos das duas terras, Ó Grande Companhia dos Deuses, Ó Pequena Companhia dos Deuses, Ó Deuses e Deusas que habitam em Nu, Ó Sebek dos dois Meht, Sebek por teus numerosos nomes em todos os lugares onde teu Ká tem se deleitado, Ó Deuses do Sul, Ó Deuses do Norte, Ó vós que estais no céu, Ó vós que estais sobre a terra. Concedei esta vestimenta de pureza ao perfeito Khu de [nome]. Concedei a vossa força a ela e destruí todo o mal que lhe pertence, por meio desta vestimenta de pureza. Considerai-a sem culpa, pois, para sempre destruí todo o mal que lhe pertence.*

O Sacerdote (à direita), a Iniciada (no centro) e a Sacerdotisa (à esquerda) posicionam-se de frente para o altar.

Sacerdotisa: *Grande Ísis, Mãe de todos nós; Grande Osíris, Senhor do Renascimento; Grande Thoth, Senhor da Sabedoria; Grande Maat, Senhora da Justiça. Assim isto foi completado. Permiti-nos agora, em vossa poderosa presença, partilhar do vinho (cerveja) e bolos, à maneira de nosso tempo. Pois todos os Deuses são um só Deus; todas as Deusas são uma só Deusa; e há apenas um Iniciador.*

A Sacerdotisa e o Sacerdote então consagram o vinho ou a cerveja e os bolos da maneira usualmente feita na Wicca e os oferecem à Iniciada. (Se o athame não tiver sido usado como instrumento para Abrir a Boca, a Sacerdotisa abençoa a bebida através da imposição de mãos sobre o cálice em vez de mergulhar a lâmina no líquido, como é costume fazer. Ou, se preferirem, um ankh de madeira pode ser usado para esse propósito.)

Terceira Parte

As Deusas ao Redor do Mundo

XXIV

Deusas ao Redor do Mundo

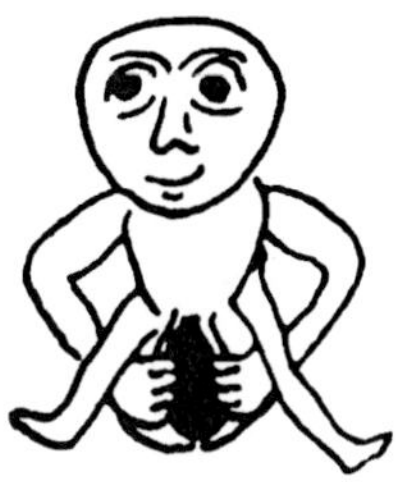

Apresentamos, a seguir, uma lista tão completa quanto nos foi razoavelmente possível fazer, contendo Deusas das várias culturas do mundo, do passado e do presente. Por "razoavelmente" queremos dizer que tentamos ser abrangentes, porém ainda assim seletivos, visto que para listar e designar todos os nomes das Deusas que já existiram, seria necessária uma biblioteca inteira. De qualquer forma, acreditamos em termos incluídos nessa lista a maioria das Deusas que um leitor sério provavelmente gostaria de identificar – além de algumas que possivelmente não tenha ouvido falar, mas que será esclarecedor conhecer. A Bibliografia, ao final, oferece indicações para um estudo mais detalhado.

Esta lista tem um objetivo triplo. O primeiro é preencher a imagem que temos sobre a natureza da Deusa em geral. Nenhuma deidade feminina que a humanidade tenha adorado (com a possível exceção de Ísis) expressa mais de um aspecto, ou um grupo restrito de aspectos, do princípio maior da Deusa como um todo. Entretanto, estudando a Deusa em todas as suas formas, podemos chegar perto de compreender essa natureza geral.

O fato de que a maioria das formas divinas da Deusa incorpora apenas um ou alguns poucos aspectos se deve não apenas à inadequação humana. Isso tem um uso prático, concentrando a mente humana no aspecto particular que se deseja invocar. Não seria possível invocar uma Deusa da guerra para aliviar o parto, uma Deusa da montanha para trazer a segurança no mar, ou uma Deusa erótica para pedir por uma mente clara ao prestar um exame. Todas as Deusas são uma só Deusa, mas as chaves para a magia são a imaginação e a força de vontade com concentração, e uma imaginação concentrada requer uma visualização específica do aspecto com o qual você deseja trabalhar.

O que nos leva ao segundo propósito desta lista: fornecer aos praticantes da Bruxaria, e a outras pessoas que seguem algum caminho mágico, material para encontrarem exatamente o aspecto com o qual desejam trabalhar em um determinado momento – levando-se em consideração também o ambiente, as correspondências culturais, o panteão com o qual estão mais sintonizados, e a "sensação" proporcionada por aquela situação.

Para auxiliá-lo, acrescentamos alguns detalhes às descrições sempre que nos foi possível, tais como correspondências daquela deidade com o Tarô, a Cabala, as plantas e aromas associados a elas, datas de festivais e afinidades locais.

Em algumas definições, há uma frase que começa com "*777*: ...". Tratam-se das correspondências com o Tarô e outras correspondências contidas no *777* de Aleister Crowley para aquela Deusa em questão. O que quer que se pense a respeito do grandioso e depravado Crowley, este livro em particular (que em todo caso foi parcialmente compilado por seu tutor mágico Allan Bennett) é de uma utilidade inquestionável. Incluímos as correspondências de artefatos mágicos para a conveniência de leitores familiarizados com a magia ritual. Para uma explicação mais detalhada dos mesmos, consulte a obra *777*, págs. 106-112.

As datas dos festivais, os dias do ciclo lunar e os dias da semana são, em alguns casos, aqueles listados no *Calendário Juno Covella*[25], de Lawrence Durdin-Robertson, que muitas vezes nos serviu como fonte. Devemos salientar, no entanto, que algumas dessas datas festivas foram

25. Calendário usado na Fellowship of Isis. (N.T.)

decididas pelas fraternidades modernas. Não há nada de errado nisso, sobretudo quando as datas originais foram perdidas ou pertencem a um calendário que não pode ser facilmente adaptado ao nosso, como o Assírio-Babilônico, por exemplo; ou mesmo nas circunstâncias em que se escolhe uma data como apropriada por analogia com uma Deusa já associada a essa data.

Com as Deusas que são compatíveis com alguma Sephirah na Árvore da Vida Cabalística (*Binah, Netzach, Yesod, Malkuth*), as correspondências dadas são as que estão presentes na Cabala Mística de Dion Fortune.

Os "números de David Wood", fornecidos como estando associados a uma ou duas Deusas egípcias são aqueles que o autor atribui a elas em sua *Genisis*, devido às nossas considerações sobre esse livro.

Nosso terceiro propósito ao escrevermos esta terceira parte é simplesmente oferecer um excelente trabalho de referência. Embora existam bibliotecas inteiras com literatura relevante – algumas obras, como os livros inestimáveis de Durdin-Robertson, concentrando-se especificamente na Deusa – até onde chega nosso conhecimento, não existe ainda nenhum diretório conciso, e ao mesmo tempo global, como guia para estudos mais aprofundados.

Na lista a seguir, devemos avisar que fomos flexíveis em relação a nossa interpretação do termo "Deusa". Incluímos, por exemplo, as *Evas* (primeiras mulheres) de várias culturas, e algumas figuras que são mais estritamente espíritos da Natureza, ou que estão na fronteira entre mulheres lendárias e Deusas.

Porém, todas elas personificam algum aspecto do nosso objeto de estudo e, portanto, merecem ser incluídas.

Quando houver um nome em LETRAS MAIÚSCULAS no corpo de um verbete, isso significa que um verbete próprio sobre aquela Deusa pode ser encontrado na lista alfabética. Além disso, reduzimos as referências cruzadas ao mínimo, visto que pode haver muitas delas.

Gostaríamos de agradecer ao Dr. Ashok Singh por verificar os verbetes Hindus; à Esther Barrutia por nos fornecer informações sobre as Deusas bascas; à Sra. Kayoko Nibe, adida cultural da Embaixada do Japão, em Dublin, pela ajuda com os nomes de Deusas japonesas e Kati Koppana pela ajuda com as finlandesas.

Agradeceríamos se os leitores sugerissem quaisquer acréscimos ou correções de que tenham conhecimento (especialmente em se tratando das culturas com menos registros documentados ou de conceitos sobreviventes locais sobre a Deusa) para inclusão em futuras edições.

Há alguns termos recorrentes, que pode ser útil fornecermos suas definições. Por isso, segue uma pequena lista abaixo:

- Ankh: A cruz ansata ou cruz alçada, é o hieróglifo egípcio que significa "vida".
- Avatar: Um termo hindu para uma encarnação particular de uma divindade. Por exemplo, *Vahara, o avatar de Vishnu em forma de javali.*
- Bodhisattva: termo hindu para alguém que atingiu a perfeição e não precisa reencarnar, mas decide fazê-lo para ajudar a humanidade.
- Caduceu: O bastão alado de Hermes/Mercúrio entrelaçado por duas serpentes, mais familiar hoje como símbolo da Medicina.
- Lingam: Nome hindu usado para designar o órgão genital masculino ou os símbolos rituais associados a ele.
- Sistro: Instrumento egípcio semelhante a um chocalho, com pequenos discos segurados por fios dentro de uma moldura em forma de alça, que é sacudido ritualmente para banir as más influências.
- Súcubo: Um espírito feminino que seduz os homens enquanto eles dormem. O equivalente masculino que seduz as mulheres é o íncubo.
- Ureu (plural uraei): Adorno em forma de cabeça de naja ostentado na parte frontal das coroas usadas pela realeza do Antigo Egito.
- Yoni: Nome hindu para designar o órgão genital feminino, ou os símbolos rituais associados a ele.

Lista das Deusas

ABUNDANTIA: (Abundância). Romana. Representada em relevo em Lincoln. Possivelmente deu origem a HABONDIA?

ACHLYS: (Névoa, escuridão). Grega. A Mãe que existia antes mesmo que o Caos, e que deu à luz ele.

ADAMAH: (Terra). Hebraica. Personificação da Terra como um ser feminino; a palavra é usada muitas vezes na Bíblia hebraica. O equivalente assírio era Adamu.

ADDA: Ver IDA.

ADERENOSA: Caldeia, árabe, egípcia. A Virgem Celestial amamentando uma criança; a constelação de Virgem. Sua equivalente babilônica, Adra Nedega, ocupa o primeiro decanato de Virgem.

ADISHAKTI: Deusa hindu primitiva da energia feminina. Veja também SHAKTI.

ADITI: (Ilimitada). Deusa mãe hindu, que gerou a si mesma, a Matriz Cósmica. Mãe do Deus do Sol Mitra e do Deus da Lua Varuna, bem como dos Deuses que regiam os doze meses (conhecidos como os Adityas). Invocada como a "poderosa, sempre jovem, a que chega longe, Deusa amável que dá abrigo, boa regente... o barco divino com fortes remadores que nunca afunda". A Mãe original e suprema. Como descreve o Rig Veda, "Aditi é ISSO". Dia: domingo.

ADRASTE: Britânica. Invocada por Boudicca (Boadicea) antes de sua batalha final contra os romanos em King's Cross no ano 61 EC. Concomitantemente, ela liberta uma lebre divinatória, supostamente sagrada para Adraste.

ADSULLATA: Deusa celta continental das nascentes. Pode ser igualada a SUL.

AEGLE: Ver HESPERIDAS.

AEONS, As: Gnóstica. Aspectos das personificações femininas da potência, as origens de todas as coisas. No singular, Aeon é a totalidade desses aspectos, o Grande Pensamento Manifestado. De acordo com Valentino, há oito Aeons principais e outras vinte e duas. Simon Magus considerou sua esposa e parceira de trabalho, Helena de Tyre, como uma encarnação da Aeon, e de vários aspectos individuais, como "aquilo que foi, é e será". Mais tarde, os gnósticos parecem ter considerado essa mulher, obviamente notável, da mesma maneira.

AERFEN: Deusa britânica da guerra, que rege o destino das guerras entre os galeses e os ingleses. Seu santuário ficava em Glyndyfrdwy, no rio Dee. A tradição diz que três sacrifícios humanos tinham que ser afogados lá todos os anos para garantir o sucesso na batalha.

AESTAS: Deusa romana do verão. Festival: 27 de junho.

AFRODITE: (Nascida da espuma). Deusa grega do amor sexual. Nasceu da espuma sangrenta do mar onde Cronos havia jogado os órgãos genitais de seu pai Urano depois de castrá-lo. Casada, por ordem de Zeus, com o coxo Deus Hefesto, foi infiel a ele com o Deus da guerra Ares. Na realidade, ela era uma antiga Deusa do Mediterrâneo Oriental e pode ser equiparada a ASTARTE. Metal: cobre (raiz que deu nome à Chipre). *777*: no Tarô, é associada ao arcano maior Imperatriz e cartas de número 7. Gemas: esmeralda, turquesa. Plantas: rosa, murta, trevo. Animais: lince, pardal, pomba, cisne. Aromas: benjoim, rosa, sândalo vermelho, madeira de sândalo, murta, todos os odores suaves e voluptuosos. Armas mágicas: lâmpada, cinta. Festivais: 23 de abril, 24 de junho e, para seu mito com Adônis, 19 de julho. Dia: sexta-feira. Equivalente romana: VÊNUS. Veja sua história completa no capítulo XVI.

AGLAIA: Ver CÁRITAS.

AGNAYI: Deusa hindu do fogo, esposa do Deus do fogo Agni.

AHOLIBAH: (Minha tenda está nela). Hebraica. Personificação feminina de Jerusalém. Anteriormente, ao que parece, foi uma esposa de Jeová. Condenada pelas escrituras hebraicas como uma prostituta voluptuosa, e às vezes menstruando. Cf. HEPZIBAH.

AHURANI, As: (Águas). Persa. As Deusas da água que produzem vida. Personificada também como uma única Deusa, Ardvi Sura Anahita, a fonte celestial de todas as águas da Terra.

AIMA: (Mãe). Hebraica. A "mãe fértil e brilhante" que, segundo a tradição da Cabala, ocultava em seu seio as estrelas, planetas, anjos e outros poderes; um aspecto da BINAH. Cf. AMA.

AINDRE: Ver INDRANI.

AINE DE KNOCKAINE: Deusa irlandesa da Lua (Munster), patrona das lavouras e do gado. Foi ela quem deu aroma às flores do prado. Associada ao festival do Meio de Verão. Pode ser identificada com ANU.

AKARU-HIME: (Princesa reluzente). Japonesa. Nascida de uma joia vermelha, que se transformou em uma bela e jovial Deusa. Protetora dos marinheiros.

AKHAMOTH: Ver SOPHIA AKHAMOTH.

AKIBIMI: Deusa japonesa do outono.

AKKA, MAA-EMOINEN: Deusa Mãe da Terra dos povos fino-úgricos, esposa do supremo Deus celeste Ukko. Também chamada Rauni (derivada de *rönn*, palavra em sueco para sorveira, também chamada de "freixo da montanha", que era sua árvore sagrada). Festival: 15 de julho.

AKNA: (A Mãe). De origem iucatana. Deusa do nascimento, esposa de Akanchob.

ALAGHOM NAUM, ISTAT IX: Maia. Esposa de Patol, Deus principal da tribo Tzental. Conhecida como "a Mãe da Mente", criadora da mente e do pensamento.

ALAISIAGAE, As: Deusas ajudantes de Marte Thincsus, trazidas para o acampamento romano de Housesteads, em Northumberland, por tropas frísias. Representada como Vitórias aladas e nuas, pairando no ar com grinaldas e folhas de palmeira.

ALBINA: Deusa da alvorada venerada pelas Bruxas da Toscana. Outro nome para ALFITO.

ALCMENA: Grega. Mãe de Hércules, que o concebeu de Zeus. Porém é a esposa de Anfitrião, que a condenou a ser queimada até a morte por infidelidade; mas Zeus a resgata milagrosamente. É provável que seja originalmente uma Deusa mãe.

ALECTO: Ver ERÍNIAS.

ALEITEIA: (Verdade, realidade). Gnóstica. Uma AEON: um ângulo do quadrado em que repousa a Gnose; a Verdade dos Mistérios. Concebida como uma mulher linda e nua – a própria Verdade desvelada – com pares de letras em cada membro, começando com Alfa, Ômega na cabeça, seguida de Beta, Psi, convergindo em ordem alfabética à medida que progridem para baixo. Também chamada de Apt.

ALFITO, ALBINA: Deusa grega da cevada cultuada em Argos, "que nos tempos clássicos degenerou em um monstro de contos para crianças" (Robert Graves). Provavelmente a mesma que DANAE.

AL-LAT, AL-ILAT, EL-LAT: (A Deusa). Deusa da Lua cultuada pelos persas e árabes. Deusa do Submundo dos caldeus. Considerada pelos nabateus de Petra como a Mãe dos Deuses. Contraparte feminina de Alá. Condenada pelo Alcorão: "O que pensais vós de Al-Lat, e Al-Uzza, e Manah? [...] Não são senão nomes vazios, a que denominastes Deusas, vós e vossos antepassados." (56ª Surata: 19-23:). Contudo, na tradição islâmica é uma das "Três Filhas de Alá". Ela é venerada na Lua nova.

ALTHAEA: (Aquela que faz crescer). Deusa grega do nascimento, esposa de Eneu, o primeiro homem a plantar um vinhedo na Grécia. A vinha lhe foi dada por Dionísio como suborno para que fizesse vistas grossas ao seu caso amoroso com Althaea. De Eneu ela concebeu o herói Meléagro, e de Dionísio, DEIANEIRA.

AL-UZZA: A AFRODITE árabe. A Ka'aba, pedra sagrada de Meca, era originalmente seu templo. Deusa associada ao Planeta Vênus. Condenada pelo Alcorão – ver AL-LAT – ainda que na tradição islâmica seja considerada uma das "Três Filhas de Alá".

AMA: Deusa hebraica. A "mãe estéril e escura", um aspecto de BINAH da Cabala. Cf. AIMA

AMALTEIA: Deusa cretense em forma de cabra, que amamentou Zeus quando era bebê, enquanto REIA o estava escondendo de Cronos. Alguns dizem que ela também foi a ama de leite do Deus Pã.

AMA NO UZUME: Deusa japonesa. Quando AMATERASU, a Deusa do Sol se escondeu em uma caverna, escurecendo a Terra, Ama no Uzume dançou nua, fazendo todos os Deuses rirem, o que fez com que Amaterasu saísse. Esta lenda da "dança obscena" deriva de um rito de fertilidade agrícola, com o riso dos Deuses anunciando o retorno da vida quando tudo parece morto. Cf. uma ação similar em HATHOR.

AMARI DE, DE DELEVSKI: Romani. A Grande Mãe, personificação da Natureza. Hoje em dia está disfarçada de Sara-Kali, a Madona Negra. Veja também TRÊS MÃES, As.

AMATERASU: (Grande Divindade que fulgura no Céu). A Deusa japonesa do Sol, de quem a família real japonesa declara ser descendente. É a divindade mais importante do panteão japonês. Filha do Deus Izanagi (às vezes concebida por ele sozinho, outras vezes resultante de sua relação com IZANAMI) e irmã do Deus da Lua Tsukuyomi. Ela tecia as vestes dos Deuses, tendo um corvo sagrado chamado Yatagarasu. Galos, pipas e flechas celestes são seus símbolos, além das joias com contas, o espelho e a espada, que são os "Três Artigos Sagrados" dos Tesouros Imperiais do Japão. Festival: 17 de julho.

AMATHAUNTA: Uma Deusa grega do mar Egeu. Patrona dos amatitas mencionados na Bíblia.

AMATSU-OTOME, As: Anjos femininos da cultura japonesa ou espíritos da montanha. O termo se aplica também a mulheres Bruxas, que eram tratadas com grande respeito.

AMAUNET: Egípcia. Na cosmogonia hermopolitana, a esposa de Amon, da qual seu nome é apenas uma forma feminina, embora, na verdade, ela fosse a deidade mais antiga. Quando Amon emergiu das águas do caos para o monte em Hermópolis, e foi chocado de um ovo, sendo o criador de si mesmo, Amaunet, a Deusa do Céu, recebeu-o na forma de uma vaca. Na 18ª Dinastia (c. 1580-1320 AEC) quando Amon, na forma de Amon-Rá, alcançou proeminência em Tebas, Amaunet foi identificada com seu consorte tebano MUT.

AMAYICOYONDI: Deusa ameríndia dos Pericúes. Esposa do Deus criador Niparaya. Ele não tinha corpo, então não podia ter relações sexuais com ela. Mesmo assim, ela lhe deu três filhos, dentre os quais estava Man.

AMBA BAI: Hindu. Forma local da Deusa mãe, em Bombaim e Kilhapur. O grande sino (sem dúvida, de origem portuguesa) no seu santuário de Kilhapur está inscrito *Ave Maria Gratia Plena*!

AMBIKA: Hindu. (A geratriz). Esposa de Shiva ou de Rudra. Ver PARVATI.

AMEMAIT, AM-MIT: Deusa egípcia do Submundo, representando de diversas maneiras o aspecto sombrio de AMENT. Sendo a "Devoradora de almas", ela é "o espírito ancestral da cultura matriarcal, de onde o feminino resgata o que nasceu dele" (Neumann). Representada com as partes de trás do corpo de um crocodilo, o dorso de um leão e as partes posteriores de um hipopótamo, e, às vezes, com muitos seios.

AMENT, AMENTET: (A Ocidental). Deusa egípcia. Originalmente a Deusa da Líbia. Mais tarde Amenti, (o Ocidente), passou a significar "a Terra dos Mortos", então Ament se tornou uma Deusa do Submundo, recebendo os mortos quando chegavam a Amenti. Conhecida como "a Deusa de belos cabelos".

AMIRINI: Uma antiga Deusa dos iorubás da África Ocidental.

AMMARIK: Deusa úgrica do pôr do sol.

AM-MIT: Ver AMEMAIT.

ANFITRITE: Deusa grega dos mares, esposa de Poseidon, filha de Oceano ou de Nereu, mãe de Tritão e de RHODE, que deu seu nome à Ilha de Rodes.

ANAGKE: (Necessidade). Uma Deusa grega do Destino, designada por Homero como a mais poderosa de todas as divindades.

ANAHITA: Deusa persa dos rios, Deusa mãe da Armênia. Mãe de Mitra, Deus da amizade e da verdade. Está associada ao Planeta Vênus e à Lua. Patrona das moças disponíveis para o casamento e do parto. Também era venerada na Babilônia, onde filhas de famílias nobres entregavam sua virgindade como prostitutas sagradas da Deusa temporariamente. Era honrada no décimo dia da Lua nova.

ANAT (1): Principal Deusa cananeia da fertilidade, amor e guerra. Ajudou seu irmão Baal em seu confronto contra a força das águas do mar e do oceano (Caos) e contra Mot (Morte, esterilidade). Quando Mot matou Baal e o levou para o Submundo, Anat conduziu os ritos fúnebres e depois partiu para recuperá-lo, com a ajuda de SHAPASH, a Deusa do Sol. Anat lutou e matou Mot "com uma espada ela o purifica... no campo ela o semeia", e Baal voltou à vida. Seus rituais dramatizavam a fertilidade das estações, com a vitória alternada de Baal e Mot, mas Anat prevalecendo por toda parte. Em um dos mitos, seu irmão Baal acasala com ela na forma de uma vaca. Ela era responsável por verificar se os rituais de sacrifício eram realizados adequadamente, para que os Deuses pudessem prosperar. E "pode ter sido uma versão anterior, mais crua e inconsciente da refinada Athena" (Chetwynd, *A Dictionary of Symbols*). Anat e ASTARTE (semelhante à HATHOR egípcia) são representadas como as amas de leite dos reis. Seu animal de culto era um leão, igual à ISHTAR. Era associada à constelação da Ursa Maior. Seu dia da semana era o sábado. Em sua forma hebraica, Anna-Nin, era considerada a mãe de Jeová. É uma Deusa provavelmente de origem caldeia (ver ANAT 2). Adorada em Tebas no Egito como a "Senhora dos Céus e chefe dos Deuses" no reinado de Tutmés III (c. 1490-1436 AEC), sendo mais tarde considerada uma das esposas de Seth.

ANAT (2): Deusa mãe caldeia e assírio-babilônica, esposa de Anu e mãe de ISHTAR. Pode ter sido a forma original da ANAT (1).

ANATHA BAETYL: Hebraica. Uma forma da Deusa cananeia ANAT (1). Uma das duas esposas de Jeová em seu culto no Século 5 AEC em Elefantina no Egito, a outra sendo Ashima Baetyl. Salomão construiu dois templos da Deusa ao lado do de Jeová em Jerusalém. Veja ASHTART.

ANBOTOKO DAMA, ANBOTOKO SORGINA: Ver MARI.

ANCASTA: Britânica. Conhecida apenas por meio de uma única inscrição em Bitterne, em Hampshire.

ANDRÔMEDA: Ver CASSIOPEIA.

ANGERONA: Deusa romana, sempre representada com o dedo levado à boca fechada. Pode ter sido uma Deusa do silêncio ou do nome oculto de Roma, que era proibido pronunciar. Festival: 21 de dezembro.

ANGURBODA: Teutônica. A Bruxa da Floresta de Ferro, esposa de Loki e mãe de HEL.

ANNA KAURI: Hindu. Deusa tribal de Chota Nagpur da fertilidade e riqueza.

ANNA-NIN: Ver ANAT (1).

ANNA PERENNA: Romana. Sua origem era provavelmente sumeriana. Deusa do ano e da sucessão dos anos, além de ser venerada também como a Deusa que provê os alimentos. Ovídio diz que alguns a identificavam com MINERVA, ou com THEMIS, mãe das Fatas, ambas Deusas da sabedoria. Ele a associa, ainda, com bolos de cevada. Festival: 15 de março; também homenageada na Lua cheia.

ANNAPURNA: Hindu. Deusa que fornece o alimento. Aquela que mora no topo do Monte Annapurna.

ANNIS NEGRA: Leicestershire; de origem possivelmente escandinava, ela morava nos montes dinamarqueses e comia crianças. Associada à caçada da lebre da Véspera de Maio, mais tarde transferida para a segunda-feira de Páscoa, "e, portanto, deve ter sido ninfa e Bruxa" (Graves, *A Deusa Branca*). Graves também sugere que ela deriva de ANU. Ver também GODIVA.

ANRITA: (A Fraudulenta) Deusa hindu da fraude.

ANTUM: Assíria-babilônica. Esposa do Deus do céu Anum e mãe do Deus da tempestade Enlil.

ANU, ANANN: Uma das formas da grande Deusa mãe irlandesa. Suas características coincidem com as de DANA. Era adorada em Munster como uma Deusa da abundância. Deu seu nome aos Seios de Anu, as colinas gêmeas no Condado de Kerry. Em seu aspecto sombrio, ela forma uma tríade de Deusas do destino com BADHBH e MACHA.

ANUKET: Egípcia. A segunda esposa de Khnum, adorada em Elefantina com ele e sua primeira esposa SATI, como uma Deusa regional das cataratas. Seu nome parece significar "aquela que envolve", confinando o rio Nilo entre as rochas de Philae e Syene. A Ilha de Seheil era consagrada a ela. Retratavam-na usando uma coroa alta e emplumada.

ANUMATI: (Conclusão). Deusa hindu da Lua minguante (cf. KUHU).

ANUNET: Deusa suméria da Estrela da Manhã, Vênus. Absorvida em ISHTAR.

AOIDE: Ver MUSAS.

AOIFE: Ver SCATHACH.

APET: Ver OPET.

APHAEA: Deusa grega cujo culto centrava-se em Aegina, mas que parece ter sido uma forma da Deusa mãe antes da era grega. O mito a associa com ÁRTEMIS, mais adiante identificando-a com ATHENA, muito provavelmente para simbolizar a conquista da paz entre Aegina e Atenas.

APSARAS, As: Hindu. Originalmente conhecidas como Ondinas, que assombravam rios e lagos, algumas delas ainda são conhecidas assim. As associadas com a Terra são chamadas de Kshiti-Apsaras. Mais tarde, as Apsaras se transformaram em húris celestiais que recebem e alimentam as almas após a morte. Ao cantar e dançar, são capazes de encantarem Deuses e homens. Retratadas como mulheres belas e jovens, vestidas com roupas leves, e geralmente dançando.

APSU: Deusa primitiva babilônica da criação, "a Mãe que gerou o Céu e a Terra", o abismo primevo de água doce da qual todas as coisas surgiram. Com a decadência do matriarcado, ela teve seu sexo trocado, tornando-se assim, o marido de TIAMAT.

APT: Ver ALEITEIA.

ARACNE: Deusa grega com aparência de aranha. Uma garota da Lídia que tinha a habilidade de tecer, atreveu-se a desafiar ATHENA para competir com ela. A competição foi realizada, e o trabalho de Aracne ficou impecável: de maneira imprudente, esse trabalho retratava alguns dos atos menos respeitáveis dos Deuses, incluindo a representação do rapto de EUROPA por Zeus, pai de Athena. Furiosa, Athena a transforma em uma aranha, condenada por toda eternidade a tecer as linhas tiradas de seu próprio corpo. Porém, a imagem da Deusa-aranha é mais arquetípica do que sugere essa história, tecendo o fio do destino tal como as MOIRAS ou as NORNES, ou entronizada no cerne de sua fortaleza em espiral como ARIANRHOD. Athena aqui representa o pensamento patriarcal ateniense, tentando disciplinar conceitos anteriores da Deusa.

ARADIA: Italiana (Toscana). Deusa das Bruxas, tendo sobrevivido nessa região até este século. Filha de DIANA (etrusca, Aritimi ou TANA) com o irmão, Lúcifer (ou seja, filha da Lua e do Sol). Desceu à Terra para ensinar às Bruxas a magia de sua mãe. Um dos nomes favoritos pelo qual a Deusa é chamada no moderno movimento Wiccaniano. Sua história completa pode ser vista no capítulo XXII.

ARAMATI: Deusa hindu da devoção e piedade.

ARANI: Deusa hindu do fogo, incluindo o fogo sexual feminino. Seu símbolo é a suástica ou a roda de fogo. Seus rituais parecem ter incluído práticas masturbatórias entre mulheres e/ou sexo lésbico.

ARA-SESHAP: Uma antiga Deusa egípcia da luz.

ARDHANARISHWAR: Antiga divindade hermafrodita do Sul da Índia e Madras.

ARDVI SURA ANAHITA: Ver AHURANI, As.

ARETHUSA: Grega. Uma ninfa por quem o Deus dos rios Alfeu se apaixonou. ÁRTEMIS a transformou em uma fonte para ajudá-la a escapar dele, mas Alfeu a perseguiu para a Sicília, onde suas águas se misturavam. Ela surgiu como uma fonte na Ilha de Ortigia no porto de Siracusa. De acordo com um relato, ela contou à DEMÉTER sobre o sequestro de PERSÉFONE pelo Deus Hades.

ARETIA: Deusa da Terra dos caldeus. Aparece na Bíblia no livro de Esdras, na sua forma hebraica Aretz. (Ver também ADAMAH).

ARIADNE: Cretense e Grega. Filha do rei Minos de Creta, ajudou Teseu a entrar no labirinto com seu ardiloso fio, para matar o Minotauro e conseguir sair dele de novo. Ela foge com Teseu, mas ele a abandona na ilha de Naxos. Foi consolada por Dionísio, que no seu culto em Naxos era considerado seu consorte. Festival: 26 de dezembro.

ARIANRHOD: (Roda de prata). Uma das mais importantes Deusas galesas. Mãe de Llew Llau Gyffes com seu irmão Gwydion. Seu consorte Nwyvre (Céu, Espaço, Firmamento) sobreviveu apenas no nome. Caer Arianrhod é o seu castelo localizado na constelação de estrelas circumpolares, para as quais as almas se retiram entre as encarnações, sendo ela, portanto, uma Deusa da reencarnação. Deusa adorada na Lua cheia, veja o capítulo XXI para obter sua história completa.

ARNAKNAGSAK: Ver SEDNA.

ARSAI: Deusa cananeia da Terra e da Natureza em seu aspecto de Donzela, considerada a "Jovem Moça da Terra". Uma Deusa Tríplice com suas irmãs PIDRAI, a Donzela da Luz e TALLAI, a Donzela da Chuva.

ARSINOE: Grega/egípcia. Esposa e irmã do rei Ptolomeu Filadelfos. Foi deificada e identificada tanto com a AFRODITE quanto com ÍSIS, tendo um templo em Zephyrion, na costa egípcia.

ÁRTEMIS: Deusa grega da natureza e da Lua. Filha de Zeus e LETO, e irmã gêmea de Apolo (embora seja um dia mais velha). Ela provavelmente absorveu as características de uma Deusa do Sol de origem pré-indo-europeia, e sua geminação na lenda clássica com o Deus do Sol Apolo pode ter se originado disso. Os gregos a assimilaram "a senhora das feras selvagens". Os ursos eram sagrados para ela, e estava associada à constelação da Ursa Maior. A ave associada a ela era a galinha pintada. Doreen Valiente, em *An ABC of Witchcraft*, diz que seu nome pode significar "Fonte elevada das Águas" – a Lua sendo considerada a fonte e regente de todas as águas, e das marés oceânicas, psíquicas e menstruais. "Por isso a Deusa da Lua, quer seja o nome por qual ela fosse conhecida, era a amante da magia, encantamento e feitiçaria" (ibid.). Era invocada por mulheres no momento do parto como Ártemis Eileithyia. Protetora dos jovens, especialmente das moças. Invocada para trazer bom tempo para os viajantes, ela é representada com arco e flechas e muitas vezes acompanhada por um cão. Uma de suas formas era CALISTO. Em Esparta, seu aspecto sombrio era adorado como Ártemis Taurina com sacrifícios humanos anuais, até que o rei Licurgo substituiu essa prática para a flagelação ritual. Outros nomes para ela eram Cynthia, Delia, Phoebe, PYTHIA e Parthenos – solteira, virgem no sentido de "mulher de si", não estando sujeita a nenhum homem; não com a conotação de celibatária, porque ela aparece com frequência nos mitos consagrando os rituais do Deus-agonizante. "Não havia adoração pública a Ártemis, a Casta" (Sir J. G. Frazer). A Ártemis de Éfeso de muitos seios (ou "Diana dos Efésios" que aparece no capítulo 19 dos Atos dos Apóstolos), cujo templo onde era adorada como uma Deusa da fertilidade era uma das Sete Maravilhas do Mundo Antigo, é uma figura muito mais próxima da sua função pré-grega como a Grande Mãe. Dizem que seu culto era voltado para as Amazonas. *777*: no Tarô, tem associações com as cartas de número Nove, Alta Sacerdotisa e Temperança. Gemas: quartzo, pedra-da-lua, pérola, cristal, jacinto. Plantas: figueira-de-bengala, mandrágora, damiana, amêndoa, artemísia, avelã, lunária, ranunculus, juncaceae. Animais: elefante, cachorro, centauro, cavalo, hipogrifo. Mineral: chumbo.

Aromas: jasmim, ginseng, todas as raízes odoríferas, sangue menstrual, cânfora, aloés, todos os odores virginais doces. Armas mágicas: perfumes, sandálias, arco e flecha. Festivais: 12 de fevereiro e sexto dia da Lua nova. Equivalente romana: DIANA.

ARTIO: Deusa Celta continental primitiva de um clã urso que pode ter sido a consorte de Essus, Deus agrícola dos Essuvi. Adorada na Suíça em Berna (que significa "Ursos"). É representada sentada perto de uma árvore na frente de um enorme urso, com uma cesta de frutas ao seu lado. Uma Deusa mãe da abundância.

ARU, ARURU, NINTU: Deusa suméria que com Marduk criou "a semente da humanidade". Posteriormente, nos tempos patriarcais, Marduk criou a humanidade sozinho. Mãe de Gilgamesh, sendo que na lenda de Gilgamesh ela cria o herói Enkidu, moldando-o com argila à imagem do Deus Anu e lançando-a na Terra em seguida.

ASGAYA-GIGAGEI: Deus/Deusa bissexual do trovão dos povos ameríndios cherokees, conhecido(a) como "o Homem Vermelho" ou "a Mulher Vermelha".

ASHA POORNA: (A esperança cumprida). Deusa hindu tutelar dos Chohans.

ASHERAH, ASHERAT: Deusa Mãe cananeia (originalmente assíria), esposa de Baal, aparecendo também como sua mãe (como a Asherat dos Mares). Chamada de a "Mãe dos Deuses", tendo setenta filhos, foi a conselheira do Deus supremo El. Ela tende a se fundir com ANAT e ASTARTE. Dia: Sábado – significativamente, o sábado hebreu. O Dr. Raphael Patai (veja na Bibliografia) mostra que durante 240 dos 360 anos que o Templo de Salomão durou em Jerusalém, Asherah foi adorada ao lado de Jeová como sua esposa e irmã, e sua imagem de madeira era exibida publicamente. Quando Elias abateu os 400 sacerdotes de Baal no Monte Carmelo, os de Asherah não foram molestados. Ela representou a antiga população agrícola de Israel. A tribo de Asher recebeu esse nome em sua homenagem. Era a mais consciente dos mares dentre os Doze, abarcando uma faixa costeira de cerca de sessenta e cinco quilômetros de extensão e não mais do que dez quilômetros de largura, centrada na antiga cidade de Acre, de modo que a Asherat dos Mares era considerada a mãe de todos. Convencionalmente, a árvore que era seu símbolo também era conhecida como "Asherah".

ASHIMA: Deusa Samaritana da Lua.

ASHIMA BAETYL: Ver ANATHA BAETYL.

ASHNAN: Deusa suméria e caldeia dos grãos e campos cultivados, criada por Enlil ao mesmo tempo que Lahar, o Deus do gado.

ASHTART: Deusa fenícia, irmã e esposa de Cronos, a quem ela deu à luz Eros. Cronos fez dela uma das governantes da Fenícia, e ela escolheu a cabeça de um touro como sua insígnia real. Referida no Antigo Testamento como Ashtaroth, era conhecida por sua lascívia. A Ashtart do Céu de Baal era o Planeta Vênus. Seus elementos tendem a se fundirem com ASHERAH e ASTARTE.

ÁSIA (1): Grego. Mãe de Iápeto (a quem Robert Graves equivale ao Jafé bíblico), de Atlas e de Prometeu. A "Terra da Ásia" era a moderna Turquia Asiática.

ÁSIA (2): Deusa adorada no Guiné. E a Deusa terrestre das tribos Agni de Indene e Sanwi.

ASRI: (Azar). Deusa hindu do infortúnio.

ASTARTE, ATHTARAT: Versão cananeia de ISHTAR, sendo uma Deusa da fertilidade. Era a Deusa principal de Tiro e Sídon. Astarte era também a forma grega do nome ASHTART. Tende a se fundir com ASHERAH e ANAT e com a egípcia HATHOR. Foi trazida para o Egito. Ramsés II tinha um templo dedicado a ela, sendo Astarte e ÍSIS consideradas boas amigas. Assim como Anat e Hathor, ela era uma ama de leite dos reis. Astarte era associada ao Planeta Vênus. Os gregos transferiram seu papel, na história de Adônis, para AFRODITE. Um culto à Astarte e Héracles de Tiro, conduzido por sacerdotisas, existiu em Londres, Carlisle e Corbridge, em Northumberland, na época romana, provavelmente em conexão com a presença de comerciantes do Oriente. Festival: 23 de abril. Dias: sexta-feira e sábado. Esse também era o nome da Rainha de Biblos cujo filho a Deusa Ísis, disfarçada, cuidou como enfermeira durante sua busca pelo caixão de Osíris.

ASTRAEA: Grega, filha de Zeus e TÊMIS (ou de Astraeus e EOS). Deusa da justiça e da pureza, Astraea abandonou a terra desgostosa de sua violência no final da Idade de Ouro e se tornou a constelação de Virgem.

ASVA: (Égua). Deusa hindu da madrugada, imaginada como uma égua; outra forma de USHAS.

ASYNJOR, As: Teutônica. Ajudantes de FRIGG em Vingolf, o Salão das Deusas. Algumas vezes, incluem as qualidades das VALQUÍRIAS e das NORNES.

ATABEI: Haitiana. Mãe do Deus do céu Joca-huva.

ATAENTSIC: Ameríndia, Iroquois e Huron. Mãe do Sopro do Vento, que deu à luz gêmeos que lutaram em seu ventre, causando sua morte. De seu corpo ela fez o Sol e a Lua, que foram colocados no céu pelo Mestre dos Ventos, o marido do Hálito do Vento.

ATALANTA: Grega. Sua lenda tem semelhanças com a de ÁRTEMIS. Uma Deusa da natureza e da caça, que só se casaria com o homem que pudesse vencê-la em uma corrida; aqueles a quem ela derrotou tiveram que morrer. Melanion (também chamada Hipomenos), ganhou-a pelo truque de deixar cair as três maçãs douradas que AFRODITE lhe dera. Ao parar para pegá-las, perdeu a corrida e se casou com ele. O casal foi mais tarde transformado em leões por profanarem um templo de Zeus (outra tentativa do patriarcado para desacreditar a Deusa?) Ela foi a causa da morte do herói Meleager, em circunstâncias que sugerem fortemente o tema do Deus sacrificado; e o nome de seu filho (alguns dizem que o próprio Meleager) era Parthenopaeus. Isso (como o irlandês Aengus mac Óg – ver o verbete para BOANN) significa "filho de uma virgem", não no sentido celibatário, mas denotando uma mulher ou Deusa que é dona de si, não uma mera consorte.

ATANUA: (Aurora). Polinésia, Marquesas. Filha de ATEA depois que Atea se tornou um Deus masculino. Ela também lhe deu muitos filhos. O líquido amniótico de seu aborto é explicado como tendo dado origem ao mar.

ATARÉTIS DERKETO: Deusa babilônica do peixe de Askalon, disse ter sido a mãe divina, pelo Deus da sabedoria Oannes, de Semiramis, uma rainha histórica da Babilônia.

ATARGATIS: Originalmente uma Deusa síria que regia a gestação e a fertilidade, ela se espalhou e adquiriu outras características como, por exemplo, sabedoria e destino. Pode ser associada a ISHTAR. Como a Dea

Síria, seu culto chegou ao Egito, Roma, às províncias do Danúbio e até à Grã-Bretanha. Frequentemente retratada com uma cobra ou com cauda de peixe. Os peixes eram sagrados para ela.

ATE: Grega. Filha de Éris ou de Zeus. Uma Deusa problemática, que levava os homens e os Deuses à irresponsabilidade. Ela chegou a enganar até Zeus em um voto imprudente no nascimento de Héracles, e Zeus a baniu para a Terra – mas enviou duas de suas outras filhas, a Litae, para segui-la e tentar mitigar o problema que ela causou. Os Litae estavam enrugados e coxos, e qualquer um que os acolhia com respeito era inundado de bênçãos.

ATEA: (Vasta expansão, luz). Polinésia. A Deusa que encheu a cúpula do céu quando o mundo foi criado. Após o nascimento de seu filho Tane, ela mudou de sexo e se tornou um Deus masculino.

ATHENA: Grega, uma Deusa guerreira, mas também Deusa da inteligência e das artes da paz. Protetora das cidades, sobretudo de Atenas. Protetora de heróis e patrona de arquitetos, escultores, fiandeiros e tecelões, e diziam ter inventado o arado e a flauta. Nascida totalmente armada da cabeça de Zeus depois de ele haver engolido METIS, que estava grávida dele. Era representada portando um capacete, com escudo e lança, e usando a égide (uma espécie de couraça de cabo). Seu animal de culto era a coruja, e o carvalho e a oliveira eram sagrados para ela. Festivais: 19-23 de março (Panathenaea Menor), 25 de dezembro (Dia dos Geniae), o terceiro dia da Lua nova e o sexto dia da Lua cheia. *777*: no Tarô, as cartas de número 2, Imperador, Estrela e Mundo. Gemas: rubi, rubi-estrela, turquesa, ônix, vidro artificial. Plantas: amaranto, lírio de tigre, gerânio, azeitona, coco, cinza, cipreste, teixo, heléboro, beladona; Animais: homem, carneiro, coruja, águia, pavão, crocodilo. Minerais: fósforo, chumbo. Perfumes: almíscar, sangue de dragão, gálbano, assafétida, escama, índigo, enxofre; Armas mágicas: chifres, energia, Burin, incensário, aspersório, foice, Manto Interno de Glória. Equivalente romana: MINERVA.

ATHTARAT: Ver ASTARTE.

ATHTCR: Egípcia. Personificação da Mãe Noite, o elemento primordial que cobre o abismo infinito.

ATIRA: Ameríndia, adorada pelo povo Pawnee. Esposa do Deus criador Tirawa.

ÁTROPOS: Ver MOIRAS, As.

ATTAR: Estrela da Manhã (Vênus). Deusa do sul da Arábia.

AUCHIMALGEN: Chilena. Deusa da Lua dos araucanos e sua única divindade benéfica. Esposa do Sol. Protege contra desastres e maus espíritos.

AUDHUMLA: Teutônica. Uma Deusa vaca primordial na lenda da criação, e ama de leite dos gigantes. De acordo com o Edda em Prova, "quatro rios de leite corriam de suas tetas".

AUKERT: Egípcia. Um nome usado para se referir ao Submundo e que, algumas vezes, é personificado como uma Deusa.

AURORA: Ver EOS.

AVILAYOQ: Uma divindade dos inuítes. A mãe da raça humana, tendo-a concebido através do marido, que era um cão. Seu pai a jogou no mar como sacrifício para acalmar uma tempestade. Ao ser lançada na água, ela agarrou a borda do barco, mas ele cortou seus dedos e furou-lhe um olho. Seus dedos se tornaram as focas, baleias e outros animais marinhos. Ela mesma se transformou depois na Deusa SEDNA.

AXO-MAMA: Mãe-batata peruana.

AYA: Deusa assírio-babilônica da alvorada, consorte do Deus Sol Shamash, e mãe de Misharu, Deus da lei e ordem, e Kittu, Deus da justiça.

AYIZAN: Deusa adorada no vodu haitiano. Foi a primeira Sacerdotisa, sendo Loco o primeiro sacerdote. Eles são os mais importantes dos ancestrais Loa (divindades). Ambos estão intimamente associados ao Deus Sol criador Legba. Ela às vezes é chamada de esposa de Legba e às vezes de Loco, que é o "chefe da escolta de Legba". É a Deusa patrona da praça pública e do mercado, e também dos rituais de iniciação, sendo a Loa do ventre psíquico da humanidade. Loco e Ayizan são "os pais morais da raça humana, não apenas em termos de fonte ou origem, mas ainda mais enfaticamente, no sentido de guardiões" e, além de serem professores, são "os maiores curadores do seu panteão". (Deren, *Divine Horsemen*) Ayizan, em particular, protege contra a magia malévola. Seu símbolo é a folha de palmeira.

AZ: Demônio feminino persa da luxúria e ganância.

BAALAT: (A Senhora) nome geral fenício para se referir a uma Deusa específica de uma cidade ou localidade (assim como Baal, que significava "Senhor", era usado para se referir a um Deus), como, por exemplo, a Baalat de Biblos, que se assemelha à HATHOR egípcia. Ela é retratada com um ornamento na cabeça com um disco e chifres. Ver também BELTIS.

BAAU: Fenícia. A substância primordial personificada, e a noite. A Mãe dos Deuses. A lenda da criação fenícia a chama de esposa do Deus do vento Kolpia e mãe de Aion (vida) e Protógonos (primogênito). Ver também BAU.

BABELAH: Babilônica. Deusa que personificava a Babilônia (também na Bíblia hebraica). Considerada pelos muçulmanos como a personificação da magia negra. Possui alguma relação com TIAMAT.

BACHUE: Colombiana. Deusa da água, protetora da vegetação e das colheitas.

BADHBH, BADB: (Gralha cinzenta) Deusa da guerra irlandesa, esposa de Net, Deus da guerra; filha de ERNMAS e Delbaeth e irmã de MACHA, MORRIGAN e ANU. Em alguns contextos, Anu, Badhbh e Macha aparecem como uma Deusa Tríplice do Destino, sendo a combinação das três conhecida como Morrigan. Badhbh era conhecida na Gália como CAUTH BODVA.

BAHU: (A abundante) Deusa hindu. A Mãe Criativa, vista como a constelação de Leão ou a estrela Denebola.

BALTIS: Ver DIONE.

BANBHA: Irlandesa, uma das três rainhas dos Tuatha Dé Danann, filhas do Dagda, que pediram que a Irlanda fosse nomeada em sua homenagem. Esposa de Mac Cuill, filho da avelã, "cujo Deus era o mar". De acordo com uma das versões do mito, ela foi a primeira mulher a encontrar a Irlanda antes do Dilúvio. Já de acordo com outra versão, Banbha veio para a Irlanda com CESARA. Ela disse a Amergin: "Eu sou mais velha que Noé; no pico de uma montanha estava eu durante o Dilúvio".

BANSHEE: (Ou bean sidhe, "Mulher Fada") Do folclore irlandês. Ligada às antigas famílias irlandesas (as que têm O's e Macs no sobrenome), ela pode ser ouvida chorando lamuriosamente perto da casa quando um membro da família está prestes a morrer. Ainda há muita crença na Banshee, e ela é ouvida com frequência. Nós mesmos já a ouvimos no Condado de

Wexford. No dia seguinte ao seu choro, os vizinhos perguntariam uns aos outros por quem a Banshee estivera chorando e descobririam quem realmente morreu durante a noite. Uma de nossas Bruxas, nascida e criada no Condado de Donegal, tem uma Banshee ligada à sua família e a ouvia frequentemente momentos antes do falecimento de um parente.

BAST, BASTET: Deusa egípcia em forma de gato da cidade de Bubastis no Delta já na 2ª Dinastia, cerca de 3.200 AEC. Quando Bubastis era a capital na 22ª Dinastia, por volta de 950 AEC, tornou-se uma divindade nacional. Originalmente com cabeça de leão, ela representava o poder benéfico do Sol, em contraste com SEKHMET, que representava seu poder destrutivo. Gatos foram domesticados muito cedo pelos egípcios, sendo valorizados como destruidores de cobras (o Delta, em particular, estava infestado de cobras). Eles se tornaram muito amados e sagrados, sendo muitas vezes mumificados cuidadosamente quando morriam. Bubastis tinha um enorme cemitério de gatos. Um romano, em visita a Bubastis, imprudentemente matou um gato, ele foi linchado pelos cidadãos horrorizados. Uma tradição dizia que Bast acompanhava o Deus do Sol Rá na "barca de milhões de anos" em sua jornada diária pelo céu, e à noite lutava contra o inimigo de Rá, a serpente Apep. Dizia-se que ela era filha (ou irmã) e esposa de Rá, para quem concebeu o Deus Maahes que tinha a cabeça de um leão. Uma Deusa gentil que regia a alegria, a música e a dança. Seus rituais incluíam alegres procissões em grandes barcas além de cerimônias orgiásticas. Ela também protegia os homens contra doenças contagiosas e maus espíritos. Assim como SEKHMET (que, como se fosse seu outro eu, às vezes apresenta as mesmas qualidades), ela se tornou esposa de Ptah de Mênfis, e com seu filho Nefertum completam a tríade de Mênfis. Ela é descrita como uma mulher com cabeça de gato, carregando um sistro e uma cesta, ou com o corpo inteiro de um felino. Muitas vezes, em qualquer aspecto seu, ela é representada com filhotes de gato a seus pés. Sua cidade Bubastis é mencionada como Pi-beseth na Bíblia em Ezequiel 30:17.

BASULI: Hindu. Deusa aborígene de Orissa, representada nas cavernas de Kandagir, de pé, nua sobre uma flor de lótus.

BAU, BOHU, BAHU, GUR: Deusa primitiva caldeia e assírio-babilônica, as Águas Negras das Profundezas. Mãe do Deus da água Ea (Enki). Mais tarde considerada a esposa do Deus da irrigação Ningirsu (Ninurta). Seu casamento foi celebrado no Ano-Novo Babilônico, no final da colheita. Nome também às vezes dado à Deusa da Terra GA-TUM-DUG. Ver também BAAU.

BAUBO: Deusa egípcia da dinastia ptolemaica. Uma figura de fertilidade retratada exibindo seus órgãos genitais em um propósito semelhante às SHEILA-NA-GIG. Baubos eram encontradas em quartos de mulheres, aparentemente ligadas ao culto da fecundidade e do parto de mulheres da cidade de Bubastis.

BEAN-NIGHE: (Mulher lavadeira). Escócia e Irlanda. Assombra riachos solitários lavando as roupas manchadas de sangue daqueles prestes a morrer. Diz-se que uma bean-nighe é o espírito de uma mulher que morreu no parto, fadada a agir dessa forma até o dia em que teria morrido normalmente.

BEFANA: (Epifania). Uma fada Bruxa italiana que voa na vassoura na Noite de Reis, descendo pelas chaminés trazendo presentes para as crianças.

BELILI: Uma antiga Deusa suméria do Submundo, subordinada a ERESHKIGAL. Também uma Deusa da Lua e do amor. Irmã e esposa de Tammuz. Ver também BELTIS.

BELISMA: Deusa britânica e céltica continental, que regia os lagos e rios. Ptolomeu dá seu nome ao rio Ribble em Yorkshire e Lancashire. Equiparada com MINERVA pelos romanos.

BELIT-ILANIT: Deusa caldcia do amor, que faz homens e mulheres serem atraídos um pelo outro. Erótica, gentil e pacífica. Uma Deusa da noite.

BELIT-ILI: Assírio-babilônica. Protetora de bebês recém-nascidos. Também chamada de Nintud.

BELIT-SHERI, NIN-EDIN: (Senhora do deserto). Deusa escriba assírio-babilônica, que se sentava com ERESHKIGAL no Submundo e mantinha os registros dos mortos.

BELLONA: Deusa romana da batalha, esposa ou irmã de Marte. Bellona tinha um santuário em York. Festivais: 24 de março (Dies Sanguinis, o Dia do Sangue) e 3 de junho.

BELTIS: (A Dama). Assírio-babilônica, mas originalmente suméria. Esposa de Bel, sendo seu nome a forma feminina deste. Suas qualidades assemelham-se às de BAALAT e também as de BELILI, BELIT-ILI e BELIT-SHERI. Com atributos variados, é uma Deusa da Lua, do amor, do Planeta Vênus, do Submundo, dos poços e nascentes e das árvores. Era invocada quando uma construção havia sido concluída. Retratada com o rosto cheio, com um porte grande especialmente nos quadris, quase nua, segurando seus seios com as mãos e usando um ornamento na cabeça em forma de leque.

BENDIS: Grega, da região do Helesponto na Trácia. Uma Deusa da Lua, esposa do Deus do Sol Sabazius. Adorada com ritos orgiásticos. Os trácios a tornaram popular na Ática, e em 430/429 AEC, seu culto se tornou um cerimonial do estado em Atenas, com corridas de tochas no Pireu.

BENE: Aparentemente um nome cartaginense para VÊNUS, usado para se referirem a sua própria TANIT. Durdin-Robertson (em *Goddesses of Chaldaea*) aponta a semelhança com a palavra irlandesa *bean* (mulher). Outras semelhanças incluem *tine* (cartaginês) e *teine* (irlandês) que quer dizer fogo, e os Deuses Baal (cartaginense), Bel ou Beli (galês) e Balor (irlandês). Beltane (o fogo de Balor) pode muito bem ter uma raiz cartaginense, ou pelo menos uma fonte comum.

BENSOZIA: Ver BENZOZIA.

BENTEN, BENZAITEN, BENZAI-TENNYO: Deusa japonesa do amor, da eloquência, da música, da sorte e da riqueza. O único membro feminino das Sete Deidades da Sorte, que dizem navegar para o porto na véspera de Ano-Novo no Takara-bune, ou navio do tesouro. Fotos do navio do tesouro são vendidas nas ruas no ano novo. Originalmente uma Deusa hindu dos rios. Patrona de comerciantes, jogadores, atores e gueixas. Ela monta um dragão, o qual dizem que cativou e com que se casou para impedir que ele devorasse crianças. Ela toca o biwa (uma espécie de guitarra); seu mensageiro é a cobra. Retratada como muito bela, ornamentada, às vezes carregando uma espada e a joia que concede desejos. Em certos momentos, ela é retratada com oito braços, sem dúvida revelando sua origem hindu. As mulheres japonesas muitas vezes carregam amuletos com a forma da Deusa para se tornarem belas e talentosas.

BENZOZIA: Uma Deusa mãe basca. Assim como Bensozia, também um nome medieval para a Deusa Bruxa. Pode significar "boa vizinha", um nome comum para as fadas.

BERA PENNU: Ver TARI PENNU.

BERCHTA: (Dama branca). Teutônica, Deusa do casamento e da fecundidade, equivalente à HULDA sul da Alemanha. O cristianismo a transformou em um monstro para amedrontar as crianças.

BERECINTIA: Outro nome para CIBELE, mas parece também ter sido usado pelos gauleses para se referirem à BRIGIT.

BERUTH: Deusa mãe primordial da Fenícia, esposa de Eliun (o Altíssimo). Em outra versão, a mãe de Urano e Ge (GAIA). Originalmente de Biblos, ela se tornou a Deusa de Berith, a moderna Beirute.

BESTLA: Teutônica. Filha de Ymir (pai de todos os gigantes) ou de Bolthorn (Espinho maligno) e esposa de Bor, de quem concebeu Odin, Vili e Ve.

BETHULTA: Nome hebraico para a constelação de Virgem. Associada com a abundância na colheita. Atribuída pelos rabinos à tribo de Asher, de quem Jacó havia dito: "O seu pão será gordo, e ele produzirá delícias reais" (Gênesis 49:20), (ver também ASHERAH).

BHAIRAVI: (A terrível). Hindu. Ver PARVATI.

BHARATI: Uma Deusa hindu da fala, identificada com SARASWATI.

BHATTA: Uma Deusa hindu da feitiçaria.

BHAVANI, BHOWANI, PARASU-PANI: Deusa mãe hindu e do Tantra, conhecida como o Triplo Universo. Representada com o sol e a lua em seus seios, ou como uma jovem mulher coroada, contendo dentro de seu corpo uma paisagem mostrando o mar, o sol e a lua. Outras representações mostram-na como uma face negra de PARVATI, com um colar de crânios. Festival: Diwali, a Festa das Lâmpadas, na Lua nova de Kartik (outubro/novembro). *777*: no Tarô, cartas de número Três. Gemas: safira estrela, pérola. Plantas: cipreste, papoula de ópio. Animal: mulher. Mineral: prata. Aromas: mirra, algália. Armas mágicas: yoni, Manto Externo do Ocultamento.

BHUMI: Deusa hindu da Terra, visualizada como uma das sete irmãs, seguindo a visão védica de que existem três céus, três terras e uma quarta Terra que é Bhumi. A mãe de todos os seres vivos. Também mãe do Planeta Marte. Associada, assim como LAKSHMI, com Vahara, o avatar javali de Vishnu. Equiparada, às vezes, com PRIVTHI.

BIBI MIRIAM: (Senhora Maria). Em algumas partes da Índia, a VIRGEM MARIA é considerada uma Deusa e incluída no panteão Hindu sob este nome. Kipling refere-se a "uma Deusa chamada Maria".

BIL: Nórdica. Uma dos ASYNJOR. Parece ter dado origem à Jill da canção de ninar. Os irmãos Hjuki e Bil retornavam da fonte com um balde de água quando o Deus da Lua Mani os capturou, e desde então eles o seguem, sendo visíveis da Terra. Pode ser a lembrança de um par de asteroides entre a Lua e a Terra que há muito desapareceram.

BINAH: (Entendimento). Hebraica. A Mãe Suprema, terceira Sephirah da Árvore da Vida Cabalística. Ela toma a energia crua e sem rumo de Chokmah, o Pai Celestial (a segunda Sephirah), e lhe dá forma e manifestação. É, portanto, tanto a Mãe da Luz, AIMA (que nutre) e a Mãe Negra, AMA (que constringe). O primeiro Heh do Tetragrammaton, em polaridade com o Yod de Chokmah. Ela representa a potência feminina do cosmos, assim como Chokmah representa o masculino. Símbolos cabalísticos: o yoni, o kteis, o *Vesica Piscis*, a taça, o Manto Externo no Ocultamento. Tarô: cartas de número Três. Imagem mágica: uma mulher madura.

BIRRAHGNOOLOO: Cultuada entre os aborígenes australianos, nas Altas Planícies Sudeste da Austrália. Uma das esposas de Baiame, o Pai de Todos, que ele elevou para ser a Mãe de Todos, para viver com ele no céu o tempo todo. Cada um deles tinha um totem para cada parte do corpo, de modo que nenhum clã pudesse reivindicá-los exclusivamente. Mas o seu cocriador mais importante foi YHI, a Deusa do Sol.

BIRRA-NULU: Também cultuada entre os aborígenes australianos, nas Altas Planícies e região Sudeste da Austrália. Uma das duas jovens esposas que Baiame, o Pai Todo, casou enquanto descansava no Monte Oobi-oobi em Bullima depois de criar o mundo. A outra era Kunnan-beili. Elas eram volúveis e desobedientes e causaram-lhe muitos problemas.

BLACK HAG: Ver WHITE HAG.

BLATHNAT: Irlandesa Filha de Midir, Rei do Submundo dos gaélicos. Ajudou Cuchulainn a roubar o caldeirão mágico de seu pai.

BLODEUWEDD: (Face de flor). Galesa. Feita de flores de carvalho, giesta e flores do prado por Math e Gwydion para ser esposa de Lleu, que não poderia ter uma esposa "da raça que agora habita esta terra". Ela era infiel a ele, tendo um caso com Gronw, senhor de Penllyn. Foi transformada em uma coruja, e com esta forma ela ainda lamenta seu amante. A típica imagem de mulher feita pelo homem que se rebela contra os estereótipos impostos; cf. EVA.

BOANN: Irlandesa. Deusa do rio Boyne, mãe de Aengus mac Óg com Dagda. "Mac Óg" significa "Filho da Virgem", segundo a antiga conotação de uma mulher independente ou da Deusa dona de si, não uma mera consorte. Seu acasalamento com Dagda ocorreu em 1º de novembro, sem dúvida uma lembrança de um ritual de fertilidade da época de Samhain envolvendo o líder do povo ou rei. Dagda também se uniu à MORRIGAN no rio Unius em Connacht em 1º de novembro. Uma fonte atribui à Boann a condição de filha de Delbaeth, filho de Elada, e de esposa de Nechtan, filho de Nama. Talvez originalmente uma Sacerdotisa que cuidava da nascente do rio Boyne, que se dizia ser um lago onde o Salmão do Conhecimento se alimentava de avelãs que caíam das nove aveleiras que o cercavam.

BONA DEA: (Boa Deusa). Deusa romana da fertilidade da Terra, adorada apenas por mulheres. Até mesmo estátuas de homens eram cobertas onde seus ritos eram realizados. Festivais: 1º de maio, a noite da virada do dia 3 para o 4 de maio, e 3 de dezembro. Dia: quarta-feira.

BRANWEN: Ilha de Man/Gales. Filha de Llyr e irmã de Bran, o Abençoado (Bendigeifran). Casou-se com Matholwch, rei da Irlanda, que a maltratou. Bran partiu com um exército dos homens da Bretanha para vingá-la. Eles derrotaram os irlandeses, mas Bran foi mortalmente ferido. Branwen e seus amigos levaram a cabeça de Bran para Harlech, onde ela ficou sete anos, continuando a conversar com eles, e os pássaros de RHIANNON cantavam para eles. Depois, foi levada para Gwales (Grassholm?), em Penvro (Pembroke), permanecendo ali por oitenta anos. E, finalmente, de acordo com seu desejo, eles a levaram para Londres e a enterraram no Morro Branco (em Tower Hill ou onde hoje fica St. Paul).

BRIBSUN: Ver DOL JYANG.

BRIGANTIA: Deusa do Reino Britânico do Norte homônima de BRIGIT. Seu nome deu origem ao nome do rio Brent (Middlesex).

BRIGIT, BRIGID, BRIGHID, BRÍD: (Breo-saighead, "Flecha Flamejante" ou Brigh, "Poder"). Conhecida na Gália como Brigindo, e em outras partes do continente como Brigan e Brig. Deusa irlandesa da fertilidade e inspiração, filha de Dagda, referida como "a poetisa". É frequente aparecer na forma tripla (as três brigadas). Deusa homônima de Brigantia (norte da Grã-Bretanha). Em última análise, pode derivar de BRIZO. Suas características, lendas e locais sagrados foram absorvidos pela história de Santa Brígida. Festival: 1º de fevereiro, na Irlanda tradicionalmente o primeiro dia da primavera. Confira o capítulo XIV para conhecer sua história completa.

BRIGITTE, MAMAN BRIGITTE: Vodu haitiano. Contraparte feminina de Ghede (Baron Samedi), Deus da morte, erotismo e ressurreição.

BRIMO: Uma antiga Deusa grega da fertilidade, conhecida do choro nos Rituais Eleusianos: "A nobre Deusa teve uma criança sagrada: Brimo deu à luz Brimos."

BRITANNIA: Deusa que personificava a Grã-Bretanha. Talvez combinação de uma raiz que significa britânico com ANU. Foi a primeira a ser estampada nas moedas britânicas pelos romanos. Revivida por Charles II em 1667, sendo a modelo (de acordo com o *Brewer's Dictionary of Phrase and Fable*) sua amante Barbara Villiers, a quem ele fez Duquesa de Cleveland. Outras fontes dizem que foi Frances Stuart, Duquesa de Richmond.

BRITOMARTIS: (Doce virgem). Cretense. Filha de Zeus, caçadora virgem nas florestas de Creta. Minos a desejava, mas ela o rejeitou e depois de um voo que durou nove meses finalmente escapou, atirando-se de um penhasco no mar, onde caiu na rede de um pescador. Por isso os gregos a chamavam de Dictynna, "Deusa das redes", embora DICTYNNA seja uma Deusa diferente no mito cretense. Ela apareceu durante a noite para os navegadores. Pode ter sido o aspecto Donzela da Deusa mãe cretense REIA. A versão grega diz que ela foi salva do afogamento, e foi transformada em Deusa por ÁRTEMIS, com quem foi identificada (inspirou o nome da heroína galesa Britomart. Ver Faerie Queene de Spenser).

BRIZO: (Sedutora). Grega. Uma Deusa da Lua de Delos, a quem eram oferecidos barcos votivos. Pode ser a raiz de BRIGIT.

BRUNISSEN: (Rainha marrom). A heroína de uma lenda provençal, uma bela órfã que sofria reclusa em um palácio, onde havia um pomar. Pode ter sido originalmente uma Deusa celta do Sol – não o Sol do mundo vivo, mas o "Sol negro" do Outromundo, "que brilha mais intensamente ao nascer e o pôr do sol" (Markale, *Women of the Celts*).

BRYNHILD: Teutônica. No Niebelungenlied, uma VALQUÍRIA, banida de Valhalla por ter ofendido Odin. O Deus a mandou dormir em um anel de fogo, do qual o herói Sigurd (Siegfried) a resgatou e se casou com ela (vestígio de um ritual de iniciação?). Mas, na Saga dos Volsungos, Sigurd a ganha para Gunnar (Gunther), com quem ela se casa. Com raiva por ter sido enganada por Sigurd, ela o mata, matando a si mesma em seguida.

BUANNAN: Ver SCATHACH.

BUDDHA KROTISHAURIMA: Deusa mãe tibetana.

BUDDHI: Hindu e tibetana. Na Índia, a esposa – assim como Siddhi – de Ganesha, Deus da boa sorte, com cabeça de elefante. É a representação do intelecto e da intuição, enquanto Siddhi representa a realização. No ensinamento tibetano, ela é uma das agentes da reencarnação, junto com Chit.

BULLAI-BULLAI: Aborígenes australianos, Altas Planícies e Sudeste da Austrália. Seu amante Weedah foi transformado na estrela Canopus pela magia de seu velho e feio rival. Baiame, o Pai de Todos, consolou-a, transformando-a no belo papagaio, para que ela pudesse olhar para cima e admirar seu amante no céu e que ele pudesse olhar para baixo e admirá-la na Terra.

BUTO: Ver UADJET.

CABIRO, CABIRA: Mãe primitiva fenícia. Uma Deusa Misteriosa sobre quem os detalhes eram deliberadamente vagos. Provavelmente filha de ASTARTE e Cronos, irmã de Eros e esposa de Hefesto. Entre suas filhas estavam as três Ninfas cabirianas, que podem ser ela mesma na forma tríplice.

CAILLEACH BEINE BRIC: Bruxa lendária escocesa, provavelmente a reminiscência de uma antiga Deusa local.

CAKSUSI: Hindu. Uma APSARA cujo nome significa "Clarividente".

CALISTO: (A mais bela). Deusa grega da Lua, a quem a ursa era sagrada na Arcádia (que recebeu o nome em homenagem a seu filho Arcas). Vista como o eixo no qual tudo gira e, portanto, conectada com a constelação da Ursa Maior. "Em Grego, a Grande Ursa Calisto também era chamada de Hélice, que significa tanto 'aquilo que vira' quanto 'o ramo de salgueiro' – um lembrete de que o salgueiro era sagrado para a mesma Deusa" (Graves, *A Deusa Branca*). Em seu festival, duas garotinhas vestidas de ursas saíam selvagemente atrás dos garotos que participavam. Graves acredita que se tratava de um ritual de acasalamento sacrificial de verão. Associada à ÁRTEMIS, sendo muitas vezes chamada de Ártemis Calisto.

CALLIOPE: Ver MUSAS.

CAMPESTRES, As: Deusas mães celtas da cavalaria no exército romano. Adoradas em Hardknott e Maryport em Cumberland, Benwell em Northumberland e Tomen-y-mur em Merionethshire.

CARDEA: Romana. Segundo Ovídio, era a guardiã das dobradiças das portas – isto é, da casa – e das crianças contra os maus espíritos. Graves (*A Deusa Branca*) aponta que a versão de Ovídio veio posteriormente; ela tinha sido originalmente uma Deusa predatória que destruía crianças, tomando a forma de um pássaro ou besta. O espinheiro era sagrado a essa Deusa, e por isso não devia ser trazido para dentro de casa (cf. ALFITO, que se desenvolveu na direção oposta). O simbolismo da "dobradiça" é que ela era uma Deusa que fazia a roda do ano girar, sendo responsável pelos quatro ventos cardeais.

CÁRITAS, As: Grega. Também conhecida como as Graças. Filhas de Zeus e EURÍNOME (ou de Dionísio e Afrodite). Companheiras das MUSAS e encarnações da música, dança e felicidade. Elas eram Aglaia, "a brilhante"; Eufrosina, "aquela que alegra o coração", e Tália, "aquela que traz flores" (também sendo o nome de uma das MUSAS). Eram ajudantes de Afrodite e ajudavam-na a se arrumar.

CARMAN: Irlandesa. Deusa de Wexford, daí o nome gaélico de Wexford, Loch Garman (Loch gCarman). Pode ter uma conexão fenícia ou grega. Uma fonte diz que três homens de Atenas, com sua mãe, vieram para a baía de Wexford para se estabelecerem, e que os comerciantes gregos negociavam na Feira de Carman. Festival. 1º de agosto.

CARMENTA, CARMENTIS: Deusa romana do parto e da profecia. Seus festivais que aconteciam nos dias 11 e 15 de janeiro eram importantes para as matronas romanas. Deusa tríplice com suas duas irmãs Porrima ou Antevorta "Que Olha para Frente" e Postvorta "Que Olha para Trás". Inventora das artes e ciências. De acordo com Graves (*A Deusa Branca*), também inventou o alfabeto romano, dando ao filho Evander as consoantes, mas mantendo as vogais para si.

CARNEA: Deusa romana, identificada por Ovídio com CARDEA. Seu festival acontecia em 1º de junho, quando lhe eram oferecidos carne de porco e feijão. "O feijão é da Deusa Branca – daí sua conexão com o culto das Bruxas escocesas. Nos tempos primitivos, somente suas sacerdotisas podiam plantá-lo ou cozinhá-lo." (Graves, *A Deusa Branca*).

CASSIOPEIA: Grega. Esposa de Cefeu, rei de Joppa (moderna Jaffa) ou, em outras versões, da Etiópia. Ela se vangloriava por ser mais bonita do que as NEREIDAS e, como punição, Poseidon enviou um monstro marinho a quem ela teve que sacrificar sua filha Andrômeda. Perseu matou o monstro e se casou com Andrômeda. Mãe e filha tornaram-se as constelações que levam seus nomes.

CAUTH BODVA: (Fúria de guerra). Versão gaulesa de BADHBH. Sua forma latinizada chama-se Cathuboduae.

CEITHLENN: Irlandesa. Esposa de Balor, o velho Deus que aparece na lenda como rei dos Fomorianos. Pode ser equiparada a DANA, que é mais comumente chamada de esposa de Balor.

CERES: Deusa romana do milho, originalmente da Campania. Foi inteiramente assimilada pela grega DEMÉTER. Festivais: 2 de fevereiro, dia 1º de abril, 11 a 19 de abril, 1 e 24 de agosto, 23 de setembro, 1º de outubro, 4 e 5 de outubro, 8 de novembro, 3 de dezembro. Dias: quarta e sexta-feira. *777*: No Tarô, Eremita. Gema: peridoto. Plantas: galanto, lírio, narciso. Animais: virgens, ermitões, qualquer pessoa ou animal solitário. Aroma: narciso. Armas mágicas: lâmpada, bastão, pão.

CERRIDWEN: Deusa mãe galesa da Lua e dos grãos, esposa de Tegid e mãe de Creirwy (a moça mais bonita do mundo) e Avagdu (o garoto mais feio). Possuidora de um caldeirão inesgotável chamado Amen, no qual ela fez uma poção mágica chamada "greal" (Graal?), com seis plantas, que davam inspiração e conhecimento. Cerridwen mandou Gwion mexer a poção e acidentalmente três gotas caíram em seus dedos. Ele os sorveu, tornando-se possuidor de todo conhecimento. Ela persegue Gwion, ambos mudando de forma. Primeiro, transformaram-se em um galgo perseguindo uma lebre, depois em uma lontra perseguindo um peixe, e então em um gavião perseguindo um pássaro. Finalmente, ela o capturou e o comeu quando ela era uma galinha e ele um grão de milho. Como resultado, Cerridwen deu à luz Taliesin, o maior dos bardos galeses. Essa perseguição pode se relacionar com os rituais de iniciação dos druidas e bardos. Um de seus símbolos era a porca. A maioria de suas lendas enfatiza seu aspecto aterrorizante de Mãe Negra, embora seu caldeirão seja a fonte de sabedoria e inspiração.

CESARA, CESSAIR: irlandesa. Na saga mitológica, foi a primeira a ocupar a Irlanda. Filha de Bith, filho de Noé, que os enviara, e a esposa de Bith, Birren, e o marido de Cesara, Fintaan, "na fronteira ocidental do mundo", quarenta dias antes do Dilúvio, para escaparem. Cesara era a encarregada pela expedição. Um relato diz que eles rejeitaram o Deus de Noé, levando os seus consigo. Acompanhavam-nos cinquenta (ou cento e cinquenta) mulheres que eram originalmente mães de várias nações do mundo. Cesara parece ser uma Deusa dos dias matriarcais pré-celtas.

CHALA, CHAPALA: Deusa hindu da fortuna.

CHALCHIUHTLICUE: Deusa asteca das correntes de água. Esposa ou irmã do Deus da montanha Tlaloc, a quem bebês eram sacrificados. Contudo, ela mesma era protetora de filhos recém-nascidos, casamentos e amores castos. Conhecida como "a Senhora Esmeralda" e "Cinco Vezes Pena de Flor".

CHANDERNAREE: Ver PINGALA.

CH'ANG-O ou HENG-O: Deusa chinesa da Lua, representada como uma jovem muito bonita. Esposa de I, o Excelente Arqueiro, que possuía a bebida da imortalidade. Secretamente, ela tomou a bebida e fugiu para a Lua para escapar de sua ira.

CHAPALA: Ver CHALA

CHARYBDIS: Ver CILA.

CHASCA: Deusa inca que gerava as flores; protetora das donzelas. Uma ajudante do Deus Sol Inti, sendo identificada com o Planeta Vênus.

CHAUTUROPAYINI: Deusa hindu da fertilidade e cura. Representada como uma jovem de quatro braços e aparência de vitalidade, segurando um vaso e fazendo um gesto de oferecimento.

CHHAYA, KHAYA: (Sombra). Hindu. Esposa ou serva do Deus do Sol Surya, que ficou com ele depois que sua primeira esposa SANJNA o deixou. Às vezes considerada outra forma de Sanjna. Seu corpo era etérico em substância. Mãe de TAPATI e também do Planeta Saturno.

CHIA: Deusa colombiana da Lua. Originalmente, a bela, mas travessa esposa do herói civilizador Bochica, que continuava frustrando seus planos por meio de magia, chegando a inundar o mundo inteiro. Ele a baniu para o céu, para iluminar a noite. Era uma Deusa das mulheres. Se um homem incitasse sua raiva, ele devia se vestir como mulher para evitá-la. Muitas vezes confundida com HUNTHACA.

CHICOMECOATL: Deusa asteca do milho e da abundância rural. Conhecida como "sete cobras". Provavelmente de origem tolteca.

CHIH-NII: (Moça tecelã celeste). Chinesa. Deusa da estrela Alfa na Lira. Filha do Augusto Imperador Jade, para quem ela tecia roupas sem costura. Casada com o Rebanho de Vacas Celestiais (Beta e Gama em Áquila), a quem ela amava tanto que negligenciou sua tecelagem. Com raiva, seu pai a baniu para a Lira, separada do marido pela Via Láctea, com permissão para encontrá-lo uma vez por ano. Festival: 7 de julho.

CHIMALMAT: Virgem maia que foi inspirada pelo Senhor da Existência e assim concebida.

CHIT: Ver BUDDHI.

CHIU T'IEN HSUAN-NU: (Donzela negra do nono céu). Uma Deusa chinesa popular, tema favorito das peças. Diz a lenda que um mortal se apaixonou por uma foto de uma linda garota. Ela veio à vida e se casou com ele para passar alguns anos na Terra, dando-lhe uma filha, mas acabou voltando para a foto e desaparecendo. Em muitas histórias ela ensina ao herói a arte de lutar (note a combinação de treinamento em artes marciais e relações sexuais; cf. SCATHACH).

CIHUATCOATL: Deusa asteca do parto, às vezes amigável, outras mais hostil. Mãe de Mixcoatl, o Deus da caça (mais tarde estelar). Conhecido como "Mulher Serpentina", e também chamada Tonantzin "Nossa Mãe".

CILA: (Retribuição). Grega. CIRCE, com ciúmes do amor de Cila pelo pescador Glaucus, transformou-a em uma das duas criaturas femininas monstruosas que guardavam a entrada do norte do Estreito de Messina. Representada como uma mulher bonita dos quadris para cima, suas partes inferiores eram três cães labradores; ela fazia ameaças segurando os lemes de navios naufragados. Na Odisseia ela tinha seis cabeças com presas em longos pescoços, que devoraram seis homens de Ulysses. Cila sentava-se em (e era identificada com) uma rocha; o outro monstro era Caríbdis (Sugadora), um redemoinho que sugava a água e regurgitava de novo três vezes ao dia. Era difícil evitar um dos monstros sem ser preso pelo outro. Ambas as criaturas ainda existem – uma sendo uma rocha de 60 metros próxima à cidade de Cila no lado italiano, a outra um redemoinho de 180 a 270 metros da costa siciliana pelo Cabo Peloro. Até o terremoto de 1783 mudar o leito do mar, eram muito mais perigosos para o transporte marítimo do que são hoje; mas pequenas embarcações ainda abraçam a costa por Cila para se manterem bem longe de Caríbdis (leia Ulysses Found, do erudito e experiente navegador de pequenos barcos Ernle Bradford, sobre suas experiências pessoais com este e muitos outros temas, como os SIRENAS, por exemplo).

CIRCE: (Falcão fêmea). Grega. Deusa de Aeaea (que quer dizer "lamentação"), uma ilha sepulcral no norte do Adriático. Transformou homens em suínos, leões e lobos. Em seus festivais, as mulheres provavelmente se vestiam como porcas e os homens como leões. Na Odisseia de Homero, "a bela Circe, uma formidável Deusa, embora sua voz seja como a de uma mulher", transforma a tripulação de Ulisses em suínos, mas com a ajuda de Hermes ele se desvia de sua magia e continua sendo um homem. Depois, ele vai "com a Deusa para sua linda cama". Ela transforma a tripulação de volta em homens, e todos permanecem por um ano e um dia antes de viajarem. Mas ela os avisa que, antes de chegar em casa, eles terão que visitar "os Salões de Hades e Perséfone, o Medo". Ela representa, para os gregos patriarcais, tanto o perigo quanto a sedução da Deusa, e sua insistência alarmante de que eles penetrem no Submundo (os tesouros do Inconsciente). Odisseu sabiamente usa Hermes (intelecto) para chegar a um acordo com ela, ao invés de evitá-la. Os salgueiros eram sagrados a ela (assim como para HERA, HÉCATE e PERSEFONE).

CITALLINICUE: Ver ILAMATECUHTLI.

CLEITO: (Chave – "enclausurado?"). Grega/Atlante. De acordo com o relato de Platão da entrevista de Sólon com o sacerdote egípcio, ela era filha de Evenor, "um dos homens primitivos da Terra" da Atlântida, e de sua esposa Leucipo "égua branca". Poseidon se apaixonou por ela, e eles produziram cinco pares de meninos gêmeos, entre os quais Poseidon dividiu as cinco áreas da Atlântida.

CLIO: Ver MUSAS.

CLIONA DO CABELO LOIRO: Irlandesa. Deusa de Munster do Sul dotada de uma grande beleza, filha de Gebann, o Druida, dos Tuatha Dé Danann. Associada com a família O'Keefe.

CLOACINA: Deusa romana dos canos e esgotos – uma divindade útil na Roma superpovoada e superlotada. O maior esgoto da cidade era o Cloaca Máxima, que drenava a área do Fórum, onde ela tinha um templo. Cloacina foi mais tarde assimilada a VÊNUS.

CLOTA: Escocesa, Deusa do rio Clyde.

CLOTHO: Ver MOIRAS, As.

COATLICUE: (Aquela que veste uma saia de serpentes). Deusa asteca da Lua e da Terra e a influência de uma sobre a outra. Associada a festivais de semeadura e de primavera. Com o Deus das estrelas Mixcoatl, é mãe de Huitzilopochtli, Deus da guerra e da tempestade, que nasceu totalmente armado.

COCA-MAMA: Mãe coca (a planta) dos peruanos.

CONCÓRDIA: Deusa romana da paz e da harmonia cívica. Festivais: 16 e 22 de janeiro, 30 de março, 1º de abril, 11 de junho.

COPACATI: Deusa do lago Inca, disse ter submergido os templos de outros Deuses sob o Lago Titicaca.

COTIS, COTITTO: Grega – Trácia e Corinto – e também siciliana. Deusa da fertilidade, cultuada com ritos noturnos orgiásticos semelhantes aos de DEMÉTER e CIBELE. Graves (*A Deusa Branca*) sugere que muitas dinastias e tribos, dos reis Cótis na Trácia e Paflagônia aos Cattini e Attacoti do norte da Grã-Bretanha, derivam de seu nome.

COVENTINA: Deusa ninfa britânica do Norte, centro de culto na primavera sagrada em Carrawburgh na Muralha de Adriano, na qual moedas, broches, etc. eram lançados como oferendas. Deusa de criaturas voadoras sem penas. Representada reclinada em uma folha de água e às vezes como uma Deusa tripla. Há vestígios dessa Deusa também no continente.

CREIDDYLAD: Forma galesa da donzela por quem dois rivais devem lutar "todo primeiro de maio até o dia do juízo final". Filha de Llud, Nudd ou Llyr (Lir). Foi quem deu origem à Cordélia de Shakespeare, filha do rei Lear – curiosamente, a única que não é obsequiosa à figura paterna e que se casa com o homem de sua própria escolha.

CUNDA, KUNDA: Deusa budista indiana, "tão propícia aos bons, quanto terrível para os ímpios". Tem quatro ou dezesseis braços e nada está ausente de seu arsenal. Mas o adorador que sabe olhar verá que seu primeiro par de mãos está na posição de ensinar, o próximo na de caridade e assim por diante.

CUPRA: Deusa etrusca da fertilidade, provavelmente a mais antiga de seu panteão. Sua arma era o raio.

CIBELE: Grega, originalmente Frígia, finalmente se fundindo com REIA. Deusa das cavernas, da Terra em seu estado primitivo; adorada em topos de montanhas. Governava as bestas selvagens. Era ainda uma Deusa das abelhas. Retratada com uma coroa em forma de torre e ladeada por dois leões, às vezes segurando um flagelo de ossos de junta – o instrumento com o qual seus sacerdotes, os Galli ou Corybantes, se flagelavam. Esses Galli celebravam seus ritos com danças frenéticas, muitas vezes castrando-se voluntariamente. Estava associado a ela o Deus da vegetação Átis, chamado pelos frígios de Papas (Pai). Sua relação era semelhante à de ISHTAR com Tammuz, ou de ASTARTE com Adônis. Seu festival de primavera lamentava sua morte e depois se alegrava com sua ressurreição. Era mãe de Midas do toque de ouro, sendo o pai o Rei da Frígia, Górdios. Seu símbolo era uma lua crescente, muitas vezes mostrada em perpétua união com o sol. Festivais: 15 e de 22 a 27 de março, 4 a 10 de abril, 3 de dezembro. *777*: no Tarô, Cartas de Três. Gemas: safira estrela, pérola. Plantas: cipreste, papoula de ópio. Animal: mulher. Mineral: prata. Aromas: mirra, algália. Armas mágicas: yoni, Manto Externo de Ocultamento.

CYHIRAETH: Deusa galesa dos córregos, que mais tarde se tornou uma prenunciadora da morte, como a irlandesa BANSHEE.

DAHUD: Bretã. Filha do rei Gradion da Cornualha, que construiu a esplêndida cidade de Ker-Ys (Cidade das Profundezas) para ela. Sendo uma rebelde contra o cristianismo e sexualmente desinibida, conduziu os cidadãos de Ker-Ys ao "deboche". Assim, Ker-Ys foi subjugada pelo mar, com Gradion escapando com a ajuda de St. Gwennole. Os pescadores ainda veem Dahud nadando entre cardumes de peixes ou vislumbram Ker-Ys abaixo quando o mar está calmo. Se alguém comprar alguma coisa de seus habitantes, Ker-Ys será restaurada à vida, e o primeiro homem a ver sua torre da igreja ou ouvir seus sinos se tornará rei da cidade. Dahud é uma forma do arquétipo da Princesa Submersa, o princípio feminino atraente e perigoso, que é facilmente liberado por uma comunicação imprudente (ou corajosa) com ele (cf. LIBAN).

DAIERA: Grega. "A Sábia do Mar", filha de Oceano, e mãe de Elêusis, a quem se dizia que a cidade dos Mistérios Eleusinos era citada. Identificada com AFRODITE.

DAINICHI: Japonesa, budista. Deusa da pureza e sabedoria. Às vezes considerada um Deus masculino.

DAKINI: Hindu. Uma das seis Deusas que governam as seis substâncias corpóreas; os outros sendo Hakini, Kakini, Lakini, Rakini e Sakini. Ver também DAKINIS.

DAKINIS, As; KADOMAS, As: Tibet, Tantra. Deusas que governam várias forças psíquicas, invocadas nos rituais no Tantra Yoga. São de cinco ordens (com suas qualidades, cores simbólicas e pontos cardeais): a Dakinis Divina (Vajra), pacificidade e amor, branco ou azul, Leste; a Dakinis Preciosa (Ratna), grandeza e compaixão, amarelo, Sul; a Dakinis do Lótus (Padma), fascínio e carinho, vermelho, Oeste; a Dakinis da

Ação (Karma), severidade e imparcialidade, verde, Norte; a Dakinis da Compreensão (Buda), iluminação, azul escuro, Centro. Muitas vezes chamadas de "mães" e descritas como majestosamente belas e graciosas.

DAKSHINA: Deusa hindu da vaca, intimamente ligada à Deusa do alvorecer USHAS.

DAMARA: Deusa britânica da fertilidade, associada ao mês de maio.

DAMKINA: Deusa da Terra Babilônica Antediluviana, provavelmente de origem suméria. Esposa de Ea e mãe de Marduk. Também chamada de Ninella ou Damku.

DAMONA: Deusa celta continental de vacas ou ovelhas.

DANA, DANU: A grande Deusa mãe irlandesa, que deu seu nome aos Tuatha Dé Danann (Povos da Deusa Dana), os últimos, mas únicos ocupantes da Irlanda no ciclo mitológico. Sobrepõe-se a ANU e equivale à galesa DON. Filha de Delbaeth e esposa de Balor. Robert Graves argumenta que os Tuatha Dé Danann eram Pelosgianos da Idade do Bronze expulsos da Grécia em meados do segundo milênio – uma confederação de tribos, alguns dos quais vieram para a Irlanda – e que Danu era originalmente a mesma Deusa de DANAE e outras com nomes semelhantes. Isso estaria de acordo com a tradição irlandesa registrada no *Lebor Gabála Érenn.*

DANAE: Deusa de cevada pré-grega em Argos. Graves (*A Deusa Branca*) diz que ela era a filha da antiga Deusa suméria BELILI. No tempo de Homero, ela foi masculinizada como Danaus e/ou assimilada por DIANA ou DIONE. Na lenda clássica, Danae reaparece em um complexo conto de muitas gerações sobre tentativas do patriarcado em contornar a matrilinearidade (ver HYERMERMES, sua bisavó). Nesse conto, Danaus é rei de Argos e Danae sua trineta, seduzida por Zeus que havia tomado a forma de uma chuva de ouro, dando à luz o herói Perseu – que segue o mesmo tema, ganhando um trono através do casamento com a herdeira Andrômeda (ver CASSIOPEIA).

DEA DIA: Deusa romana dos campos de milho. Festivais: de 1 a 3 e 17 de maio.

DEA HAMMIA: Adorada por arqueiros sírios no acampamento romano em Caervorran, Northumberland. Ver também VIRGO CAELESTIS.

DEA SÍRIA: Ver ATARGATIS, VIRGO CAELESTIS.

DE DEVELSKI: Ver AMARI DE.

DÉCIMA TIA, A: Deusa chinesa, protetora de culturas e outros interesses da aldeia. Casada, com grande cerimônia, com o Deus de um santuário local, com o intuito de terem uma parceria mais eficaz.

DEIANEIRA: Grega, filha de Dionísio e ALTHAEA e esposa de Héracles, que lutou com uma cobra com cabeça de touro (personificação do rio Achelous) para conquistá-la. Ele matou a cobra e arrancou um de seus chifres, que se tornou a cornucópia. No casamento, ele "acidentalmente" mata um copeiro, mas a vítima deve originalmente ter sido o pai da noiva. Depois, ele luta e mata o centauro Nessus, que tentou estuprá-la. Antes de morrer, Nessus deu a ela um pouco de seu sangue como um encanto para manter o amor de Héracles, colocando-o em sua camisa. Mas era um veneno que queimou Héracles – "um equivalente mágico da pira sobre a qual Héracles, reconhecendo e consentindo com seu destino, imolou-se no Monte Oeta. Ele entregou ao homem que acendeu a pira seu arco e flechas mágicos que eram os símbolos de sua soberania" (Pinsent, *Greek Mithology*). Aqui temos todas as características do Rei Moribundo, cuja vitória para ganhar a Rainha-Deusa assegura a fertilidade, mas que conhece sua derradeira desgraça.

DEMÉTER: (Deusa mãe da terra). Deusa grega da frutificação da terra, especialmente da cevada. Filha de Cronos e Reia. Seu irmão Zeus, enganando-a na forma de um touro, fez dela a mãe de PERSÉFONE, que foi sequestrada pelo irmão de Deméter, Hades, rei do Submundo. Deméter vagou pela Terra chorando em busca da filha. Enquanto isso, a Terra permaneceu estéril. Com a intervenção de Zeus, Perséfone foi restaurada, mas teve que passar um terço de cada ano com seu marido Hades desde então. Esta lenda tornou-se a base dos Mistérios Eleusinos. Festivais: de 1 a 3 de fevereiro (os mistérios menores de Elêusis), 23 setembro – 1º outubro (os mistérios maiores de Elêusis), 4 de outubro, 13 e 22 de dezembro, o décimo segundo dia da Lua crescente e o segundo dia da minguante. Dias: quarta e sexta-feira. *777*: no Tarô, as cartas de número Três e Força. Gemas: safira estrela, pérola, olho de gato. Plantas: cipreste, papoula de ópio, girassol. Animais: mulher, leão. Mineral: prata.

Aromas: mirra, almíscar, olíbano. Armas mágicas: yoni, Manto Externo do Ocultamento, disciplina preliminar. Veja o capítulo XIII para conhecer a sua história completa.

DENNITSA, ZVEZDA DENNITSA: Deusa eslava da estrela da manhã, sua irmã Vechernyaya sendo a estrela da noite. Juntas, elas ajudavam Zorya, a Alvorada, a cuidar dos cavalos brancos do Sol. Algumas lendas fazem de Dennitsa a esposa de Myestyas, o Deus masculino Lua (na lenda eslava, Lua e Sol são geralmente masculinos, mas MYESTYAS é algumas vezes feminina.)

DERKETO: Versão grega de ATARGATIS.

DESHTRI: (Instrutora). Deusa mestra hindu.

DEUSA BALEIA, A: Hebraica, árabe. A tradição árabe diz que a baleia que engoliu Jonas era do sexo feminino. Cf. Deuteronômio 4: 14-19, que proíbe a adoração, entre outras coisas, "a semelhança de qualquer peixe que esteja nas águas abaixo da terra"; a palavra hebraica é dagah, referindo-se a um peixe fêmea.

DEUSA DA SEDE, A: Ver DEUSA DO DELEITE.

DEUSA DA LUXÚRIA, A: Ver DEUSA DO DELEITE.

DEUSA DO DELEITE, A: Hindu. Formava uma tríade com outras duas, que era a Luxúria e a Sede – enviadas para censurar um príncipe ascético por abandonar seu dever para com sua esposa, família e lar. Descrita como bonita e encantadora, habilidosa nas artes mágicas do desejo e voluptuosidade.

DEUSA PALMA DE NEJRAN: Uma palmeira em Nejran era adorada pelos árabes como uma Deusa, e anualmente coberta de roupas e ornamentos femininos. Uma prática similar com árvores ainda pode ser vista na Irlanda.

DEUSA VIVA, A: Nepal. Em Katmandu há um Templo da Deusa Viva, onde uma jovem virgem da casta brâmane permanece por um período determinado para que possa ser adorada em carne, e oferendas feitas a ela, como a manifestação da Deusa. No festival que conclui seu período, ela vem até a porta do templo, espalhando pétalas de flores e distribuindo vinho "de sua boca o dia todo, embriagando e alegrando muitos de seus seguidores abaixo". Depois disso, seu sucessor assume e ela retorna à vida normal.

DEVAKI: Hindu. Esposa de Vaseduva e mãe de Krishna. Seu irmão, o rei Kamsa, matou todos os seus filhos ao nascer, por causa de uma previsão de que um deles iria assassiná-lo. Mas os pais de Krishna trocaram-no pela filha de um vaqueiro para escondê-lo da ira de seu tio. Intimamente ligada a ADITI, de quem alguns a consideram um avatar (uma encarnação). Na celebração Puri do nascimento de Krishna, Vaseduva é representado por um sacerdote e Devaki por uma dançarina.

DEVANA: Eslava. (Devana para os tchecos, Diiwica para os sérvios da Lusácia, Dziewona para os polacos) Deusa da caça. Jovem, linda, cavalgava rapidamente pelas florestas do Elba e dos Cárpatos, com uma matilha de cães. Pode-se dizer que ela era uma forma de DIANA.

DEVANANDA: Ver TRISALA.

DEVASUNI: Ver SARAMA.

DEVI: (Deusa). Índia, Nepal, Java, China, Japão, Maurícia. Originalmente a grande Deusa mãe hindu dos tempos pré-arianos. Ela abrange todas as coisas, desde o puro espírito e inteligência até a sua manifestação nos elementos da Terra, do Ar, do Fogo e da Água, e incorpora o amor criativo e o amor materno. É a Deusa hindu mais importante, de quem outras Deusas são com frequência consideradas aspectos. Uma "Devi" é um espírito angelical feminino.

DHARANI: Hindu. Uma das encarnações de LAKSHMI, na qual ela estava conectada com a Terra e se casou com Parashurama, uma encarnação de Vishnu.

DIANA: A equivalente romana da Deusa da Lua Grega e da Natureza ÁRTEMIS, que rapidamente adquiriu todas as suas características. Oriunda do Lácio, é uma Deusa da luz, montanhas e bosques e, provavelmente, era a princípio uma Deusa pré-indo-europeia do Sol. Um de seus santuários ficava no Lago Nemi, onde seu sacerdote era um escravo foragido, que teve que matar seu antecessor em combate único para assumir o cargo – e depois protegê-lo contra possíveis sucessores. Assim como Ártemis, ela é classicamente considerada virgem, embora sua origem revele uma Deusa sacrificial de acasalamento. Com a ascensão do cristianismo, ela se tornou a Deusa das Bruxas clandestinas, as quais o *Cânon Episcopi* do Século 10 condenou por acreditar que cavalgavam à noite "com Diana, a Deusa dos

Pagãos". Associada à constelação da Ursa Maior. Na ainda sobrevivente lenda das Bruxas da Toscana, Diana é a Deusa suprema original e mãe de ARADIA com seu irmão Lúcifer. O nome Aradia também apareceu, tal como Herodias, em algumas versões posteriores do *Cânon Episcopi*. Doreen Valiente, em *An ABC of Witchcraft*, sugere que uma razão pela qual o nome Diana atraiu os Pagãos foi que Dianna e Diona eram palavras celtas que significam "divina, brilhante". A lenda britânica diz que foi Diana quem "conduziu o príncipe troiano Brutus, o fundador da linhagem real da Grã-Bretanha, para se refugiar aqui depois da queda de Troia" (ibid.), acredita-se que a Catedral de St. Paul tenha sido construída em cima de um sítio onde antes havia um templo de Diana. Festivais: 26 a 31 de maio, 13 e 15 de agosto; em 13 de agosto ela era invocada para proteger a colheita contra as tempestades. Dia: segunda-feira. *777*: Tarô: cartas de número Nove e Alta Sacerdotisa. Gemas: quartzo, pedra-da-lua, pérola, cristal. Plantas: figueira, mandrágora, damiana, amêndoa, artemísia, aveleira, lunária, ranúnculo. Animais: elefante, cachorro. Mineral: chumbo. Aromas: jasmim, ginseng, todas as raízes odoríferas, sangue menstrual, cânfora, aloés, todos os odores virginais doces. Armas mágicas: perfumes, sandálias, arco e flecha.

DIANOIA: (Pensamento, intenção, significado). Gnóstica, uma AEON, encarnação da Palavra.

DICTYNNA: Deusa cretense, provavelmente do Monte Dikte (ver REIA). Os gregos consideravam-na sinônimo de BRITOMARTIS.

DIIWICA: Ver DEVANA.

DIKE: Ver HORAS, As.

DIONE: Fenícia/grega. Também conhecida como Baltis. Uma Deusa da Natureza ou da Terra, compartilhando atributos com DIANA e DANAE. Filha de Urano e GAIA. Casou-se com seu irmão Cronos, que lhe deu a cidade de Biblos. Segundo uma das versões, é mãe de PERSÉFONE e ATHENA. Homero faz dela a mãe de AFRODITE, sendo o pai Zeus. Patrona do carvalho oracular em Dodona, no Epiro, onde tomou o lugar de HERA como companheira de Zeus. Na verdade, seu nome é simplesmente a forma feminina de Zeus.

DIRONA: Ver SIRONA.

DISCORDIA: Deusa romana da discórdia e da contenda, que precedeu a carruagem de Marte. Equivalente grega: ÉRIS.

DITI: Hindu, filha do primitivo Deus Daksha. Esposa de Kasyapa e mãe dos Daityas (Titãs que lutaram contra os Deuses) e também dos Maruts (corajosos jovens guerreiros). Originalmente assemelhava-se a ADITI, como a mãe cósmica suprema.

DJET: Egípcia. Uma de duas divindades que seguram os pilares do céu, a outra sendo (seu marido?) Neheh.

DODAH: Deusa hebraica mencionada na Pedra Moabita. O nome sugere-lhe um papel materno.

DOK: Cultuada entre os aborígenes australianos. Mãe dos heroicos irmãos Brambrambult. Eles subiram para o Céu como Alpha e Beta Centauri, e ela como Alfa do Cruzeiro do Sul.

DOL JYANG, BRIBSUN: Um aspecto de DOLMA.

DOLMA, TARA BRANCA: Tibete, Nepal, China, Mongólia, Java Oriental, Ásia Oriental. Budista. A Deusa nacional do Tibete. "Uma das figuras mais populares, acessíveis e atraentes do Panteão Tibetano. Ela une em si todas as características humanas e divinas... Estende seu amor a todos" (Lama Anagarika Govinda). Seus aspectos variam da sabedoria transcendental ao erotismo. Representada de acordo com seus aspectos: montando um leão, com o Sol na mão; entronizada em uma cadeira de lótus sob um dossel estrelado; ou como uma mulher atraente, sofisticada, vestindo roupas leves e usando uma tiara. A mão esquerda segurando uma flor de lótus e a mão direita em um gesto de oferecimento. Conhecida como "a Tara com os sete olhos".

DOMNU: irlandesa. Deusa dos Fomorianos ou Fir Domnann (Homens da Deusa Domnu), últimos dois povos ocupantes da Irlanda na saga mitológica. Eles podem ter sido originalmente duas tribos britânicas, no Severn e no Forth.

DÔN: Equivalente galesa da DANA irlandesa; esposa de Beli, mãe de ARIANRHOD e avó de Lleu Llaw Gyffes.

DONZELA DA BANANA, A: Cultuada na Ilha Celebes, na Indonésia. Representa o princípio transitório, em contraste com sua irmã a Donzela da Rocha, representando o duradouro.

DONZELA DA ROCHA, A: Ver DONZELA DA BANANA.

DONZELA ESCURA, A: Deusa chinesa que envia gelo e neve.

DORIS: grega. Filha de Oceano e sua irmã/esposa TÉTIS, e mãe das cinquenta Nereidas, por Nereu o Verídico.

DORJE-NALJORMA, VAJRA-YOGINI: Principal Deusa tutelar das práticas do Tantra Yoga. Personificação da energia espiritual e poder oculto feminino, calor psíquico e força da KUNDALINI. Visualizada como o vermelho-rubi brilhante (o Esplendor da Sabedoria), com três olhos, ar de bem-aventurança, nua, em seu décimo sexto ano, dançando, com um pé no peito de uma figura humana prostrada, e com a auréola das chamas de Sabedoria.

DORNOLL: Ver SCATHACH.

DRUANTIA: Uma Deusa gaulesa.

DRUXANS, As: Persa, presente no Maniqueísmo. Eram consideradas os espíritos perigosos de feiticeira.

DRÍADES, As: Gregas. Espíritos femininos das árvores.

DUGNAI: Deusa eslava do lar que impedia a massa de estragar.

DURGA: Hindu. PARVATI em sua forma destruidora de demônios. Conhecida como "a Invencível". Representada como uma linda mulher amarela, cada um dos seus dez braços segurando uma arma e montada em um leão. Durga absorveu as qualidades de uma antiga Deusa da destruição chamada Nirriti.

DWYVACH: Galesa. Ela e seu marido Dwyvan construíram Nefyed Nav Nevion, a Arca dos galeses, na qual escaparam com vários animais da inundação causada pelo monstro Addanc. Seus nomes significam "o Deus" e "a Deusa". Uma lenda pré-céltica com adições cristãs.

DYNAMIS: (Poder, força). Gnóstica. Uma AEON, personificação do dinamismo. É também semelhante a DIANOIA, da Palavra.

DZIEWONA: Ver DEVANA.

EQUIDNE: Grega. Uma Deusa cobra do inverno, mãe de QUIMERA como Deus da tempestade Tífon.

EGÉRIA: Uma Deusa romana da água oracular. Sua nascente estava perto do Portão Campena e o Rei Numa costumava consultá-la à noite. De acordo com Ovídio, ele se casou com ela. Após sua morte, ela retornou a uma nascente em Arícia. Egéria predizia o destino dos recém-nascidos.

EILEITHYIA: Ver ILITHYIA.

EIR: Teutônica. Uma das ASYNJOR, conhecida como curandeira.

EIRENE: Ver HORAS, As.

EITHINOHA: (Nossa Mãe). Ameríndia, Deusa da Terra dos iroqueses.

EITHNE: Irlandesa. Filha de Balor, esposa de McKinley ou Cian e mãe de Lugh. Pode ser equiparada à ARIANRHOD galesa.

EKADZATI: Deusa tibetana de um só olho que regia os cultos místicos e a sabedoria. EKHAMOTH: Ver SOPHIA.

ELAT: (Deusa) Forma feminina do nome El (Deus), aparentemente milhares de anos mais antiga que ele. A Deusa mãe primordial dos semitas.

ELATE: Grega. Um título de ÁRTEMIS como Deusa da árvore do abeto.

ELECTRA (1): Grega. Filha de Agamenon e Clitemnestra e irmã de Orestes. Quando Clitemnestra e seu amante Egisto mataram Agamenon, Zeus, através do Oráculo Delfos, ordenou a Orestes que vingasse a morte de seu pai matando sua mãe e seu amante. Electra ajudou seu irmão a fazer isso. Freud nomeou o Complexo de Electra (equivalente feminino do Complexo de Édipo) referindo-se a ela, por causa de seu apego ao pai e hostilidade à mãe.

ELECTRA (2): Grega. Uma das PLÊIADES. Mãe de ÍRIS e das HARPIAS com Thaumas, que é filho de Pontus (o mar) e GAIA. Também seduzida por Zeus, a quem concebeu Dardano, fundador da raça Troiana, e HARMONIA.

ELIHINO: Ameríndia, Cherokee. A mãe da terra, irmã de IGAEHINDVO (a Deusa do Sol) e SEHU (a mulher do milho).

ELLI: Teutônica. A única mulher com quem Thor lutou e não conseguiu derrotar – porque ela era "a própria velhice, que ninguém pode derrotar".

EMBLA: (Vinha?). A Eva teutônica. Seu Adão era Ask ou Askr (Cinza). Os Deuses Odin, Hoenir e Lodur os tiraram de troncos de árvores sem vida. O fato de que seu nome é Embla e não Eskga (feminino de Ask) sugere a fusão de duas lendas independentes.

MULHERES EMU, As: Ver SETE IRMÃS.

ENODIA: Grega. Guardiã de encruzilhadas e portões.

ENNOIA, ENNOE: (Pensamento, intenção). Gnóstica. Uma AEON, personificação do pensamento projetivo. Gerou os anjos dos mundos inferiores. Simão o Mago afirmava que ela lhe havia ensinado magia e como se comunicar com esses anjos.

ENTHUMESIS: (Estima). Gnóstica, uma AEON muito parecida com EPINOIA. Diziam ser filha de SOPHIA.

EOS: (Alvorada). Grega, filha de Hipérion e TEIA. Também chamada Aurora. A "Alvorada des dedos rosados com as pálpebras de neve". No início, acompanhava seu irmão Hélios durante todo o dia. Mais tarde HEMERA se tornou uma Deusa separada do dia. Seu primeiro marido foi o Titã Astreus, de quem ela concebeu os ventos, Bóreas (Norte), Zéfiro (Oeste), Eurus (Leste) e Notus (Sul), e também Fósforo, que voava na frente da carruagem de sua mãe carregando uma tocha. Jovem e adorável, Eos inspirou o desejo em Deuses e homens. Ela era amada por Ares, e como vingança, AFRODITE a inspirou a amar vários mortais. Ela se apaixonou por Órion, que por fim foi morto acidentalmente por ÁRTEMIS. Então se casou com Titono e implorou a Zeus para torná-lo imortal – esquecendo-se, todavia, de pedir a ele também a eterna juventude, então ele foi ficando mais e mais velho, até que ela o trancou em um quarto, e os Deuses, com pena, o transformaram em uma cigarra. De Tithonus, enquanto ele ainda era jovem, ela deu à luz Emathion, que se tornou rei da Arábia, e Memnon, que se tornou rei da Etiópia. Também de Tithonus, ou Cephalus, ela concebeu Phaeton, que foi levado por Afrodite para ser guardião do seu templo; e de Atlas ela deu à luz Héspero, a estrela da manhã e da noite Vênus.

EOSTRE, OSTARA: Deusa teutônica, o aspecto Donzela da Terra, que originou o nome da Páscoa (em inglês, Easter). Pode ter a mesma origem de ISHTAR, ASTARTE, etc.

EPINOIA: (Poder do pensamento, inventividade). Gnóstica. Uma AEON e uma das primeiras manifestações femininas. Referida como o "Princípio" e, portanto, ligada à ALEITHEIA.

EPONA: Deusa dos celtas britânicos e continentais, cujo animal totem era o cavalo, adotada pelas unidades de cavalaria romanas como sua patrona. De fato, uma forma antiga da Deusa-mãe celta, com implicações muito mais amplas do que seu totem. Sua história completa pode ser vista no capítulo XIX.

ERATO: Ver MUSAS.

ERCE: O nome em inglês antigo para a Mãe Terra. Harrison (*The Roots of Witchcraft*) sugere que "o termo *erce* no inglês antigo (pronunciado ér-tchei) não é nada mais do que o basco (isto é, da Europa Ocidental do período Neolítico) *erche* (cuja pronúncia é ér-shei), e que significa "entranhas, barriga, intestino, ventre"... "o útero frutífero, do qual fluem todas as bênçãos".

ERDITSE: (A que está parindo). Deusa basca do parto. Evidência de sua adoração, pelo menos nos tempos romanos, foi encontrada em Toulouse.

ERESHKIGAL: (Rainha do Grande Lugar Abaixo). Deusa assírio-babilônica do Submundo, irmã de ISHTAR (INANNA). Conhecida como "Estrela da Lamentação", ou às vezes simplesmente como Allatu, "a Deusa". Também chamada de Ninmug. Esposa de Nergal, que primeiro a destronou e depois se casou com ela (vemos aqui outro rebaixamento patriarcal). Visualizada sentada no trono, nua e com o cabelo preto. Seu palácio, de lápis-lazúli escuro, tinha sete paredes, cada uma com um portão, e era preciso atravessar o rio Hubar para alcançá-lo.

ERÍNIAS, As: Deusas gregas de vingança e justiça, nascidas do sangue da castração de Urano, onde este caiu na terra (ver GAIA). Foram também chamadas de Eumênides (Favoráveis). Elas eram Alecto, Megera e Tisífone. Eram ajudantes de PERSÉFONE. Os romanos adotaram-nas, com a mesma lenda, como as Furiae (Fúrias).

ÉRIS: Deusa grega da discórdia. Sem ser convidada para o casamento de Peleus e TÉTIS, ela enviou uma maçã dourada, com a inscrição "Para a mais bela" (A Maçã da Discórdia) a festa de casamento. Isso resultou no julgamento de Páris e, portanto, na Guerra de Troia.

ÉRIU, ÉRIN: Irlandesa, uma das três rainhas dos Tuatha Dé Danann, filhas do Dagda, que pediram que a Irlanda fosse nomeada em sua homenagem. Esposa de Mac Greine, Filho do Sol ou "o Sol seu Deus".

ERNMAS: (Assassina). Deusa irlandesa. "A Fazendeira", mãe de ANU, BADHBH, MACHA e MORRIGAN (que em muitos contextos é um nome coletivo para as outras três), que ela concebeu de Delbaeth, filho de Oghma Grianianech. Ou, em outra versão, era mãe de BANBHA, FODHLA e ÉRIU. Qualquer das versões faz dela a mãe (forma original?) da Deusa Tríplice essencial dos irlandeses; a primeira versão a apresenta no sentido sombrio (assim como o seu nome), e a segunda (que lhe atribui o título de "Fazendeira") no sentido benéfico.

ERNUTITO: Ver RENENET.

ERYTHEIS: Ver HESPÉRIDAS, As.

ERZULIE: Deusa do amor no vodu haitiano, esposa do Deus do mar Agwe e amante de (entre outros) Ogoun, Deus da guerra e do fogo. Considerada inocentemente exuberante e generosa em vez de promíscua. Para o haitiano atingido pela pobreza, ela expressa seus sonhos de luxo e riqueza, das coisas como deveriam ser, e seus rituais dramatizam isso. É conhecida como "Maîtresse", e muitas vezes identificada com a VIRGEM MARIA. Uma Deusa Tríplice, a principal delas sendo Erzulie Freda Dahomey, mas havendo também Gran Erzulie, que é velha e artrítica, muito maternal e protetora, e La Sirène, cuja cor é azul e cuja voz sibila como o mar.

ESHARRA: Deusa dos caldeus da Terra e da guerra. Esposa do Deus da guerra Nergal (ou às vezes de Bel). Ver também LAZ.

ESPÍRITO SANTO, O: Considerado na tradição hebraica e gnóstica como feminino. A palavra traduzida como "Espírito" na Bíblia é frequentemente o substantivo feminino hebraico Ruach; também se sobrepõe à Sabedoria (veja SOPHIA).

ESTRELA DA MANHÃ: Aborígene australiana, região norte. Originalmente um Deus masculino, irmão da Lua, que também era homem. Juntos, eles criaram terras, rios, plantas, animais, mas entre si sabiam que algo estava faltando. Um dia, quando a Estrela da Manhã estava dormindo, a Lua percebeu o que era – homem e mulher! Então, ele usou seu bumerangue para transformar o corpo da Estrela da Manhã em uma mulher. Quando ela acordou, a felicidade deles estava completa. A humanidade descende destes dois e ainda pode se ver na Lua crescente o bumerangue que moldou a primeira mulher.

ÉTAIN, ÉDAIN: Irlandesa. Conhecida como Étain Echraide que quer dizer "andar a cavalo". Esposa de Midir, e símbolo da reencarnação. Excepcionalmente bela, é descrita entusiasticamente com detalhes na saga de Ulster. "Todas que antes podiam ser consideradas bonitas não são nada em comparação com Étain; todas as loiras juntas não conseguem se comparar a ela."

ETERNA: Chinesa. Feiticeira, filha de TIA PIEDADE. Ela teve uma encarnação na Terra, durante a qual sua mãe celestial secretamente a ajudou e passou seus ensinamentos.

EUFROSINA: Ver CÁRITAS.

EUNÔMIA: Ver HORAS.

EURÍNOME: Grega. Uma das OCEÂNIDES, e mãe, tendo como pai Zeus, das três CÁRITAS. Também (ou originalmente) a adaptação grega do nome de uma Deusa pré-grega da Lua e criadora, os pelasgos afirmavam terem nascido do seu acasalamento com a cobra cósmica Ófion. Sua estátua em Phigalia na Arcádia mostra-a como uma sereia.

EUROPA: Grega. Filha de Agenor, rei de Tiro, e de Telephassa, foi raptada por Zeus na forma de um touro e transportada para Gortyna na Costa Sul de Creta, onde ele a seduziu. Ela deu à luz três filhos, Minos, Rhadamanthus e Sarpedon. Asterius, rei de Creta, casou-se com ela e, não tendo filhos, adotou os de Europa como seus próprios. A alusão ao culto cretense é interessante; O maior rei de Creta, Minos, era filho de um Deus em forma de animal de culto.

EURYALE: Ver GÓRGONAS.

EUTERPE: Ver MUSAS.

EVA: Hebraica. A história do Gênesis é uma revisão patriarcal de mitos da criação do Oriente Médio, e também da própria tradição hebraica. Veja no capítulo XVIII sua história completa.

FAMA: A Deusa romana dos rumores.

FAND: Venerada na Irlanda e Ilha de Man. Fand foi esposa do Deus do Mar, Manannán mac Lir, por quem foi abandonada. Deusa da cura e do prazer, amante de Cuchulainn.

FATAS, As: Ver MOIRAS.

FAUNA: Deusa romana da terra e dos campos, filha ou esposa de Fauno. Identificada com BONA DEA.

FEA: (Odiosa). Deusa irlandesa associada à guerra e subordinada à MORRIGAN. Filha de Elcmar do Brugh.

FEBRIS: Deusa romana e perversa que trouxe a febre e a malária e teve de ser aplacada. Ela era auxiliada por Tertiana e Quartiana. Uma consagração a Tertiana foi encontrada em Risingham, Northumberland. Não existe nenhuma conexão entre seu nome e fevereiro, "o mês de limpeza", que foi nomeado em homenagem ao Deus Februus.

FENG-P'O-P'O: (Sra. Vento). Deusa chinesa do vento. Às vezes pode ser vista nas nuvens como uma velha montada em um tigre.

FERONIA: Deusa romana (latina e sabina), e etrusca. Compartilhava muitos atributos com FLORA. Originalmente, é possível que ela tenha sido uma Deusa do Submundo. Associada com o Deus Sabine Soranus. A família romana de Hirpini foi especialmente dedicada ao seu culto e durante os festivais de Feronia costumavam andar descalços em brasas sem se queimarem. Em sua forma etrusca, uma Deusa da fertilidade e do fogo, às vezes confundida com CUPRA.

FIDES: (Confiança). Romana. Personificação da fidelidade e honra.

FILIA VOCIS: Forma latina do hebraico "Filha de uma voz", transmissora oracular da verdade dos céus. Filha de SHEKINÁ. Mencionada com frequência no Talmude. Suas palavras podem ser ouvidas como sons reais ou dentro da cabeça. Um método tradicional de adivinhação hebraica é apelar à Filha de uma Voz para a solução de um problema; as próximas palavras ouvidas terão um significado oracular.

FJORGYN: Teutônica. Uma das ASYNJOR. Esposa gigante de Odin, esposa ou mãe de Thor e mãe de FRIGG (ela mesma também esposa de Odin). Mais tarde, outro marido foi criado para ela chamado Fjörgynn.

FLIDAIS: Deusa irlandesa da floresta, dominadora de bestas. O gado de Flidais recebeu seu nome em homenagem a ela. Flidais andava em uma carruagem puxada por veados. Esposa de Adammair, ou de Fergus, cuja virilidade era tanta que, quando Flidais estava ausente, precisava de sete mulheres comuns para satisfazê-lo.

FLORA: Deusa romana de "tudo o que floresce" – os botões de primavera, cereais, árvores frutíferas (com POMONA), a videira e as flores. Seu festival, as Floralia, no qual as cortesãs participaram ativamente, acontecia entre 28 de abril e 3 de maio. Ela também tinha um festival de rosas em 23 de maio. Era uma das divindades menores a ter um flamen (sacerdote) próprio.

FODHLA, FOTLA: Deusa irlandesa, uma das três rainhas dos Tuatha Dé Danann, filhas de Dagda, que pediram que a Irlanda recebesse o nome em sua homenagem. Esposa de Mac Cecht, Filho do Arado (ou cujo Deus era o arado, ou a Terra).

FORNAX: Deusa romana dos fornos.

FORTUNA: Deusa romana do destino, bom e ruim. Conhecida como Fortuna Primigênia, traduzida como "a Primeira Mãe" ou "Primogênita" (de Júpiter) – embora também fosse considerada a enfermeira de Júpiter. Uma Deusa muito antiga de várias províncias italianas. Era comum dizer que alguém abençoado com boa sorte possuía uma Fortuna. Os imperadores romanos sempre mantinham uma estatueta de ouro sua em seus quartos de dormir. Protetoras de matronas que já foram casadas. Também é patrona das casas de banho, devido à vulnerabilidade dos homens nus a influências malignas. Representada variadamente com uma roda, uma esfera, o leme e a proa de um navio e uma cornucópia, às vezes portando asas.

FRAUS: Deusa romana da fraude.

FRIGG, FREYA, FREYJA: (Bem-amada, esposa, senhora). Mais venerada das Deusas teutônicas (Frigg e Freya parecem ter sido originalmente a mesma Deusa, depois se desenvolveram como duas, finalmente tendendo a ressurgir). Esposa e irmã de Odin. Possuidora de um manto de plumas de falcão no qual ela voava pelo ar. Mãe de Baldur, Deus da luz. Ela protegia os casamentos e os tornava fecundos, mas muitas vezes era infiel a Odin. Como comandante das VALQUÍRIAS (que eram a princípio suas sacerdotisas), ela frequentemente lutava ao lado de Odin. Adorava ornamentos e joias. Originalmente uma Deusa da Lua montada em uma carruagem puxada por dois gatos, e pode ter sido Sacerdotisa de um clã, cujo totem era o gavião. Associada ao signo zodiacal de Leão. *777*: Tarô: cartas de número Três, de número Sete, Imperatriz. Gemas: safira estrela, pérola, esmeralda, turquesa. Plantas: cipreste, papoula de ópio, rosa, murta, trevo. Animais: mulher, lince, pardal, pomba, cisne. Mineral: prata. Aromas: mirra, algália, benjoim, rosa, sândalo-vermelho, sândalo, murta, todos os odores voluptuosos. Armas mágicas: yoni, Manto Externo de Ocultamento, lâmpada, cinta. A sexta-feira foi nomeada em homenagem a ela (em inglês, *Friday = Freya's Day*). Os nomes de lugares em inglês que a lembram incluem *Freefolk* (no *Domesday Book*, *Frigefolk*, "o povo de Frigg"), *Froyle* e *Frobury*, *Hampshire* (ambos no inglês medieval *Freohyll*, "monte de Freya") *Fryup* (o pântano ou recinto pantanoso de Freya) e *Frydaythorpe*, Yorkshire.

FRIMIA, FIMILA: Teutônica. Uma Deusa virgem que usava fita de ouro em seu cabelo. Suas qualidades foram absorvidas em ASYNJOR.

FUCHI, HUCHI: Deusa japonesa do fogo (Aino) de quem o sagrado vulcão extinto Fujiyama leva seu nome.

FULLA: Teutônica. Irmã de FRIGG, guardiã de sua caixa mágica e chinelos. Uma das ASYNJOR, aparentemente uma antiga Deusa mãe, cujas funções originais ficaram obscuras.

FÚRIAS, As: Ver ERÍNIAS.

GADDA: (O nome talvez signifique "Cabra"). Deusa caldeia, e babilônica. Seu marido era Gad, uma divindade de fortuna.

GAIA, GAEA: (Terra). Para os gregos, ela era a Mãe Terra primordial, de "seios amplos", a primeira a emergir do Caos. Foi considerada como tendo criado o Universo, a primeira raça de Deuses e a humanidade. Deu à luz Urano, o céu e Pontus, o mar. Teve relações com seu filho Urano, gerando então os doze Titãs, o Ciclope e três monstros. Urano, horrorizado com a sua descendência, fechou-os nas profundezas da Terra. Gaia, furiosa, persuadiu o mais jovem Titã, Cronos a castrar Urano enquanto ele dormia ao lado dela. O sangue que caiu sobre a Terra deu origem às ERÍNIAS, aos gigantes e às ninfas do freixo, as Meliae; e o sangue que caiu no mar gerou AFRODITE. O Oráculo de Delfos, antes de passar para Apolo (ver PÍTIA), pertencia a Gaia, que era proeminente entre as profetisas. Ela presidia casamentos, era invocada em juramentos (com o sacrifício de uma ovelha negra) e a ela era oferecida a primeira porção de frutas e grãos.

GANDIEDA: Ver GWENDYDD.

GANGA: Hindu, Deusa do Rio Ganges. O Deus Shiva dividiu-a em sete correntes para que ela pudesse descer à Terra sem causar uma catástrofe. Disse ser a esposa de Vishnu, Shiva e outros Deuses, e também de um rei mortal, Santanu. Retratada como uma bela jovem, com suas águas fluindo sobre ela.

GARBH OGH: Irlandesa. "Uma giganta antiga e sem idade, que tinha um carro que era puxado por alces, cuja dieta era leite de veado e peitos de águias e que caçavam o veado da montanha com um bando de setenta cães com nomes de pássaros. Ela recolheu pedras para amontoar um *cairn* triplo e 'montou sua cadeira no ventre das colinas na estação da flor da urze'; e depois faleceu" (*A Deusa Branca*, Graves ibid.) Diz que ela é uma forma da Deusa que sacrifica o rei Astado.

GAROTAS DE ÁGUA, As: Ver SETE IRMÃS.

GARMANGABIS: Importada para a Grã-Bretanha pelos suebi, auxiliares romanos que a adoravam em Longovicium (Lanchester, Co. Durham).

GASMU: (A Sábia) Uma antiga Deusa do mar dos Caldeus, esposa ou filha de Ea. Acabou sendo associada à ZARPANITU.

GA-TUM-DUG: Nome local da Deusa mãe babilônica; equivale a BAU.

GAURI: Hindu. Aspecto de fertilidade e abundância de PARVATI; a Justa, a Noiva da Colheita. Às vezes representada por uma moça solteira e por um feixe de bálsamo selvagem vestido de mulher. Tanto a menina como o bálsamo são adorados para garantir uma boa colheita de arroz.

GAYATRI: Deusa hindu da oração da manhã; segunda esposa de Shiva.

GENDENWITHA: Ameríndia, Iroquois. A estrela da manhã. No princípio, uma mulher humana, colocada no céu pela alvorada e amarrada em sua testa.

GERD, GERDA: Teutônica. Filha do gigante Gymir e esposa de Frey, Deus da fertilidade, que a conquistou apenas após uma batalha desesperada com os gigantes e depois de ameaçar transformá-la de uma bela jovem em uma velha.

GERFJON, GEFJON: Gigante teutônica, uma das ASYNJOR. Particularmente honrada na Ilha de Seeland, que ela criou por um feito mágico com o arado. Protetora de moças que morriam solteiras.

GESTINANNA, GESHTIN: (Dama da videira). Suméria. Filha de NINSUN e irmã de Dumuzi (possivelmente também de Gilgamesh). Desempenha um papel importante no luto e resgate de Dumuzi. Mantém os registros do Céu e do Submundo, passando seis meses do ano em cada um. Também era uma intérprete de sonhos. (Ver também BELIT-SHERI).

GEE: (Terra) forma fenícia de GAIA.

GHUL: (Aquelas que se apoderam de alguém). Árabe, pré-islâmica. Espíritos femininos que atacavam viajantes, especialmente no deserto, comendo-os ou ocasionalmente os seduzindo. Raiz da palavra inglesa moderna *ghoul*[26].

GJALP: Gigante aquática teutônica, que estava montada sobre os rios e os fazia inchar.

GLAISRIG, GLAISTIG: Uma ondina escocesa, bela e sedutora, mas com corpo de cabra da cintura para baixo (que ela escondia sob um longo vestido verde). Atrai homens para dançar com ela e depois suga o seu sangue. No entanto, ela pode ser benigna, cuidar de crianças ou idosos ou pastorear o gado para os agricultores.

GNA: Teutônica. A mensageira de ASYNJOR. Seu cavalo se chamava Hofvarpnir.

---

26. Em inglês, refere-se a um espírito maligno ou fantasma, especialmente um que se acredita roubar sepulturas e se alimentar de corpos humanos.

GODA: Ver GODIVA.

GODIVA, GODGIFU: (Presente de Deus). Deusa britânica. A lenda de Lady Godiva andando nua pelas ruas de Coventry como uma condição de que seu marido Leofric reduzisse os impostos do povo, é um disfarce monacal para uma procissão que acontecia perto da Véspera de Maio em honra à Deusa Goda. Robert Graves em *A Deusa Branca* dá vários exemplos de rituais a Deusas a que homens não podem ver, e "Peeping Tom[27] deve ser uma recordação disso" (cf. BONA DEA.) Ele também descreve um assento *miserere* na Catedral de Coventry, representando "uma mulher de cabelos longos envolta numa rede, montada lateralmente em uma cabra e precedida por uma lebre que lembra várias lendas europeias de uma mulher, "nem vestida nem despida, nem a pé nem a cavalo, nem na água nem em terra firme, nem com nem sem um presente", que é "facilmente reconhecida como o aspecto da véspera de maio da Deusa de Amor e Morte Freya, vulgo Frigg, Holda, Held, Hilde, Goda ou Ostara". CA Burland, *The Magical Arts* diz que as *Cavalgadas de Godiva* eram mil anos mais antigas que a esposa de Leofric. Em centenas de aldeias no Dia de Maio, haveria uma procissão que começava com a velha ANNIS NEGRA, representando o inverno, que era seguida pela "adorável jovem Godiva" que "trouxe a primavera e as bênçãos" nua em um cavalo branco, e não fingindo se cobrir com cabelos longos – nem escondida dos homens da aldeia. Ela era o símbolo complementar feminino ao mastro de maio fálico, "uma espécie de noiva santa... para os saxões, a representante da maravilhosa e aterradora Freya" (ver FRIGG).

GOKARMO: (Aquela dos trajes brancos). Uma forma da Deusa mãe tibetana.

GOLEUDDYDD: Deusa galesa, filha de Amlawdd, esposa de Kilydd, mãe de Culhwch, tia (ou esposa do tio) de Arthur.

GÓRGONAS, As: Gregas. Três filhas de Phorcys e sua irmã Ceto. Monstros alados com cabelo de serpente, que transformavam homens em pedra pelo seu olhar. Elas eram Euryale e Stheno, que eram imortais, e MEDUSA, que era mortal e foi assassinada por Perseu.

---

27. Segundo a lenda, Peeping Tom foi a única pessoa que ousou olhar Lady Godiva cavalgando nua pelas ruas, ficando cego logo depois de vê-la.

GOURI: Ver ISANI.

GRAÇAS, As, ou GRATIAE, As: Ver CÁRITAS.

GRÁINNE: Irlandesa. A esposa de Fionn mac Cumhal, que colocou um *geis* (comando mágico) em Diarmaid e fugiu com ele. Fionn os perseguiu por toda a Irlanda durante sete anos e finalmente os pegou. Fingiu fazer as pazes com Diarmaid, mas conseguiu causar sua morte. Gráinne parece ser originalmente uma Deusa do Sol (de *grian*, um substantivo feminino que significa "Sol"), e o conflito entre Fionn e Diarmaid pode refletir o ressentimento masculino do antigo princípio matriarcal do Jovem Rei que substitui o Velho Rei como companheiro da Deusa-Rainha. Os temas da persistente simpatia popular pelos velhos hábitos, da potência sexual masculina, dos *geis* inescapáveis da mulher, de sua iniciação ao jovem e da menstruação, são todos evidentes na história.

GREIAS, As: (Anciãs). Gregas, filhas de Fórcis e sua irmã Ceto, e irmãs das GÓRGONAS, vivendo nas fronteiras da noite e da morte, no extremo oeste, na costa do oceano. Seus nomes eram Medo, Temor e Horror.

GRIAN: (Sol). Irlandesa. Uma rainha fada com sua corte em Pallas Green Hill, Co. Tipperary. Também um símbolo geral da Deusa.

GRUAGACH, A: (A do cabelo comprido). Escocesa. Fada feminina para quem as mulheres leiteiras de Gairloch (Ross e Cromarty) costumavam derramar libações de leite em uma pedra oca, a Clach-na-Gruagach. Ela recebia oferendas em outras partes da Escócia também.

GUABANCEX: Haiti. Deusa das tempestades, dos ventos e das águas.

GULA: Uma Deusa babilônica que trazia tanto doença quanto boa saúde. Esposa do Deus da guerra Enurta. Seu símbolo era um cachorro ou um orbe de oito raios.

GU-LANG: nepalesa, tibetana. Uma Deusa dos brâmanes, protetora de mães e filhos.

GULLVEIG: (Galho de outro). Teutônica. Gigante e feiticeira, uma das Vanir que os Aesir tentaram matar. Isso causou uma guerra entre os Vanir e os Aesir, os Vanir saindo vitoriosos. Vanir e Aesir parecem ter sido dois dos primeiros povos nórdicos que eventualmente se fundiram.

GUNGU: Deusa hindu da Lua nova.

GUNNLAUTH, GUNNLOED: Teutônica. Gigante seduzida por Odin para ganhar acesso a uma caverna em que ela estava guardando Kvasir, o hidromel fabricado no caldeirão mágico Odherir, que dava sabedoria e a arte da poesia.

GWENDYDD: Galesa. Esposa do rei Rydderch e irmã de Merlin, a única que poderia se aproximar de seu irmão quando ele se retirasse para a floresta. Eventualmente Gwendydd se juntou a Rydderch e lá, ele passou a ela seu dom de profecia. Chamada de Gandieda por Geoffrey de Monmouth. VIVIENNE ou NIMUE, a amante que extraiu dele os segredos de Merlin, pode ter sido baseada em Gwendydd, que originalmente poderia ter sido sua amante assim como sua irmã; "sua história traz os vestígios de uma época em que o incesto fraternal não era proibido, pelo menos não no caso de pessoas excepcionais que, assim, recriavam o casal perfeito" (Markale, *Women of the Celts*).

GWENHWYFAR, GUINÉVERE, GUENEVA: Rainha de Artur. Vestígios da Deusa tripla; nas primeiras tríades galesas, havia três na corte de Arthur: (1) a filha de Cywyrd Gwent (Gawrwyd Ceint), (2) a filha de Gwythyr, filho de Greidiawl, (3) a filha de Glogfran, o Gigante (Ogyván Gawr). A Guinevere dos romances medievais é uma revisão insípida do que deve ter sido seu verdadeiro papel nas lendas celtas originais – a rainha da Deusa que era o foco real da soberania, mantendo o equilíbrio entre o honrado Velho Rei e seus brilhantes jovens heróis.

HABONDIA, DAME HABONDE, ABUNDIA: Um nome medieval da Deusa das Bruxas, sem dúvida, implicando "abundância".

HAGAR: Hebraica. Segunda esposa de Abraão e mãe de Ismael. A Bíblia diz que ela era egípcia. Escritos rabínicos chamam-na de princesa egípcia. A tradição árabe diz que Abraão, Agar e Ismael chegaram ao lugar onde Meca está agora (então um local da Deusa – ver AL-UZZA). A tradição oculta liga-a à Lua. Graves (*A Deusa Branca*) sugere que Ismael e seus doze filhos personificam uma federação de tribos adoradoras de Deusas do deserto do sul.

HAINUWELE: Indonésia, Ceram I. Uma Deusa semelhante a Perséfone, cujo estupro, morte e ascensão aos céus como a Lua garantiram a fertilidade da Terra.

HAKEA: Polinésia, Havaí. Deusa da terra dos mortos.

HAKINI: Ver DAKINI.

HAMADRYAD: Grega. Outro nome para uma DRÍADE, especialmente uma que governa uma árvore específica.

HANENCA: Polinésia, Havaí. Criadora do primeiro homem.

HANIYAMA-HIME: Deusa japonesa da terra ou argila (como substância). Formada a partir do excremento da Deusa criadora IZANAMI-NO-KAMI.

HANI-YASU-NO-KAMI: De sua cabeça saltaram o bicho-da-seda e a amoreira, e do seu umbigo os cinco cereais – cânhamo, milho, arroz, painço e os grãos de leguminosas. Uma das Deusas invocadas para controlar o Deus do fogo Ho-Masubi.

HANNAHANNAS: Deusa mãe hitita, a quem as abelhas eram sagradas. Ela enviou uma abelha para encontrar o Deus da fertilidade Telepinus, cuja ausência estava trazendo seca e fome para a Terra. A abelha o trouxe de volta quando outros métodos falharam.

HARIMELLA: Importada para a Escócia pelos tungrianos, que a adoravam em Blatobulgium (Birrens, Dumfriesshire).

HARITI: Indígena. Uma mãe amamentando quinhentos demônios, disse ter sido convertida ao budismo pelo próprio Buda. Esposa de Kubera, Deus dos espíritos das trevas, ou de Panchika. Associada ao quadrante norte. Provavelmente uma relíquia de antigos ritos agrícolas. MacQuitty (Buda) sugere que ela era uma indianização de ÍSIS, que foi trazida para o noroeste da Índia pelos gregos no quarto século EC. Ver também KWAN-YIN e KWANNON.

HARMONIA: (Harmonia). Grega, filha de Zeus com a filha de Atlas, ELECTRA – ou, segundo Hesíodo, de Ares e Afrodite. Uma das ajudantes de Afrodite, assim como HEBE, as HORAS e as CÁRITAS. Cadmo, rei de Tebas, foi autorizado a se casar com ela, que trouxe um dote divino, incluindo um colar feito por Hefesto contendo irresistíveis encantos de amor. Cadmo e Harmonia acabaram deixando Tebas e se tornaram Rei e Rainha da Ilíria, e foram transformados em grandes serpentes – isto é, foram identificados com os Deuses-serpentes Ilírios.

HARPIAS: Gregas. Criaturas assustadoras com corpos de pássaros e cabeças de mulheres; originalmente Deusas do vento e da tempestade. Filhas de Thaumas e ELECTRA. Elas contaminavam a comida de suas vítimas, aplicavam punição divina e afastavam as almas dos mortos.

HATHOR: (Casa da Face ou Casa de Hórus). Egípcia. Uma antiga Deusa do Céu. A filha de Rá por NUT, ou sua esposa (levando-lhe o Deus da música); às vezes a esposa ou mãe de Hórus, o Velho. Deusa do prazer, alegria, amor, música e dança. Protetora das mulheres e incorporação das melhores qualidades femininas. No período posterior, enquanto homens mortos ainda eram identificados com Osíris, mulheres mortas foram identificadas com Hathor. Ela supervisionava o banheiro feminino – uma Deusa da maquiagem –, espelhos de bronze frequentemente tinham alças com representações suas. Hathor amamentou os vivos, incluindo os faraós (rainhas muitas vezes identificadas com ela) e os mortos; como "Rainha do Oeste" e "Senhora do Sicômoro", ela os recebeu para a vida após a morte e ofereceu-lhes alimento. Patrona da área de mineração do Sinai (possível relevância para o episódio do bezerro de ouro em Êxodo 32). Mas ela poderia ser feroz; SEKHMET era, de certa forma, o seu outro eu, e a lenda da orgia destrutiva de Sekhmet quando a humanidade se rebelou contra Rá foi às vezes contada sobre Hathor. Ela também conseguia ser desinibida. Quando Rá (seu pai, neste caso) saiu de uma reunião dos Deuses de mau humor, ela foi até a casa dele e lhe mostrou seus genitais até que ele se animou e voltou ao encontro (cf. AMA NO UZUME). Soberana de Dendera, como esposa de Hórus, o Velho, seu casamento sagrado era celebrado anualmente levando-se sua imagem para este templo em Edfu. Diziam que seu filho era Hórus, o Jovem, e que quando, no mito mais comum, ele era considerado filho de Osíris e Ísis, Hathor foi sua enfermeira. Representada como uma vaca (muitas vezes estrelada), como uma mulher com cabeça de vaca, como uma mulher com um rosto largo em forma de sistro e orelhas de vaca, ou como uma mulher normal usando um disco solar entre chifres de vaca – como Ísis à medida que ela absorvia cada vez mais os atributos de Hathor. Sem dúvida, o Bezerro de Ouro do Êxodo 32. De todas as divindades egípcias, ela é a face representada com mais frequência. Seu instrumento favorito era o sistro, que bane os maus espíritos. Ela governava o mês Athyr, que ia de 17 de setembro a 16 de outubro, terceiro mês do Dilúvio. "As

Hathors" eram sete jovens "fadas madrinhas" que profetizavam o destino dos jovens egípcios ao nascer. Suas previsões poderiam ser favoráveis ou desfavoráveis, mas eram inescapáveis. *777*: Tarô: cartas de número sete, Imperatriz. Gemas: esmeralda, turquesa. Plantas: rosa, murta, trevo. Animais: lince, pardal, pomba, cisne. Aromas: benjoim, rosa, sândalo vermelho, madeira de sândalo, murta, todos os odores voluptuosos. Armas mágicas: lâmpada, cinta.

HAUMEA, HAUMIA: Deusa polinésia e havaiana das plantas silvestres. Considerada em outro lugar na Polinésia como um Deus masculino, embora com a mesma função.

HAYA: (Deusa da Direção). Assírio-Babilônica; um título de NINLIL.

HAYA-AKITSU-HIME-NO-KAMI: Deusa do mar japonesa, que engoliu todos os pecados lançados no mar.

HEBAT: Ver HEPATU.

HEBE: (Juventude, puberdade). Grega. Filha de Zeus e HERA. Personificação da eterna juventude. Serviu néctar e ambrosia aos Deuses e realizou outras tarefas domésticas olímpicas. Ajudante de AFRODITE. Oferecida como esposa a Héracles ao ser admitido no Olimpo como um Deus; tiveram dois filhos, Alexiares e Anicerus.

HÉCATE: Grega, originalmente da Trácia. Uma Deusa pré-olímpica, sendo ao mesmo tempo uma Deusa da Lua, do Submundo e da magia. Filha de dois Titãs, Perses e Astéria (uma tradição posterior diz Zeus e HERA). Protegia tanto rebanhos quanto marinheiros. Associada às encruzilhadas, onde sua imagem de três faces chamada de as Hécates Triplas, era colocada. Oferendas eram deixadas nas encruzilhadas na véspera da Lua cheia para propiciá-la. *777*: Tarô: Cartas de número Três e Alta Sacerdotisa. Gemas: estrela safira, pérola, pedra-da-lua, cristal. Plantas: cipreste, papoula de ópio, amêndoa, artemísia, avelã, lunária, ranúnculo. Animais: mulher, cachorro. Mineral: prata. Aroma: mirra, algália, sangue menstrual, cânfora, aloés, todos os odores virginais doces. Armas mágicas: yoni, Manto Externo de Ocultamento, arco e flecha. Veja o capítulo XVII para conhecer a sua história completa.

HEH: Deusa egípcia com cabeça de serpente, reveladora da sabedoria.

HEKET: Deusa egípcia do parto, fecundidade e ressurreição. Representada como um sapo ou uma mulher com cabeça de sapo. Em Abidos, ensinava-se que ela tinha nascido da boca de Rá simultaneamente com o Deus do Ar Shu e que eles eram os ancestrais dos Deuses. Às vezes era descrita como a esposa do Deus criador Khnum, dando vida aos homens e mulheres que ele moldava na roda de oleiro (ver também SATI (2)). A parteira dos reis e rainhas, e também do Sol todas as manhãs (ver também MESHKENT).

HEL, HELA: Deusa teutônica do reino dos mortos, que não era considerado um local de punição. Filha de Loki e ANGURBODA, e irmã da serpente Midgard do oceano que rodeia a Terra, e do lobo devorador Fenris. Metade do rosto dela era totalmente negro.

HELÍADES, As: Gregas. Filhas do Deus Sol Helios e Clymene, que lamentou a morte de seu irmão Phaeton quando ele não conseguiu controlar a carruagem de seu pai. Os Deuses os transformaram em álamos, sempre chorando lágrimas de âmbar.

HEMERA: (Dia). Grega. Filha de Erebus e NYX, filhos do Caos. Ver também EOS.

HENG-O: Ver CH'ANG-O.

HEPATU, HEBAT: Hitita. Deusa principal do panteão hurriano. Esposa do Deus da tempestade Teshub. Representada como matrona, às vezes em pé sobre um leão, seu animal sagrado.

HEPZIBAH: (Meu Prazer está nela). Deusa hebraica. Personificação de Jerusalém. É provável que originalmente fosse uma esposa de Jeová. Veja Isaias 62: 1-5 –, mas note que a palavra no versículo 5 traduzida como "filhos" na Versão Autorizada deve ser "construtor" (cf. AHOLIBAH).

HERA: Grega. Consorte de Zeus e rainha do Olimpo. Uma filha de Cronos e Reia. Com o controle patriarcal, tornou-se meramente a esposa ideal, padroeira do casamento e da maternidade. Sua equivalente romana é JUNO, que algum dia foi muito mais poderosa e significativa. *777*: Tarô: cartas de número três. Gemas: safira estrela, pérola. Plantas: cipreste, papoula de ópio. Animal: mulher. Mineral: prata; aromas: mirra, algália. Armas mágicas: yoni, Manto Exterior de Ocultamento.

HERODIAS: Nome gaulês e medieval da Deusa das Bruxas, podendo ser o mesmo que ARADIA (ver também DIANA). A forma de Herodias sugere uma combinação de Diana e Aradia.

HERTHA: Ver NERTHUS.

HESPÉRIDES, As: (Do Oeste). Gregas. Aegle, Hespere e Erytheis, filhas de Atlas e Hesperis, ou de Erebus e sua irmã NYX. Guardiãs das maçãs douradas de Hera no Jardim das Hespérides, no extremo oeste, além dos Pilares de Hércules.

HÉSTIA: (Lareira). Grega, primeira filha de Cronos e REIA, e a mais antiga dos olimpianos. Deusa do fogo doméstico e do lar em geral. Poseidon e Apolo queriam se casar com ela, mas ela se colocou sob a proteção de Zeus como eternamente virgem. Héstia recebia o primeiro pedaço de cada sacrifício. Era uma das divindades do Jardim das HESPERIDES. Cada lar tinha um santuário dedicado a ela, e cada cidade era um lar de Héstia, do qual os colonos produziam carvão em sua nova colônia. Equivalente romana: VESTA.

HETEP-SEKHUS: Deusa egípcia do Submundo, mencionada no *Livro dos Mortos* como "o Olho e a Chama".

HETTSUI-NO-KAMI: Deusa japonesa da cozinha. Seu festival, chamado Fuigo Matsuri, ocorre no dia 8 de novembro.

HIMAVATI: (Esposa do Deus da Montanha). Hindu. Uma forma de PARVATI; esposa de Shiva em um de seus avatares.

HINA, HINE: Polinésia. A palavra significa "Donzela" (obviamente não no sentido de virgem intacta) e se aplica a várias Deusas, incluindo a Deusa da Lua Sina. Na lenda maori, ela foi a primeira mulher, criada pelo Deus da fertilidade e do céu Tane, que a formou da areia para ser sua esposa. Quando descobriu que era sua filha, assim como sua esposa, ela fugiu para o Submundo e se tornou a Deusa da morte (cf. HINA-TITAMA).

HINA-MITIGADORA-DE-MUITAS-COISAS: Polinésia. Companheira de Ti'i, o primeiro homem; ela era ao mesmo tempo uma Deusa e uma mulher. As famílias reais do Taiti reivindicavam descendência dos dois (ver também HINE-AHU-ONE).

HINA-DA-TERRA: Polinésia. Mãe do Deus da guerra Oro, cujo pai é o Deus criador Taaroa (Tangaroa). Seu marido, pai adotivo de Oro, era o "Mar-para-nadar".

HINA-TITAMA: polinésia. Filha de HINE-AHU-ONE com seu Deus criador, Tane, depois que a Mãe-Terra PAPA rejeitou suas investidas sexuais. Ela teve vários filhos com ele antes de saber que ele era seu pai. Quando descobriu, fugiu envergonhada para o Submundo, do qual se tornou a governante como HINE-NUI-TE-PO.

HINE-AHU-ONE: (Donzela formada pela Terra). A Eva polinésia, feita de areia vermelha pelo Deus Tane com a ajuda de outros Deuses. Ele soprou vida dentro dela e teve relações com ela para produzir HINA TITAMA (ver também HINA-MITIGADORA-DE-MUITAS-COISAS).

HINE-NUI-TE-PO: (Grande Deusa da Escuridão). Polinésia, Rainha do Pó, o Submundo (que também significa caos, vazio). A lenda maori diz que o herói Maui tentou tornar os homens imortais penetrando em seu corpo, mas ela o esmagou até a morte – a partir de então, todos os homens são obrigados a morrer. (Veja também HINA TITAMA).

HINGOH: A Eva dos hotentotes; seu Adão era Noh.

HINLIL: Deusa assírio-babilônica dos grãos.

HIPODÂMIA: Grega, filha de Enomau, que foi informado por um oráculo que ele seria morto por seu genro. Assim, ele apenas daria Hipodâmia para o homem que poderia vencê-lo em uma corrida de carroças. Ele tinha certeza de que sempre ganharia, porque seu pai Ares lhe dera cavalos alados. Mas quando Pélops o desafiou, Hipodâmia secretamente substituiu os pinos do carro do pai por cera; Enomau foi morto e Pélops ganhou a corrida e a sua mão. A Deusa-rainha não permitirá que o velho rei se desvie de seu destino. Cf. HIPERMINESTRA.

HIPÓLITO: Grega. Filha de Ares e HARMONIA ou Otrera e rainha das Amazonas.

HIR NINEVEH: Assírio-babilônica; Deusa que personificava Nínive. Totalmente condenada em Naum 3: "que escravizou nações com a sua prostituição e povos, com a sua feitiçaria.

HLODYN: Gigante teutônica, uma das várias mães nomeadas por Thor – uma confusão decorrente das tentativas de ajustá-lo como um herói da cultura popular em um panteão mais sofisticado ao qual ele originalmente não pertencia.

HNOSSA: Teutônica. Uma das ASYNJOR, filha de FRIGG / FREYA. Tão linda que a palavra hnosir passou a ser usada para descrever coisas belas.

HO HSIEN-KU: (A imortal donzela Ho). Chinesa. Única mulher membro dos Oito Imortais, ela foi para o céu "em plena luz do dia". Retratada como uma moça usando uma flor de lótus no ombro. (Os Oito alcançaram a imortalidade através da prática taoísta e têm o direito de comparecer aos banquetes dados por WANG-MU NIANG-NIANG).

HOLLE, HOLDA, HOLDE: Deusa Bruxa teutônica da Lua. No verão, ela se banhava nos córregos da floresta e, no inverno, sacudia os flocos de neve das árvores. O nome foi usado como um termo geral para uma Sacerdotisa do culto lunar.

HORAS, As: Gregas. Deusas das horas ou estações, filhas de Zeus e TÊMIS. Defendiam a ordem da natureza. Elas eram Dike (Justiça), Eirene (Paz) e Eunômia (Ordem). Guardavam os portões do Olimpo e auxiliavam HERA. (A palavra é, na verdade, o plural de Hore, a estação da primavera ou a juventude).

HORTA: Deusa etrusca da agricultura; uma cidade etrusca foi batizada em sua homenagem.

HRETHA: Ver NERTHUS.

HSI-HO: Chinesa. Mãe dos sóis. Na tradição antiga, havia dez sóis, aparecendo no céu um por vez. Ao amanhecer, o Sol do dia emergia do Vale da Luz e era banhado por sua mãe no lago, no extremo leste do mundo.

HSI-WANG-MU: Chinesa. Originalmente uma Deusa das pragas e da peste, com cabeça humana, dentes de tigre e cauda de leopardo. Mais tarde, porém, na literatura taoísta e no folclore, ela passou a ser a Mãe Real do Paraíso Ocidental, uma Deusa graciosa com um palácio em Khunlun, a montanha no extremo oeste do Outromundo. Uma erva da imortalidade cresceu ali, e também um pessegueiro mágico, cujo fruto levou 3.000 anos para amadurecer. Ela serviria seus frutos aos Deuses e imortais em um festival de pêssegos. Retratada nesta forma posterior como uma bela dama, às vezes com asas, e com o cabelo despenteado mostrando que ela era uma feiticeira.

HUBUR: Deusa-mãe primordial assírio-babilônica, que gerou guerreiros para TIAMAT.

HUIXTOCIHUATL: Deusa asteca do sal, irmã mais velha do Deus da chuva Tlaloc; provavelmente uma Deusa mãe pré-asteca.

HULDA: (Benigna). Teutônica, Alemanha do Norte. Deusa do casamento e da fecundidade. Ver também BERCHTA. "Hulda está fazendo sua cama" significa "está nevando" (cf. MÃE CAREY).

HUN-AHPU-MTYE: (Avó). Deusa da lua guatemalteca, esposa do Deus Sol Hun-Ahpu-Vuch (avô). Ambos representados na forma humana, mas com a face da anta, um animal sagrado.

HUNTHACA: Colombiana, dos índios Chibcha. Deusa da Lua, originalmente a esposa do herói Nemquetcha. Em um ataque de raiva, ela inundou a Terra de Cundinamarea. A Terra não tinha Lua na época, então ela se tornou a Lua como castigo. Confunde-se com CHIA.

HURUING WUHTI: Ameríndia, Hopi. Duas Deusas mães, aparentemente sobreviventes do Dilúvio que se tornaram os ancestrais da tribo.

HIGEIA: Deusa grega da saúde, filha de Asclépio. Equivalente a SALUS romana.

HIPATE: Veja MUSAS.

HYERMERMESTA: Grega. A única das cinquenta filhas do rei Danaus que desobedeceu a sua ordem de matar o marido na noite de núpcias. Seu marido, Lyncaus, acabou sucedendo Danaus como rei. Toda essa lenda é mais uma representação da tentativa de contornar a sucessão matrilinear, e da recusa da herdeira em permitir isso (cf. HIPODÂMIA).

HYRAX: Deusa dos bosquímanos ocidentais. Esposa do Deus criador I Kaggen (= louva-a-Deus).

IAMBE: Grega. Filha de Pã e Echo. Conseguiu animar DEMÉTER quando estava de luto pela ausência de PERSÉFONE. Disse ter inventado o verso iâmbico. Festival: 28 de setembro.

ICHCHHASHAKTI: Ver SHAKTIS.

IDA, ADDA, ILA: Hindu, tântrica. Uma Deusa da Terra, mas com muitos outros aspectos, especialmente na filosofia oculta: instrução, fala, adivinhação, devoção, fogo, força etérica; também a Mulher Lunar ou Esposa. No ensinamento tântrico, uma força vital localizada na medula oblonga e no coração. No Hatha Yoga, a narina esquerda, a respiração lunar. Também considerada como um dos três aspectos dos Ares Vitais da Kundalini, os outros dois sendo Pingala e Shushumna.

IDUN, IDUNA: Teutônica. Morava em Asgard e possuía maçãs mágicas, que se comidas pelos Deuses, estes nunca envelheciam. Nascida das flores, como a galesa BLODEUWEDD. Esposa de Bragi, Deus da poesia. Festivais: 3 e 21 de março.

IGAEHINDVO: Ameríndia. A Deusa do Sol dos Cherokee. Suas irmãs são a Deusa da terra ELIHINO e a Deusa do milho SEHU.

IKUGUI-NO-KAMI: (Integrante da Vida). Hindu. Uma Deusa primitiva, emanando da Mãe e associada à Terra e às areias. "De substância mais densa" que a maioria dos Deuses, mas "justa e graciosa" (Madame Blavatsky).

ILA: Ver IDA.

ILAMATECUHTLI: Deusa asteca da fertilidade e da morte, conhecida como "a velha princesa", e também como Citlallinicue, "Estrela de Vestes", estando ligada à Via Láctea.

ILITIA, EILEITIA: (Fluido de geração). Grega. Filha de Zeus e HERA. Deusa do parto. Originalmente duas Deusas – uma das dores de parto e outra do parto. Também uma Deusa que teciam os destinos. Muito antiga, acredita-se ter tido origem em Creta. Retratada de joelhos, como que ajudando na hora do parto, e carregando uma tocha, símbolo de luz.

ILMATAR: Ver LUONNOTAR.

ILYTIA, LEUCÓCIA: Deusa da fertilidade etrusca, que compartilhava as qualidades de CUPRA.

IMBALURIS: Hitita, Deusa mensageira do Deus do céu Kumarbis.

IMBEROMBERA: Ver WARAMURUNGUNDJU.

INA: Ver SINA.

INANNA: (Senhora do Céu). A Rainha dos Céus suméria, Deusa mãe a quem a ISHTAR semítica foi assimilada. Uma Deusa que regia a terra, o amor, grãos, a tamareira, o oráculo, a batalha, a tecelagem e o vinho. Filha do Deus da sabedoria Enki. Associada ao Deus da vegetação moribundo das estações, Dumuzi (Tammuz), que ela buscou no Submundo durante sua temporada de recessão (ver ISHTAR). Também é a Deusa da soberania. Seu casamento sagrado com o Deus, promulgado pelo rei e uma Sacerdotisa conhecida como Enitum, era um importante ritual sumério que acontecia anualmente. A história do Dilúvio contada a respeito dela é a mesma em que figurava ISHTAR. Sua cidade de origem era Uruk ou Erech, a moderna Warka. Festival: Dia de Ano-Novo.

INARAS, INARA: Deusa hitita que ajudou o Deus da tempestade Hooke a derrotar o dragão Illuyankas, deixando-o bêbado. Ela seduzia homens mortais e os trancava em sua casa. Também uma Deusa hindu.

INARI: Deusa megera japonesa, adorada em muitos lugares, especialmente por mulheres. Associada ao cultivo de arroz, fogo e dos ferreiros. As raposas são consideradas muito importantes para ela. Gueixas e prostitutas são por vezes coloquialmente chamadas de "raposas". Cf. a chinesa TIA PIEDADE.

INDOEA PAD: Ver SANING SARI.

INDRANI, AINDRI: (Dos sentidos). Hindu, esposa de Indra, que se apaixonou por "suas atrações voluptuosas". Deusa do prazer sensual. Indra e Indrani são ambos associados ao Oriente. Ela é dona da árvore dos desejos chamada Parijata ou Kalpa, cuja visão revigora a antiga. (Cf. Ambologera, "a que adia a velhice", um dos títulos de AFRODITE.) Representada frequentemente com quatro braços, descansando os pés sobre um elefante.

INENO PAE: (Mãe do arroz). Indonésia, Malásia, Celebes. O primeiro feixe de arroz colhido é assim chamado e honrado. Sete caules são cortados e colocados em um berço como se fossem "Crianças-Arroz".

INO: Ver LEUCOTEIA.

IO: Grega. A lenda clássica diz que ela era uma Sacerdotisa de HERA em Argos, desejada por Zeus e transformada em uma novilha – seja por Hera para escondê-la de Zeus, ou por Zeus para escondê-la de Hera. Na verdade, ela era a Deusa pré-grega da Vaca da Lua e da cevada de Argos, dando seu nome aos jônios antes da conquista patriarcal dos aqueus. Seu pai, o Deus do rio Ínaco, foi transformado em um lendário rei de Argos. Graves em *A Deusa Branca* diz que ela encontrou seu caminho para o Egito e se tornou a Deusa ÍSIS.

ÍRIS: (Arco-íris). Grega, filha de Thaumas, que é filho de GAIA com a Deusa marinha ELECTRA. Mensageira dos Deuses, particularmente de Zeus. Também dedicada a HERA, atuando quase como uma empregada para sua senhora. Pode ter sido útil aos mortais. Ela viajou entre a Terra e o Céu em um arco-íris. Esposa de Zéfiro, o Vento Oeste. Particularmente venerada em Delos, onde lhe eram oferecidos figos secos e bolos de trigo e mel.

ISANI, GOURI: Hindu, Rajputana. Uma Deusa da abundância e fertilidade. Uma imagem dela feita de terra, e uma menor de seu marido Ishvara, são colocadas juntas, e a cevada é semeada e cuidada em uma pequena trincheira. Quando a cevada brota, as mulheres dançam a sua volta, chamando a bênção de Isani aos seus maridos. Elas então dão os novos brotos para seus maridos usarem em seus turbantes.

ISEULT, ISOLDE, ESYLLT, ESSYLLT VYNGWEN: (Do cabelo fino). Celta. Na verdade, três mulheres que se envolveram com Tristão.

ISHIKORIDOME-NO-MIKOTO: Deusa artesã japonesa, que fez o espelho da Deusa AMATERASU.

ISHTAR: Grande Deusa mãe assírio-babilônica, filha do Deus do céu, Anu; do Deus da Lua, Sin ou do Deus da sabedoria, Enki. De origem semítica. Uma Deusa da terra, fertilidade, amor, batalha, tempestade, casamento, da Lua e das artes divinatórias. Personificação do Planeta Vênus. Festivais: 10 de março, 23 e 24 de junho. Honrada na Lua cheia. Dia: sábado. Ver sua história completa no capítulo XV.

ÍSIS: (No idioma egípcio chamava-se ASET, que significa "trono, assento"). Ísis foi o mais completo florescimento do conceito de Deusa na história humana. Filha do Deus da Terra Geb e da Deusa do céu NUT; sua irmã era NÉFTIS e seus irmãos Seth, Osíris e Hórus, o Velho. Ela se casou com um desses irmãos, o Deus da fertilidade, Osíris. Seu invejoso irmão Seth assassinou Osíris, e Ísis, em luto, partiu para encontrar seu caixão que havia sido lançado no Nilo. Ela o encontrou, mas Seth capturou-o novamente e cortou o corpo de Osíris em quatorze pedaços, espalhando-os em seguida por toda a Terra. Sem desistir, Ísis caçou todos os pedaços, exceto pelo falo, que um caranguejo do Nilo havia comido. Ela reconstituiu o corpo e, magicamente restaurando o falo, concebeu e deu à luz Hórus, o Jovem. O culto da tríade de Osíris-Ísis-Hórus se tornou o mais difundido e popular do Egito, e Ísis gradualmente absorveu as qualidades da maioria das outras Deusas. Ela é representada coroada em um trono simbolizando seu nome ou, mais tarde, com o disco e os chifres que ela absorveu da Deusa HATHOR. Festivais: 9 de janeiro, 5 de fevereiro, 5 e 20 de março, 14 de maio, 24 de junho, 3 e 19 de julho, 12 e 27 de agosto, 28 de outubro, 3, 13 e 14 de novembro e 22 de dezembro. Honrada no primeiro e quarto dia da lua crescente. Dias: quarta e sexta-feira. *777*: Tarô: as cartas de número Dois, Três, Quatro, Dez, Imperador, Eremita e Enforcado. Gemas: rubi, rubi-estrela, turquesa, safira, estrela safira, pérola, ametista, cristal de rocha, peridoto, berilo, água-marinha. Plantas: amaranto, cipreste, papoula, ópio, trevo, salgueiro, lírio, hera, lírio de tigre, gerânio, floco de neve, narciso, lótus, todas as plantas aquáticas. Animais: homem, mulher, unicórnio, esfinge, carneiro, coruja, leão, virgens, ermitões, qualquer pessoa ou animal solitário, águia, cobra, escorpião. Minerais: fósforo, prata, sulfatos. Aromas: almíscar, mirra, algália, cedro, ditânia de Creta, sangue de dragão, narciso, onicha. Armas mágicas: lingam, yoni, Manto Interior de Ocultamento, Manto Exterior de Ocultamento, bastão, cetro, gancho, Círculo Mágico, triângulo, chifres, energia, Burin, lâmpada, pão, taça e Cruz do Sofrimento, vinho. (Nota: Crowley dá mais correspondências para Ísis do que para qualquer outra Deusa, atribuindo a ela 7 de seus 32 caminhos) Os números de David Wood: 8 para o corpo dela, 18 para o princípio ativo, 81 para a reflexão desse princípio ativo. Apresentamos sua história completa no capítulo XXIII.

ISTUSAYA: Hattic (Anatólia). Uma de duas Deusas do Submundo, a outra sendo Papaya. Elas tecem as vidas de homens, assim como as MOIRAS e as NORNES – embora no seu caso, são responsáveis por tecerem a vida dos reis Hattic em particular.

IUSAS: Egípcia. Em Heliópolis, esposa de Ra-Hor-akhty. Seu culto remonta ao Antigo Reino. Às vezes descrita ornada com um disco e chifres.

ITZPAPALOTI: Deusa asteca agrícola e do fogo. Conhecida também como "a Borboleta da Faca de Obsidiana".

IVI: Polinésia. A Deusa mãe primordial do Taiti.

IXALVOH: (Água). Deusa maia da tecelagem, esposa do Deus Sol Kinich-Ahau. Em sua forma conhecida em Yucatán, ela era chamada Ixasaluoh, esposa de Hunab Ku, "o único Deus".

IXCHEL: Deusa maia das inundações desastrosas e da Lua. Seu símbolo é o vaso derrubado da desgraça. Em sua cabeça descansa a cobra mortal, suas mãos e pés possuem garras, e seu manto é adornado com ossos cruzados.

IXCUINA: Ver TLAZOLTEOTL.

IZANAMI: Japonesa, esposa do Deus Izanagi. Eles foram os primeiros seres a vir à Terra e deram origem às Ilhas do Japão e a muitos Deuses. Izanami finalmente morreu dando à luz o Deus do fogo Kago-Zuchi (ou Ho-Masubi). Izanagi desceu ao Submundo para tentar resgatá-la, mas falhou. Festival: 7 de janeiro.

IZTAT IX: Ver ALAGHOM NAUM.

JAGAD-YONI: (Yoni do Universo). Hindu. O ventre do mundo, a primeira causa feminina. Os símbolos são muitos, incluindo o triângulo invertido, o oval vertical, a rosa e o caldeirão.

JAMBAVATI: Hindu. Esposa de Krishna. Procede da família de Jambavan, rei dos ursos.

JANA: Romana. Esposa e parceira de Janus, guardião das portas e da virada do ano. Um casal dos primórdios. Ele era originalmente o Deus do Carvalho Dianus, e ela era a floresta e a Deusa da Lua DIANA/DIONE, sendo ele originalmente seu filho.

JARAH, JERAH: Hebraica. Deusa da Lua nova, noiva do Sol. (A Lua semítica era originalmente masculina, tornando-se feminina apenas posteriormente.) Deu seu nome à cidade de Jericó.

JARNSAXA: Teutônica. Uma giganta, primeira esposa de Thor. Eles tiveram dois filhos, Moody (Coragem) e Magni (Força). Ver também SIF.

JINGO: Uma imperatriz japonesa que foi deificada devido a suas façanhas militares na Coreia, provavelmente no quarto século EC.

JNANASHAKTI: Ver SHAKTIS, As.

JOCASTA: Mitologia grega. Mãe de Édipo. Ele, sem o saber, mata seu pai, Laius, e se casa com ela. Uma reescrita patriarcal de uma história do Rei Moribundo: originalmente o assassinato do Velho Rei pelo Herói Jovem e o casamento com a Deusa-Rainha, incestuosamente ou não, teriam ocorrido de forma consciente e inquestionável.

JORD, JORTH: (Terra). Teutônica, giganta mãe de Thor por seu pai, o Deus do céu Odin. Uma das ASYNJOR. Tem qualidades semelhantes às de NERTHUS e pode também ser identificada com FRIGG.

JULUNGGUI: Ver SERPENTE ARCO-ÍRIS.

JUMALA: Ver SLATABABA.

JUNO: Deusa romana suprema, irmã e esposa de Júpiter. Pela primeira vez, uma sobrevivente do controle patriarcal que teve muito mais êxito do que sua equivalente grega, HERA. O mês de junho recebeu esse nome em sua homenagem. Festivais: 1º de janeiro, 1 e 2 de fevereiro, 1 e 7 de março, 1 e 2 de junho, 7 e 8 de julho, 13 de novembro. *777*: Tarô: Estrela. Gemas: vidro artificial. Plantas: oliva, coco. Animais: homem, águia, pavão. Aromas: gálbano. Armas mágicas: incensário, aspersório. Juturna: romana. Uma ninfa amada por Júpiter, que fez dela uma Deusa dos lagos e nascentes. Seu lago que ficava no Fórum em Roma era onde Castor e Pollux teriam regado seus cavalos. Festivais: 11 de janeiro, 23 de agosto.

JYOTSNA: Deusa hindu que simbolizava a luz da lua, o luar outonal e o crepúsculo.

KA-ATA-KILLA: Deusa pré-Inca da Lua adorada em volta do Lago Titicaca.

KADI: Deusa assírio-babilônica da Terra de Der. Retratada como uma cobra, às vezes com seios humanos.

KADOMAS: Ver DAKINIS.

KADRU: Hindu. Mãe de NAGAS, a Raça da Serpente. Esposa de Kasyapa.

KAGAURAHA: Melanésia, San Cristóbal. Deusa serpente, representando a força criativa. Ela recebeu tanto sacrifícios animais quanto humanos.

KAHASUMA: Hindu. Deusa principal dos Todas, uma tribo primitiva das colinas de Neelgererry. Esposa de Kamataraya.

KAIKILANI: Polinésia. Uma linda garota havaiana por quem o Deus da fertilidade Lono se apaixonou. Ela se tornou uma Deusa e eles viveram felizes, tomando banho de mar enquanto surfavam na baía de Kealakekua, até que ele a matou por ciúmes quando duvidou de sua fidelidade. Louco de remorso, ele atacou a ilha e finalmente saiu, prometendo retornar em uma ilha flutuante de abundância. Rituais anuais havaianos no início da estação fértil dramatizaram sua história.

KAKINI: Ver DAKINI.

KALI: Hindu, tibetana, nepalesa. Um dos aspectos da DEVI. Muitas vezes chamada de Kali Ma, "a mãe negra". Uma destruidora terrível, mas necessária, pois que destruíam principalmente demônios. Apesar de seu caráter destruidor, também é dotada de uma força criativa poderosa, mas que é muito mal compreendida no Ocidente. "A própria Kali, em seu aspecto positivo e não terrível, é uma figura espiritual que, para a liberdade e a independência, não tem igual no Ocidente." (Erich Neumann). Para seus adoradores, por exemplo, a violência contra qualquer mulher é proibida, já que todas são representantes da Deusa. Seus rituais, muitos deles orgiásticos, destinam-se a colocar o adorador em sintonia com a essência feminina em todos os níveis. Para uma descrição de Kali feita por um Sacerdote seu, veja a obra de Durdin-Robertson, *Goddesses of India*. Esposa de Shiva, a quem ela diz ter subjugado, aparentemente ela era uma Deusa da guerra que foi absorvida pelo panteão hindu, tornando-se a criadora ou mãe de Shiva, e casando-se com ele. Em Bengala, ela é vista como mãe de Shiva, Brahma e Vishnu; o ventre destruidor-criador de todas as coisas. Calcutta (Kali-ghat) recebeu o nome em sua homenagem. Disse ter inventado o alfabeto sânscrito e tinha uma letra em cada um dos crânios de seu colar. Representada com seios nus, e às vezes inteira nua, negra ou de pele escura, com os cabelos soltos, e quatro braços – um segurando uma espada, outro a cabeça cortada de Raktavija, chefe do exército de demônios; as outras duas mãos encorajam seus adoradores (em outros aspectos, ela pode ter mais armas). Kali usa um colar de crânios e seus brincos são dois cadáveres. Quarta-feira é um dia sagrado para ela.

KALINDI: Hindu. Uma das últimas esposas de Krishna.

KALMA: Deusa da morte fino-úgrica, filha de Tuoni e TUONETAR.

KAMASHI: (De olhos devassos). Deusa hindu. Um dos aspectos benignos de PARVATI. Provavelmente uma das primeiras Deusas da fertilidade.

KAMIKAZE: (Vento Divino). Deusa japonesa do ar. Os pilotos kamikaze da Segunda Guerra Mundial foram dedicados a ela.

KAMRUSEPAS: Deusa hitita de cura e magia.

KAMI-MUSUMI (Divina Força Geradora). Deusa japonesa que coletou e semeou as sementes produzidas pela Deusa dos alimentos OGETSU-HIME. Ela também reviveu o Deus da medicina, O-Kuni-Nushi, quando seus irmãos ciumentos o mataram.

KANA-YAMA-HIME: Deusa japonesa dos minerais das montanhas, com a contraparte masculina Kana-Yama-Hiko.

KANGRA, a Deusa: Hindu. Os rajahs de Kangra alegam descender da transpiração de sua testa.

KANYA: (Moça). Uma das mais antigas Deusas hindus; a constelação de Virgem.

KARA: Teutônica. Uma VALQUÍRIA, amante do mortal Helgi. Ela o ajudou na batalha pairando acima dele e encantando seus inimigos com a música; mas, durante uma dessas batalhas, Helgi acabou a matando acidentalmente.

KARAKAROOK: Deusa aborígene australiana, adorada em Victoria. Uma Deusa que desceu à Terra para defender as mulheres que foram atacadas por cobras quando saíram do acampamento para procurar inhames. Matou as cobras com sua enorme vara até que esta quebrou, então deu os pedaços quebrados para as mulheres.

KARITEIMO, KISHIBOJIN: Originalmente uma demônia do Budismo Indiano que devorava crianças. Mais tarde, tornou-se protetora das crianças. Seu culto se espalhou pela China e Japão. É representada em pé com um bebê no peito e segurando uma flor de felicidade, ou sentada e rodeada por crianças.

KATHIRAT, As: Deusas sírias do casamento e da gravidez.

KAYA-NU-HIME: (Princesa da Grama). Deusa japonesa dos campos e prados. Também chamada de Nu-Zuchi.

KEBEHUT: Deusa egípcia do frescor, filha de Anúbis.

KEDESH, QEDESHET: Uma Deusa síria da vida e da saúde, que era adorada no Egito. Representada nua sobre um leão ambulante, com um espelho e flores de lótus na mão esquerda e duas serpentes à direita. Tem muitas das qualidades de HATHOR e ASHTART.

KEFA: Egípcia. A Mãe do Tempo, associada à constelação da Ursa Maior.

KENEMET: Uma antiga Deusa-mãe egípcia, cujo símbolo era um macaco. Mais tarde foi substituída por MUT.

KERES, As: Gregas. Os seres que realizavam a vontade das Deusas do Destino, ou MOIRAS. Elas atacavam os moribundos na hora marcada e eram conhecidas como os Cães de Hades. Pairando sobre as batalhas, tinham rostos sorridentes e dentes afiados, usavam roupas vermelhas e gritavam tristemente enquanto despachavam os feridos.

KEYURI: Deusa hindu e tibetana do cemitério.

KHADOMAS, As: Ver DAKINIS.

KHADOS, As: Tibetanas. Consideradas mulheres primordiais, tomadas como esposas por uma raça anterior de homens. Diziam ser "inteiramente humanas e belas de se ver". Acreditava-se que eram capazes de andar no ar e que eram muito gentis com os mortais. Pode haver ecos em Gênesis 6:2: "Os filhos de Deus viram que as filhas dos homens eram formosas, e tomaram para si como esposas todas as que lhes agradavam."

KHAMADHENU, KHAMDEN: (Vaca da fartura). Deusa mãe hindu, capaz de conceder todos os desejos. Considerada uma ancestral dos Mlechchas – ou seja, todos no mundo fora das quatro castas hindus. Assumindo um nome ou o outro, é universalmente adorada na Índia.

KHOEMNU, CHEMNU: Egípcia. Pode ter sido considerada a personificação do Egito (Khnemu). Também associada com o Submundo e com fogo, e conhecida como a Sedutora ou Súcuba.

KHON-MA: A Mãe Tibetana dos Demônios, que controla inumeráveis demônios da Terra e a quem deve ser feita oferendas complicadas a fim de assegurar a proteção do lar.

KI: Deusa suméria que personifica a Terra. Teve relações com o Deus do céu An e deu à luz o Deus do ar Enlil, que os separou para formar o mundo atual.

KICHIJO-TEN: Deusa japonesa da boa sorte e beleza.

KIKIMORA: Deusa eslava doméstica (em alguns lugares, esposa do Deus-lar, o Domovoi). Se a dona de casa era preguiçosa, Kikimora criava-lhe problemas e fazia cócegas nas crianças à noite. Ela era aplacada lavando-se as panelas e frigideiras em chá de samambaia.

KIMA: Hebraica, personificação das Plêiades – o nome usado em Jó 38:31, "És capaz de amarrar a influência das doces Plêiades?"

KINKINI-DHARI: Ver TIL-BU-MA.

KIPU-TYTTÖ, KIVUTAR: Deusa fino-úgrica da doença, filha de Tuoni e TUONETAR.

KIRIRISHA: Assírio-babilônica. Deusa suprema de Elam, terra montanhosa a leste da Babilônia. Esposa de Khumbam.

KISA GOTAMI: Deusa do budismo indiano. Diziam ter sido a primeira de uma ordem de freiras criada por Buda, apesar de suas reservas sobre as mulheres.

KISHAR: Deusa assírio-babilônica da Terra, esposa do Deus do céu Ansar c mãc dos grandes Deuses Anu, Ea e outros.

KISHIBOJIN: Ver o KARITEIMO.

KIVUTAR: Ver KIPU-TYTTÖ.

KNOWEE: Deusa do Sol dos aborígenes australianos. Originalmente uma mulher que vivia na Terra antes de haver qualquer luz do sol. Ela deixou seu filho pequeno em uma caverna enquanto ia procurar inhames. Perdeu-se no caminho de volta no escuro e continuou até cair da beira do mundo. Ela continua circulando o mundo com sua tocha erguida, tornando-se mais brilhante ao longo dos anos, enquanto continua a procurar por seu filho.

KOBINE: Polinésia, Ilhas Gilben. Cocriadora do Céu e da Terra com seu pai Naruau.

uma prostituta. Na China rural, um homem normalmente se aproxima dela por meio de uma intermediária; se não houver nenhuma disponível e ele tiver que apelar para ela, pede desculpas pela omissão. Para saber a sua possível origem, ver HARITI.

LACHESIS: Ver MOIRAS.

LAHAMU, LAKHAMU: Deusa dos caldeus. Primeira filha de TIAMAT. Ela e seu irmão Lukhmu personificavam o sedimento primitivo e eram invocados na conclusão de uma construção.

LAKINI: Ver DAKINI.

LAKSHMI: Deusa hindu da boa sorte e abundância. A personificação da beleza. Nasceu da agitação do mar, radiante e segurando um lótus, esposa de Vishnu e mãe de Kama, Deus do amor. Dizem ter assumido a personalidade da esposa de Vishnu em cada um dos seus dez avatares (encarnações). Provavelmente uma mãe primitiva e a Deusa da Terra. Possivelmente já foi considerada a mãe de Vishnu. Ela forma uma tríade com SARASWATI e DEVI. *777*: Tarô: cartas de número Dez. Gemas: cristal de rocha. Plantas: salgueiro, lírio, hera. Animal: esfinge. Mineral: sulfato de magnésio. Aroma: ditânia de Creta. Armas mágicas: Círculo Mágico, triângulo.

LALITA: Hindu. Definida por Crowley (*777*, Col. XXII) como um aspecto sexual de SHAKTI. *777*: Tarô: Imperatriz. Gemas: esmeralda, turquesa. Plantas: murta, rosa, trevo. Animais: pardal, pomba, cisne. Aromas: sândalo, murta, todos os odores suaves e voluptuosos. Armas mágicas: cinta.

LAMIA: (1) Originalmente uma Deusa cobra da Líbia, com sacerdotisas orgiásticas. Em lendas gregas posteriores, era uma rainha da Líbia amada por Zeus e roubada de sua prole por inveja de HERA, tornando-se (no plural Lamiae) lindas demoníacas que seduziam e vampirizavam viajantes e predavam crianças.

LAMIA: (2) Nome grego para NEITH.

LASYA, LASEMA, SGEG-MO-MA: Deusa tibetana da beleza. Retratada segurando um espelho.

LAT: Ver AL-LAT.

LATIS: Deusa britânica "do lago" ou "da cerveja", adorada em Birdoswald na Muralha Romana. Latis se apaixonou por um salmão e, por pena dela, os outros Deuses e Deusas transformaram-no em um belo e jovem guerreiro. Mas a cada inverno ele se transforma em salmão, e Latis chorava por ele até que na primavera ele retornasse como seu amante viril. As chuvas de inverno são suas lágrimas.

LATONA: Ver LETO.

LAUDINE: Ver LUNED.

LAUFEY: (Ilha de bosques). Teutônica. Mãe do Deus trapaceiro Loki, que originalmente era um demônio do fogo; ela fornecia-lhe a lenha.

LAVERNA: Deusa romana que governava os ladrões e a trapaça. Lembrada no folclore das Bruxas da Toscana – ver a Aradia de Leland).

LAZ: Assírio-babilônica. Uma Deusa pré-histórica de Cuthac e esposa do Deus do Submundo Nergal nas primeiras lendas – uma posição posteriormente ocupada por ERESHKIGAL.

LEANNAN SIDHE: Fada amante irlandesa, uma Súcubo. O dicionário de Dinneen a define como "uma figura familiar, um fantasma cativante, também figurativamente de uma pessoa delicada... recorrida às vezes como 'musa', como fonte de inspiração poética". Aqueles inspirados por ela levam vidas brilhantes, mas curtas. Na Ilha de Man ela é malévola e vampírica.

LEBIYAH: (Leoa). Hebraica. Personificação de Israel, a mãe de Israel; ver Ezequiel 19.

LESHACHIKHA: Deusa eslava da floresta (les), esposa do Deus da floresta, o Leshy e mãe do Leshonki. Os Leshies morriam em outubro e ressuscitavam na primavera. Eles estavam com ciúmes do seu território, levando os que entraram no caminho errado –, mas quase sempre os liberando no final. O feitiço contra eles era tirar suas roupas debaixo de uma árvore e colocá-las de novo ao avesso.

LETO: Grega. Filha dos Titãs Coeus e Phoebe, mãe de Zeus de Apolo e ÁRTEMIS. Nascida na "terra dos hiperbóreos" além do vento norte, às vezes identificada com a Grã-Bretanha e depois com a Irlanda. Uma Deusa orgiástica. Sua árvore sagrada era a palma. Chamada Latona pelos romanos.

LEUCOTEIA: (Deusa Branca do Leite). Grega. Na forma de uma mulher mortal chamada Ino, ela cuidou da criança Dionísio. Ino pulou no mar com Dionísio para escapar de seu marido, Athamas. Um golfinho os levou para o Istmo de Corinto, depois disso, ela se tornou uma Deusa do mar sob seu novo nome. Como tal, ela ajudou Ulisses quando uma tempestade destruiu sua jangada. Deusa mãe dos centauros.

LEVANAH: Caldeia, hebraica. Um nome da Deusa da Lua. A palavra usada para "lua" nos Cânticos de Salomão 6:10 é a forma hebraica Lebanah: "Quem é essa que parece com o alvorecer, bela como a Lua, clara como o Sol e terrível como um exército com suas bandeiras?" Durdin-Robertson (*Deusas da Caldeia*) observa que "o conhecimento disponível a respeito de Levanah veio principalmente por meio de fontes ocultas". Dion Fortune (*The Sea Priestess*) diz que a Lua é chamada "pelos sábios de Levanah, pois aí está contido o número do nome dela. Como regente das marés de fluxo e refluxo, as águas do Grande Mar respondem a ela; do mesmo modo o fazem as águas de todos os mares terrestres, e ela rege a natureza da mulher".

LEWA-LEVU: (Grande Mulher). Deusa predatória dos fijianos, que vivia à entrada de um desfiladeiro sombrio, pronta para atacar qualquer homem que a tomasse, viva ou morta. O fantasma de um homem solteiro precisava tomar precauções especiais para evitá-la.

LI: Chinesa. Filha de Ch'ien e K'UN. Personificação do aspecto feminino solar; "Fogo, a filha do meio, o Apego, a Lúcida, a Noiva". No I Ching, o trigrama Li (duas linhas Yang separadas por uma linha Yin). Associada ao meio do verão e meio-dia. Os símbolos são o faisão (pássaro de fogo) e a vaca (nutritiva, vivificante).

LIBAN (1): (Beleza das mulheres). Irlandesa, sereia associada a Lough Neagh. O rei Ecca havia colocado uma mulher no comando de um poço de magia dentro de sua fortaleza em uma planície, com ordens para abrir a porta somente quando as pessoas da fortaleza precisavam tirar água. Um dia ela esqueceu de fechar a porta e a planície foi inundada, formando Lough Neagh. Ecca e todo o seu povo foram afogados, com exceção de sua filha Liban, que viveu sob o Lough por um ano e um dia com seu cachorrinho e depois tomou a forma de um salmão, mas mantendo seu próprio rosto e seios. Liban e a mulher encarregada do poço são provavelmente os mesmos. O final cristão para a história é que depois de 300 anos, Santo Congall a resgatou, batizando-a Muirgen, "nascida do mar". Um arquétipo da Princesa Submersa, assim como DAHUD.

LIBAN (2): Deusa irlandesa da cura e do prazer. Com FAND, ela apareceu para Cuchulainn em um sonho em que eles o espancaram com chicotes –, mas apenas para ensinar-lhe uma lição que terminou em felicidade.

LIBERA: (Livre). Romana, uma antiga Deusa do vinho e fertilidade, mais tarde identificada com PERSÉFONE. Parceira feminina de Liber (outro nome para Baco), ambos sendo homenageados no festival de Liberalia em 17 de março, quando os escravos eram autorizados a falar com liberdade.

LIBITINA: Deusa romana dos funerais. Sempre que alguém morria, algum dinheiro tinha que ser levado ao seu templo. Os empreendedores eram conhecidos como "libitinarii". Também era uma Deusa do amor e da fertilidade, originalmente talvez uma divindade agrícola.

LILITH: Versão hebraica de LILITU. Na lenda hebraica, ela era a primeira esposa de Adão, a que se recusou a se subordinar a ele, transformando-se em um demônio feminino. Em termos cabalísticos, é às vezes chamada de Qlipha, a contraparte do mal, de MALKUTH (ver também NAHEMA). No capítulo XVIII pode-se ver sua história completa.

LILITU: (Bruxa velha da noite). Suméria. Trazia pesadelos e outras ameaças noturnas. É provável que originalmente tenha sido uma Deusa da tempestade. O nome só foi aplicado mais tarde a LILITH, a primeira esposa de Adão.

LILWANI: Deusa hitita da Terra, ligada ao importante festival da primavera de Purulli.

LISSA: Deusa mãe das tribos de Daomé, mãe do Deus do sol Maou e do Deus da lua Gou. Seu totem era o camaleão.

LITAE, As: Ver ATE.

LOLA: (Relâmpago). Índia. Uma Deusa da fortuna inconstante.

LORELEI: Alemã. Uma bela sereia que ficava sentada num penhasco acima do Reno, atraindo os barqueiros para a morte com suas canções.

LOSNA: Uma Deusa etrusca da Lua.

LOVIATAR: Fino-úgrica. A filha mais terrível de Tuoni e TUONETAR. Da sua união com o Vento nasceram pleurisia, cólica, gota, tuberculose pulmonar, úlceras, sarna, cancro, praga e um "espírito fatal sem nome, uma criatura devorada pela inveja". Também chamada Louhi.

LUCINA: Romana. Uma Deusa do nascimento e obstetrícia.

LUKELONG: Ilhas da Carolina, na Micronésia. No começo ela criou primeiro os céus e depois a Terra.

LUNA: A Deusa da Lua Romana, identificada com DIANA e a Grega SELENE.

LUNED, LAUDINE: Arturiana. Conquistou a amizade de Owain e fez com que seu casamento com a Senhora da Fonte acontecesse. Em seu aspecto soberana, ela é chamada de Laudine.

LUONNOTAR: (Filha da Natureza) ou ILMATAR (Mãe das Águas): Deusa da criação fino-úgrica, filha do Deus do ar Ilma. Cansada de sua virgindade celestial solitária, ela flutuou sobre o mar por sete séculos. Por fim, uma águia (ou um pato) aninhou-se em seu joelho e pôs ovos. Estes rolaram no abismo e transformaram-se na Terra, céus, o Sol, a Lua e as estrelas. Ela deu à luz o primeiro ser humano, o bardo Vainamoinen. No épico Kalevala ela foi impregnada pelo Vento Leste.

MA: Uma Deusa lídia da fertilidade, cujo culto foi introduzido em Roma pelo ditador Sulla por volta de 85 AEC.

MAAT, MAYET: Deusa egípcia da justiça, verdade, lei e ordem divina; a ordem natural e inevitável do universo, em vez de quaisquer regras artificialmente impostas. Filha de Rá (que trouxe luz ao mundo, colocando-a no lugar do caos) e esposa de Thot, Deus da sabedoria. Ela desempenhava um papel importante no julgamento dos mortos. Retratada com uma pena vermelha na cabeça. *777*: Tarô: Justiça. Gemas: esmeralda. Plantas: aloés. Animais: elefante. Aromas: gálbano. Armas mágicas: Cruz do Equilíbrio. Ver o capítulo XX para ler sua história completa.

MACHA: (Batalha). Deusa irlandesa. Três mulheres lendárias, provavelmente sendo, a princípio, a mesma Deusa. Patrona de Ulster e Deusa da guerra. A capital de Ulster, Emain Macha, recebeu seu nome; assim também ocorreu com Armagh (Ard Macha). Uma fonte diz que ela era a esposa de Nemed, morrendo no décimo segundo dia (ano?), após o desembarque na Irlanda, "a primeira morte do povo de Nemed". Outra afirma que Macha era a esposa de Cimbaeth e filha de Aed Ruad, e uma líder de guerra. Segundo uma terceira fonte, era esposa de Crunnchu, correu contra o cavalo mais veloz da Irlanda quando estava grávida e morreu no parto vitorioso de gêmeos.

MADALENA: Ver MARIA MADALENA.

MADHUSRI: Deusa Hindu da primavera.

MÃE CAREY: Faz parte do folclore dos marinheiros, talvez como lembrança de alguma Deusa do mar ou do céu. Sobreviveu nos nomes populares de duas aves marinhas – "As Galinhas de Madre Carey" (os painhos-de-calda-quadrada) e os "Gansos da Madre Carey" (o fulmar gigante do Pacífico) –, e ainda no ditado popular "A Mãe Carey está arrancando as penas de seu ganso", para dizer que está nevando (cf. HULDA). O nome é uma corruptela de Mater Cara, a "Amada Mãe". Os painhos-de-calda-quadrada são chamados em francês "oiseaux de Notre Dame" (aves de Nossa Senhora).

MÃE DA LUZ CLARA: A Deusa tibetana que se manifesta quando alguém está caindo no sono profundo.

MÃE DA VIDA: Gnosticismo, Maniqueísmo. Um AEON, primeiro útero da humanidade, e os meios pelos quais o universo atual entrou em densa manifestação. Representações maniqueístas mostram-na como uma linda mulher, ricamente ornamentada, com o corpo aberto exibindo o disco do mundo dentro dela.

MÃE DE DEZ MIL COISAS: Um nome chinês para o Vazio, o fluxo do universo além do controle da pessoa, a Fêmea Misteriosa.

MÃE DE FERTILIDADE, A: Deusa cultuada pelos aborígenes australianos, em Arnhem Land. Seus ritos anuais antes da estação de chuvas eram celebrados com música e dança e anunciavam a chegada da SERPENTE ARCO-ÍRIS, que se anunciava pelo som assobiante da tempestade que soprava através de seus chifres e, finalmente, por seu corpo arqueado no céu. Aqui, a Serpente Arco-Íris é feminina e não pode ser claramente distinguida da Mãe de Fertilidade.

MÃE DE MANNU: Deusa fino-úgrica da Terra.

MÃE DE METSOLA: Ver MIELIKKI.

MÃE DO LESTE, A: Chinesa. Ela e a mãe do Oeste eram Deusas primitivas ligadas ao xamanismo.

MÃE DO OESTE, A: Ver MÃE DO LESTE.

MÃE TERRENA, A: Para os essênios, ela era a personificação da natureza, com a qual estar em harmonia era essencial para sua fé. Para eles, o cosmos consistia no Pai Celestial, com seus seis Anjos: Vida eterna, Trabalho criativo, Paz, Poder, Amor e Sabedoria; e a Mãe Terrena com seus correspondentes Anjos: Terra, Vida, Alegria, Sol, Água e Ar. A humanidade permaneceu no ponto de interação entre esses dois grupos de forças complementares e deveria se sintonizar com ambos. A comunhão com a Mãe Terrena ocorria no sábado de manhã, e a paz com seu reino era contemplada ao meio-dia no domingo. A comunhão da noite de sexta-feira começava dizendo-se: "O Pai Celestial e eu somos Um" – sem dúvida, a origem da declaração muito mal compreendida de Jesus, pois há evidências de que ele era treinado pelos essênios. O que os Evangelhos não citam (embora duvidemos que Jesus tenha esquecido) é a comunhão da manhã de sábado, que tinha início com "A Mãe Terrena e Eu Somos Um".

MAFDET: Deusa egípcia do gato, ou a Deusa do lince, antecedendo BAST e SEKHMET. Conhecida como "a Senhora do Castelo da Vida" já na 1ª Dinastia. Reconhecida como uma matadora de serpentes.

MAHADEVI: (Grande Deusa). Um título de LAKSHMI.

MAIA: Romana. Filha de Atlas. Ela e Zeus deram à luz Hermes. Mais tarde identificada com FAUNA e com BONA DEA. Deu seu nome ao mês de maio (não confundir com a MAYA hindu).

MAISO: Guiana. A Mulher de Pedra, Deusa mãe da tribo Paressi dos Arawaks, que produziu todos os seres, animados e inanimados.

MAITRI: Deusa hindu da boa vontade e amizade.

MALKUTH: (O Reino). Hebraica. Personificação da Terra, da alma terrestre; a Deusa na manifestação real. A décima Sephirah da Árvore da Vida Cabalística, conhecida como a Noiva, a Inteligência

Resplandecente. "Nenhuma operação é concluída até que o processo tenha sido expresso em termos de Malkuth ou, em outras palavras, tenha sido emitido em ação no plano físico. Se isto não for feito, a força que foi gerada não será adequadamente 'aterrada', e é essa força solta que voa ao redor, causando o problema em experimentos mágicos." (Dion Fortune, *A Cabala Mística*). Símbolos cabalísticos: o Altar do Cubo Duplo, a Cruz Igualada, o Círculo Mágico, o Triângulo da Arte. Tarô: as cartas de número Dez. Imagem mágica: uma jovem mulher, coroada e sentada em um trono.

MAMA, MAMI: assírio-babilônica. Um nome antigo para a mãe criadora. Um encantamento falado no parto e que é citado por Neumann (*The Great Mother*) a considera um oleiro. De acordo com a crença em Eridu, diziam que ela moldou o homem de barro, umedecido com o sangue de um Deus morto por Ea.

MAMA ALPA: Deusa inca da terra e da colheita. Possuía muitos peitos assim como a ÁRTEMIS de Éfeso.

MAMA COCHA: Deusa inca da chuva e do mar, irmã e esposa de Wiracocha. Mãe de toda a humanidade.

MAMAN BRIGITTE: Ver BRIGITTE.

MAMA NONO: Deusa mãe terra dos caribes das Antilhas.

MAMA OCCLO, MAMA OULLO HUACA: Deusa Inca que instruiu as mulheres nas artes domésticas. Irmã e esposa de Manco Capac. Eles foram os lendários primeiros governantes do Império Inca.

MAMA PACHA: Deusa mãe terra dos incas de quem surgiu Pachacamac, o espírito criativo universal.

MAMA QUILLA: Deusa da Lua Inca, irmã e esposa de Inti, o Sol. Este dois eram as divindades supremas. Suas sacerdotisas eram virgens e podiam fazer chover. Protetora das mulheres casadas. Representada como um disco de prata com um rosto humano.

MAMMITU: Deusa assírio-babilônica que planejava o destino dos recém-nascidos.

MANAH: Ver AL-LAT. Também uma Deusa tribal árabe; uma das UNSAS.

MANASA: Hindu, principalmente em Bengala. Suas lendas implicam fortes contra-ataques femininos contra o chauvinismo masculino. Invocada contra mordidas de cobra.

MANTRIKASHAKTI: Ver SHAKTIS, As.

MARA, MARAH: (Amarga). Caldeia. O mar salgado como a Grande Mãe. "Provavelmente a origem dos nomes femininos Marah, Maria, Marie, Marion, Mary, Maire e suas variantes." (Durdin-Robertson, *Goddesses of Chaldaea*).

MARI (1): Deusa basca suprema, governando todas as outras divindades. É às vezes descrita como uma Deusa da Terra, mas seus atributos parecem ser basicamente lunares. Vive nas profundezas da Terra, mas gosta de atravessar o céu à noite; o mesmo acontece com seu marido/filho Sugaar (Serpente Masculina). Ela cavalga o céu em uma carroça puxada por quatro cavalos, ou na forma de uma foice ou crescente em chamas, ou envolta em chamas, ou em uma vassoura em uma bola de fogo. Os bascos parecem únicos em associar a Lua com a cor vermelha e com fogo, e Mari carrega um forte simbolismo de fogo. Sugaar também cavalga como um crescente em chamas, mas para os bascos a própria Lua é sempre feminina. Eles a respeitam muito por indicar o tempo certo de cortar sua madeira, semear e colher. O animal divinatório da Lua é a joaninha, conhecida como Mari Gorri (Mari Vermelha), que muitas vezes é solicitada para prever o clima do dia seguinte. Os bascos acreditam que é a luz da Lua que guia os mortos para o seu lugar de descanso. Sexta-feira é o dia da Lua e à noite o horário de encontro das Bruxas tradicionais. Mari é a patrona de todas as Bruxas, sendo ela também uma Bruxa, com poderes oraculares e mágicos. Ela aparece com frequência como uma dama elegantemente vestida – às vezes coroada com a lua cheia ou uma lua crescente em chamas. Em uma localidade, pelo menos, ela aparece vestindo uma saia vermelha. Seu título Yonagorri pode significar *gona gorri* (saia vermelha), embora uma interpretação alternativa seja *Iona gorri* (Joana vermelha). Ela também pode aparecer na forma de uma árvore, do vento ou de um arco-íris. É também associada ao Akerbeltz (bode negro, a quem as Bruxas bascas invocavam e trabalhavam em seus Sabbats, que eram chamados de Akelarre (campo do bode). E monta um carneiro, em cujos chifres ela enrola a lã formando uma bola. Outros animais totêmicos sao o cavalo, a novilha e o corvo ou gralha. Mari muda de residência, passando sete anos em Anboto, onde é conhecida como Anbotoko Dama (Senhora de Anboto) ou Anbotoko Sorgina (Bruxa de Anboto), sete anos em Oiz e sete anos em Mugarra. Outros relatos dizem que ela passa um tempo em Aralar, Aiztorri e Murumendi. Um santuário cristão da Virgem chamado Andikona (To e Fro), situa-se entre Anboto e Oiz, e o nome pode ter raízes em Mari. Mari é forte e justa, nunca maléfica, mas pode ter um temperamento irascível. Ela abomina mentiras, roubo, orgulho, arrogância e quebra de palavra, e os pune apropriadamente. Um exemplo disso é, se um amigo lhe pede dinheiro e você finge que tem apenas 500 pesetas, quando na verdade tem 2.000, Mari vai se certificar de que você perca os 1.500 que omitiu. Outras punições que ela pode enviar são granizo e problemas internos, como inquietação. Ela governa a chuva e a seca.

MARI (2): Hindu. Uma Deusa da morte adorada pelos Korwas, criadores de cestas hereditários.

MARIA MADALENA: Hebraica. Considerada na tradição cristã como tendo sido uma prostituta que se converteu. Entretanto, não há bases bíblicas para essa afirmação. Assim como a VIRGEM MARIA, ela foi mitologizada de forma independente e muitas vezes em conflito com o relato bíblico – com o sentimento popular e a teologia oficial seguindo direções diferentes. Ver o capítulo VII.

MARICHI: Hindu, budista. Personificação do raio de luz que aparece antes do sol nascente. O ensinamento tântrico é que esse raio permanece o companheiro invisível do Sol ao longo do dia. Ela pode ser terrível, mas qualquer um que "saiba o nome dela" pode adquirir seus maravilhosos poderes (cf. a benevolente Deusa do alvorecer USHAS). Alcançou o Japão sob o nome de Marishi-Ten. Guerreiros feudais japoneses colocaram sua imagem em seus capacetes como um feitiço contra os golpes do inimigo. Retratada com um olho frontal, montando um javali a galope ou um bando de sete javalis e com dois a dez braços portando armas.

MARINETTE: Deusa do milho no vodu haitiano, cujos rituais um tanto violentos envolvem sacrifício de um porco – provavelmente uma lembrança do Rei do Milho sacrificado. Esposa do Deus de um pé ou sem pé (cobra?) Ti-Jean Petro (os ritos de Petro são de origem ameríndia e não africana).

MARZANNA: Eslava, polonesa. Deusa que auxiliava o crescimento dos frutos.

MASAYA: Nicaraguense. Deusa oracular dos vulcões. Sacrifícios humanos eram feitos a ela, jogando-os em crateras depois de terremotos. Deusa de pele negra com cabelos finos e seios caídos.

MASHONGAVUDZI: Rodésia. Principal esposa de Muari, Deus da tribo Mtawara. A primeira esposa do chefe reinante ainda leva esse nome.

MASHYOI: A Eva persa. Seu Adão era Mashya. Eles nasceram do corpo de Gayomart depois de terem permanecido na Terra por quarenta anos.

MATERGÁBIA: Deusa eslava que regia o serviço de limpeza, a quem se oferecia o primeiro pedaço de pão de um novo lote.

MATI-SYRA-ZEMLYA: (Mãe-Terra-Úmida). Deusa eslava da Terra. Em algumas regiões, em agosto, sua proteção era invocada voltando-se para o Leste, Oeste, Sul e Norte, com libações de óleo de cânhamo. Ela poderia profetizar, se alguém conseguisse entendê-la. Era obrigatório e incontestável que um juramento fosse feito em seu nome. Ainda neste século, as mulheres camponesas russas realizavam um rito a ela para afastar a peste. Nove virgens e três viúvas, vestidas somente com suas saias, tinham que arar um sulco ao redor da aldeia, gritando. Qualquer homem que as encontrasse era derrubado impiedosamente.

MATRES, As: (Mães). Um nome aplicado a representações de Deusas triplas romanas, como a de Colchester.

MATRIKADEVIS, As: Deusas-mãe do Budismo indiano.

MATRI-PADMA: (Mãe-Lótus). Hindu. As águas do espaço, a mãe universal. O lótus se abrindo simboliza yoni.

MATRONA: Forma latinizada do nome Celta da Grande Mãe (ver MODRON e MORGAN).

MAYA (1): Hindu. Deusa da natureza, a criadora universal. O nome é geralmente traduzido como "ilusão", mas isso é enganoso: significa na realidade, "o poder que faz com que o mundo material se manifeste como existência observável". Ela dá a vida, e também o desejo de vida, e está associada ao conhecimento, Magia e Bruxaria. "Maya é a mãe natureza com suas reivindicações abrangentes. Qualquer um que acredita erroneamente que possa escapar dela, ela persegue. E por suas artes ilimitadas e seu tempo infinito, todos serão atraídos para seu verdadeiro destino: a morada da Grande Mãe." (Durdin-Robertson, *Goddesses of India*).

MAYA (2): Budismo indiano. Mãe do Buda. Conhecida como a rainha do rei Suddhodhana. Em um sonho, Maya viu o Buda entrar em seu ventre na forma de um pequeno elefante branco. Neste momento, toda a Terra mostrou sua alegria; instrumentos tocavam música sem serem tocados, rios pararam de fluir, flores floresciam por toda parte e lagos estavam cobertos de lótus. Ela o pariu em pé, no jardim Lumbini no Nepal. Ele emergiu do lado direito dela sem causar dor. Sete dias depois, Maya morreu de alegria e renasceu entre os Deuses (ver também PRAJNAPARAMITA e YASODHARA).

MAYAUEL: México, Agave. Deusa mãe "com quatrocentos peitos". Deusa do efeito intoxicante da planta maguey. Conhecida como "a Cura" e como "a Estranguladora".

MAYAVATI: Hindu. Uma Deusa das artes mágicas. Ver RATI.

ME-ABZU: Ver TIAMAT.

MEBELI: Congo, tribo Mundang. Deusa da tríade Massim-Biambe (criadora imaterial onipotente), Phebele (Deus masculino) e Mebeli (Deusa). Phebele e Mebeli tiveram um filho Homem, e Massim-Biambe deu-lhe uma alma e o sopro da vida.

MEDEIA: Grega. Originalmente uma Deusa, mas que foi rebaixada à condição de uma simples feiticeira. Traiu seu pai, realizava magia e matou seu irmão, para ajudar Jasão (por quem ela estava apaixonada) a roubar o Velo de Ouro. Ela também envenenou a noiva planejada de Jason.

MEDHBH, MAEVE, DE CONNACHT: (Intoxicação). Irlandesa. Lendária Rainha de Connacht, esposa do ineficaz Rei Aillil. Na verdade, uma Deusa da soberania, com quem o rei deve acasalar para se tornar rei. Suas lendas a apresentam como uma mulher guerreira aterrorizante e inescrupulosa; isso provavelmente reflete o ressentimento patriarcal emergente do princípio que ela personificava. Por exemplo, Cuchulainn no Táin Bó Cúailnge é claramente o Herói Jovem escolhido destinado a substituí-lo e sacrificá-lo. Todavia, ele não aceitará o papel e lutará com ela. Ela, certa vez, parou uma batalha mostrando que estava menstruada. Semelhante a MACHA, ela podia ultrapassar qualquer cavalo, e somente de olharem para ela os homens perdiam dois terços de sua força. Sexualmente insaciável, ela podia ter "trinta homens todos os dias ou transar uma vez com Fergus". "Queen's Medhbh's Cairn", Knocknarea, é um túmulo de passagem no topo de uma colina de quase 330 metros com vista para a Baía de Sligo. É construído com cerca de 40.000 toneladas de pedra e ainda não foi escavado. As pessoas de Sligo são supersticiosas sobre perturbar o lugar. Medhbh é também a "rainha Mab" da lenda das fadas.

MEDHBH KETHDERG: (Metade Vermelha) de LEINSTER. Deusa irlandesa que, como MEDHBH DE CONNACHT, também personificava a soberania.

MEDUSA: Grega. A única mortal das três GORGONAS. Seu cabelo foi transformado em serpentes por ATHENA porque ela se atreveu a reivindicar-lhe igual beleza. Seu olhar transformava homens em pedra. Perseu conseguiu matá-la, com a ajuda de Athena, observando seu reflexo em seu escudo enquanto ele cortava sua cabeça. O cavalo alado Pégaso nasceu de seu sangue (embora outra versão diga que Pégaso era filho de Poseidon), e sua cabeça foi colocada no escudo de Athena.

MEENAKSHI: (Olho de peixe). Hindu. Uma forma benevolente de KALI. Um templo enorme, construído em quinze hectares e datado do Século 14, é dedicado a ela em Madurai, no sul da Índia.

MEFITIA: Deusa romana da malária.

MEGERA: Ver ERINIAS, As.

MEHEN: Egípcia, Heliópolis. Uma Deusa serpente entre as muitas divindades que tinham que ser invocadas durante a passagem da alma pelo Submundo. Descrita como eterna e envolvendo outros Deuses dentro de suas espirais.

MEHUERET, MEHURT: Egípcia. A Vaca Celestial pré-dinástica, Deusa dos inícios. Um dos nomes para a Grande Mãe universal. "Senhora do Céu e Senhora da Terra", mãe de Rá. Também associada à noite e representada como uma mulher com seios protuberantes (às vezes com a cabeça de uma vaca) segurando um cetro com uma flor de lótus entrelaçada em volta dele.

MELETE: Ver MUSAS.

MELPEMONE: Ver MUSAS.

MELUSINE: (Lucina Masculina, Parteira Maligna). Irlandesa/Escocesa/Francesa, possivelmente uma Deusa originária da Cítia. Uma Deusa-serpente, com aparência de mulher da cintura para cima, "mas tinha um passo ousado e elegante" (Rabelais). Um rico histórico de lendas a cerca no folclore Poitou, mostrando-a como filha de Elinas, Rei da Escócia, com mulher fada Pressine. Esta se casou com Elinas na condição de que ele nunca tentasse descobrir quem ela era ou de onde veio. Ele acabou quebrando esse acordo, e ela o amaldiçoou, desaparecendo com suas três filhas para a Ilha Perdida. Quinze anos depois, Melusine levou suas irmãs de volta para vingar sua mãe, prendendo Elinas nas montanhas de Brandebois. Pressine, furiosa com essa ação independente, colocou um feitiço nela para que virasse cobra até a cintura todos os sábados. Em Poitou, Melusine se casou com Raimond de Lusignan na condição de que ele nunca perguntasse onde ela ia aos sábados – uma promessa que ele também não cumpriu, então ela criou asas e fugiu chorando. Pressine e Melusine eram provavelmente uma das Deusas arquetípicas que podem tornar os homens prósperos e felizes, desde que não saibam exatamente quem ela é. Melusine deu a Raimond três filhos, jovens heróis com traços sobrenaturais – outro indicador das origens matriarcais do mito. Rabelais iguala Melusine com Ora, outra mulher metade-serpente que teve um filho com Júpiter. Melusine/Ora pode ser a adaptação do folclore francês de DIANA/ÁRTEMIS. Um romance medieval diz que Melusine era a protetora de Poitou e ancestral da família Lusignan. Outra versão diz que Melusine se casou com Fulk le Noir, conde de Anjou, o que faria dela (através do filho de Geoffrey de Anjou, o Rei Henrique II da Inglaterra) uma ancestral da atual família real britânica.

MENI: Deusa caldeia do amor, e também do destino. Em Isaías 65:11, lê-se. "Mas vós... que enchem taças para o Deus Destino", ao qual a Versão Autorizada oferece uma tradução alternativa como "para Meni".

MENKHERET: Deusa egípcia que carregava os mortos através dos vários estágios do Submundo.

MENQET: Deusa egípcia do Submundo que dava comida ao falecido.

MENRVA: Deusa etrusca da sabedoria, de quem derivou a Minerva Romana. Ela empunhava raios no Equinócio da Primavera.

MERTSEGER: (Amiga do silêncio). Deusa egípcia que viveu em um pico com vista para o Vale funerário dos Reis, em frente a Tebas. Podia ser benevolente, mas também punia. Retratada como uma cobra com cabeça humana, ou como uma cobra com três cabeças, a do meio humana, e as outras duas de uma cobra e um abutre.

MESHKENT: Deusa egípcia do parto. Esposa de Shai, Deus do destino. Personificava os dois tijolos em que as mulheres egípcias se agachavam para o parto. ÍSIS ficava diante da mãe e NÉFTIS atrás, enquanto HEKET ajudava. Ísis recebia a criança e as quatro Deusas então a banhavam. Muitas vezes Meshkent previa o futuro do bebê (cf. HATHORS). Às vezes Meshkent é todas as quatro Deusas, Ísis e as outras tendo aparecido particularmente no nascimento dos reis. Ela também foi associada com o renascimento após a morte, ajudando Ísis e Néftis nos ritos funerários além de servir de testemunha a respeito do caráter do falecido. Representada com um ornamento na cabeça com dois longos ramos de palma encurvados nas pontas, ou como um dos tijolos usados no parto com uma cabeça humana.

METERES: Deusa cretense da maternidade e fecundidade.

METHYER: Egípcia. "A grande vaca na água", contraparte terrestre da vaca do oceano celeste. Pode ser um aspecto de MEHUERET.

MÉTIS: (Sabedoria, conselho). Grega. Filha de Oceano e TÉTIS. A pedido do jovem Zeus, ela deu a Cronos a poção que o fez vomitar todos os seus outros filhos que ele havia engolido. Ela se tornou a primeira esposa de Zeus, mas GAIA e Urano o advertiram que se ela tivesse filhos, eles seriam mais poderosos que ele. Então, quando ela ficou grávida, ele a engoliu junto com o feto. Como resultado, ATHENA nasceu da sua cabeça. O exemplo supremo da apropriação patriarcal: Zeus não apenas absorve a sabedoria feminina em sua própria pessoa, mas também comanda a função única e invejada da mulher, o de dar à luz.

METSULAH: Hebraica. As grandes profundezas do mar, que engole as pessoas e onde habitam grandes maravilhas. Possui paralelos muito próximos com TIAMAT.

MEZTLI, TECCIZTECATL: Deusa asteca da Lua e da noite e patrona da agricultura.

MICTLANCIHUATL: Asteca. Corregente do Submundo com seu marido Mictlantecuhtli.

MIELIKKI: Grande Deusa finlandesa da floresta, esposa de Tapio e mãe de TUULIKKI e Nyyrikki. Essa família era invocada para garantir a abundância de grãos. Ela criou o urso a partir de um pedaço de lã.

MIHIT, MEHIT: Egípcia. Deusa Leão adorada em Thinis; sobrepõe-se a SEKHMET.

MINERVA: Romana, esposa de Júpiter, formando uma tríade com sua outra esposa, JUNO. Era originalmente uma Deusa etrusca, com o nome de MENRVA. No passado remoto era confundida com a Deusa grega ATHENA. Protetora do comércio, da indústria e da educação, mais tarde também uma Deusa da guerra. Honrada ao lado de Marte no Quinquatrus, um festival de cinco dias no Equinócio da Primavera. *777*: Tarô: Imperador. Gemas: rubi. Plantas: lírio de tigre, gerânio. Animais: carneiro, coruja. Aroma: sangue de dragão. Armas mágicas: chifres, energia, Burin.

MIRU: Polinésia. Um nome para a Deusa do Submundo; ver também HINE-NUI-TE-PO.

MITSUHA-NOME-NO-KAMI: (Verdura da água). Uma Deusa japonesa da água, nascida da urina de IZANAMI.

MIZUNOE, OTO: Japão. Uma Deusa da beleza divina que levou o pescador Urashima ao seu palácio submerso, onde permaneceu por três anos. Ao retornar para casa, ele descobre que 300 anos haviam se passado. Em algumas versões, ele voltou ao seu palácio. Cf. a Deusa irlandesa NIAMH DO CABELO DOURADO.

MNEME: Ver MUSAS.

MNEMOSINE: (Memória). Grega. Titã, filha de Urano e GAIA. Seu sobrinho Zeus passou nove noites com ela, e ela lhe deu nove MUSAS.

MOBO: Chinesa, japonesa. Uma mãe viúva que criou seu filho Mengtseu tão sabiamente que se tornou uma Deusa da bondade materna. Na China, a frase "mãe de Meng" ainda significa uma mãe modelo.

MODRON: (Grande Mãe). Galesa. Mãe de Mabon (Grande Filho), que foi roubado dela quando tinha três noites de idade, mas acabou sendo resgatado pelo Rei Artur. Ele é o equivalente masculino de PERSÉFONE

– o princípio de fertilização masculina que sai de cena nas estações frias. Nesse caso, Modron corresponde a DÉMETER.

MOIRAS, As: (Destinos). Deusas gregas do Destino, filhas de Zeus e TÊMIS. As três eram: Clotho, a que fiava do fio da vida; Lachesis, o elemento do acaso e Átropos, a que finalmente cortava o fio. Suas decisões eram ditadas pelas KERES. Eram, ainda, Deusas proféticas. Tinham de ser invocadas em casamentos para garantir uma união feliz. Elas estavam sob o comando de Zeus, que cuidou para que a ordem natural fosse respeitada. Foi encontrada em Lincoln uma homenagem a elas (como Parcas) por um agente funerário.

MOINGFHION, MONGFHINN: (A de cabelos brancos). Irlandesa. Associada ao Samhain (Féile Moingfhinne).

MORGANA: (Do Mar; originalmente = Mãe?). A meia-irmã de Artur, Morgana le Fay, mas parece se tratar de uma Deusa muito mais antiga, possivelmente a do Tór em Glastonbury, pois sua ilha é a Avalon. Como a meia-irmã incestuosa e ingovernável do rei, não deixa de ser uma Deusa da soberania. Diziam ter aprendido magia com Merlin, tal qual VIVIENNE (NIMUE), e parece ter sido sua amante antes desta última. É provável, ainda, que tenham sido a mesma pessoa, talvez também se sobrepondo a GWENDYDD. Tinha associações com a água e poderes mágicos de cura. A palavra "morgan" em bretão é masculina e significa *être fabuleux supposé vivant dans la mer*; e "morganez (f.)" quer dizer "sirène".

MORRIGAN, MORRIGU: (Grande Rainha ou Rainha dos Demônios). Deusa irlandesa da guerra. Também referida como "a Morrígan". Filha de ERNMAS e, às vezes, um nome coletivo para as três filhas dela; ver BADHBH. Seu símbolo era o corvo ou gralha. Possivelmente uma Deusa pré-céltica da Lua.

MUILIDHEARTACH: Deusa de batalha escocesa, que cruzou o mar para lutar contra os fenianos. Seu rosto era preto-azulado e ela tinha "olhos de um lago profundo".

MULAPRAKRITI: (Matéria Primordial). Hindu. Aquela que diferencia elementos e as numerosas formas da Natureza a partir da energia crua.

MULHER BRANCA: Honduras. De beleza incomparável, ela desceu do céu para a cidade de Cealcoquin e construiu um palácio com um templo, de onde ela governava. Embora fosse uma virgem, teve três filhos, dividiu seu reino entre eles e retornou ao Céu como um belo pássaro. Provavelmente uma lenda da Lua.

MULHER DE TURQUESA, A: Ameríndia, frequentemente mencionada no mito navajo. Ela pode ter sido a forma original, feminina, de Ahsonnutli, divindade criadora bissexual, que é conhecida como a Hermafrodita Turquesa.

MULHER-LUZ DAS SOMBRAS, A: Egípcia, personificação do lado escuro da Lua. *O Livro dos Mortos* descreve como ela cuidou de Thoth quando ele visitou a Lua.

MULHER PÍTON: Venerada pelos aborígenes australianos. Vive em uma caverna em Uluru, aonde as mulheres em trabalho de parto vão para garantir um parto fácil.

MURIGEN: Deusa do lago Irlandesa, associada a uma pequena lenda do dilúvio, mais tarde tornando-se um salmão – possivelmente um dos Salmões de Conhecimento (ver BOANN).

MUSAS, As: Origem grega, Trácia. Filhas de Zeus e MNEMOSINE (Memória). Outras tradições atribuem-lhe outros pais, incluindo Urano e GAIA. No mito original, parecem ter sido Deusas das nascentes, depois da memória e, apenas mais tarde, da inspiração. Os números variam em diferentes partes da Grécia (na maioria das vezes, havendo inicialmente três delas), mas acabaram como nove: Clio era identificada com a História e portava a trombeta e a clepsidra; Euterpe, flauta; Tália, associada à comédia, portando uma máscara cômica e uma estaca de pastor; Melpomene, a tragédia, com a máscara trágica e o porrete de Héracles; Terpsícore, a poesia lírica e a dança, carregava a cítara; Érato dominava a poesia de amor; Polímnia a arte mímica, sendo representada meditando com um dedo na boca; Urânia dominava a astronomia, segurando o globo celeste e bússolas; e, por último, Calíope, associada à poesia épica e à eloquência, segurando um instrumento de escrita e tábuas. Das nove, Calíope era quem se destacava. Elas moravam em Hélicon, uma alta montanha na Beócia. Eram ligadas a Apolo, mas parecem terem sido originalmente uma Deusa tríplice independente. (Melete, Mneme e Aoide, em Hélicon; Nete, Mese e Hypate em Delfos).

MUT: (Mãe). Deusa egípcia da tríade tebana de Amon-Rá, Mut e Khons. Uma forma importante da Grande Mãe primordial. Seu símbolo era o abutre, pois as fêmeas eram consideradas mães ideais para seus filhotes. Acabou sendo confundida com NEKHBET como protetora do Alto Egito. Casou-se com Amon-Rá (mas também era considerada sua mãe incriada) e foi identificada com sua antiga esposa AMAUNET na 18ª Dinastia (c. 1.580 AEC). Seu templo ficava em Luxor e o de Amon-Rá ficava a alguns quilômetros rio abaixo, em Karnak. A visita anual a ela era um dos grandes festivais do Novo Reino – o Festival do OPET na "subida da Deusa SOTHIS" (a ascensão heliacal da estrela Sirius em 19 de julho). Frequentemente identificada com HATHOR, SEKHMET e BAST. Conhecida como "a Grande Feiticeira", "Senhora do Céu" e "Olho de Rá". Descrita no *Livro dos Mortos* como "aquela que fortalece as almas e deixa os corpos sadios". Embora fosse esposa de Amon-Rá, às vezes era retratada como bissexual, "procedente de si mesma", como a divindade criadora de todas as coisas vivas. Representada com um chapéu de abutre, ou usando a coroa dupla do Egito, ou com os chifres e disco pela identificação com Hathor, ou ainda com a cabeça de leoa de Sekhmet ou a cabeça de gato de Bast. *777*: Tarô: cartas de número Três, Louco. Gemas: safira estrela, opala de pérola, ágata. Plantas: cipreste, papoula, álamo. Animais: mulher, águia, homem. Aromas: mirra, almíscar, gálbano. Armas mágicas: yoni, Manto Externo de Ocultamento, adaga, leque.

MYESTYAS: Eslava. Geralmente um Deus da Lua, mas às vezes representada como a bela jovem esposa do Sol, com quem se casa a cada primavera e abandona todo inverno.

MYLITTA, MELITA, MOLIS: (A que dá à luz filhos). Deusa lunar Assírio-Babilônica que governava o amor, a beleza, a fertilidade e o parto. Associada ao Planeta Vênus. A prostituição sagrada era praticada em seu templo. De acordo com Heródoto, toda mulher nascida no país tinha que ir ao templo uma vez em sua vida e aceitar o primeiro estranho que lhe dissesse: "Que a Deusa Mylitta lhe seja próspera".

NAGIS, NAGINIS, As: Deusas serpentes hindus, esposas dos Nagas. Propensas a surpreender e enganar, mas podem ser favoráveis. Com aparência humana até a cintura e caudas das serpentes, embora às vezes assumam a forma de ninfas e os homens se apaixonem por elas. As Nagis e os Nagas vivem em um magnífico reino subterrâneo.

NAHAR: Nome da Deusa do Sol síria nos escritos de Ugarit.

NAHEMA: Hebraica. Uma Súcubo que dá à luz espíritos e demônios. Do ponto de vista cabalístico, é às vezes chamada de Qlipha, contraparte maligna, de MALKUTH (Ver também LILITH).

NAHMAUIT, NEMANOUS: (Aquela que remove o mal). Egípcia. Uma das esposas de Thoth. Seu nome descreve seus atributos. Seu símbolo é o sistro.

NAMAGIRI: Uma Deusa hindu da inspiração, ensinamento e profecia.

NAMMU: Caldeia, suméria. Deusa do oceano primitivo, "a mãe que deu à luz o céu e a terra". Ela despertou o Deus da água Enki (uma forma primitiva de Ea) de seu sono e ajudou a criar a humanidade. Uma forma de TIAMAT.

NANA (1): Deusa frígia, mãe do Deus da vegetação Átis (ver CIBELE). Concebida por vontade própria pelo uso de uma amêndoa ou romã.

NANA (2): Uma das primeiras Deusas sumérias, provavelmente fundindo-se com INANNA e ISHTAR.

NANDECY: Deusa nativa brasileira. Esposa do herói civilizador Nanderevusu e mãe do Deus da tempestade Tupã. O Deus Tupã vive no Oeste, e há tempestades toda vez que ele viaja para visitar sua mãe no Leste.

NANNA: Teutônica. Esposa de Baldur, seduzida por seu rival, Holder. De acordo com Graves em *A Deusa Branca*, neste conto, Nanna é na verdade FRIGG, mas "os escudos nórdicos alteraram a história no interesse da retidão conjugal". Quando Baldur morreu, ela se suicidou em sua pira funerária. De Hel, Baldur enviou seu anel de presente para Odin, e ela enviou lençóis para Frigg.

NANSHE: Uma Deusa caldeia das nascentes e canais de água, intérprete de sonhos. Filha de Ea e irmã de INANNA. Seu símbolo era uma tigela com um peixe.

NANTOSUELTA: (Do curso sinuoso do rio). Consorte do Deus galês Sucellos. É uma Deusa associada ao corvo. Aparece em monumentos carregando uma cornucópia.

NARI: Hindu, uma forma da Deusa mãe, criando a vida a partir do caos. Ela e seu marido Nara às vezes aparecem como a mulher e o homem primordiais. Ela tem sacerdotisas virgens, que são consideradas com muito respeito.

NATHAIR PARRTHUIS, A: (Serpente do Paraíso). Antigo nome irlandês para a Serpente do Éden, considerada uma figura feminina.

NAUNET, NUNUT: Egípcia. Com seu marido Nun, o primeiro casal do Ogdoad de Hermópolis. Os Ogdoad foram os primeiros oito seres vivos, os machos sendo sapos e as fêmeas serpentes. Ela era o contracéu através do qual o Sol passa para a noite, o outro eu de NUT. Representada como uma mulher com a cabeça de uma serpente e tendo uma cabeça de chacal no lugar dos pés.

NEBHET HOTEP: Egípcia. Uma das duas esposas do Deus do Sol pré-dinástico Atum – a outra é IUSAS.

NEHALENNIA: Deusa do mar dos belgas (frísios).

NEITH: Egípcia. Uma antiga Deusa de Delta, protetora da cidade de Sais. Seu emblema era as flechas cruzadas de um clã pré-dinástico. "A personificação do eterno princípio feminino da vida, autossustentável e existente por si mesma, secreta, desconhecida e onipresente" (Wallis Budge). Ela se tornou a Deusa patrona do Baixo Egito (assim como NEKHBET era do Alto Egito), e finalmente uma divindade nacional quando a 26ª Dinastia (c. 664 AEC em diante) restabeleceu a unidade egípcia, tendo Sais como capital, após a invasão assíria. Ela se tornou uma Deusa do céu como NUT e HATHOR, e era considerada às vezes as águas originais do caos de que tudo nascia. Conhecida como a Grande Deusa e Mãe dos Deuses, às vezes ela era chamada de filha de Rá e, algumas vezes, sua mãe "antes do parto existir". Mãe do Deus crocodilo Sebek. Posteriormente introduzida no mito de Osíris como a mãe de ÍSIS, Hórus e Osíris (ver também NUT). Como uma Deusa criadora, esposa do Deus criador Khnum. Plutarco diz que seu templo em Sais (do qual nada resta atualmente) traz a inscrição: "Eu sou tudo o que tem sido, é e será. Nenhum mortal foi capaz de erguer o véu que me cobre." Como uma Deusa muito antiga, os outros Deuses frequentemente apelavam a ela para arbitrar em disputas –, por exemplo, no conflito entre Hórus e Seth (no qual ela julgou certo que Hórus deveria ter o trono, mas em compensação Seth deveria ter mais duas esposas, as Deusas canaanitas ANAT e ASTARTE). NEITH era guardiã dos mortos. Como Ísis e NÉFTIS frequentemente aparecem juntas, Neith aparece com SELKHET; ou, ainda, as quatro podem aparecer juntas. Essas quatro Deusas estavam associadas aos Filhos de Hórus e seus vasos canópicos – o parceiro de Neith era o Duamutef de cabeça de chacal do Leste, guardião do estômago. Protetora das mulheres e do casamento, e protetora das artes domésticas, tecendo e caçando. Seu templo em Sais tinha uma escola de medicina, "A Casa da Vida". Também era uma Deusa guerreira. Retratada usando a coroa branca do Norte e carregando um arco e flechas, ou uma lançadeira de tecelão (que às vezes é símbolo que aparece em sua cabeça em vez da coroa). Algumas vezes mostrada como a grande mãe vaca dando à luz Rá todas as manhãs. Associada com a constelação da Ursa Maior. Os gregos a igualaram a ATHENA. Festival com ÍSIS, em 24 de junho (Festival da Queima das Lâmpadas de Sais).

NEKHBET: Deusa abutre do Egito muito antiga, protetora do Alto Egito (como NEITH ou UADJET era do Baixo Egito). Sua cidade era Nekheb (El Kab), em frente a Hierakonpolis, um centro de culto do Deus falcão Hórus. À medida que a importância do Deus crescia, o mesmo acontecia com ela; mas, enquanto ele se tornou universal, ela permaneceu firmemente centrada no Sul. Uma "forma do abismo primitivo que pariu a luz", seu nome significa "o pai dos pais, a mãe das mães, que existiu desde o princípio e é a criadora do mundo" (Wallis Budge). Conhecida como a filha de Rá e seu olho direito. Esposa de Khenti-Amentiu, primeiro dos ocidentais, ou de Hapi, Deus do Nilo. Uma protetora particular do faraó, aparecendo muitas vezes amamentando-o ou aos seus filhos. Portanto, também era uma Deusa do parto. Representada como uma mulher ou um abutre, usando a coroa branca do Alto Egito. MUT assumiu muitos de seus atributos.

NÊMESIS: Grega. Filha de Erebus e NYX, ou de Oceano, ou de Dike (ver HORAS, As). Conhecida como Adrasteia (a Inevitável). Deusa da ira divina, contra os mortais que ofendiam a lei moral, quebravam tabus ou conquistavam muita felicidade ou riqueza. Aqueles que adquiriam muita fortuna podiam aplacá-la sacrificando uma parte a ela. Seu animal sagrado era o cervo. Festival: 23 de agosto.

NEMONTANA: Deusa celta e britânica da guerra, associada a Bath.

NENA: Esposa de Nata, o Noé asteca.

NÉFTIS: (Egípcia Nebhet, "Senhora da Casa" ou "Senhora do Palácio"). Filha de Geb e NUT, sua irmã sendo ÍSIS e seus irmãos Osíris, Seth e Hórus, o Velho. Ela se casou com Seth, mas eles não tiveram filhos, e ela desejou ter um filho de Osíris. Deixando Osíris bêbado, ela concebeu Anúbis por meio dele. Quando Seth tentou matar Anúbis, Ísis o adotou. Néftis abandonou Seth aterrorizada com o assassinato de Osíris e, a partir de então, ficou ao lado de Osíris. Ela parece personificar a orla do deserto, às vezes árida e às vezes fértil, de acordo com a altura do Nilo (Osíris). Com Ísis (eram muitas vezes conhecidas como "as gêmeas"), ela vivia em luto e era e guardiã dos mortos, ficando na cabeceira do caixão, enquanto Ísis ficava nos pés. Às vezes apareciam com elas NEITH e SELKHET; e essas quatro Deusas estavam associadas aos Quatro Filhos canópicos de Hórus, o parceiro de Néftis sendo o Hapi do Norte, o guardião dos pulmões. Ela também participava de partos (ver MESHKENT). Retratada portando na cabeça o hieróglifo de seu nome – uma cesta (neb) colocada no sinal de um palácio (het). *777*: Tarô: cartas de número Três, Cinco, Dez, Temperança. Gemas: estrela safira, pérola, rubi, cristal de rocha, jacinto. Plantas: cipreste, papoula de ópio, carvalho, nux vomica, urtiga, junco. Animais: mulher, basilisco, esfinge, centauro, cavalo, hipogrifo, cachorro. Minerais: prata, ferro, enxofre, sulfato de magnésio. Aromas: mirra, almíscar, tabaco, ditânia de Creta, pau-de-águila. Armas mágicas: yoni, Manto Externo de Ocultamento, espada, lança, açoite, corrente, Círculo Mágico, triângulo, flecha. Número segundo David Wood: 28.

NEREIDAS, As: Cinquenta ninfas do mar, filhas de Nereu e DÓRIS. Favorável aos marinheiros.

NERIO, NERINA: Uma Deusa sabina que os romanos comparavam a MINERVA ou VÊNUS. Ela teve um festival conjunto (sem dúvida simbolizando o casamento) com Marte em 23 de março.

NERTHUS: Primitiva Deusa teutônica da Terra e da fertilidade. Durante seus rituais públicos, todas as espadas tinham que ser protegidas e ninguém ousava perturbar a paz. Seu templo ficava em uma ilha báltica, talvez em Seeland. Ela tinha um festival que acontecia duas vezes ao ano, do qual

Tácito participou. Ela e sua carruagem tiveram que ser lavadas em um lago sagrado por escravos que foram então afogados. Mais tarde ficou conhecida como Hertha ou Hretha; o quarto mês no calendário do Inglês Antigo foi nomeado Hrethamonath em homenagem a ela. Mas também foi masculinizada: "Entre os nórdicos, encontramos a primeira reação hostil de uma sociedade patriarcal: alterar o sexo da Grande Deusa, de modo que a mulher Nerthus se tornou o masculino Njord: mas o filho da virgem reaparece na pessoa de Frey e Njord se retira para o segundo plano, a Grande Deusa reafirma-se como Freya. Na Suécia, pode-se dizer que o processo quase se completou no ano 1.000 EC (Branston, *The Lost* Gods of England).

NETE: Ver MUSAS.

NETZACH: (Vitória). Hebraica. A sétima Sephirah da Árvore da Vida na Cabala. A Sephirah de AFRODITE, personificando a natureza e os instintos e emoções – equilibrada por sua contraparte, a sexta Sephirah, Hod, a Sephirah de Hermes, personificando o intelecto. Netzach fornece a força da magia, Hod a forma. Símbolos cabalísticos: a lâmpada, a cinta e a rosa. Experiência espiritual: a visão da beleza triunfante. Tarô: cartas de número sete. Imagem mágica: uma linda mulher nua.

NGAME: Africana. Deusa criadora que fez os corpos celestes e colocou vida em homens e animais atirando flechas mágicas neles.

NIAMH: (Brilho, lustre, beleza). Irlandesa. Forma de Badhbh "que faz amizade com o herói no momento de sua morte". Filha de Cetchar e favorita de Cuchulainn.

NIAMH DO CABELO DOURADO: Irlandesa. Levou Oisin para Tír na nÓg e deu-lhe dois filhos (Fionn – depois do pai de Oisin – e Osgar) e uma filha (Plur na mBan).

NICNEVEN: Deusa das Bruxas escocesa, associada a Samhain. A tradição denomina sua noite de acordo com o calendário antigo (juliano), em 10 de novembro.

NIKE: (Vitória). Personificação grega desse aspecto. Filha de Pallas e STYX. Geralmente representada como alada, muitas vezes carregando um ramo de palmeira. *777*: Tarô: cartas de número Sete. Gema: esmeralda. Planta: rosa. Animal: lince. Aromas: benjoim, rosa, sândalo vermelho. Armas mágicas: lâmpada, cinta. Equivalente romana: VITÓRIA.

NIKKAL: Deusa cananeia dos frutos da Terra, que se casou com o Deus da Lua Yerah (Yarikh). Filha de Hiribi, "o rei do verão", a quem Yerah pagou 10 mil shekels de ouro por sua mão. "Filha do Rei do Verão", pode significar a nova lua após a colheita, ainda a época favorita para se realizarem casamentos nessa área, porque há recursos para celebrá-la.

NIMUE: Arturiana. Nome que Thomas Mallory dá à SENHORA DO LAGO. Em algumas versões, a mulher que roubou os segredos de Merlin e os usou para prendê-lo em sua caverna. Ver também VIVIENNE, MORGANA, GWENDYDD.

NINA: Caldeia, "Senhora das Deusas", Deusa oracular da cidade dos Nove (Nínive) e da família real de Lagash. Filha de Ea. Pode ter sido originalmente uma Deusa do mar. Mais tarde fundiu-se com ISHTAR.

NINAZU: Deusa caldeia da Terra e do Submundo, conhecida como "Mãe das Trevas".

NIN-EDIN: Ver BELIT-SHERI.

NINELLA: Ver DAMKINA.

NINGAL: Deusa da Terra dos caldeus e sumérios, esposa do Deus da Lua Sin, e mãe de INANNA, ERESHKIGAL, ANUNET, e do Deus do Sol Shamash. Os reis caldeus afirmavam ser filhos dela.

NINGYO, As: Ondinas ou sereias japonesas.

NINHURSAG: (Aquela que dá vida aos mortos). Deusa suméria da Terra, originalmente uma Deusa vaca. Seu templo tinha um rebanho sagrado. A agricultura se desenvolveu a partir de sua união com o Deus da água Enki ou Ea. Enki foi infiel a ela com sua própria filha NINSAR, a filha de Ninsar, Ninkurra, e a filha de Ninkurra, UTTU. Enfurecida, Ninhursag o amaldiçoou (sugerindo os efeitos nocivos da água descontrolada), mas os outros Deuses a persuadiram a acabar com a maldição (reconhecendo os efeitos benéficos da água controlada). Aparentemente a mesma Deusa que NINLIL. (Ver também NINTI).

NINKARRAK: Deusa caldeia da cura e alívio do infortúnio.

NINKURRA: Ver NINHURSAG.

NINLIL: Deusa caldeia e suméria dos grãos, filha de NUNBARSHEGUNU e esposa de Enlil. Uma versão diz que ela foi estuprada por Enlil, sendo banida para o Submundo, mas que insistiu em segui-lo e deu à luz o Deus da Lua Nanna e, mais tarde, três divindades do Submundo. Pode originalmente ter sido idêntica a Nunbarshegunu (que é às vezes considerado um de seus títulos) e mãe de Enlil (ver KI). Posteriormente, foi considerada a esposa do Deus da guerra assírio Assur. Muitas vezes uma designação de ISHTAR. Ver também NINHURSAG.

NINMAH: Caldeia, suméria. Deusa mãe e Deusa do parto. Em alguns relatos, mãe de Enlil.

NINSAR, NINMU: Deusa suméria das plantas, "a senhora que faz viver". Filha de Enki e NINHURSAG.

NINSUN, SIRTUR: Suméria. Nomeada como (1) mãe de Gilgamesh e (2) mãe de Dumuzi e GESTINANNA; mas estas podem ser duas Deusas distintas. A mãe de Gilgamesh é descrita como "forte como um boi selvagem" e "sábia, possuidora de um profundo conhecimento". No Lamento por Dumuzi, sua mãe simplesmente aparece em luto ao lado de sua irmã Gestinanna e sua esposa INANNA.

NINTI: (Senhora da costela, Senhora da vida). Suméria. Uma das oito Deusas criadas por NINHURSAG para curar as várias partes do corpo de Enki depois que ela o amaldiçoou. Ninti foi responsável por curar sua costela. Pode ser a fonte do relato de Gênesis sobre a criação de Eva (do hebraico Chavah, "Vida") da costela de Adão.

NINTU: Ver ARU.

NINTUD: Ver BELIT-ILI.

NIRRITI: Hindu. Assim como o marido Nirrita, Nirriti é uma deidade védica da morte.

NISABA (1): Deusa arquiteta caldeia, irmã de NINA. Ela apareceu para o rei Gudea em um sonho e desenhou a planta do templo que ele queria construir, e ele seguiu suas instruções (alguns dos artefatos de Gudea foram encontrados em escavações).

NISABA (2): Deusa caldeia dos cereais, aparentemente distinta de NISABA (1). Irmã de NANSHE. Às vezes, um título dado a NINIL.

NISACHARIS, As: (As que Vagam à Noite) súcubas hindus.

NIX: Teutônica. Era o nome em alemão para se referir às Ondinas. As mulheres Nixe (plural) eram encantadoramente belas e parecidas com LORELEI. Elas se sentavam nas margens do rio, penteando seus cabelos dourados e atraindo os barqueiros para o seu destino. Alguns dos que as viram ou ouviram cantar ficaram loucos. O nome também era usado para se referir a lagoas, rios ou sacerdotisas.

NOCTILUCA: Deusa Bruxa gaulesa.

NOKOMIS: (Avó). Ameríndia, Algonquin. A Mãe Terra que nutre todas as coisas vivas. Avó do herói Manabozho ou Winabojo.

NORNES, As: Deusas teutônicas representando os Três Destinos – Wyrd ou Urd (que quer dizer Passado ou Destino) e Verdandi (Presente) teciam a teia do destino, enquanto Skuld (Futuro) a rasgava. Guardiãs da árvore sagrada Yggdrasil. Seu Festival ocorria na véspera de Ano-Novo. Muitas vezes consideradas como uma única Deusa do destino, Wyrd, a quem até os Deuses se sujeitavam. "As Três Wyrds" deram origem às "Irmãs Estranhas" de Shakespeare (em referência à semelhança com a palavra em inglês para "estranho", *weird*).

NORTIA: Deusa etrusca da fortuna.

NOTT: (Noite). Teutônica. Era uma giganta, mãe de JORD e avó de Thor.

NOWUTSET: Ver UTSET.

NOX: Deusa romana da noite, irmã de DIES (dia) (cf. NYX).

NUAH: Uma Deusa mãe babilônica e Deusa da Lua. Seu mito descrevendo o Dilúvio foi posteriormente absorvido por ISHTAR. O Noé bíblico é, indubitavelmente, uma masculinização de seu nome.

NU-KUA: Deusa chinesa criadora, irmã e esposa de Fu-hsi. Ela tinha o corpo de uma mulher até a cintura e um rabo de dragão. Quando criou homens e mulheres, ela os modelou em seu próprio corpo, mas deu-lhes as pernas. Também conhecida como a "Restauradora do Equilíbrio Cósmico" depois que o mundo havia sido devastado por inundações e incêndios. Era uma mediadora entre homens e mulheres, inventou o casamento, provia alimento às crianças, domava feras, e ensinou à humanidade ciências civilizadas como a irrigação.

NUNAKAWA-HIME: Japonesa. Uma sábia e bela jovem Deusa, que pode ser "uma lembrança mitológica dos casamentos diplomáticos entre líderes Idumo e mulheres governantes de Kosi, ocasionada pelas tentativas da Idumo de consolidar o controle da área de Hokuriku, Matsumura" (Durdin-Robertson, *Goddesses of India*).

NUNBARSHEGUNU: (Deusa da fertilidade agrícola). Venerada pelos sumérios e caldeus. Antes que a humanidade fosse criada, ela viveu na cidade de Nippur com sua filha NINLIL e a jovem montanha e Deus da tempestade Enlil. Ela encorajou o casamento entre as duas divindades mais jovens (ver NINLIL).

NUNGEENA: Aborígene australiana, sudeste da Austrália. A Mãe-Espírito que, com Baiame, o Pai-Espírito, restaurou o mundo depois que Marmoo, o Espírito do Mal, o devastou com enxames de insetos venenosos e devoradores. Eles criaram pássaros para devorar os insetos – Nungeena começando com o mais belo de todos, o pássaro lira. Fizeram ainda mais pássaros adoráveis, e seus espíritos assistentes produziram os menos bonito, tais como os cracticus e pegas. Com eles, derrotaram as hordas de insetos e a vida das plantas foi capaz de crescer novamente.

NUT: Deusa mãe egípcia do céu. Filha de Shu e TEFNUT; mas às vezes chamada de filha de Rá, ou até mesmo sua mãe, como a vaca que dava à luz a ele todas as manhãs (o céu rosa do alvorecer é o sangue deste nascimento). Nesta versão Rá era Kamephis, "touro de sua mãe", nascido dela como um bezerro ao amanhecer, fertilizando-a como um touro ao meio-dia e morrendo à noite para renascer no dia seguinte como seu próprio filho. Geb, a Terra, era irmão gêmeo de Nut e seu amante; mas Rá ordenou ao Deus do ar, seu irmão Shu, que os separasse, e decretou que eles não tivessem filhos em nenhum mês do ano. Thoth, com pena deles, apostou um jogo com a Lua e ganhou uma parte de 1/72 de sua luz, que se tornaram cinco dias extras que não pertenciam a nenhum mês. Geb e Nut conceberam ÍSIS, NÉFTIS, Osíris, Seth e Hórus, o Velho nestes cinco dias. O Sol e a Lua às vezes eram considerados seus filhos e, outras vezes eram referidos como seus olhos. Nut era a protetora dos mortos, seu corpo estrelado nu é visto com frequência em toda a extensão da tampa interna dos caixões voltado para a múmia. Era representada na mesma forma arqueada sobre a Terra, com apenas os dedos dos pés e as pontas dos dedos a tocando, sendo também descrita como uma vaca. O símbolo que carrega sobre a cabeça é o hieróglifo do seu nome, um jarro (que pode ser um útero). Festival: os cinco dias intercalares egípcios, de 24 a 28 de agosto, e também 25 de dezembro, quando ela deu à luz Rá. *777*: Tarô: cartas de número Dois, Estrela Gemas: rubi estrela, turquesa, vidro artificial. Plantas: amaranto, oliveira, coco. Animais: homem, águia, pavão Mineral: fósforo Aromas: almíscar, gálbano. Armas mágicas: lingam, Manto Interior da Glória, incensário, aspersório. (Nota: Nut é a única Deusa, de qualquer panteão, atribuída no *777* ao Caminho 0, os Véus além de Kether.) Número de David Wood: também 0.

NU-ZUCHI: Ver KAYA-NU-HIME.

NYX: Deusa grega da noite, filha do Caos e Erebus, e mãe de HEMERA (Dia) (cf. NOX). No começo só existia Nyx; dela veio o Ovo Primitivo, que se dividiu em dois e produziu Urano (Céu) e GAIA (Terra).

OBA: Nigeriana, da tribo Iorubá. Deusa do rio Oba e filha de YEMANJÁ.

OCEÂNIDES, As: Gregas. Três mil ninfas marinhas e fluviais, filhas do Oceano e TÉTIS.

ODUDUA: Nigeriana, da tribo Iorubá e vodu brasileiro. Deusa da Terra, esposa do Deus agrícola Orishako ou Deus céu Obatala. Obatala e Odudua foram criados pelo Deus supremo Olorum, assim como Adão e Eva, cujo Éden estava na Ilha de Ifé. Obatala era muito pura, mas Odudua estava interessada em procriar e tinha muitos amantes. Levada pelos escravos para o Brasil como uma Deusa do vodu, onde ela se tornou menos importante que sua filha YEMANJÁ.

OGETSU-HIME-NO-KAMI: Deusa japonesa da comida e dos animais e plantas que a fornecem.

OKITSU-HIME: Deusa japonesa da cozinha, com a contraparte masculina Okitsu-Hiko.

OLWYN: Galesa. "Uma das poucas histórias da saga arturiana que são puramente celtas, sem embelezamentos continentais" (Sykes, *Everyman's Dictionary of Non-Classical Mythology*). A rainha de maio, filha da árvore de maio ou espinheiro, cujo pretendente deve passar por várias provas para conquistá-la. Seu pai era Yspaddaden, um rei dos gigantes, que sabia que ele deveria morrer se ela se casasse com seu pretendente Culhwch, mas todos os seus esforços falharam em impedi-lo. Um caso claro da derrota do Velho Rei pelo Jovem Herói, que se torna o novo consorte da Deusa-rainha da soberania.

OMECIUATL: Deusa criadora asteca, esposa de Ometeuctli (Ometeotl), que pode ser uma deidade posterior a ela. Às vezes considerados aspectos masculinos e femininos da mesma divindade.

OMICLE: Mãe de todas as coisas, com o marido Potos (Desejo), em uma das quatro principais lendas criacionistas fenícias.

OMOROCA: Ver TIAMAT.

ONATHA: (Espírito do Trigo). Ameríndia, tribo dos iroqueses. Filha da Mãe Terra EITHINOHA. Raptada pelo Espírito do Mal e aprisionada sob a Terra, até o Sol encontrá-la e libertá-la (cf. PERSÉFONE).

OPET, APET: Egípcia. O nome da cidade de TAUERET, a Deusa hipopótamo do parto. O Festival do Opet (ver MUT) recebeu o nome em homenagem a ela.

OPS: (Fartura). Deusa romana da fertilidade, da semeadura e da colheita. Esposa de Saturno. Festivais (a Opeconsiva) 25 de agosto, quando ela era adorada enquanto tocava o chão, e (a Saturnália, em honra dela e de seu consorte) de 17 a 23 dezembro. Identificada também com REIA e CIBELE.

ORA: Ver MELUSINE.

ORAS: Deusas romanas do verão. Festival: 21 de junho.

ORÉADES, As: ninfas gregas que viviam em montanhas e eram ajudantes de ÁRTEMIS.

OREITHUIA: Ninfa grega carregada por Bóreas, o Vento Norte. Mas Graves diz que ela era "evidentemente a Deusa do Amor da tríade divina em que Athena era a Deusa da morte", e que seu sequestro por Bóreas mitologiza a disseminação do "culto orgiástico ateniense da Deusa Tríplice Cabra e seu amante Erichthonius" para a Trácia, onde foi adaptado para um culto da Deusa Tríplice égua.

ORORE: Caldeia. Uma Deusa criadora, retratada com uma cabeça de inseto, com uma barriga de grávida e, às vezes, um olho gigante. Seu consorte sem nome tinha cabeça de touro e rabo de peixe.

OSTARA: Ver EOSTRE.

OTO: Ver MIZUNOE.

OTSUCHI-NO-KAMI: Deusa mãe japonesa da Terra.

OXUM e OYÁ: Nigeriana, tribos iorubá e vodu brasileiro. Irmãs, filhas de YEMANJÁ e esposas do Deus do trovão, Xangô. Oxum era muito bela e Oya tinha uma beleza simples, e havia ciúmes entre elas. Eram Deusas que representavam respectivamente os rios Osun e Níger. Ao atravessar um desses rios, não se deve mencionar o nome da outra Deusa, ou as águas o engolirão. Os escravos levaram as duas para o Brasil, onde se tornaram Deusas do vodu, identificadas com Santa Bárbara e Santa Catarina. Oxum é patrona do signo zodiacal de Capricórnio.

OYÁ: Ver OXUM.

OYNYENA MARIA: (Maria Flamejante). Deusa eslava, assistente e conselheira do Deus do trovão Peroun. É provável que tenha sido anteriormente uma Deusa do fogo.

PA: (Secura). Deusa chinesa da seca. Chamada pelo imperador Huang-ti para controlar o vento e a chuva, e depois se recusou a sair. Ele então a exilou para o Norte, "além da água vermelha".

PACHAMAMA: Deusa mãe inca da Terra.

PADMA: (Cor de lótus). Hindu. Um dos avatares (encarnações) de LAKSHMI.

PAKHIT: Egípcia. Forma de BAST na Speos Artemidos, a leste de Beni Hasan. Também associada à MUT. Tinha cabeça de gato, ou de leoa.

PAI MU TAN: (Peônia Branca). Chinesa. Semelhante às APSARAS hindus, sua função é distrair os ascetas de suas práticas. Para os chineses, a peônia é a rainha das flores, simbolizando entre outras coisas a beleza amorosa e feminina.

PAIRIKAS, As: Persa. Estrelas cadentes imaginadas como mensageiras entre o Céu e a Terra. Provavelmente já foram ninfas celestes como as APSARAS hindus, e protótipos de PÉRIS.

PALES: Deusa romana dos rebanhos e sua fecundidade. Uma exceção, pois ela era originalmente um Deus masculino. Festival: a Palilia, 21 de abril, data tradicional da fundação de Roma. Deu seu nome para o Monte Palatino.

P'AN CHIN-LIEN: Chinesa. Patrona das prostitutas. Uma (possivelmente histórica) viúva, cujo sogro a assassinou para pôr fim ao seu comportamento desordenado.

PANDORA: (A que possui todos os dons). É a Eva Grega, moldada em argila por Hefesto por ordem de Zeus para punir Prometeu por ter roubado o fogo do Céu. Seu nome significa que cada Deus ou Deusa lhe deu um dom apropriado. Zeus deu-lhe uma caixa que ela não devia abrir, mas ela abriu e todos os males que afligem a humanidade saíram dela. Tudo o que restou no fundo foi a Esperança.

PAPA: (Camada rochosa). Mãe Terra polinésia, com quem o Deus criador Taaroa (Tangaroa) se uniu para fazer rochas, areia, solo e mar. De acordo com os Maoris, ela acasalou com o Pai Celestial Atea Rangi (originalmente uma Deusa – ver ATEA) para produzir vários Deuses. Uma lenda da Ilha Cook diz que o Sol e a Lua foram criados a partir das duas metades de seu primeiro filho, cortado em dois para pacificar dois Deuses que afirmavam ambos terem sido seus progenitores. Outra versão nomeia duas Deusas criadoras, Papa em cima e VARI embaixo.

PAPAIA: Ver ISTUSTAYA.

PARASHAKTI: Ver SHAKTIS.

PARCAS, As: Ver MOIRAS.

PARVATI: Hindu. Filha de Himavat, Deus dos Himalaias. Esposa de Shiva. Sob esse nome ela é retratada ao lado dele, discorrendo sobre tudo, desde o amor até a metafísica. Mas como a Deusa que personifica o "poder" (Shakti) de Shiva, ela tem muitos aspectos sob diferentes nomes: Uma a graciosa, Bhairavi, a terrível; Ambika, a criadora; SATI, a boa esposa; Gauri, a brilhante; KALI, a negra; DURGA, a invencível. Durante muito tempo, Parvati se cansou do ascetismo e da indiferença de Shiva em relação ao seu charme, mas acabou vencendo-o, e o abraço deles fez o mundo inteiro tremer.

PASHADHARI: (A que carrega o laço). Hindu. Ela e seu marido Yamantaka são os Guardiões dos Portões do Sul. Seu símbolo, o laço, representa tanto o yoni quanto o cordão umbilical e pode ser igualado ao ankh egípcio. Uma Deusa mãe amorosa, tanto no aspecto nutritivo quanto no restritivo. Representada com a cabeça de uma porca.

PASIFAE: Grega. Filha de Hélios, o Sol, esposa do rei Minos de Creta e mãe de ARIADNE, Phaedra e Deucalião. Poseidon fez com que ela se apaixonasse pelo touro branco de Minos, e ela deu à luz o Minotauro, que Ariadne ajudou o ateniense Teseu a derrotar. Pasifae e Ariadne eram provavelmente as faces Mãe e Donzela da mesma Deusa da Lua, o touro, animal totem da cultura da Deusa em Creta, tendo se transformado em um monstro pelo patriarcado de Atenas.

PAX: Deusa romana da paz. Identificada com CONCORDIA. Festivais: 30 de janeiro, 4 de julho.

PEITHO: (Persuasão). Grega. De acordo com Hesíodo, estava presente no momento em que AFRODITE desembarcou em Chipre. Ademais, Sappho a chama de "a moça de Afrodite que brilhava como o ouro". Algumas vezes era um dos títulos de Afrodite, em outras, uma Deusa diferente.

PEKHET: Forma de Bast em Speos Artemidos.

PELE: Polinésia, Havaí. Deusa do fogo na terra (vulcões).

PERCHTA: Deusa eslava da fertilidade, Noiva do Sol. Sua festa "foi celebrada em Salzburgo, em 1941, com o uso de máscaras, as de beleza para a primavera e o verão e as sem beleza para o outono e o inverno" (Sykes, *Everyman's Dictionary of Non-Classical Mythology*).

PERIS, As: Ninfas celestes, fadas ou anjos femininos. Apareceram mais recentemente na Pérsia. Ver PAIRIKAS.

PERSÉFONE: Grega e fenícia. Originalmente uma Deusa exclusivamente do Submundo, tornou-se uma Deusa das sementes e do milho, era filha de DEMÉTER. Nesse aspecto, ela é geralmente chamada de Kore (Garota). Como uma divindade do Submundo, estavam associados a ela o morcego, o narciso e a romã. Era comumente representada com uma cornucópia. Em sua forma fenícia, era filha de DIONE e Cronos. Os salgueiros eram sagrados para ela (como também para CIRCE, HÉCATE e HERA). Os festivais eram os mesmos de DEMÉTER. *777*: Tarô: cartas de números Dez. Gema: cristal de rocha. Plantas: salgueiro, lírio, hera. Animal: esfinge. Mineral: sulfato de magnésio. Aromas: ditânia de Creta. Armas mágicas: Círculo Mágico, triângulo. Equivalente romana: PROSERPINA. Para sua história completa, ver o capítulo XIII.

PHEBE: Uma Titã grega, filha de Urano e GAIA. Do marido Coeus, tornou-se mãe de LETO e Astéria e, portanto, avó de Apolo e Ártemis.

PHILOSOFIA: forma medieval de SOPHIA.

PHILYRA: (Limeira). Grega. Mãe de Cronos de Quíron, o sábio centauro. Seu animal totem era o pássaro torcicolo.

PHRONESIA: (Propósito, sabedoria prática). Gnóstica. Uma AEON, associada a SOPHIA e DYNAMIS como cogeradora de "principados e anjos".

PIDRAI: Cananeia. Deusa da natureza e da luz, formando uma tríade com ARSAI e TALLAI. Pode ter sido filha e/ou esposa de Baal.

PI-HSIA-YUAN-CHUN (Princesa das nuvens estreitas), SHENG-MU (Mãe Sagrada): Chinesa. Protege mulheres e crianças e preside o parto. Retratada sentada com três aves com asas estendidas na cabeça.

PINGALA: (De olhos castanho-alaranjados). Hindu, uma força etérica, também chamada Soorejnaree (esposa solar). Sua influência se estendia ao domingo, terça-feira, quinta-feira, sábado e signos alternados do zodíaco, começando com Áries. Os outros dias e signos estavam sob a influência de Chandernaree. Associada com a adivinhação.

PIRILI: Ver SETE IRMÃS.

PIRUA: Deusa mãe peruana do milho, de acordo com o historiador espanhol Acosta. Mas pirua, segundo Frazer, era o celeiro, a mãe de milho sendo ZARA-MAMA.

PLÊIADES, As: Grega. As sete filhas de Atlas e da OCEÂNIDA Pleione (cf. SETE IRMÃS): Alcione, Celeno, Electra, Maia, Mérope, Asterope e Taigete. Irmãs das Hyades. Zeus colocou-as no céu para ajudá-las a escapar de Órion, que havia se apaixonado por elas.

POLUDNITSA: Eslava, Deusa do campo do norte da Rússia. Alta, jovem e bonita, com as vestes inteiramente brancas. Se ela encontrasse alguém colhendo ao meio-dia, puxaria o cabelo dessa pessoa. Poludnitsa costumava fazer criancinhas pequenas se perderem no milharal.

POLIMNIA: Ver MUSAS.

POMONA: Deusa romana das árvores frutíferas, compartilhando este dever com seu consorte masculino Vertumnus e com FLORA.

PORRIMA: Ver CARMENTA.

POSTVERTA: Ver CARMENTA.

POTINA: Deusa romana das poções infantis.

PRAJNA: Hindu, tibetana. Uma Deusa budista da sabedoria, similar à gnóstica SOPHIA.

PRAJNA-PARAMITA: Tibetana, chinesa, japonesa, oriental, budista. Personificação da Sabedoria Transcendental, a Sabedoria Aperfeiçoada do Yoga. Mãe dos Bodhisattvas; na tradição de que houve e haverá muitos Budas, ela é a mãe de todos eles, MAYA (2) sendo uma de suas encarnações. Pode ser vista como PRAJNA no mais alto nível. Seu símbolo é um livro que repousa sobre uma flor de lótus ao lado de seu ombro e suas mãos formam um círculo.

PRAKRITI: Hindu. O ventre do mundo, do qual tudo brota. Mãe de Brahma. MULAPRAKRITI na manifestação terrena.

PRAMLOCHA: Hindu, uma APSARA. Indra, após seu casamento com Indrani, pediu a Pramlocha que distraísse o sábio Kandu de seu ascetismo. Ela o distraiu tão bem que ele passou 907 anos, seis meses e três dias ao seu lado, sob a ilusão de que eles estavam juntos por um dia apenas. Depois disso ela se tornou uma ninfa das árvores. Corresponde à chinesa PAI MU TAN.

PRESSINE: Ver MELUSINE.

PRISNI: Deusa vaca hindu e Deusa da Terra. Era considerada a "A Terra de Muitas Cores". Esposa do Deus da tempestade Rudra e mãe dos onze Maruts que se tornaram os companheiros de Indra.

PRITHVI: Uma antiga Deusa hindu da fertilidade e da Terra. Dizem que ela ajudou a criar todos os Deuses e homens. Esposa do Deus do Céu

Dyaus e mãe de Indra. Como a maioria das Deusas mães hindus, era visualizada como uma vaca. No ensinamento esotérico, ela representa a matéria sólida. Seu símbolo é um quadrado e sua cor o laranja-avermelhado ou amarelo.

PRITI: Uma Deusa hindu da alegria.

PROSERPINA: Romana, equiparada à PERSÉFONE grega. Filha de CERES e Plutão. Alguns a identificam com LIBITINA. Sua Festa romana (Jogos Seculares) acontecia entre 26 de maio e 3 de junho.

PROSIMNA: Deusa grega da Lua nova. Um título de DEMÉTER como a mãe da Terra em seu Submundo (ou seja, PERSÉFONE).

PSIQUE: (Alma). Grega. Eros se apaixonou por essa Deusa e eles se casaram, ficando combinado de que eles só se encontrariam à noite, quando ela não podia vê-lo. Psique, no entanto, quebrou o acordo, pegando uma lâmpada acesa para poder enxergá-lo, e ele a deixou por esse motivo. A mãe ciumenta de Eros, AFRODITE, puniu-a com muitas tarefas, como ir ao Submundo para trazer de volta um pouco da beleza de PERSÉFONE. Por fim, Eros e Psique reataram, e Zeus a tornou imortal. Moral da história: não tente analisar o amor inteiramente por padrões lógicos e lineares. Você terá que sondar o inconsciente para reconquistá-lo. *777*: Tarô: cartas de número Dez. Gema: cristal de rocha. Plantas: salgueiro, lírio, hera. Animal: esfinge. Mineral: sulfato de magnésio. Aroma: ditânia de Creta. Armas mágicas: Círculo Mágico, triângulo.

PUKKEENEGAK: Inuíte. Deusa que fornece alimentos e roupas e dá filhos às mulheres. Tem o rosto tatuado, usa botas grandes e roupas muito bonitas.

PURVACHITTI: Hindu. Uma APSARA associada à precognição.

PUSHPEMA: (Aquela que oferece flores) Deusa tibetana das flores. A palavra em sânscrito pushpa, "flores", aliás, também significa "declarações de amor" e "menstruação".

PYRRHA: Esposa de Deucalião, o Noé Grego. Após o Dilúvio, eles repovoaram a Terra jogando sobre seus ombros "os ossos de sua mãe" (isto é, pedras da Terra). Aqueles jogados por ela se tornaram mulheres; os jogados por ele se tornaram homens.

PITHIA: (Pitonisa). Grega. Deusa serpente, filha de GAIA, que morava perto de Delfos nas cavernas do Monte Parnaso. Apolo a matou, assumindo o oráculo de Delfos. As sacerdotisas oraculares de Delfos eram também chamadas de Pythiai (plural); seu papel continuou sob o comando de Apolo, mas eram controladas e interpretadas por seus sacerdotes. Penélope Shuttle e Peter Redgrove (*The Wise Wound*) apresentam uma descrição convincente de que as Pythiai teriam sido sacerdotisas menstruais – isto é, fazendo seus pronunciamentos oraculares durante seu pico menstrual. Delfos originalmente pertencia a Gaia, uma apropriação patriarcal dificilmente poderia ser mais claramente registrada.

QEDESHET: Ver KEDESH.

QODSHU: (Santidade). Um epíteto aplicado às Deusas mães cananeias.

QUARTIANA: Ver FEBRIS.

QUIMERA, A: (Que significa "Cabra"). Grega. Filha de EQUIDNA, uma Deusa cobra do inverno, e o Deus da tempestade Tifão. Ela tinha a cabeça de leão, o corpo de um bode e o rabo de uma serpente. Seu nome passou a denotar "uma visão ilusória". No grego moderno, Χίμαιρα (khimaira) significa "Utopia", e ainda é um substantivo feminino.

QUINOA-MAMA: Deusa peruana das plantações de quinoa.

RADHA: Hindu. Uma moça vaqueira amada por Krishna. Sendo sua principal amante humana. Também acreditavam ser um dos avatares (encarnações) de LAKSHMI. Festival: 1º de setembro.

RAGNO: Ameríndia, Pomo. A velha Deusa mãe que resgatou os Deuses criadores Marumda e Kuksu quando seus erros saíram do controle.

RAINHA DE ELFAME: Deusa das Bruxas escocesa. Veja, em particular, a *Border Ballad* de Thomas o Rimador. Graves (*A Deusa Branca*) mostra como *La Belle Dame Sans Merci* de Keats foi baseada nela.

RAINHA DO CÉU: Nome nostálgico usado pelas mulheres hebraicas para se referirem à Deusa banida ASHERAH ou Ashtaroth (ver Jeremias 7:18, 13:17-25).

RAIT, RAT: Egípcia. Feminino de Rá, de quem ela pode ter sido a primeira forma. Aparece na lenda sobrevivente como sua esposa e mãe de SELKHET e MAAT.

RAKA: Deusa hindu da Lua cheia.

RAKINI: Ver DAKINI.

RAKSHASIS, As: Hindu, Singalesa. Espíritos femininos que enfeitiçam os homens mortais com sua beleza. Paradoxalmente, são descritas como muito piedosa.

RAMBHA: (Bananeira, cortesã). Hindu. A primeira e maior entre as APSARAS, nascida da agitação do Oceano Lácteo (na história do Dilúvio dos Vedas).

RAN: Teutônica. Esposa do gigante do mar Aegir. Ela agitava as ondas e tinha uma enorme rede com a qual tentava capturar todos os homens que navegavam no mar. Suas nove filhas, personificações das ondas, eram ondulações sedutoras que atraíam marinheiros para seus braços e os arrastavam para baixo. No entanto, Ran entretinha os afogados regiamente em seu palácio submerso, com banquetes de peixe, fazendo-os se sentar em almofadas azul-celeste.

RA NAMBASANGA: Fiji. Uma raridade, pelo fato de ele/ela ser ao mesmo tempo um Deus e uma Deusa, tendo dois corpos, um de homem e outro de mulher.

RANGDA: hindu, balinesa. Deusa da fertilidade e Bruxa. Em Bali, são feitas oferendas a ela nos campos de arroz. É representada com seios grandes.

RASHITH: (Começo). Em hebraico, o Gênesis começa com "B'rashith..." (No princípio...) O substantivo é feminino. Na tradição posterior, Rashith parece estar associada à AIMA, a Mãe Brilhante.

RAT: Ver RAIT.

RATI: (Prazer). Deusa hindu da paixão sexual. Uma das esposas de Kama, Deus do amor. Também encarnou sob o nome Mayavati, como uma Deusa das artes mágicas.

RATIS: Deusa britânica da fortaleza, adorada em Birdoswald e Chesters na Muralha Romana.

RATRI: (Noite). Deusa hindu da noite e da escuridão repousante. Retratada vestindo roupas escuras com estrelas reluzentes. Irmã de USHAS, a Deusa do alvorecer.

RAT-TAUI: Egípcia. Esposa do Deus da guerra de Tebas, Mont.

RAUNI: Ver AKKA.

RE: Deusa fenícia da Lua. De acordo com a História da Irlanda de Thomas Moore, a Lua também era adorada na Irlanda pagã sob o nome Re – ainda uma palavra em gaélico que significa lua (não confunda com Re, grafia alternativa do Deus Sol egípcio Rá).

REINE PEDAUQUE, LA: Francesa medieval. "A rainha com pé de pássaro, uma misteriosa figura de lenda que voava de noite à frente de uma multidão de fantasmas, algo semelhante à Caça Selvagem" (Doreen Valiente, *An ABC of Witchcraft Past and Present*). Cf. LILITH.

REMATI: forma tibetana de KALI. Associada às doutrinas secretas do Tantra.

RENENET: Deusa egípcia da amamentação, que dava ao bebê nome, personalidade e fortuna. Ela também aparecia ao lado do Deus Shai, no momento da morte, quando a alma era pesada e julgada. Renenet simbolizava a nutrição em geral, ou uma Deusa da colheita com o título de "Senhora dos Dois Celeiros". Representada com duas plumas longas em sua cabeça (ou às vezes o disco e chifres de HATHOR), com aparência de mulher, uma mulher com cabeça de leão, ou como uma mulher com cabeça de cobra ou um ureu.

RENNUTET: Deusa cobra egípcia da colheita, regente do mês Pharmuthi. Filha do Deus do Sol primitivo Atum, e irmã de TEFNUT e Shu. Parece ter as mesmas qualidades de RENENET.

RENPET: Deusa egípcia do ano, da primavera e da juventude. Conhecida como "Senhora da Eternidade". Representada vestindo um ramo de palmeira sobre a cabeça, curvado na ponta.

REIA: Cretense e Grega. Seu nome provavelmente significa "Terra". É quase certeza de que no início era o nome da Deusa mãe de Creta, a divindade suprema da ilha, que entregava aos filhos o Deus sacrificado todos os anos (um papel que era fielmente encenado por sua Alta Sacerdotisa e pelo consorte/sacrifício masculino escolhido anualmente). Na mitologia clássica, ela era filha de GAIA com seu filho Urano, esposa de seu irmão Cronos e mãe de Zeus, Hades, Poseidon, HÉSTIA, DEMÉTER e HERA. Reia escondeu o bebê Zeus na Caverna Dicteana em Creta, quando seu pai Cronos estava determinado a matá-lo, sendo auxiliada por AMALTEIA. *777*: Tarô: cartas de número Três. Gemas: estrela safira, pérola. Plantas: cipreste, papoula de ópio. Animal: mulher. Mineral: prata. Aromas: mirra, almíscar. Armas mágicas: yoni, Manto Externo de Ocultamento.

RHIANNON: (Grande, ou Divina, Rainha). Deusa galesa da fertilidade e do Outromundo, seu animal de culto era o cavalo. Segundo o *Mabinogion*, era filha de Heveydd, o Velho, primeira esposa de Pwyll, e mãe de Pryderi. Ela teve que passar por uma punição por supostamente ter matado seu filho recém-nascido, que depois descobriu ter sido sequestrado. Após a morte de Pwyll, ela se casou com Manawydan (Manannán). A história de *Mabinogion* é "apenas uma sombra que restou de uma poderosa Deusa celta do passado, semelhante a Epona-Macha" (Anne Ross, *Pagan Celtic Britain*). Alguns indícios a esse respeito: Pwyll era o "Rei de Annwn" – isto é, do alegre Outromundo; e a canção dos três Pássaros de Rhiannon "acordava os mortos e colocava os vivos para dormir". Ela poderia montar seu cavalo branco mais rápido do que qualquer homem conseguiria pegá-la, embora parecesse cavalgar sempre em um ritmo constante – o que sugere a relação com a Lua.

RIO LAMURIANTE: Japonesa. Nascida das lágrimas do Deus Izanagi quando sua esposa IZANAMI morreu.

RIRIT: Ver TUARET.

RHODE: Grega, filha de ANFITRITE e Poseidon, mãe de sete filhos do Deus do Sol Hélios. A Ilha de Rodes foi batizada em sua homenagem.

ROBIGO: (Ferrugem, Mofo). Deusa romana invocada para poupar as colheitas da ferrugem e voltar sua atenção para as armas. Com isso, era uma Deusa dos agricultores, que estavam mais interessados na fertilidade dos campos do que na guerra. Festival (o Robigalia): 25 de abril.

RODASI: Hindu. Uma Deusa védica primitiva do trovão e da tempestade. Esposa do Deus da tempestade Rudra.

ROHINI: Uma Deusa vaca hindu invocada para curar a icterícia. Em partes associada com as constelações de Escorpião e Hyades, e com as estrelas Antares e Aldebaran.

RONA: Maori.

ROSMERTA: Deusa gaulesa. Aparece como consorte de Mercúrio, especialmente no leste da Gália. Às vezes porta um caduceu.

RUKMINI: (Adornada com ouro). Hindu. Uma das esposas de Krishna, considerada uma encarnação de LAKSHMI.

RUTBE: Deusa da água dos índios Guaymi da Costa Rica. Concebeu do Deus Nancomala o Sol e a Lua, que foram os ancestrais da humanidade.

SABITU: Deusa caldeia do mar e do Submundo, cujo palácio ficava na costa do oceano que cercava o mundo. Ela alertou Gilgamesh que atravessar o mar seria perigoso e que do outro lado estavam as ainda mais perigosas Águas da Morte. Gilgamesh e Arad-Ea enfrentaram a travessia, alcançaram as Águas da Morte em quarenta dias e também as atravessaram. Ela desempenha um papel semelhante ao de SIDURI.

SABRINA, SAVREN, HABREN: Britânica. Deusa do rio Severn. Para saber sua história, ver VENNOLANDUA.

SADHBH, SADV: (Habitação agradável, qualquer coisa boa). Deusa irlandesa identificada com os cervos. Esposa de Fionn, mãe de Oisin. Levada para fora da casa de Fionn por meio de magia antes de Oisin nascer, transformou-se em um cervo. Ele a procurou durante anos, mas nunca a encontrou. Apesar disso o menino Oisin veio até ele e cresceu, tornando-se um poeta inspirado e o único homem a enfrentar São Patrício usando de argumentação. O nome verdadeiro de Fionn era Demne (Pequeno Cervo). Oisin significa "Gamo novo"; e o filho de Oisin se chamava Osgar, "aquele que ama os cervos". Eles eram homens de Leinster, local que era chamado, em partes, de Osraige, "Povo dos Cervos". Tudo isso é suficiente para tornar Sadv e a história de Oisin particularmente significativa, pois a Deusa corça, ou Deusa das corças, está relacionada à imagem mais antiga de Ártemis-Diana, a Deusa do Sol daqueles povos que vieram para a Europa Ocidental antes dos indo-europeus. (Markale, *Women of the Celts*).

SADWES: Deusa persa. Maniqueísmo. A Donzela da Luz, uma Deusa da chuva que causou granizo, geada, neve, trovões e relâmpagos. Ela também era psicopompo, guiava adeptos para o Paraíso após sua morte.

SAGA: Teutônica. Uma giganta, segunda das ASYNJOR. O nome provavelmente significa "vidente". Associada ao signo zodiacal de Peixes.

SAITADA: (Mágoa?). Britânica. Conhecida apenas por uma imagem de Tyne Valley. Anne Ross sugere que ela pode ser semelhante a SCATHACH.

SAKI: (Competência, habilidade, auxílio poderoso). Hindu, esposa de Indra. Pode corresponder a INDRANI.

SAKUNADEVATAS, AS: Deusas hindus de bom augúrio, uma dentre elas sendo Sakunadhishthatri.

SALUS: Deusa romana da saúde e do bem-estar. Equivalente à HIGEIA grega.

SAMBHUTI: Uma Deusa hindu do nascimento e da fertilidade.

SAMDHYA: Deusa hindu do crepúsculo. Originalmente uma Deusa da natureza.

SAMKHAT: Deusa babilônica da alegria.

SAMS: Deusa da Lua dos semitas do Sul. Os semitas do Norte tinham um Deus da Lua correspondente chamado Samas.

SANANG SARI: Sumatra, a Deusa do arroz dos Minangkabauers.

SANDALPHON: Na tradição oculta, o Arcanjo feminino da Terra. Equiparada à DEMÉTER, e na Golden Dawn, com ÍSIS. Associada à rosa, "o maior e mais explícito de todos os símbolos sexuais" (Madame Blavatsky). Era representada tendo asas, com um ornamento de chifres egípcios na cabeça.

SANGYE KHADO: Tibetana, chefe das KHADOS.

SANING SARI: Deusa cultuada nas Índias Orientais, Sumatra, Java. É uma Deusa mãe do arroz, ritualmente honrada na semeadura e na colheita, sobretudo por mulheres. Ao plantar as sementes, soltam o cabelo nas costas, para que o arroz possa crescer em grandes quantidades e viçoso.

SANJNA: (Acordo, consciência). Hindu. Esposa do Deus Sol Surya. Ela deu-lhe três filhos. Aconteceu que, exausta pela luminosidade constante, colocou sua irmã Shaya, a Sombra, no seu lugar. Depois de alguns anos, o Deus Sol percebeu a mudança e foi em busca de Sanjna. Ela se transformou em uma égua. Ele se tornou um garanhão e a perseguiu, e por um tempo eles viveram felizes juntos como cavalos. Então ele concordou em desistir de um oitavo de seu brilho para que ela pudesse voltar com ele; ela aceitou. História semelhante à de SARANYU. Em alguns mitos, SURYA é feminina.

SANZUKAWA-NO-OBAASAN, SANZU-NO-BABA: Deusa japonesa. Guardiã do rio Sanzu que faz fronteira com o Submundo. Ela tira a roupa dos mortos antes de cruzarem o rio.

SAPAS: Fenícia. Filha de El, chamada a "Tocha dos Deuses". Também um nome para o Sol nos textos de Ugarit.

SARAMA, DEVASUNI: Deusa japonesa dos ventos, com a aparência de uma cadela malhada. Uma psicopompo que conduz as almas dos mortos para o outro lado. Pode ter ligações com as USHAS.

SARANYU: Deusa hindu das nuvens, filha de Tvashtar, um Deus artesão do tipo solar e o "excitador universal". Ela deixou seu marido, o Deus Sol Surya ou Vivasvat, porque ela não suportava seu brilho. Para recuperá-la, ele desistiu de alguns de seus raios, dos quais foram formados o disco de Vishnu, o tridente de Shiva e as armas do Deus da guerra Kartikeya e do lendário rei Kubera. Sua história é semelhante à de SANJNA.

SARASWATI: Hindu, esposa de Brahma, nascida de seu corpo. Deusa da fala, música, sabedoria, conhecimento e artes. Mãe dos Vedas. Originalmente uma Deusa do rio. Inventou o Devenagari (alfabeto sânscrito). Representada como uma bela jovem de quatro braços. Uma mão direita estende uma flor para o marido, a outra um livro de folhas de palmeira; uma das mãos a sua esquerda segura uma guirlanda, a outra um pequeno tambor. Ela aparece às vezes sentada em um lótus, com apenas dois braços, tocando uma vina (um instrumento de corda). Partes de suas características se mesclam com VACH. No Tibete, é uma Deusa do ensino e da aprendizagem, esposa do Bodhisattva Manjushri Jampal (ver também SATARUPA).

SARPARAJNI: Deusa serpente hindu, "mãe de tudo que se move".

SARPIS: Espíritos-serpentes hindus do ar relacionadas à Terra e ao Submundo. Às vezes chamadas de Sarpis Voadoras. Semelhante às NAGIS, exceto que as Nagis sempre andam ou correm.

SARVAYONI: (A yoni que gerou todas as coisas). Hindu. O princípio gerador feminino como a origem de todas as coisas.

SATARUPA: Hindu, criada por Brahma a partir de sua própria substância imaculada. Também conhecida como SARASWATI, SAVITRI, GAYATRI ou BRAHMANI. Quando viu o que havia criado, Brahma se apaixonou e se casou com ela "para gerar todos os tipos de coisas vivas".

SATI (1), SUTTY: Hindu, filha de Daksha, um dos senhores da criação. Apesar da oposição do pai, ela se apaixonou e se casou com Shiva. Sati é um dos aspectos de PARVATI. Diziam ter lançado a si mesma no fogo sacrificial – daí a prática e o nome de suttee, a queima de viúvas nas piras funerárias de seus maridos (cf. SITA).

SATI (2), SATIS, SATET: (Plantar a semente). Deusa egípcia da fertilidade e do amor; seu centro de culto ficava na Ilha de Siheil, perto da primeira catarata. Personificava a inundação que promovia a vida. Logo substituiu HEKET como esposa do Deus criador Khnum. Algumas vezes filha de Rá, e outras de Khnum e ANUKET, sua parceira-guardiã das cataratas. Mais tarde, tornou-se uma Deusa da caça. Conhecida como Princesa do Alto Egito e (no Novo Reino) Rainha dos Deuses. Representada com um chapéu de abutre e a coroa branca do Alto Egito ladeada por chifres de antílopes e carregando arco e flechas, que simbolizavam a velocidade e a força da corrente de catarata.

SATI (3): Egípcia. Uma Deusa serpente que vivia no Submundo e predava os mortos.

SATIA: Um nome medieval da Deusa das Bruxas, que certamente queria dizer "satisfação".

SATYABHAMA: Hindu, a terceira esposa de Krishna.

SCATHACH: (A sombria ou aquela que provoca o medo). Irlandesa. Mulher guerreira e profetisa, que vivia em Albion (neste caso a Escócia), e que ensinou as artes marciais a Cuchulainn, sendo, além disso, sua amante, assim como sua filha Uathach, "a Terrível". É claro que as mulheres podem proporcionar sua iniciação à magia e à guerra somente quando há relações sexuais entre o aluno e a "dama", em ambos os sentidos da palavra" (Markale, *Women of the Celts*). "Um casamento entre o aprendiz e sua vocação" (Rees and Rees, *Celtic Heritage*). Anne Ross (*Pagan Celtic Britain*), refere-se ao seu tipo como "a Deusa guerreira, que também é uma figura materna". Três outras mulheres são nomeadas na história do treinamento de

Cuchulainn: Dornoll, "punho grande", cujas investidas sexuais ele recusou, Aoife, "reflexão", com quem se casou por um ano e que lhe deu um filho, e Buannan "a Última". Scathach, Uathach e Aoife são repetidamente referidas no Táin Bó Cúailnge como suas professoras guerreiras.

SCHALA: Esposa de Hadad, o Deus da tempestade assírio-babilônico.

SCOTA: Irlandesa, esposa de Milesius, líder da invasão final (gaélica) da Irlanda na saga mitológica, e mãe do bardo Amergin. Filha do faraó do Egito, Necbetanus. Dizem ter morrido na invasão e ter sido enterrada perto dos dolmens em Sliabh Mis no Condado de Kerry. Origem do nome "Scoti", que se tornou o nome dos irlandeses que se estabeleceram na Escócia (Scotish). Graves acha que ela pode ser uma confusão com a Deusa SCOTIA: "Os Milesianos naturalmente teriam trazido o culto da Deusa do Mar... com eles para a Irlanda, e teriam encontrado os altares de pedra necessários já prontos." Outra tradição conta que Scota era filha do faraó Smenkare, e esposa de outro Milesian, Niul.

SCOTIA: (A escura). Grega, uma Deusa do mar do Chipre. Ver SCOTA.

SEDNA, ARNAKNAGSAK: Deusa Inuíte dos animais que fornecem alimentos. Vive no mar, mas começou sua carreira como a Deusa AVILAYOQ vivendo em terra firme. Focas, baleias e ursos polares descendem de seus dedos, que foram cortados por seu pai. Se não recebe oferendas, ela impede que esses animais saiam de suas casas, de modo que não há alimento para o homem. Representada como enorme e com um olho só. Ela recebe os espíritos daqueles que morrem de causas naturais em seu reino submarino.

SEFKHET-SESHAT, SESHAT SEFEKH-AUBI: Deusa egípcia estelar e lunar, uma das mencionadas como esposa de Thoth, divindade dos escribas e inventor da escrita. Adorada desde as primeiras dinastias. Uma Deusa que mede o tempo, planeja as atividades do templo e guarda registros, patrona dos arquitetos. No Submundo, ela fornecia uma casa para o espírito dos mortos. Representada usando um ornamento na cabeça com uma estrela inscrita com um crescente invertido, encimada por duas plumas retas. Mais tarde, o crescente tornou-se dois chifres apontando para baixo. Seus vários nomes incluem alusões a chifres, ao mistério e ao número sete; seu hieróglifo inclui uma estrela de sete pontas.

SEKHET-HETEPET: Os Campos Eleusianos Egípcios, e a Deusa que os personifica, a Senhora dos Ventos. A vida era uma réplica da vida na Terra, com famílias reunidas e uma economia agrícola similar, mas sem problemas terrestres (ver também UNEN-EM-HETEP).

SEHU: (Milho). Ameríndia, cherokee. Deusa do milho, irmã da Deusa da Terra ELIHINO e da Deusa do Sol IGAEHINVDO. Esposa de Kanati, o Caçador. Visualizada como uma mulher velha; o milho, o maior doador de plantas da vida, é a mulher que renasce. O Festival do Milho Verde no fim do verão é o festival mais importante dos Cherokees.

SEKHMET: (A poderosa). Deusa leoa egípcia, Olho de Rá, que era seu pai. Esposa de Ptah como Deusa da tríade de Memphite e mãe de Nefertum, Deus do Sol poente (mais tarde substituído por Imhotep). Uma Deusa da guerra. Personificava o poder escaldante e destrutivo do Sol e também a defesa da ordem divina. Ela fora colocada no ureu na testa de Rá e cuspia chamas em seus inimigos. Quando a humanidade se rebelou contra o idoso Rá, ele a enviou para reprimi-los, e ela ficou descontrolada, querendo destruir todos. Rá teve que enganá-la com cerveja misturada com suco de romã, que ela confundiu com sangue humano e ficou bêbada demais para prosseguir. Suas características eram o oposto de HATHOR, que também era chamada de Olho de Rá, e a mesma história foi contada sobre ela. Sekhmet era, em certo sentido, o aspecto sombrio de Hathor. Esse massacre era comemorado anualmente no dia da festa de Hathor, no dia 12 do mês de Tybi (27 de novembro), preparando "tantos jarros com poções quanto sacerdotisas do sol". Os sacerdotes de BAST tentaram identificar Sekhmet com a Deusa gato, mas a crença popular distinguia entre a amável Bast e a feroz Sekhmet. Também associada à MUT (outro Olho de Rá). Geralmente representada como uma mulher com cabeça de leão coroada com o disco solar e ureu, mas às vezes com uma cabeça de crocodilo ou udjat (Olho de Rá). Ela pode ser descrita segurando uma faca na mão erguida. Festival: 7 de janeiro.

SELENE: Deusa grega da Lua, filha de Hipérion e TEIA, e irmã de Hélios (o Sol) e EOS (Alvorada). Embora às vezes apareça como a filha de Zeus ou de Hélios. Ela foi cortejada e conquistada pelos Deuses Zeus e Pã. Apaixonou-se por Endimion e o visitava todas as noites enquanto ele dormia. Zeus concedeu-lhe a imortalidade com a condição de que ele permanecesse eternamente adormecido; e Selene vinha, noite após noite, para contemplar seu amante adormecido. Equivalente romana: LUNA.

SELKHET, SELKIT, SERKET: (Aquela que aumenta dando fôlego e comida). Deusa egípcia do escorpião e da fertilidade, protetora de uma das quatro fontes do Nilo. Filha de Rá, talvez por RAIT. Também uma Deusa do Submundo. Quando a serpente Apep foi derrotada e presa pelos defensores de Rá, ela foi incumbida com a tarefa de protegê-lo. Com seu marido Nekhebkau, um Deus serpente do Submundo com membros humanos, ela às vezes prendia os mortos com correntes; mas, às vezes, os dois cuidavam deles e os alimentavam. Com ÍSIS, NÉFTIS e NEITH, ela estava associada aos Quatro Filhos canópicos de Hórus – seu parceiro era o Qebehsenuf de cabeça de falcão do Oeste, guardião dos intestinos. Ela também era uma guardiã do casamento. Representada como uma mulher coroada com um escorpião ou como um escorpião com a cabeça de uma mulher.

SEMELE: Grega. Mãe de Dionísio, sendo o pai Zeus.

SENGEN-SAMA: Deusa japonesa, cujo santuário está localizado no pico de Fujiyama. Também conhecida como Ko-No-Hana-Saku-a-Hime, "a princesa que faz florescer as árvores". Pode estar conectada com FUCHI.

SENHORA DO LAGO: Arturiana. Em algumas versões, VIVIENNE ou Viviane. Em outras, Vivienne era filha da Senhora do Lago por Dylan, filho de ARIANRHOD e Gwydion. Em Thomas Mallory, a Senhora do Lago chama-se NIMUE. Ver também GWENDYDD.

SENHORA COM CABEÇA DE CAVALO: Chinesa. Padroeira da criação de bichos-da-seda. Uma das concubinas do Augusto Personagem de Jade.

SENHORA MENG: Chinesa. Prepara o caldo do esquecimento. Ela vive na porta de saída do Inferno, e todas as almas reencarnantes devem beber seu caldo a caminho de uma nova encarnação. Isso os faz esquecer sua vida anterior, sua existência no inferno e sua fala.

SENHORA DA BOA VISTA: Chinesa. Protege as crianças contra doenças oculares.

SENJO, As: Fadas japonesas, vivendo em Horai, uma fabulosa montanha no mar.

SEQUANA: Gaulesa. Deusa do rio Sena. SESHAT. Ver SEFKHET-SESHAT.

SERPENTE ARCO-ÍRIS, A: Aborígene australiana. Em algumas áreas uma Deusa feminina, em outras, um Deus masculino. Representa a chuva, a água e os resultados da chuva, sem os quais a vida deixaria de existir. Ele/ela faz com que os rios fluam para o mar. Desempenha um papel importante no treinamento e na magia dos curandeiros. Na terra de Arnhem envia inundações para afogar os ofensores contra o conhecimento sagrado, e nos Kimberley está associada com o parto, incluindo o das crianças espirituais. Nos ritos de Arnhem Land da Mãe da Fertilidade, pouco antes da estação de chuvas, a Serpente Arco-Íris é ouvida pelo som assobiante da tempestade soprando através de seus chifres; e quando o ritual de dança e canto começa, ela arqueia o corpo para cima, em direção ao céu. A Serpente Arco-íris aparece com frequência na arte aborígene. Seus outros nomes são Julunggui, Yurlunggui e Wonambi. No plural, as Mulheres Serpente Arco-íris, descendentes do Arco-Íris e dos Crocodilos, atraem os homens para a morte "com canções e palavras doces como o mel". A proteção contra elas também é feminina: o ocre vermelho (sangue de parto e/ou sangue menstrual) da Mãe Terra que vive na caverna que é seu ventre, se alguém conseguir encontrá-lo.

SETE IRMÃS, As: Nome dado pelos aborígenes australianos para as PLÊIADES. Sua lenda (quase idêntica à grega) ocorre em várias versões, todas relativas à busca por um caçador, de quem escaparam, mas que (como a constelação de Órion) ainda as persegue no céu noturno. Elas têm também outros nomes, como "as meninas da água" ou "as mulheres do Emu". Uma delas que é nomeada é Pirili; no seu caso, as mulheres da Via Láctea prestaram-lhe ajuda e lançaram o caçador de volta à Terra. Ela se tornou uma das estrelas brilhantes de Orion.

SETE IRMÃS DA INDÚSTRIA, As: Nome chinês das PLÊIADES.

SETLOCENIA: (Aquela que tem a vida longa). Deusa britânica. Adorada em Alauna (Maryport, Cumberland) no tempo dos romanos.

SGEG-MO-MA: Ver LASYA.

SHAIT: Egípcia. Geralmente um Deus (Shai), mas às vezes uma Deusa; em qualquer caso, é uma divindade do destino, nascida com o indivíduo, acompanhando-o durante toda a sua vida como se fosse sua sombra, e apresenta provas em seu julgamento no pós-morte.

SHAKINI: Ver DAKINI.

SHAKTI: Hindu, nepalesa, tibetana. Encontrada no Tantra, mas influenciando amplamente o hinduísmo e várias formas de budismo. É o princípio feminino como a força suprema, o aspecto ativo da eternidade, como Shiva é o passivo; ele somente pode existir e se tornar efetivo em polaridade ao lado dela. Os adoradores desse princípio são chamados Shaktas. Várias descrições dos rituais de adoração à Shakti tântrica são citadas em *Goddesses of India* de Durdin-Robertson. Um título de várias Deusas hindus e, na verdade, a essência de todas elas. Frequentemente identificada com KALI no aspecto positivo, mas muito mal compreendido da Deusa. Os seis principais aspectos de Shakti são conhecidos como AS SHAKTIS (ver abaixo).

SHAKTIS, As: Ver SHAKTI. Seus seis aspectos são: Parashakti, "a grande força ou poder", incluindo os da luz e do calor; Jnanashakti, "compreensão, intelecto", o poder da mente na interpretação de sensações, memória, associação, clarividência e psicometria; Ichchhashakti, "vontade, desejo", o poder da vontade, incluindo sua manifestação mais simples, o poder de ativar músculos; Kriyashakti, "elaborar, fazer", o poder do pensamento criativo ou atividade inspirada; Kundalinishakti, "a força serpentina" da qual eletricidade e magnetismo são apenas manifestações (ver KUNDALINI) e Mantrikashakti, "poder mágico, encanto", o poder das letras, da fala ou da música.

SHALA: Antiga Deusa caldeia e suméria. Conhecida como "a Compassiva".

SHAPASH: Suméria, mais tarde cananeia. Deusa do Sol, que ajudou ANAT a recuperar Baal do Submundo.

SHASHTRADEVATAS, AS: Deusas hindus da guerra.

SHASTI, SHASHTI: Índia, Bengala. Deusa do parto e dos filhos. Retratada montando um gato.

SHATAQAT: Deusa síria da cura.

SHAUSHKA: Importante Deusa hitita (Hurriana) que era identificada com ISHTAR. Uma Deusa oracular e estreitamente ligada às famílias dominantes dos hititas. Representada como uma mulher alada, de pé sobre um leão, às vezes segurando uma taça de ouro na mão direita e um símbolo representando o bem à sua esquerda.

SHAYA: Ver SANJNA.

SHEILA-NA-GIG: Irlandesa e britânica medieval. O nome aceito para os baixos-relevos encontrados nas paredes de muitas igrejas antigas, priorados e conventos, e às vezes em castelos, de uma figura feminina nua agachada e exibindo genitais exagerados com uma vulva aberta como uma boca. Nas palavras de Harrison (*As Raízes da Feitiçaria*): "A Grande Mãe, em seu aspecto mais crasso e menos ambíguo: o Princípio Criativo Feminino, completamente desespiritualizado e livre de todas as associações superiores irrelevantes." Provavelmente, como tantas esculturas heréticas, foi acrescentada por pedreiros Pagãos e toleradas devido à veneração popular. Algumas vezes é encontrada eufemizada, dizendo-se que tinham o propósito de espantar os maus espíritos da casa de Deus. A única informação segura sobre o nome vem de um viajante inglês na Irlanda, que perguntou a um velho como se chamava a figura, e pensou ter ouvido ele responder "Sheila-na-Gig" – que não tem significado óbvio em gaélico. A melhor pesquisa é *The Witch on the Wall*, de Jorgen Andersen (ver Bibliografia).

SHEKINÁ: (Brilho ou habitação). Hebraica. O brilho de Deus, concebido como feminino em essência e identificado com a sabedoria. Cf. SOPHIA. Era visualizada sentada sobre o Banco da Misericórdia, em uma nuvem de fogo, com querubins de ambos os lados. Descrita no Zohar como "o fogo que consome, pelo qual eles (homens) são renovados à noite". Ela é a "tocha flamejante" de Gênesis 15:17, o "pilar de nuvem" de Êxodo 14:19-20, o "pilar nebuloso" de Êxodo 33:9-10, a "grande nuvem com fogo flamejante" de Ezequiel 1:4 e a "nuvem brilhante" de Mateus 17:5. Mãe de FILIA VOCIS. Dia: sábado.

SHENG-MU: Ver PI-HSIA-YUAN-CHUN.

SHENTAYET: Deusa egípcia da tecelagem, que tecia os envoltórios de mumificação de Osíris. Muitas vezes descrita como uma vaca.

SHEOL: O Submundo hebreu e também sua personificação feminina. A Mãe das Trevas, imaginada como útero reabsorvente, assustador e insaciável, e ainda assim pacífico. Muitas referências bíblicas usam a metáfora do útero.

SHINA-TO-BE: Deusa japonesa que sopra as névoas.

SHING-MU: Chinesa. A Santa Mãe ou Inteligência Perfeita, que concebeu e deu à luz o filho ainda virgem; mas isso pode originalmente ter sido no antigo sentido de "mulher independente", e "seu caráter antigo é revelado no fato de que ela é a padroeira das prostitutas" (Esther Harding).

SHITALA, SITLA: Deusa hindu da varíola, que tanto infligia a doença quanto a curava. Retratada em vestes vermelhas e carregando juncos.

SHITATERU-HIME: Japonesa. Filha do Deus da medicina O-Kuni-Nushi e esposa do jovem Deus Ninigi.

SHIU-MU NIANG-NIANG: Deusa chinesa da água, conhecida como a Mãe da Água. Conectada com a Festa de Lanternas do Ano-Novo, ou Festa do Dragão, quando nada pode ser jogado na água por medo ou profanação.

SIDDHI: Ver BUDDHI.

SIDURI: (Jovem mulher). Suméria, provavelmente uma pequena Deusa oracular; descrita como uma guardadora de casas de praia, num belo jardim repleto de pedras preciosas. Ela alertou Gilgamesh que, em sua busca pela imortalidade, ele devia seguir o caminho do Sol para "as águas da morte" e ser transportado através delas por Urshanabi (equivalente ao Caronte grego). Ela o aconselhou (em palavras notavelmente semelhantes a Eclesiastes 7:7-9) a aproveitar ao máximo esta vida e satisfazer seus desejos naturais. Sem se intimidar pela advertência, Gilgamesh persistiu em sua busca; e quando ela viu que ele estava determinado, o ajudou com conselhos. Ela desempenha um papel semelhante ao de SABITU.

SIEN-TSAN: Deusa chinesa da cultura do bicho-da-seda. Esposa do antigo imperador Shen-Nung, que ensinou sua agricultura ao povo. Ela pode ter sido identificada com uma Deusa mãe anterior. Shen-Nung também foi deificado (cf. SINGARMATI).

SIF: Mãe Terra teutônica. Segundo consta, Sif era a segunda esposa de Thor e uma das ASYNJOR. Deusa que tinha lindos cabelos, que o Deus trapaceiro Loki cortou. Odin, furioso, obrigou-o a fazer com que os anões criassem suas tranças de ouro puro. Ver também JARNSAXA.

SIGE: (Silêncio, segredo). Gnóstica. Uma das AEONS, considerada uma forma de pensamento e associada às Profundezas. A Gnose se apoiava em um quadrado e Sige era um dos seus ângulos.

SIGUNA, SIGNY, SIGYN: Teutônica. Esposa do Deus trapaceiro Loki, e uma das ASYNJOR. Há a possibilidade de ser a mesma Deusa que SIN.

SILILI: Caldeia, talvez uma das primeiras Deusas do cavalo; mencionada na Epopeia de Gilgamesh como a mãe de um garanhão que era um dos amantes de ISHTAR.

SIN: Uma Deusa teutônica. Na Edda em Prosa aparece como a Deusa da verdade, semelhante à MAAT egípcia (não confundir com o Deus da Lua da Babilônia de mesmo nome).

SINA, INA: Deusa polinésia da Lua, irmã do Deus Sol Maui.

SINDHU: Hindu. Deusa do rio Indus.

SIONAN, SIONNAN: Irlandesa. Deusa do rio Shannon.

SINGARMATI: Deusa hindu da cultura do bicho-da-seda (cf. SIEN-TSAN).

SINVALI: Deusa hindu da Lua nova, fecundidade e parto fácil. Uma esposa de Vishnu.

SIRDU, SIRRIDA: Deusa caldeia da Lua, também chamada simplesmente de A, Aa ou Ai. Esposa do Deus Sol Shamash-Bubbar, ou possivelmente do hebraico Iao (Iavé). Símbolo: uma esfera de oito raios (cf. GULA e ISHTAR).

SIRÈNE, LA: Ver ERZULIE.

SIRENAS, As: Ninfas do mar na mitologia grega que viviam em uma ilha ao largo da costa italiana e atraíam os marinheiros por meio de seu canto para destruí-los. Geralmente representadas como metade pássaro e metade mulher.

SIRONA, DIRONA: Deusa celta continental, mais tarde substituída por Borvo, Deus das fontes termais, que diziam ser seu filho.

SIRTUR: Ver NINSUN.

SITA: Hindu, esposa de Rama, um avatar (encarnação) de Vishnu. Sita insistiu em ir com Rama quando ele foi forçado ao exílio. Raptada por Ravana, rei divino, porém malvado, e por Rakshasas, que a manteve cativa no Ceilão. No final, Rama luta com Ravana e o mata, mas a princípio não recebe Sita, porque ele desejava provar a todos que ela tinha permanecido inviolada. Sita construiu uma pira funerária e corajosamente entrou nas chamas –, mas o fogo a levou em seu colo, radiante e ileso, e ela e Rama se reuniram alegremente (cf. SATI (1)).

SJOFNA: Deusa teutônica do amor, a sétima das ASYNJOR.

SKADI: Teutônica. Filha do gigante Thjazi e esposa do Deus Njord. Ele gostava de viver na beira do mar; ela preferia suas montanhas nativas e, por fim, retornou a elas. Uma grande caçadora, que percorria as montanhas em seus sapatos de neve. Parece ter sido uma sacerdotisa de um clã cujo totem era o pássaro pega. Associada ao signo zodiacal de Touro.

SKULD: Ver NORNES.

SLATABABA: (Mulher dourada). Siberiana. Durante o saque de Roma pelos vândalos em 410 EC, um destacamento de ugrianos da área do rio Dvina, na Sibéria, saqueou o templo de JUNO Moneta e levou sua estátua para casa. Seu nome foi mudado primeiro para Jumala, mas ela ficou conhecida como Slatababa, porque a estátua era feita de ouro. No ano 1023, ela foi transferida para os Urais até a junção dos rios Ob e Irtysh. Em 1582, um membro da Expedição Yermak chegou ao santuário e viu a estátua, mas foi morto logo depois. Em 1591, Giles Fletcher, enviado inglês à Rússia, publicou um livro sobre sua incapacidade de encontrar seu esconderijo. Slatababa ainda está escondida nos pântanos do Ob menor, onde até os melhores especialistas soviéticos não conseguiram descobri-la. Ver Sykes, *Everyman's Dictionary of Non-Classical Mythology*.

SODASI: Deusa hindu de todas as coisas perfeitas, completas e belas. Adorada depois do amanhecer. Visualizada junto a um Shiva inerte e passivo. Representada como quatro braços, segurando um laço (um símbolo de yoni e cordão umbilical), um gancho de elefante, um arco e um lótus. Em uma pintura tântrica, ela aparece coroada e sentada em uma figura masculina prostrada com uma cobra enrolada em volta do pescoço; ela usa um sári dourado-avermelhado e tem uma aura azul em volta da cabeça.

SOOREJNAREE: Ver PINGALA.

SOPHIA: (Sabedoria). Uma AEON gnóstica. No início, sua sabedoria personificada como feminina também foi uma característica do pensamento hebraico e grego-hebraico. A Bíblia frequentemente a personifica: por exemplo, Provérbios 9:1 - 12; e o próprio Jesus, "A sabedoria é justificada por todos os seus filhos" (Lucas 7:35). Ela representa "a sabedoria dessa centelha interior que fala e age por si mesma, independentemente do nosso controle consciente" (Esther Harding), diferente do Logos masculino. Muitas igrejas gregas foram dedicadas a Hagia Sophia, a "Santa Sabedoria", incluindo a grande basílica de Bizâncio. Na pintura da Capela Sistina em que Deus estende um dedo para Adão, ela aparece atrás de Deus em uma atitude quase de esposa, com o braço de Deus ao redor de seus ombros. Um amuleto gnóstico a representa como uma mulher nua com dois anjos alados segurando uma coroa acima da cabeça. O ensinamento gnóstico é que Sophia estava cheia de desejo de "gerar sozinha sem cônjuge" e que seu orgasmo autoinduzido deu à luz todo o cosmos, incluindo sua filha SOPHIA AKHAMOTH. Festivais: 15 de agosto, 5 de outubro.

SOPHIA AKHAMOTH: Gnóstica. Uma AEON, decorrente do orgasmo de sua mãe SOPHIA que criou o cosmos. Uma entidade recém-separada, ela também começou a liberar energia sexual criativa; mãe e filha continuaram a gerar o Universo, Sophia nos níveis espirituais mais elevados, Sophia Akhamoth nos planos mais densos, favorecendo a humanidade, trazendo sabedoria para eles nos níveis próximos ao físico. Sua esfera é o que os ocultistas chamam de Luz Astral Inferior ou Éter.

SOPDET: Egípcia, mais comumente encontrada na adaptação grega Sótis. A Estrela do Cão, Sirius – ou, como os egípcios a chamavam, a Estrela com Cabeça de Flecha. "A ascensão da Deusa Sótis", a ascensão heliológica de Sirius em 19 de julho, foi o sinal para o maior festival anual de Tebas, o de Opet (ver MUT). Ele também nos permite atribuir as datas exatas para o prático, e sotíaco, ano egípcio (embora o ano oficial de 365 dias, como os calendários judeu e muçulmano, ficava fora de sintonia com o ano solar, recuperando a sincronização a cada 1.460 anos). Ela foi considerada Rainha das Constelações, das quais 36 foram reconhecidas, correspondendo aos decanos zodiacais. Representada como uma mulher ou como uma vaca sentada em seu barco, com três estrelas nas costas e a própria Sirius entre seus chifres. De acordo com Court de Gébelin e Waite, o Arcano Maior do Tarô, Estrela, representa a Estrela do Cão, e Gébelin a descreve de maneira totalmente egípcia.

SÓTIS: Ver SOPDET.

SRADDA: (Confiança). Deusa hindu da fé; esposa de Dharma, provavelmente mãe de Kama.

SRAHMAN: África, Kaffir. Uma dríade do algodão de seda que ensinava aos viajantes os segredos da floresta e das ervas. Esposa de Sasabonsum, o demônio que devorava viajantes.

SRI: Uma encarnação de LAKSHMI como esposa de Ramachandra. Hindu. Um avatar de Vishnu.

SRINMO: Demônio tibetano da morte, na forma feminina, que segurava a Roda Cósmica. Isso se deve em parte "a influência misógina no budismo, que, por conta da mulher, cria uma nova vida e a considera como o principal obstáculo à redenção, como um instrumento da paixão sob a qual o mundo chora" (Erich Neumann).

STENO: Ver GÓRGONAS.

STRENIA: Romana, originalmente Sabine, Deusa do Ano-Novo. Corresponde a SALUS. Em 1° de janeiro, galhos de palmeiras e baias, e doces de mel, figos ou tâmaras eram levados do Monte Capitolino de seu bosque sagrado. As ofertas, chamadas strenae, eram douradas. As reminiscências do costume persistem na Alemanha e na França, onde os presentes de Ano-Novo são chamados étrennes.

STYX: Grega. Filha de Oceano e TÉTIS e protetora do rio Styx, que deve ser cruzado para se alcançar o Submundo. Ela ajudou os olimpianos contra os Titãs, e depois os Deuses fizeram seus juramentos por ela.

SUBHADRA: Hindu, uma irmã mais nova de Krishna. Homenageada no grande festival em Puri, onde as castas podem se misturar indiscriminadamente.

SUCCOTH-BENOTH: Ver ZARPANIT.

SUHIJI-NI-NO-KAMI: (Senhor da terra e da lama). Deusa japonesa da Terra, associada à vegetação abundante.

SUAPARAPREYASI: (Amada do javali). Deusa hindu da terra, talvez esposa de Vahara, terceiro avatar de Vishnu. Representada como uma mulher sentada, acompanhada por Vishnu na forma de um javali.

SUL SULLA: (Siul celta, olho). Deusa britânica do Sol e das fontes termais. Bladud, filho do rei Rud Hidibras, construiu um santuário para ela "perto de Badon", que se tornou Aquae Sulis, o banho moderno. Um fogo perpétuo queimava lá em sua honra. Conhecida pelos romanos como Sul Minerva. Pode ter alguma ligação com Silbury Hill, as Ilhas Scilly (Sylinancis) e Mousehole (Lugar de Sul) na Cornualha. Bolos de Sally Lunn lembram os bolos de trigo oferecidos em seu altar. Festivais: 2 de fevereiro a 22 de dezembro.

SUN: Chinesa, um dos trigramas do I Ching, duas linhas Yang acima de uma linha Yin. Conhecida como a Gentil, o Vento, a Madeira, a Primeira Filha. (Ver também LI e TUI).

SUNG-TZU NIANG-NIANG: Uma Deusa chinesa da fecundidade e cura. Retratada com um grande véu branco, sentada em um lótus com uma criança em seus braços. Corresponde à KWAN-YIN.

SURA: Deusa hindu do vinho, produzida na agitação do oceano no mito védico.

SURABHI: (Agradável, amigável). Hindu, "a maravilhosa vaca, mãe e enfermeira de todas as coisas vivas", produzida na agitação do oceano no mito védico.

SURATAMANGARI: (Alegria sexual + aglomerado de flores). Deusa hindu associada a fadas.

SURYA: Divindade solar hindu, às vezes feminina, outras, masculina (ver SANJNA). Como Deusa, ela era esposa simultaneamente dos dois Nasatyas, médicos dos Deuses e amigos dos doentes e desafortunados.

SUSERI-HIME: Japonesa. Filha do Deus Susanowo e esposa do Deus da medicina O-Kuni-Nishi.

SUSHUMNA: Hindu, um aspecto da KUNDALINI; uma energia ou corrente, considerada de cor azul. Um dos três Ares Vitais, os outros dois sendo IDA e PINGALA.

SUTROOKA: Hindu, esposa de Munnoo e progenitora da raça humana.

SUWA: Antiga Deusa árabe do Sol, mencionada no Alcorão como um ídolo Pagão (Surata 71:23).

TADATAGEI: Hindu. Uma Deusa tâmil, esposa de Somasundara (que pode ser um avatar de Shiva). De força irresistível, imbatível em conhecimento ou guerra, e acreditavam ter nascido com três seios.

TAILTIU: Irlandesa. Mãe adotiva de Lugh. Filha de Magh Mor do Fir Bolg, Rei da Planície, e esposa de Duach the Dark dos Tuatha Dé Danann, que construiu o Forte dos Reféns em Tara. Lugh instituiu os Jogos Tailteanos, evento central do Festival de Lughnasadh (1º de agosto), em sua memória. Graves (*A Deusa Branca*) diz que essa lenda é "tardia e enganosa" e que os Jogos Tailteann eram "originalmente jogos fúnebres no estilo etrusco". O local dos jogos, Tailtenn, agora Teltown, fica em Blackwater, a meio caminho entre Kells e Navan, no Condado de Meath. "Casamentos de Teltown" ocorreriam nos tempos medievais, que eram casamentos experimentais que duravam um ano e um dia; eles poderiam ser dissolvidos pelo casal retornando ao local e ritualmente se afastando um do outro para o Norte e o Sul.

TAIT: Deusa egípcia do Submundo, aparentemente responsável por roubar o falecido no "taau garment"; em uma passagem do *Livro dos Mortos*, ela também lhe dá bolos.

TALLAI: Deusa síria e cananeia da natureza, a Donzela do Orvalho e da Chuva, formando uma tríade com ARSAI e PIDRAI. Filha e/ou esposa de Baal.

TÁLIA: Ver CÁRITAS e MUSAS.

TAMAR: (Palmeira). Equivalente hebraica de ISHTAR, de acordo com Graves (*A Deusa Branca*).

TAMAYORI-BIME-NO-MIKOTO: Deusa do mar japonesa, provavelmente uma Deusa oracular. Seu filho mais novo, Waka-mi-ke-nu-no-mikito, mais tarde chamado Jimmu Tenno, é considerado o primeiro imperador do Japão.

TAMESIS: Deusa britânica e continental do rio, que deu seu nome ao Tâmisa.

TAMRA: (Cor de cobre). Hindu. Esposa de Kashyapa, e ancestral dos pássaros.

TANA: "O antigo nome etrusco para DIANA, que ainda está preservado na Romagna Toscana" (Leland, *Aradia: o Evangelho das Bruxas*).

TANIT: A grande Deusa da fertilidade e da Lua de Cartago (uma colônia fenícia), consorte de Baal-Hammon; ela era conhecida como "o rosto de Baal". Os nomes de Baal e Tank sugerem uma fonte comum com os irlandeses Balor e DANA e os galeses Beli e DON. (Ver também BENE). De acordo com Cecil Williamson, sua adoração (como Tanat) ainda é praticada na Cornualha e no oeste da Inglaterra. Festival: 1º de maio.

TARA: (Radiante). Deusa estrela hindu, esposa de Brihaspati (identificada com o Planeta Júpiter), professora dos Deuses. Raptada pelo Deus lunar Soma, que foi obrigado por Brahma a libertá-la; mas ela já estava grávida dele e deu à luz um filho radiante de poder e beleza, que foi chamado Budha e considerado o fundador das dinastias lunares. Ela cavalga um leão e segura o Sol em sua mão. Seu símbolo é um barco: "Do oceano de muitos terrores, salvarei as criaturas." Semelhanças com DOLMA.

TARA BRANCA: Ver DOLMA.

TARANIS: Deusa gaulesa mencionada por Lucan como sendo cultuada com sacrifício humano. "Provavelmente uma Deusa da Morte, a saber, Tar-Annis, Annis do Oeste" (Graves, *A Deusa Branca*).

TA-REPY: Nome egípcio para a constelação de Virgem. No Zodíaco de Dendera, era representada como uma mulher carregando um ramo de palmeira. No posterior zodíaco de Esneh, como uma esfinge com a cabeça e os seios de uma mulher e as partes posteriores de um leão.

TARI PENNU, BERA PENNU: Hindu. Deusa da Terra dos Khonds de Bengala.

TASHMIT, URMIT, VARAMIT: (Audição). Deusa caldeia e assírio-babilônica das letras e do ouvir da oração. Ela abria os olhos e ouvidos daqueles que recebiam as instruções. Com o marido Nebo, Deus da sabedoria e do ensino, foi ela que inventou a escrita.

TATSUTA-HIME: Deusa japonesa do vento. Com sua contraparte masculina Tatsuta-Hiko, ora-se a ela por boas colheitas, além de ser venerada por marinheiros e pescadores.

TA-URT: Deusa egípcia do Submundo e das trevas; também o nome de uma região do Submundo. MacGregor Mathers liga a palavra Tarô com este nome e o verbo egípcio taru, "consultar, requer uma resposta".

TAUERET: Ver TUARET.

TAUROPOLOS: Deusa cretense com a aparência de um touro, a Senhora do Touro.

TCHESERT: Os Campos Elísios Egípcios do Submundo, e também a Deusa que personifica aquela região.

TEA: Irlandesa. Deusa de Tara e, ao lado de Tephi, sua cofundadora, ambas descritas como princesas milesianas. Segunda esposa de Erimon. Escolheu o monte Drum Chain como seu preço de casamento, que foi nomeado Temair (Tara) em sua homenagem. (Chá Mur, "a Muralha do Chá").

TEBUNAH: (Entendimento, iluminação). Hebraica. Frequentemente personificada como feminina na Bíblia: "ela é mais preciosa que os rubis". Veja, por exemplo, Provérbios 2:2 -5, 3:13-20, 7:4, e o conjunto de Provérbios 8.

TECCIZTECATL: Ver METZLI.

TEEREE: Hindu, esposa de Brahma, por quem ela deu à luz um ovo, uma metade formando os seres celestiais, e a outra, as criaturas da Terra, incluindo a humanidade.

TEFNUT: (A que separa). Egípcia, filha de Rá (Atum-Rá), irmã gêmea e esposa do Deus do ar Shu; Rá os produziu sem ajuda feminina. Por Shu, mãe de Geb (a Terra) e NUT (o Céu). Uma lenda anterior faz dela a esposa de um Deus Tefen, de quem nada é conhecido; e Shu é às vezes irmão de Geb e Nut. Deusa do orvalho e da chuva, Tefnut ajudou Shu a apoiar Nut, separando-a de Geb, e também o ajudou a escoltar o recém-nascido Sol todas as manhãs, enquanto se libertava das montanhas do Leste. Alguma interpretação sacerdotal afirma que Shu seja o princípio vital e Tefnut a ordem mundial (mais ou menos como Chokmah e BINAH, na Cabala). Neste aspecto Tefnut era por vezes identificada com MAAT. Uma lenda diz que, quando Rá perdeu temporariamente Shu e Tefnut nas águas primordiais, suas lágrimas de alegria ao encontrá-las novamente se tornaram os primeiros homens e mulheres. Ela era a protetora de Osíris e dos mortos identificados com ele. Tefnut é descrita como uma leoa ou como uma mulher com uma cabeça de leão coroada com o disco solar e ureu; ou em sua função como protetora de Rá e do Faraó, como o próprio ureu. Aparece como um dos gêmeos no Zodíaco de Dendera. Os gregos a igualaram à ÁRTEMIS.

TEIA: Titã grega, filha de Urano e GAIA. Por seu irmão Hipérion, mãe de SELENE (a Lua), Hélios (o Sol) e EOS (Alvorada). Frequentemente identificada com TÉTIS.

TÊMIS: Titã grega, filha de Urano e GAIA. Segundo Ésquilo, era mãe de Atlas e Prometeu, com seu irmão Lapeto. Segunda esposa de Zeus, a quem ela deu à luz as HORAS e as MOIRAS. Personificava a Lei que regula tanto a ordem física como a ordem moral. Embora substituída por HERA, ela permaneceu como conselheira de Zeus, respeitada pelos outros atletas olímpicos. Têmis era a enfermeira de Apolo, alimentando-o com ambrosia e néctar, e deu-lhe o oráculo de Delfos que ela herdara de sua mãe Gaia; ela mesma era uma Deusa oracular, além de ser uma Deusa da justiça e do bom conselho. Adorada em toda a Grécia, ela tinha um templo na cidade de Atenas. Seu símbolo era um par de balanças. Festival: 28 de setembro.

TELITA: Rainha Babilônica da Lua.

TELLUS MATER: (Mãe Terra). Romana, uma das primeiras Deusas da fecundidade, ao lado de sua contraparte masculina, Telluno. Mais tarde associada a Júpiter. Regia o casamento e a procriação de crianças, e a fertilidade do solo. Festivais: 15 de abril, em que as Virgens Vestais oficiaram e de 1 a 3 de junho.

TENAZUCHI-NO-KAMI: Deusa japonesa da Terra, esposa do Deus da terra Ashi-Nadzuchi.

TENEMIT: Deusa egípcia do Submundo, que dava cerveja ao falecido.

TENNIN, As: Japonesa, budista. Anjos femininos do Céu, belas, eternamente jovens, aladas, vestidas com mantos de penas, hábeis em música, e que cantavam.

TEPHI: Irlandesa, Deusa de Tara, cofundadora ao lado de TEA.

TERPSÍCORE: Ver MUSAS.

TERTIANA: Ver FEBRIS.

TETEOINNAN: Ver TLAZOLTEOTL.

TETE: Uma NEREIDA grega, filha de Nereu e DÓRIS. Esposa de Peleu (ver ÉRIS) e mãe de Aquiles, a quem ela tentou dar imortalidade mergulhando-o no STYX. Isso tornou todo o seu corpo inviolável, exceto pelo calcanhar por onde ela o segurou.

TÉTIS: Titã grega, filha de Urano e GAIA. Uma Deusa marinha, esposa de seu irmão Oceano; Homero diz que esses dois criaram os Deuses e todos os seres vivos. Eles tiveram 3.000 filhas (as OCEÂNIDAS) e 3.000 filhos, e também foram pais de 3.000 rios, incluindo o STYX.

THALATTH: Ver TIAMAT.

THALNA: Uma Deusa mãe etrusca, muitas vezes confundida com CUPRA.

THEVADAS, As: veneradas no Camboja. Um nome geral para suas muitas Deusas, representadas nos templos de Prah-khan e Angkor Vat. Suas sacerdotisas são moças selecionadas por sua beleza.

THO-OG: Tibetana. Espaço, a Mãe Eterna, infinita, sem causa.

THRUD: (Força). Teutônica. Filha de Thor e SIF.

TIAMAT: Deusa mãe-mar primordial assírio-babilônica, a massa de águas salgadas, que com seu companheiro Apsu (as águas doces) gerou o mundo caótico original e que também o simbolizava e o governava. "Quando o que havia acima dos céus não tinha sido formado, quando a terra abaixo não tinha nome, Tiamat trouxe ambos à existência." Por vezes imaginada como um dragão ou serpente. "O inconsciente em seu estado mais desorganizado e, portanto, carente de atenção" (Chetwynd, *A Dictionary of Symbols*). Os Deuses mais jovens sob o Deus do Céu Anu lutaram para trazer ordem e fecundidade ao caos. Ea, o Deus da sabedoria e da água, ganhou o controle de Apsu; e o filho de Ea, o Deus da tempestade Marduk, lutou e matou Tiamat, dividindo seu corpo em dois para formar o Céu e a Terra. Ela assim permaneceu como o ventre da Grande Mãe, o ventre do inconsciente que tanto perturba o patriarcado. Kingu era seu filho/amante, o princípio criativo masculino que a Mãe Primordial produz de dentro de si mesma. Tiamat aparece sob muitos nomes, incluindo Thalatth, Omoroca, Tiawthu, Namu, Nana, Zerpanitu, Me-abzu, Zi-kum e Zi-kura; e tem afinidades com o Leviatã Bíblico. A palavra hebraica para "águas" em Gênesis 1:2 é "tehom", reconhecida como uma corruptela de "tiamat". APSU, seu consorte, era na versão acadiana original uma Deusa, idêntica a TIAMAT, tendo seu sexo alterado com o avanço do patriarcado.

TIA PIEDADE: Deusa chinesa das artes mágicas. Pode aparecer tanto na forma de uma mulher como a de uma raposa.

TIAWTHU: Ver TIAMAT.

T'IEN HOU: Chinesa. Imperatriz do Céu (não confundir com WANG-MU YIANG-YANG), Deusa do mar, protetora de marinheiros, pescadores e tripulações de salva-vidas; favorecia a captura de piratas. Originalmente uma garota mortal que salvou três de seus irmãos da morte no mar, aparecendo para eles em uma visão e alertando-os de uma tempestade que se aproximava. Amplamente adorada, inclusive em Hong Kong e entre os chineses na Califórnia.

TIEN MU: (Mãe relâmpago). Chinesa. Produz o raio por espelhos em suas mãos. Trabalha com o Deus do trovão Lei-Kung.

TIL-BU-MA: (Aquela que segura o sino). Deusa tibetana da severa justiça. Com seu marido Amrita-Dhari, guardião do Portal do Norte.

TILLIL: Deusa caldeia aparentemente correspondendo à egípcia NÉFTIS.

TIQUÊ: (Fortuna). Grega. Filha de Oceano e TÉTIS. Cada cidade tinha sua própria Tiquê. Usava uma coroa com o formato das muralhas da cidade e tinha as qualidades da abundância.

TISÍFONE: Ver ERÍNIAS.

TITÂNIA: A Rainha das Fadas de Shakespeare é na verdade DIANA. Ovídio usa Titânia como um nome para Diana (Metamorphoses, III: 173).

TI-YA, TI-MU: Mãe terra chinesa, esposa de Thien-lung. Ancestral do mundo. Durdin-Robertson afirma (em *Goddess of India*): "A veneração da terra, muitas vezes vista personificada como uma Deusa, é uma característica básica da civilização chinesa. Um dos deveres rituais dos imperadores em seu papel de Alto Sacerdote estava associado ao solo. Os fazendeiros chineses ainda fazem figuras da Deusa da Terra e os colocam em suas fazendas ou em santuários à beira da estrada."

TLACHTGA (1): Deusa irlandesa que morreu dando à luz trigêmeos de três pais diferentes.

TLACHTGA (2): Filha de Mog Ruith, Arch-Druid da Irlanda, que trouxe de volta os fragmentos de uma roda de pedra conhecida como Roth Fáil ou Roth Ramhach, que seu pai e Simão Magus estiveram usando para demonstrações mágicas na Itália, colocando-os perto de Rathcoole, no Condado de Dublin, onde eles ainda podem ser vistos.

TLAZOLTEOTL, TETEOINIANO (Mãe de Deus) IXCUINA: Asteca. Bela Deusa do amor, fertilidade, cura, adivinhação, magia e da Terra, e também da sujeira. Conhecida como Toci, "nossa avó". Mãe do Deus do milho Cinteotl, que pode originalmente ter sido uma Deusa do milho.

TOHU: Hebraica. Caos primitivo, equiparável à TIAMAT.

TOMA: (A Irada). Tibetana. Associada ao intelecto. Visualizada em rituais de Yoga como vermelha, nua, exceto pelos ornamentos, dançando e mostrando o terceiro olho psíquico.

TONACACIHUATL: (Senhora da Nossa Subsistência). Asteca, esposa do Deus criador Tonacatecuhtli. Acreditavam ter dado à luz uma faca de obsidiana da qual nasceram 1.600 semideuses que povoaram a Terra. Provavelmente era, a princípio, uma Deusa mãe da Terra, seu marido sendo uma adição posterior. Era identificada com CHICOMECOATL.

TONAGMA: (A Irada Negra). Tibetana, tântrica. Na verdade, pintada de vermelho e envolvida no ritual da Festa Vermelha. Ela é o aspecto irado de VAJRA-DAKINI; todas as Deusas de sua ordem tântrica tibetana têm dois aspectos, um pacífico e um irado.

TOOTEGA: Inuíte. Um espírito que pode andar sobre a água e se parece com uma mulher pequena.

TOU MU: Deusa do Budismo chinês e do Taoísmo (provavelmente de origem hindu), que vivia na Estrela Polar. Todas as outras estrelas giram em torno dela, que tem poder sobre a vida e a morte, mas é considerada benéfica. Representada com três olhos e dezoito braços, segurando armas, o Sol, a Lua, a cabeça de um dragão e cinco carruagens. Tinha nove filhos, os Jen Huang, os primeiros governantes da Terra.

TOYO-UKE-BIME: Ver UKE-MOCHI-NO-KAMI.

TOYO-UKE-NO-KAMI: (Divindade da Abundância de alimentos). Deusa japonesa da comida, com um santuário em Watarapi.

TRÊS MÃES, As: Hebraicas, Cabala. Uma trindade feminina representando Ar, Água e Fogo, correspondendo às três Letras Mães do alfabeto hebraico,

Alef, *Mem* e *Shin*. Possivelmente um arquétipo da adoração, que sobreviveu na Provença, das Três Marias (VIRGEM MARIA, MARIA MADALENA e MARIA DE CLÉOPAS). Dizem que elas desembarcaram em Saintes-Maries-de-la-Mer, acompanhadas de sua serva Sara, cujo santuário semioficial na cripta da igreja da cidade é um local de peregrinação para os ciganos. A imagem de Sara, de acordo com Sykes (*Everyman's Dictionary of Non-Classical Mythology*), é uma versão rebaixada de ÍSIS, como tantas "Madonas Negras", que originalmente eram estátuas de Ísis e Hórus, com a pele escura.

TRIPLA PUSSA, A: Deusa tríplice budista chinesa, provavelmente correspondendo à KWAN-YIN.

TRISALA: Hindu, janaísta. Mãe de Mahavira (Grande Homem) quando ele decidiu deixar o Céu e encarnar na Terra para salvar a humanidade. Primeiro ele escolheu entrar no ventre de Devananda, esposa do Brahma Rishabhadatta, mas depois decidiu se mudar para o ventre de Trisala, esposa de Siddhartha. Quando Mahavira nasceu, os Deuses e Deusas desceram do Céu para mostrar sua alegria.

TRIVIA: (Três Estradas). Um epíteto de HÉCATE como Deusa das encruzilhadas.

TSAO-WANG NAI-NAI: Chinesa. Esposa do Deus da lareira Tsao-wang; ela o auxilia e também mantém um registro do que as mulheres dizem e fazem.

TUARET, TAUERET, RIRIT: Egípcia, uma deidade hipopótamo pré-dinástica e Deusa mãe. Às vezes (como HATHOR, SEKHMET e MUT) chamavam-na o Olho de Rá e era considerada filha de Rá. Particularmente popular em Tebas, onde era conhecida como OPET. Protetora de mulheres na gravidez e no parto, associada ao Deus Bes. Amuletos destes dois eram colocados em tumbas para ajudar no renascimento. Identificada com a constelação da Ursa Maior; ela aparece no meio do Zodíaco de Dendera. Às vezes considerada a esposa de Seth e uma divindade vingadora. Representada como uma fêmea de hipopótamo grávida, de pé sobre as patas traseiras, com seios humanos pendentes; suas pernas traseiras, as de uma leoa, e sua cauda, a de um crocodilo. Ela carregava um papiro enrolado, símbolo de proteção. Em seu aspecto vingador, tinha a cabeça de uma leoa e brandia uma adaga.

TUI: Chinesa, um dos trigramas do I Ching, uma linha Yin acima de duas linhas Yang; a Alegre, a Filha Mais Jovem, a Donzela Casada, o Lago, a Boca – duas linhas fortes internas, expressando-se por meio da gentileza. Animal simbólico: ovelha. (Ver também SOL e LI).

TULA: (Equilíbrio, concreto e abstrato). Nome hindu para a constelação de Libra.

TULI: Polinésia, Samoa. Filha de Taaroa (Tangaroa) e criadora do mundo.

TUONETAR: Deusa fino-úgrica de Tuonela ou Manala, o Submundo, esposa de Tuoni. Suas filhas eram Deusas da doença, do mal e do sofrimento.

TURAN: Deusa da fertilidade etrusca, correspondente a VÊNUS.

TUULIKKI: Deusa da floresta fino-úgrica, filha de Tapio e MIELIKKI. Esta família era invocada para garantir abundância no jogo.

UADJET, BUTO: Egípcia. Uma das primeiras divindades do Delta, protetora do Baixo Egito. Sua cidade, a Habitação de Uadjet, era conhecida como Buto pelos gregos. Heródoto (que a identificou com LETO) escreveu sobre seu templo nesse lugar com admiração. Ela ajudou a Deusa ÍSIS a proteger o bebê Hórus. Representada como uma cobra, às vezes alada, às vezes coroada e, por vezes, com o rosto de uma mulher. Ocasionalmente aparecia como um abutre. Ela é o ureu que aparece na testa do faraó, muitas vezes lado a lado com a cabeça de abutre de NEKHBET, representando o Alto Egito. As duas Deusas estão intimamente relacionadas; nos ritos dos mortos recentes, eles representam as duas placentas e às vezes são representadas juntas protegendo a múmia.

UATHACH: Ver SCATHACH.

UKE-MOCHI-NO-KAMI: (Ela que possui comida). Deusa japonesa da comida. Também conhecida como Waka-Uke-Nome e Toyo-Uke-Bime.

ULUPI: Hindu. Uma Deusa-serpente, uma das NAGIS, que mora em Patala, o nível mais baixo do Submundo, dizia ser um lugar agradável e associado ao sentido do olfato. Arjuna, companheiro de Krishna, desceu até lá e se casou com ela.

UMA: Ver PARVATI.

UNEN-EM-HETEP: (Existência em Paz). A segunda seção dos Campos Elíseos Egípcios e a Deusa que a personifica, conhecida como a Senhora das Duas Terras e a Senhora dos Ventos. (Ver também SEKHET-HETEPET).

UNI: forma etrusca de JUNO.

UNNUT: Egípcia, Deusa de Unnu (Hermópolis).

UNSAS, As: Deusas individuais das tribos árabes. Acreditava-se que cada um tinha sua própria Unsa.

UNT: Um nome às vezes dado à ÍSIS.

URANIA: Ver MUSAS.

URD: Ver NORNES.

URMIT: Ver TASHMIT.

URT-HIKEU: (Poderosa na Magia). Egípcia, considerada, por vezes, esposa de Rá. Equivalente de IUSAS.

URVASI: (Paixão, desejo fervoroso). Hindu, uma APSARA de grande beleza, e desejada por muitos Deuses. Ela disse que se casaria com o rei Pururavas mediante certas condições, que não foram cumpridas, então ela desapareceu. Inconsolável, ele a procurou até encontrá-la e eles se casaram.

USHAS: Deusa Hindu da alvorada, filha do Deus do Céu Dyaus e da Deusa da Terra PRITHVI. Às vezes o Sol é seu marido, às vezes seu filho. Por vezes o marido dela é o próprio irmão, o Deus do fogo Agni. Viaja em uma carruagem brilhante puxada por vacas ou cavalos avermelhados. Linda e sempre sorridente, ela abençoa a todos. Sempre jovem, renascendo todas as manhãs, mas imortalmente velha.

UTO: Egípcia, uma Deusa cobra de Buto, conhecida como "poderosa na magia".

UTSET: Ameríndia, Sia. Nome de família de duas irmãs com mitos iguais ao de Eva, sendo as mães de toda a humanidade. A mais velha era a ancestral de todos os índios, a mais nova (conhecida como Nowutset) do resto da humanidade.

UTTU: Deusa caldeia e suméria da vegetação, tecelagem e roupas. Fecundada por seu bisavô Enki (ver NINHURSAG), deu à luz sete plantas. (Não confunda com Utu, um nome alternativo sumério para o Deus Sun Samas).

VACH: (Fala). Deusa hindu do som, do discurso místico que transmite a sabedoria oculta e do poder dos mantras. Também é uma Deusa mãe, imaginada como "uma vaca melodiosa" e personificando o alimento fornecido por natureza. Em um ritual, o iniciado passa pelo útero da imagem de uma novilha. Suas qualidades se mesclam com as de SARASWATI.

VADABA, VADAVA: (Égua). Deusa égua hindu, que vivia na entrada do Inferno no Polo Sul, chamada de Vadaba-mukha, "a Boca da Égua", onde também está Vadaba-agni, "o Fogo da Égua".

VAGA: britânica. Deusa do rio Wye.

VAJRA-DAKINI: (Dakini Forte, Dakini do Trovão). Tibetana, tântrica. Visualizada com uma cor vermelha, um nervo mediano de um branco radiante com um núcleo vermelho, estendendo-se dentro de seu corpo de quatro centímetros abaixo do umbigo até o alto da cabeça. Ver DAKINIS.

VAJRA-YOGINI: Ver DORJE-NALJORMA.

VALQUÍRIAS, As: Teutônica. No mito escandinavo mais recente, elas traziam as almas dos mortos em batalha até Odin. Originalmente, sacerdotisas da FRIGG/FREYA, talvez de quando ela era a suprema Deusa mãe nórdica. Pode ser ainda a recordação de uma tribo de mulheres guerreiras montadas. Subordinadas às NORMAS, que podem ter sido as sacerdotisas de uma ordem oracular, tendo as Valquírias como assistentes. *777*: Tarô: Louco. Gemas: opala, ágata. Planta: álamo tremedor. Animais: águia, homem. Aroma: gálbano. Armas mágicas: adaga, leque.

VAMMATAR: Deusa fino-úgrica da dor e da doença, filha dos governantes do Submundo Tuoni e TUONETAR.

VANADEVATAS, VRIKDEVATAS, As: DRÍADES Hindus. Ver também YAKSHIS, As.

VARAHINI: Deusa hindu da terra, um avatar de LAKSHMI e esposa de Vishnu em sua encarnação de javali. Retratada com uma criança de joelhos. Corresponde a SUKRAPREYASI.

VARAMIT: Ver TASHMIT.

VARI-MA-TE-TAKERE: Polinésia, Indonésia. Ótima mãe de Deuses e homens que vivem em Aviki, terra dos mortos. Na versão da Ilha de Mangaia, mãe do Deus do Submundo Vatea, e avó do Deus do Céu Tangaroa e um Deus menor do Submundo Rongo.

VARUNI: Deusa hindu do licor, que apareceu na agitação do oceano do leite. Associada ao Oeste.

VASANTI: Deusa da floresta hindu associada à primavera.

VASUDHARA: Deusa hindu da abundância, representada com uma coroa, dançando, com seis braços, quatro segurando símbolos de abundância e dois fazendo gestos de doação.

VECHERNYAYA: Ver ZORYA VECHERNYAYA e DENNITSA.

VEELAS, AS: Dríades balcânicas. Hostis para homens que perturbam suas danças, mas também podem ser favoráveis em outros momentos, até se casando com eles. Dotada da segunda visão e poderes de cura por ervas. Provavelmente uma lembrança de sacerdotisas xamãs, rebaixadas a seres de conto de fadas sob a pressão da Igreja.

VELLAMO: Deusa da água fino-úgrica, esposa do Deus da água Ahto (Ahti).

VELHA-ARANHA: Cultuada na Micronésia, Ilha Nauru. No começo, não havia nada além do mar, e a Velha Aranha pairava acima dele. Ela criou a Lua, o mar, o céu, a Terra e o Sol de uma concha que encontrou e em que havia dois caracóis.

VELHA QUE NUNCA MORRE, A: Ameríndia, tribos Mandan e Minnitaree. Deusa da fertilidade que vivia ao sul, que enviava aves aquáticas todas as primaveras como seus mensageiros. Cada espécie representava uma espécie de colheita: ganso selvagem (milho), cisne selvagem (cabaças), pato selvagem (feijão). Na sua chegada, a tribo celebrava o Festival do Remédio de Milho das Mulheres, em que as mulheres idosas representavam a Deusa, as jovens as alimentavam com carne seca em troca de milho consagrado, e os velhos batiam tambores para as mulheres dançarem. Um ritual semelhante era realizado no outono para atrair rebanhos de búfalos.

VENNOLANDUA, GWENDOLEN: Britânica. Filha de Corineu da Cornualha e primeira esposa do Alto Rei Locrin, um dos três filhos de Brutus e Imogen. Quando Locrin a colocou de lado e casou com sua amante Estrildis, ela se rebelou contra ele como Rainha da Cornualha, matou-o em um único combate e afogou Estrildis e sua filha SAVREN (chamada Habren por Geoffrey de Monmouth) no rio Severn. Savren se tornou Deusa desse rio. Vennolandua governou como a Grande Rainha até Maddan (seu filho por Locrin) atingir a maioridade.

VÊNUS: romana, originalmente uma Deusa da primavera e protetora da vegetação e dos jardins, era uma pequena divindade até ser assimilada à AFRODITE grega no Século 2 AEC. A família de Júlio César, Gens Julia, alegou ter descendência da Deusa e de Eneias. Festivais: 10 de março, 1, 15, 21, 23 e 28 de abril, 3 de maio, 23, 24 de junho, 19 de julho, 19 de agosto, 9 de outubro. Dia: sexta-feira. *777*. Tarô: cartas de números Sete, Imperatriz, Hierofante, Força. Gemas: esmeralda, turquesa, topázio, olho de gato. Plantas: rosa, murta, trevo, malva, girassol. Animais: lince, pardal, pomba, cisne, touro, leão. Aromas: benjoim, rosa, sândalo vermelho, sândalo, murta, todos os odores voluptuosos e suaves, estoraque, olíbano. Armas mágicas: lâmpada, cinta, Trabalho de Preparação, Disciplina Preliminar.

VERBEIA: Britânica, Deusa do rio Wharfe, em Olicana (Ilkley, Yorks).

VERDANDI: Ver NORNES, As.

VESTA: (Tocha, vela). Deusa romana do fogo, tanto do fogo doméstico quanto o do ritual. Filha de Saturno e OPS. Seu animal sagrado era o burro. No lar, ela presidia a lareira e a preparação das refeições. Era protetora dos padeiros. Publicamente, seu santuário continha um fogo sagrado que era cuidado pelas seis Virgens Vestais. As vestais eram de grande importância em Roma; escolhidas por sorteio em famílias patrícias, com idade entre seis e dez anos, e serviam por trinta anos. Elas faziam um voto de castidade absoluta; quebrar esse voto resultava na morte da culpada e de seu amante. Durante onze séculos, todavia, apenas vinte vestais foram assim castigadas. Após os trinta anos, eles podiam se casar. Um criminoso condenado à morte que encontrava por acaso uma Vestal era imediatamente liberado. A principal festa da Deusa ocorria em Vestália, em 7 de junho, ocasião em que as mães das famílias levavam comida para o seu santuário, em que de outro modo podiam entrar apenas as vestais. Na Lua cheia, no início de maio, eles jogavam vinte e quatro manequins no Tibre para garantir o suprimento de água (substituindo sacrifícios humanos anteriores). Outros festivais: 13 de fevereiro, 1 de março, 28 de abril, 15 de maio, 9, 15 e 24 de junho. *777*: Tarô: Diabo. Gema: diamante negro. Plantas: cânhamo indiano, raiz de orchis, cardo. Animais: cabra, burro. Aromas: almíscar, perfumes saturninos. Armas Mágicas: a Força Secreta, lâmpada. Equivalente à HÉSTIA grega.

VITÓRIA: Deusa romana, originalmente protetora de campos e bosques, que se tornou a Deusa da vitória das forças armadas romanas. Equivalente à NIKE grega.

VIDYADEVIS, As: Deusas budistas indianas do conhecimento.

VIDYADHARIS, As: Sílfides hindus ou espíritos do ar, que vivem no Himalaia. Seus equivalentes masculinos são os Vidyadharas.

VIDYAVADHUS, As: Musas Hindus.

VIJAYA, VIJAYASRI: (Vitoriosa). Deusa hindu da batalha, um aspecto de PARVATI.

VINATA: Uma Deusa Hindu do Submundo que botou o ovo do qual eclodiu o pássaro Rei Garuda. Quando as serpentes de Submundo a mantiveram cativa, disseram que a libertariam em troca de uma xícara de amrita, a poção mágica da Montanha Celestial. Garuda conseguiu a poção depois de uma luta com Indra e comprou a liberdade de sua mãe; mas Indra bateu na taça e as serpentes receberam apenas algumas gotas. Foi o suficiente para dar-lhes poder divino. É dito que sua força dividiu suas línguas em garfos.

VINDEMIATRIX: (A que colhe uvas). Nome romano para a constelação de Virgem.

VINDHYAVASINI: Hindu. Um dos aspectos terríveis de PARVATI, aplacada com sangue.

VIRADECHTHIS: Deusa importada para a Escócia pelas tropas tungrianas do exército romano, que a adoravam em Blatobulgium (Birrens, Dumfriesshire). Ver também HARIMELLA.

VIRGEM MARIA, A: Mãe de Jesus por impregnação divina, no padrão tradicional da concepção de heróis pelo acasalamento de uma mulher humana e um Deus. O relato bíblico da anunciação e nascimento (descrito somente em Mateus e Lucas, em duas versões amplamente divergentes) é claramente um embelezamento posterior para se encaixar na tradição. Maria, que de outra maneira não tem qualquer relevância nos Evangelhos, foi elevada à posição de Mãe de Deus pelo Concílio de Éfeso, em 431, e desde então preencheu o que Geoffrey Ashe chamou de "anseio pela Deusa" do adorador comum. Festivais: 2 de fevereiro, 25 de março, 31 de maio, 2, 16 de julho, 5, 15, 22 de agosto, 8, 12 de setembro, 11 de outubro, 21 de novembro, 8, 15 e 25 de dezembro. Dia: sábado. Ver o capítulo VII para a sua história completa.

VIRGO CAELESTIS: (Donzela celestial), DEA SÍRIA (Deusa Síria); adorada por arqueiros sírios no acampamento romano em Caervorran, Northumberland. O comandante do campo escreveu um hino famoso para ela. Ver também DEA HAMMIA.

VIVIENNE, VIVIANE: Arturiana. Um dos nomes para a mulher que roubou os segredos de Merlin, tornando-se sua amante e, finalmente, aprisionando-o magicamente em um castelo invisível. Na *Morte d'Arthur* de Thomas Malory, datado do Século 15, Vivienne é NIMUE, também chamada de SENHORA DO LAGO – embora, em outro lugar, Vivienne ou Nimue seja a filha da Senhora do Lago com Dylan, filho de ARIANRHOD e Gwydion. Em outros relatos, é MORGANA a quem Merlin ensina sua magia. Tudo provavelmente se deve a GWENDYDD, a irmã de Merlin, que compartilhou sua magia e acabou se juntando a ele em seu esconderijo na floresta. A verdadeira natureza da parceria mágica masculino-feminino teria sido incompreensível, e as implicações incestuosas de Gwendydd inaceitáveis para os romancistas cristãos posteriores.

VIZ-ANYA: (Mãe da Água). Deusa da água das tribos magiares, que quando vista prenunciava infortúnios.

VIZ-LEANY: (Donzela da Água). Outra Deusa da água das tribos magiares, filha de VIZ-ANYA. Assim como sua mãe, quando a viam era o prenúncio de infortúnios.

VOLTUMNA: Deusa mãe etrusca, em cujos santuários eram realizados os conselhos da Federação Etrusca. Raiz do nome do lugar Volturno.

VRIKDEVATAS, As: Ver VANADEVATAS.

WAKAHIRU-ME: (Jovem Mulher Sol). Japonesa, irmã mais nova da Deusa Solar AMATERASU. Pode ter personificado o sol nascente. Também uma Deusa da tecelagem.

WAKASANAME-NO-KAMI: (Jovem donzela do plantio de arroz). Japonesa; o nome descreve sua função. Filha da Deusa dos alimentos UKE-MOCHI-NO-KAMI.

WAKA-UKE-NOME: Ver UKE-MOCHI-NO-KAMI.

WALUTAHANGA: Melanésia, Malaita. Uma enorme Deusa serpente guardiã, fornecedora de alimentos vegetais.

WANG-MU YIANG-YIANG: (Rainha Mãe Wang). Chinesa, esposa do Deus supremo e Imperador de Jade. Governa a Montanha Kun-lun, morada dos imortais no centro da Terra, e preside os banquetes onde os pêssegos da imortalidade são consumidos. Retratada como uma bela jovem de vestido cerimonial, muitas vezes com um pavão.

WARAMURUNGUNDJU, IMBEROMBERA: Aborígene australiana, em Arnhem Land. Mãe criadora, que "fez a paisagem e de seu corpo produzia muitas crianças, animais e plantas que ela distribuía" (Poignant, *Mythology oceânica*).

WENONAH: Ameríndia, Algonquin. Uma donzela real que foi fecundada pelo Vento Oeste e deu à luz o herói Michabo (o Hiawatha de Longfellow).

WHITE HAG: Galesa. *Hag* quer dizer uma "Bruxa velha" e geralmente má. A *White Hag* (velha Bruxa branca) é a mãe da *Black Hag* (velha Bruxa negra) "dos promontórios do vale da aflição, nas terras altas do inferno".

WONAMBI: Ver a SERPENTE ARCO-ÍRIS.

WURUSEMU: Deusa dos sunitas e hititas, esposa de Taru. Conhecida como Rainha do Céu e da Terra e Deusa das Batalhas. Protetora especial dos reis e rainhas hititas.

WYRD: Ver NORNES, As.

XILONEN: Deusa asteca do milho que acabou de brotar e ficou verde; a linda e jovem Mãe do Milho.

XMUCANE: Deusa mãe da lenda dos índios quiche da criação, que reflete as crenças maias e talvez algumas astecas. Ela e seu consorte Xplyacoe criaram animais e depois seres humanos.

XOCHIQUETZAL: A Eva asteca e Deusa lunar das flores, amor, casamento, arte, canto, dança, fiação e tecelagem. Protetora das prostitutas. Escapou do dilúvio. Esposa do Deus do trovão e da chuva Tlaloc e mãe do herói da cultura tolteca Quetzalcoatl, que se tornou um Deus asteca. O Deus do sol Tezcatlipoca se apaixonou por ela e a levou para longe de Tlaloc. Também era mãe e amante do Deus do milho Xochipilli (Cinteotl), personagem central do ritual de fertilidade do Equinócio da Primavera.

YACHIMATO-HIME: Deusa japonesa "de inumeráveis estradas", com sua contraparte masculina Yachimata-Hiko.

YAKSHIS, AS: Espíritos femininos hindus da natureza e das árvores, que amam cantar e dançar. Elas têm seu lado assustador e estão dispostas a devorar crianças. Um tema favorito da arte hindu, retratando-as com quadris largos, cintura fina e seios fartos, vestindo pouca roupa ou nada, e em poses sinuosas, geralmente associadas a uma árvore. Dizem que, quando um Yakshi chuta uma árvore, ela floresce.

YAMI: A Eva hindu. Yami e seu irmão gêmeo, Yama, nasceram de SARANYU, esposa do Sol, e foram os ancestrais da raça humana. Yama foi o primeiro de todos os seres a morrer, e ele e Yami se tornaram rei e rainha de um santuário secreto no Céu onde amigos mortos, maridos e esposas, pais e filhos, se reúnem e vivem felizes.

YANG-CHEN: Nome chinês para SARASWATI.

YASODHARA: Esposa do Buda. Ela lhe deu um filho, Rahula, no dia em que ele deixou os dois para a vida ascética. Segundo a tradição budista, ela fora sua esposa em encarnações anteriores e prometera ser sua esposa em todas. É conhecida como uma SHAKTI nos ensinamentos ocultistas. Festivais: 2 de maio, 30 de agosto. (Ver também MAYA (2)).

YATAI, YA-HSEK-KHI: A Eva indochinesa e birmanesa; seu Adão chamava-se Yatawn. Dizem que eles tinham a forma de girinos.

YATUDHANIS, As: Demônios ou feiticeiras hindus, que com as suas contrapartes masculinas, os yatudhanas, estão associadas ao Sol.

YEMANJÁ, YEMAJA: (Peixe-mãe). Deusa nigeriana, da tribo iorubá e do vodu brasileiro. Uma Deusa dos mares, rios e lagos, filha da Deusa da Terra ODUDUÁ, e irmã e esposa de Aganju, a quem ela deu à luz Orunjan, o Deus do Sol do meio-dia. Orunjan a estuprou, e ela deu à luz onze Deuses e Deusas, além do Sol e da Lua, e duas correntes de água saíram de seus seios para formar um grande lago. Levada pelos escravos para o Brasil, onde se tornou a Deusa mãe suprema e identificada com a VIRGEM MARIA. É muitas vezes representada em forma de sereia. Seu festival é a véspera de Ano-Novo, quando milhares de pessoas colocam oferendas na praia de Copacabana e em outros lugares para serem levadas pelo mar. Padroeira do signo zodiacal de Câncer. Sua cor favorita é azul.

YEPT-HEMET: Deusa egípcia do harém ou "quarto de escravas mulheres". Patrona do mês Epiph (15 maio e 13 junho).

YESHE-KHADOMA: Uma DAKINI tibetana. Deusa da Completa Sabedoria, ela dá ajuda, especialmente aos iogues, se invocada antes de realizar um ritual difícil. Aparece em certas danças do Ioga. Retratada usando uma tiara.

YESOD: (Fundação). Hebraica. Nona Sephirah da Árvore da Vida Cabalística, esfera da Lua e do plano astral. Seu elemento é a Água, e as Deusas associadas a ela são DIANA, ÍSIS e LEVANAH. Nesse aspecto, Yesod é feminino, mas em seu aspecto de "fundação do universo, estabelecido em força", sua imagem mágica é a de um homem belo e nu, muito forte, e o Deus que lhe é associado é Pã. Yesod é o elo entre o mundo manifesto, MALKUTH, e todos os níveis não materiais, dos quais "purifica as emanações" e oferece "uma visão da maquinaria do universo". Símbolos cabalísticos: perfumes e sandálias. No Tarô: cartas de número Nove.

YHI: Deusa do Sol dos povos aborígenes da Austrália, o Grande Espírito, a Mãe. Criou sua contraparte masculina, Baiame, o Pai de Todos, e juntos criaram animais e a humanidade. Bahloo, o Deus travesso –, porém, não malicioso – da Lua, é geralmente visualizado como seu amante.

YNGONA: Deusa dinamarquesa, a quem Graves em *A Deusa Branca* equivale tanto a NANNA como a ANNIS NEGRA.

YONAGORRI: Ver MARI (1).

YURULUNGGUI: Ver SERPENTE DO ARCO-ÍRIS.

ZALIYANU: Deusa hitita da montanha.

ZALTU: (Discórdia). Caldeia, considerada a personificação do aspecto violento de ISHTAR.

ZARA-MAMA: Deusa peruana do milho.

ZARPANITU, ZERPANITUM: (Ela que produz semente). Deusa da fertilidade babilônica. Muitas vezes seus atributos se fundem com os de BELTIS. Esposa de Marduk. A Sucote-Benote de 2 Reis 17:30.

ZHAG-PA-MA: Um dos títulos de PASHADHARI.

ZI-KUM, ZI-KURA: Ver TIAMAT.

ZIPALTONAL: Divindade da tribo Niquiran, na Nicarágua. Deusa criadora. Com o seu consorte, Tamagostad criou a Terra e tudo o que há nela.

ZOBIANA: Um nome medieval da Deusa das Bruxas.

ZOE: (Vida). Gnóstica. Uma AEON que personifica o princípio da vida vital.

ZORYA: Deusa guerreira eslava, associada ao Deus Sol Perun. Protetora dos guerreiros. Sacerdotisa/Deusa de Bouyan, uma venturosa ilha com um rio cuja água curava todos os males; abaixo do rio estava a terra dos mortos.

ZORYA UTRENNYAYA: (Aurora da manhã). Deusa eslava da alvorada, que abria os portões do Céu todas as manhãs para que o Sol começasse a sua jornada. Um mito diz que três Zoryas – uma da Noite, uma da Manhã e uma da Meia-noite – mantinham um cão amarrado por uma corrente de ferro na constelação da Ursa Menor. Quando a corrente se romper, o mundo acabará. (Ver também ZORYA VECHERNYAYA).

ZORYA VECHERNYAYA: (Aurora da noite). Deusa eslava do pôr do sol, que fecha os portões do céu depois que o Sol completou sua jornada diária. (Ver também ZORYA UTRENNYAYA).

ZVEZDA DENNITSA: Ver DENNITSA.

XXV

Apêndice

Traçar e Destraçar o Círculo

Assim como em *A Bíblia das Bruxas*, sentimos que os rituais que fornecemos neste livro poderiam estar incompletos sem as instruções sobre os procedimentos de Lançamento e Banimento do Círculo, realizados antes e depois dos rituais. A exceção é o Ritual de Ísis no capítulo XXIII, que tem seu próprio sistema egípcio ritualístico. Portanto, nós apresentamos essas instruções a seguir, para que a presente obra seja autossuficiente. As explicações e notas de rodapé não foram incluídas, mas elas podem ser encontradas no nosso outro livro, *A Bíblia das Bruxas*, nas partes I e III.

Traçando o Círculo

Os instrumentos estão sobre o altar no Norte, a espada colocada no chão, em frente a ele. Ao menos uma vela (preferivelmente três) é acesa sobre o altar, e uma em cada um dos pontos cardeais Leste, Sul e Oeste do perímetro. O incensário deve estar queimando incenso sobre altar. Uma tigelinha de água e outra de sal também devem estar sobre o altar.

A Alta Sacerdotisa e o Alto Sacerdote ajoelham-se perante o altar, com ele à direita dela. O restante do coven permanece fora, no quadrante Nordeste do Círculo.

A Sacerdotisa coloca a tigelinha com água sobre o pentáculo, introduz a ponta de seu athame na água e diz:

Eu te exorcizo, Ó criatura da água, que tu lances fora de ti todas as impurezas e máculas dos espíritos do mundo dos fantasmas; pelos nomes de Cernunnos e Aradia (ou os nomes da Deusa e do Deus que estão sendo usados).

Ela ergue a tigelinha com água a sua frente.

O Alto Sacerdote coloca a tigelinha com sal sobre o pentáculo, introduz a ponta de seu athame no sal e diz:

Que as bênçãos estejam sobre esta criatura de sal; que toda malignidade e obstáculo sejam lançados fora daqui, e que todo bem aqui entre; razão pela qual eu te abençoo, para que possas me auxiliar, pelos nomes de Cernunnos e Aradia.

Ele derrama o sal na vasilha de água da Alta Sacerdotisa, e ambos deixam as tigelinhas sobre o altar. O Alto Sacerdote abandona o Círculo para se reunir com o coven no Nordeste. A Alta Sacerdotisa lança o Círculo com a espada, delimitando o perímetro com ela e procedendo no sentido horário de Norte a Norte. Quando passa de Norte a Leste, levanta a espada por cima das cabeças dos membros do coven para abrir uma entrada. Enquanto traça o Círculo diz:

Eu te conjuro, Ó Círculo de Poder, que seja um local de reunião do amor, do prazer e verdade; um escudo contra toda crueldade e maldade; uma fronteira entre o mundo dos homens e os reinos dos Poderosos; uma fortaleza e proteção que preservará e conterá o poder que iremos gerar dentro de ti. Portanto eu te abençoo e te consagro, pelos nomes de Cernunnos e Aradia.

Ela então abaixa a espada e admite o Alto Sacerdote para dentro do Círculo com um beijo, girando com ele no sentido horário. O Alto Sacerdote admite uma mulher da mesma forma; aquela mulher admite um homem; e assim por diante, até que todos estejam dentro. A Alta Sacerdotisa pega a espada e fecha a entrada com um movimento no sentido horário.

A Alta Sacerdotisa chama três membros do coven. O primeiro leva a vasilha de água ao redor do Círculo em sentido horário de Norte a Norte, aspergindo, que por sua vez o asperge; se for uma mulher, termina aspergindo ao Alto Sacerdote, que por sua vez a asperge. A vasilha retorna para o altar.

O segundo Bruxo nomeado carrega o incensário fumegante ao redor do Círculo em sentido horário de Norte a Norte e volta a deixá-lo no altar. O terceiro Bruxo nomeado leva uma vela do altar ao redor do Círculo da mesma maneira e a recoloca no mesmo lugar.

Todos pegam seus athames e se voltam olhando para o Leste, com a Alta Sacerdotisa à frente. A Alta Sacerdotisa traça o Pentagrama de Invocação da Terra (topo, esquerda inferior, direita superior, esquerda superior, direita inferior e novamente topo) no ar, diante dela, dizendo:

Vós Senhores das Torres de Observação do Leste, vós Senhores do Ar; eu vos convoco, mobilizo e chamo, para testemunhar os nossos ritos e para proteger o Círculo.

O resto do coven copia os mesmos gestos com seus athames.

O mesmo é feito no Sul, dizendo:

Vós Senhores das Torres de Observação do Sul, vós Senhores do Fogo; eu vos convoco... etc.

O mesmo no Oeste, dizendo:

Vós, Senhores das Torres do Oeste; vós, Senhores da Água; eu vos convoco... etc.

Olhando para o Norte, da mesma maneira, diz:

Vós Senhores das Torres de Observação do Norte, vós Senhores da Terra; Bóreas, guardião dos portais, poderoso Deus, doce Deusa; eu te invoco, etc.

Todos deixam seus athames novamente sobre altar e se ajoelham ao Sul do Círculo, olhando para o Norte, exceto a Alta Sacerdotisa, que permanece de costas para o altar com o bastão na mão direita e o açoite na esquerda, cruzados sobre o peito. O Alto Sacerdote se ajoelha diante dela e lhe dá o Beijo Quíntuplo, dizendo:

Abençoados sejam teus pés, que trouxeram a ti nestes caminhos
(beijando o pé direito e então o pé esquerdo).

Abençoados sejam teus joelhos, que se dobrarão no altar sagrado
(beijando o joelho direito e então o joelho esquerdo).

Abençoado seja teu ventre, sem o qual nós não existiríamos
(beijando logo acima do pelo púbico).

Abençoado sejam teus seios, formados em beleza
(beijando o peito direito e então o peito esquerdo; ela abre os braços).

Abençoados sejam teus lábios, que pronunciarão os Nomes Sagrados
(beijando-a nos lábios).

Após isso, ele *Puxa a Lua para Baixo* sobre ela, ajoelhando-se outra vez, tocando-a com seu dedo indicador no peito direito, no peito esquerdo e no púbis, os mesmos três pontos de novo e finalmente o peito direito. Enquanto a está tocando ele diz:

Eu te invoco e convoco, Mãe Suprema de todos nós, portadora de todo o frutífero; pela semente e a raiz, pelo caule e o broto, pela folha e a flor e o fruto, invoco-te para que desça sobre o corpo da que é sua serva e Sacerdotisa.

Ainda ajoelhado, ele diz:

Salve, Aradia, da Cornucópia de Amalteia
Derramai vossa porção de amor;
Eu me inclino humilde perante a ti, eu te adoro até o fim,
Com sacrifício amoroso teu santuário adorno.
Teu pé é para meu lábio...
Minha prece nascida se eleva
Sobre a fumaça crescente do incenso; então despendeis
Teu antigo amor, Ó Poderosa, desça
Para me ajudar, pois sem ti estou abandonado.

Ele então se levanta e dá um passo para trás, ainda olhando para a Alta Sacerdotisa, que por sua vez, traça o Pentagrama de Invocação da Terra no ar na frente dele com o bastão, dizendo:

Da Mãe obscura e Divina
Meu é o açoite, e meu é o beijo;
A estrela de cinco pontas de amor e êxtase
Aqui eu te fortaleço, neste sinal.

A Alta Sacerdotisa e o Alto Sacerdote viram sua face para o coven e pronunciam a Carga, como segue:

Alto Sacerdote: *Ouçam as palavras da Grande Mãe; ela, desde tempos antigos também conhecida entre os homens como Ártemis, Astarte, Athena, Dione, Melusine, Afrodite, Cerridwen, Dana, Arianrhod, Ísis, Bride, e por muitos outros nomes...*

Alta Sacerdotisa: *Sempre que tiverdes necessidade de qualquer coisa, uma vez por mês e melhor ainda quando a Lua estiver cheia, deveis vos reunirem em algum lugar secreto e adorareis o meu espírito, porque sou Rainha de todas as Bruxas. Lá vos reunireis, vós que estais desejosos em aprender toda Bruxaria, ainda que não tenhais conquistado seus segredos mais profundos; a estes eu ensinarei coisas que ainda são desconhecidas. E vós sereis libertos da escravidão; e como sinal de que sois realmente livres, estareis nus em vossos ritos; e dançareis, cantareis, festejareis, fareis música e amor tudo em meu louvor. Pois meu é o êxtase do espírito, e meu também é o prazer na Terra; pois minha lei é o amor sobre todos os seres. Mantenhais puro vosso mais alto ideal; esforçai-vos sempre nessa direção; não permitis que nada vos detenha ou desvie do caminho. Pois minha é a porta secreta que se abre para a Terra da Juventude, e meu é o cálice do vinho da vida, e o Caldeirão de Cerridwen, que é o Santo Graal da imortalidade. Sou a Deusa graciosa, que concede a dádiva do prazer no coração do homem. Sobre a Terra, concedo o conhecimento do espírito eterno; e após a morte, eu concedo paz, e liberdade, e reunião com aqueles que partiram antes. Não exijo sacrifício; pois observai, eu sou a Mãe de todos os viventes, e meu amor é derramado por sobre a Terra.*

Alto Sacerdote: *Ouçam as palavras da Deusa Estrela; ela que na poeira dos pés traz as hostes dos céus, e cujo corpo envolve o universo.*

Alta Sacerdotisa: *Eu que sou a beleza da terra verde e a Lua branca entre as estrelas, e o mistério das águas, e o desejo do coração do homem, chamo a tua alma. Apareceis e vinde a mim. Pois eu sou a alma da natureza que dá vida ao universo. Todas as coisas se originam de mim, e para mim todas as coisas deverão retornar; e perante minha face, amada pelos Deuses e pelos homens, deixai teu eu divino mais íntimo ser abraçado no êxtase do infinito. Que minha adoração seja entre os corações que regozijam; pois observai, todos os atos de amor e prazer são meus rituais. E, portanto, que haja beleza e força, poder e compaixão, honra e humildade, júbilo e reverência dentro de vós. E tu que pensastes em buscar por mim, sabei que vossa busca e anseio não te auxiliarão a menos que conheçais o mistério; que se aquilo que procuraste não encontraste dentro de ti, tu jamais o encontrareis fora de ti. Pois observai, eu tenho estado contigo desde o começo; e eu sou aquilo que é alcançado no fim do desejo.*

Todos ficam de pé. O Alto Sacerdote levanta os braços abertos e diz:

Bagahi laca bachahe
Lamac cahi achabahe
Karrelyos
Lamac lamec bachalyos
Cabahagi sabalyos
Baryolas
Lagozatha cabyolas
Samahac et famyolas
Harrahya!

A Alta Sacerdotisa e o Coven repetem: *Harrahya!*

O Alto Sacerdote e a Alta Sacerdotisa então viram seus rostos para o altar com seus braços erguidos, suas mãos fazendo a saudação ao "Deus de Chifres" (dedos indicador e mínimo esticados, polegar e dedos do meio dobrados para o meio da palma). O Alto Sacerdote diz:

Grande Deus Cernunnos, voltai à Terra novamente!
Vinde pela minha invocação e vos mostrai aos homens.
Pastor de Cabras, sobre o caminho agreste da montanha,
Conduzi vosso rebanho perdido da escuridão para o dia.
Esquecidos estão os caminhos de sono e noite.
Os homens procuram por eles, cujos olhos perderam a luz.
Abri a porta, a porta que não tem chave,
A porta dos sonhos, por onde os homens vêm a ti.
Pastor de Cabras, Ó, respondei a mim!

A Alta Sacerdotisa e o Alto Sacerdote dizem juntos: *Akhera goiti,* e baixam suas mãos e dizem: *Akhera beiti!*

A Alta Sacerdotisa, o Alto Sacerdote e o coven formam agora um anel olhando para o interior do Círculo, alternando-se homem e mulher se possível e juntando as mãos. Começam a se mover em sentido horário cantando a Runa das Bruxas:

Eko, Eko, Azarak,
Eko, Eko, Zomelak,
Eko, Eko, Cernunnos,
Eko, Eko, Aradia!
} *Repetido três vezes*

Noite escura e lua clara
Leste e Sul, Oeste e Norte;
A Runa das Bruxas vamos escutar
Aqui viemos te invocar!
Terra e Água, Ar e Fogo,
Bastão, pentáculo e espada,
Trabalhai o nosso desejo,
Escutai nossa palavra!
Corda e incensário, açoite e faca,
Poder da lâmina do Bruxo,

Para vida despertai,
Enquanto o encantamento aqui se faz
Rainha do Céu, Rainha do Inferno,
Chifrudo caçador da noite,
Conceda poder ao nosso feitiço
Trabalhe o desejo pelo mágico rito!
Na terra, no ar e no mar
Pela luz lunar ou solar
O nosso desejo acontecerá;
Cantando o encanto, assim será!

Eko, Eko, Azarak,
Eko, Eko, Zomelak,
Eko, Eko, Cernunnos,
Eko, Eko, Aradia!
} *Repetido três vezes*

Quando a Alta Sacerdotisa decide que chegou a hora, ordena: *Ao chão*!

E todos se sentam em Círculo olhando para o seu interior.

Banindo o Círculo

Todos pegam seu athame e olham para o Leste, com a Alta Sacerdotisa à frente, que, por sua vez, traça o Pentagrama de Banimento da Terra (esquerda inferior, topo, direita inferior, esquerda superior, direita superior, esquerda inferior novamente) no ar diante dela, dizendo:

> *Vós Senhores das Torres de Observação do Leste, vós Senhores do Ar; nós vos agradecemos por terem assistido aos nossos ritos; e antes de partirem para vossos reinos agradáveis e aprazíveis, nós vos saudamos e nos despedimos... Saudações e adeus.*

O resto do coven copia seus gestos com seus respectivos athames, e repetem com ela: *Saudações e adeus.*

O mesmo é feito no Sul, com as palavras: *Vós Senhores das Torres de Observação do Sul, vós Senhores do Fogo; nós vos agradecemos...* etc.

A mesma coisa no Oeste, dizendo: *Vós Senhores das Torres de Observação do Oeste, vós Senhores da Água; nós vos agradecemos...* etc.

E finalmente no Norte, enquanto diz: *Vós Senhores das Torres de Observação do Norte, vós Senhores da Terra; Bóreas, guardião dos portais do Norte; Deus poderoso, doce Deusa; nós vos agradecemos...*etc.

E com isso está completo o Banimento do Círculo.

Bibliografia

Andersen, Jorgen – *The Witch on the Wall* (George Allen & Unwin, London, 1977).

Apuleius, Lucius – *The Golden Ass* (tradução de Robert Graves, Penguin Books, Harmondsworth, Middlesex, 1950).

Ashe, Geoffrey – *The Virgin* (Routledge & Kegan Paul, London, 1976).

Beauvoir, Simone de – *The Second Sex* (Le Deuxième Sexe, 1949; tradução para o ingles: Jonathan Cape, London, 1953; Penguin Books, Harmondsworth, Middlesex, 1973).

Blavatsky, H.P. – *A Doutrina Secreta, Volumes I e II* (Theosophical Publishing Co., London, 1947, reimpressão do original em volume único de 1888).

Bradford, Ernle – *Ulysses Found* (Hodder & Stoughton, London, 1963; brochura Sphere Books, London, 1967).

Branston, Brian – *The Lost Gods of England* (Thames & Hudson, London, 1957).

Budge, Sir E.A. Wallis – *The Book of the Dead* (2ª ed., Routledge & Kegan Paul, London, 1969). *Egyptian Magic* (Routledge & Kegan Paul, London, reimpressão 1972). *Egyptian Religion* (Routledge & Kegan Paul, London, reimpressão 1972).

Burland, C.A. – *The Magical Arts: A Short History* (Arthur Baker, London, 1966).

Capra, Fritjof – *The Tao of Physics* (Wildwood House, 1976; brochura Fontana, London, 1976).

Carmichael, Alexander – *Carmina Gadelica, Hymns and Incantations, with Illustrated Notes of Words, Rites and Customs Dying and Obsolete* (Oliver & Boyd, Edinburgh; Volumes I e II, 1900; 2º edição, Volumes I-VI, 1928 em diante). The Sun Dances (Floris Book, Edinburgh, 1977), uma seleção das traduções em inglês de *Carmina Gadelica*.

Chetwynd, Tom – *A Dictionary of Symbols* (Granada, St. Albans, 1982).

Crowley, Aleister – *777-Revised* (Neptune Press, London, 1952).

Crowther, Patricia – *Lid off the Cauldron* (Frederick Muller, London, 1981).

Deren, Maya – *Divine Horsemen* (Thames & Hudson, London, 1953; sob o título *The Voodoo Gods*, Granada, St. Albans, 1975).

Durdin-Robertson, Lawrence – *The Goddesses of Chaldaea, Syria and Egypt* (Cesara Publications, Enniscorthy, Co. Wexford, 1975). *The Goddesses of India, Tibet, China and Japan* (Cesara, 1976). *The Symbolism of Temple Architecture* (Cesara, 1978). *Juno Covella, Perpetual Calendar of the Fellowship of Isis* (Cesara, 1982). *God the Mother* (Cesara, 1982).

Farmer, David Hugh – *The Oxford Dictionary of Saints* (Clarendon Press, Oxford, 1978).

Farrar, Frank A – *Old Greek Nature Stories* (Harrap, London, 1910).

Farrar, Janet e Stewart – *Eight Sabbats for Witches* (Robert Hale, London, 1981). *The Witches' Way* (Hale, 1984). Edição norte-americana contendo as duas obras acima, *A Witches' Bible*, Volumes I e II (Magickal Childe, New York, 1984).

Farrar, Stewart – *What Witches Do* (publicado originalmente em 1971; 2ª ed., Phoenix Publishing, Custer, Wa., 1983).

Fortune, Dion – *The Mystical Qabalah* (Ernest Benn, London, 1935). *The Sea Priestess* (Aquarian Press, London, 1957; edição brochura Wyndham Publications, London, 1976). *Moon Magic* (Aquarian Press, London, 1956; edição brochura Wyndham Publications, London, 1976). (Nota: as edições em brochura são ligeiramente reduzidas.)

Frazer, Sir J.G. – *The Golden Bough* (Edição Reduzida) (Macmillan, London, brochura, 1974).

Ganz, Jeffrey (tradutor) – *The Mabinogion* (Penguin, London, 1976).

Garner, Alan – *The Owl Service* (Collins, London, 1967).

Gooch, Stan – *The Secret Life of Humans* (J.M. Dent, London, 1981).

Graves, Robert – *A Deusa Branca* (3ª ed., Faber & Faber, London, 1952). *The Greek Myths, Volumes I e II* (Penguin, London, edição de 1960).

Gray, John – *Near Eastern Mythology* (Hamlyn, London, 1969).

Grigson, Geoffrey – *The Goddess of Love: the Birth, Triumph, Death and Rebirth of Aphrodite* (Constable, London, 1976; brochura Quartet Books, London, 1978).

Harding, M. Esther – *Woman's Mysteries* (Rider, London, 1971).

Harrison, Michael – *The Roots of Witchcraft* (Frederick Muller, London, 1973; brochura Tandem Publishing, London, 1975).

Hooke, S.M. – *Middle Eastern Mythology* (Penguin, London, 1963)

Irons, Veronica – *Egyptian Mythology* (Hamlyn, London, 1968).

Jacobi, Jolande – *The Psychology of C.G. Jung* (7ª ed., Routledge & Kegan Paul, London, 1968).

Jansen, Sally E. – *A Guide to the Practical Use of Incense* (2ª ed., Triad Library & Publishing Co., St Ives, NSW, 1972).

Joyce, Donovan – *The Jesus Scroll* (Angus & Robertson, London, 1973; brochura Sphere Books, London, 1975).

Jung, Carl G. – *Synchronicity, an Acausal Connecting Principle* (tradutor R.F.C. Hull, Routledge & Kegan Paul, London, 1972).

Kinsella, Thomas (tradutor) – *The Táin* (Oxford University Press, London, 1970).

Larousse Encyclopaedia of Mythology (Hamlyn, London, 1959).

Leland, Charles G. – *Aradia: the Gospel of the Witches*, com introdução de Stewart Farrar (C.W. Daniel, London, 1974).

Lethbridge, T.C. – *Witches: Investigating an Ancient Religion* (Routledge & Kegan Paul, London, 1962).

Lovelock, J.E. – *Gaia: a New Look at Life on Earth* (Oxford University Press, London, 1979, brochura 1982).

MacAlister, Stewart (editor e tradutor) – *Lebor Gabála Érenn, the Book of the Taking of Ireland, Pans I-V* (Irish Texts Society, Dublin, 1938-56). Comumente conhecido como *The Book of Invasions* (*O livro das Invasões)*, é uma coleção de textos medievais em que monges registraram materiais, originalmente da tradição oral, muito mais antigo.

MacCana, Proinsias – *Celtic Mythology* (Hamlyn, London, 1970).

MacNeill, Máire – *The Festival of Lughnasa* (Oxford University Press, London, 1962; brochura, dois volumes, Comhairle Bheadolais Éireann, University College, Dublin, 1982).

MacQuitty, William – *Buddha* (Thomas Nelson, London, 1969).

Maple, Eric – *The Magic of Perfume* (Aquarian Press, Wellingborough, Northants, 1973).

Markale, Jean – *Women of the Celts* (Cremonesi, London, 1975).

Montet, Pierre – *Eternal Egypt*, traduzido por Doreen Weightman (Weidenfeld & Nicolson, London, 1965).

Morganwg, Iolo (organizador) – *The Triads of Britain* (Wildwood House, London, 1977).

Murray, Keith – *Ancient Rites and Ceremonies* (Tutor Press, Toronto, 1980).

Neumann, Erich – *The Great Mother* (2ª ed., Routledge & Kegan Paul, London, 1963).

Patai, Dr. Raphael – *Man and Temple in Ancient Jewish Myth and Ritual* (Nelson, London, 1947). *The Hebrew Goddess* (Ktav Publishing House, New York, 1968).

Patrick, Richard – *All Colour Book of Greek Mythology* (Octopus Books, London, 1972). *All Colour Book of Egyptian Mythology* (Octopus Books, London, 1972).

Perowne, Stewart – *Roman Mythology* (Hamlyn, London, 1969).

Phillips, Guy Ragland – *Brigantia: a Mysteriography* (Routledge & Kegan Paul, London, 1976).

Phipps, W.E. – *Was Jesus Married* (Harper & Row, New York, 1970).

Pinsent, John – *Greek Mythology* (Hamlyn, London, 1969) Poignant, Roslyn – Myths and Legends of the South Seas (Hamlyn, London, 1970).

Rawson, Philip – *Tantra: the Indian Cult of Ecstasy* (Thames & Hudson, London, 1973).

Reed, A.W. – *Aboriginal Myths: Tales of the Dreamtime* (Reed Books, French's Forest, NSW, 1978). *Aboriginal Legends: Animal Tales* (Reed Books, 1978).

Rees, Alwyn e Rees, Brinley – *Celtic Heritage* (Thames & Hudson, London, 1961).

Richmond, I.A. – *The Pelican History of England, I: Roman Britain* (Penguin, London, 1955).

Ross, Anne – *Pagan Celtic Britain* (Routledge & Kegan Paul, London 1967; brochura Sphere Books, London, 1974).

Schonfield, Hugo J. – *The Passover Plot* (Hutchinson, London, 1965; brochura Corgi, London, 1967).

St. Clair, David – *Drum and Candle* (Macdonald, London, 1971).

Sety, Omm e Elzeini, Hanny – *Abydos: Holy City of Ancient Egypt* (LL Company, Los Angeles, 1981).

Shaprio, Max S. e Hendricks, Rhoda A. – *Mythologies of the World: A Concise Encyclopedia* (Doubleday, New York, 1979). *UK edição sob o título A Dictionary of Mythologies* (Paladin, London, 1981).

Shuttle, Penelope e Redgrove, Peter – *The Wise Wound: Menstruation and Everywoman* (Edição revisada, Paladin, London, 1986).

Stone, Merlin – *The Paradise Papers* (Virago, London, capa dura 1976; brochura 1977).

Sykes, Egerton – *Everyman's Dictionary of Non-Classical Mythology* (J.M. Dent, London, 1968).

Valiente, Doreen – *An ABC of Witchcraft Past and Present* (Robert Hale, London, 1973). *Natural Magic* (Hale, 1975). *Witchcraft for Tomorrow* (Hale, 1978).

Vinci, Leo – *Incense: its Ritual, Significance, Use and Preparation* (Aquarian Press, Wellingborough, Northants, 1980).

Warner, Marina – *Alone of All her Sex: the Myth and the Cult of the Virgin Mary* (Weidenfeld & Nicolson, London, 1976).

Wilhelm, Richard – *The I Ching or Book of Changes* (tradutor Cary F. Baynes, 3ª ed., Routledge & Kegan Paul, London, 1968).

Witt, R.E. – *Isis in the Graeco-Roman World* (Thames & Hudson, London, 1971).

Wood, David – *Genisis: the First Book of Revelations* (Baton Press, Tunbridge Wells, 1985).

Wood, Frederic H. – *This Egyptian Miracle* (John M. Watkins, London, 1955).

Índice Remissivo

Para manter esse index dentro dos limites, os nomes das Deusas que apareceram somente nas entradas alfabéticas na Parte Três, Deusas do Mundo, não foram incluídos. Assim, ambas as listagens devem ser consultadas. Referências das entradas internas da Parte Três, no entanto, foram incluídas.

A

B

C

D

E

F

G

H

I

J

K

L

M

O

P

Q

R

S

T

U

V

W

X

Y

Z

Esta edição foi composta pela Ardane, São Paulo, SP.
Os papéis utilizados foram o offset 90 g para o miolo e o cartão triplex para a capa.
O texto principal foi composto em fonte Minion Pro 11,5/15
e os títulos em Dumbledor.

Impresso no Brasil.